16	3	2	13
5	10	11	8
9	6	7	12
4	15	14	1

CB029288

Viviana Bosi

POESIA EM RISCO

Itinerários para aportar nos anos 1970 e além

editora 34

EDITORA 34

Editora 34 Ltda.
Rua Hungria, 592 Jardim Europa CEP 01455-000
São Paulo - SP Brasil Tel/Fax (11) 3811-6777 www.editora34.com.br

Copyright © Editora 34 Ltda., 2021
Poesia em risco © Viviana Bosi, 2021

A FOTOCÓPIA DE QUALQUER FOLHA DESTE LIVRO É ILEGAL E CONFIGURA UMA APROPRIAÇÃO INDEVIDA DOS DIREITOS INTELECTUAIS E PATRIMONIAIS DO AUTOR.

Imagem da capa:
Ana Cristina Cesar, desenho à margem do manuscrito de "Litoral", esferográfica azul s/ papel, 33 x 22,1 cm, s/d, seção "inacabados" da "pasta rosa" encontrada nos arquivos da autora (reproduzido em Ana Cristina Cesar, Antigos e soltos, *organização de Viviana Bosi, São Paulo, Instituto Moreira Salles, 2008, pp. 178 e 199). Acervo Ana Cristina Cesar/IMS (© Herdeiros de Ana Cristina Cesar)*

Capa, projeto gráfico e editoração eletrônica:
Franciosi & Malta Produção Gráfica

Revisão:
Alberto Martins
Diana Szylit
Beatriz de Freitas Moreira

1ª Edição - 2021

CIP - Brasil. Catalogação-na-Fonte
(Sindicato Nacional dos Editores de Livros, RJ, Brasil)

Bosi, Viviana
B668p Poesia em risco: itinerários para aportar nos anos 1970 e além / Viviana Bosi — São Paulo: Editora 34, 2021 (1ª Edição).
496 p.

ISBN 978-65-5525-054-1

1. Poesia brasileira - Estudo e crítica. 2. Teoria literária. 3. Crítica literária. 4. Cultura brasileira - Anos 1970. I. Título.

CDD - 809

POESIA EM RISCO

Itinerários para aportar nos anos 1970 e além

para meu pai e minha mãe, Alfredo e Ecléa,
corações entusiastas,
a vida inteira de bondade, lutas por justiça, amor à poesia —

if there are any heavens my mother will (all by herself) have
one. It will not be a pansy heaven nor
a fragile heaven of lilies-of-the-valley but
it will be a heaven of blackred roses

my father will be (deep like a rose
tall like a rose)

standing near my

(swaying over her
silent)
[...]

(e. e. cummings)

Introdução

Amanhã é fácil, mas hoje é inexplorado,
Desolado, relutante como toda paisagem
Em ceder as leis de perspectiva.

John Ashbery, "Autorretrato num espelho convexo"[1]

Plano geral

Este livro consiste em um conjunto de estudos sobre poetas brasileiros cujas obras se estendem ao longo de certo recorte temporal, em sentido largo: são, em parte, autores que começaram a publicar por volta dos anos 1950, e seguem-se outros que publicaram apenas a partir dos anos 1970. Portanto, deles não se pode dizer que constituam uma geração. Mas, por terem escrito durante um período delimitado, foram marcados pelo debate histórico e cultural comum. Enquanto alguns apresentam formas semelhantes de condução de suas produções poéticas, outros se opõem de modo ostensivo. Justamente, ângulos diferentes de visão nos interessam, à medida que revelam perspectivas díspares, representando as tensões da época; por isso, detivemo-nos em polos parcialmente contrários. Vamos nos ocupar em particular do que produziram a partir de meados dos anos 1960 e ao longo das décadas seguintes, sem cortar de forma estrita as pontas de cada lado do

[1] "Tomorrow is easy, but today is uncharted,/ Desolate, reluctant as any landscape/ To yield what are laws of perspective" (John Ashbery, "Self-portrait in a convex mirror", 1975).

pano do tempo, já que sobram franjas para ambos os extremos do tecido.

Os encontros com a obra de cada autor deram-se paulatinamente, de modo que os estudos são autônomos e observam ritmo próprio. Poder-se-ia, portanto, continuar ainda a acumulação de mais e mais poetas, caso a intenção deste conjunto fosse fazer um inventário cabal. Num dado momento, porém, sucederam-se cristalizações de problemas. A necessidade de cesura se impôs, uma vez que alguma organicidade se produzia, sem prejuízo da vocação assistemática da qual se originaram as leituras singulares. Foi consciente a decisão de privilegiar em nossa análise casos individuais. Desejávamos fugir de moldes globalizantes que se sobrepusessem ao conhecimento de cada obra.

Agora, ao reuni-los em um volume, esperamos que os leitores divisem alguma consistência de perspectiva. Embora independentes, os ensaios não são estanques, mas complementam-se de várias maneiras e remetem um ao outro. Não há ordem sequencial, seja cronológica, seja de progresso lógico. Dispô-los em sucessão foi um esforço bastante artificial. Confio, contudo, que o resultado não pareça eclético ou dispersivo, pois foi nossa intenção percorrer trilhos críticos compatíveis entre si, isto é, aceitamos certos postulados e rejeitamos outros, sem precisar explicitar um modelo ao qual se submeteria cada análise, mas supondo que emerja, afinal, coerência.

Assim, para cada poeta (ou tema), buscou-se captar e perseguir um feixe de indagações correlatas que conduzisse para algum centro de ignição interpretativa, sem esgotar nem de longe as possibilidades de compreensão de sua obra. Tampouco, como já adiantamos, houve qualquer preocupação em ater-se a uma única mirada hermenêutica. Colocar-se sob uma teoria prévia que conferisse *pedigree* aos esforços interpretativos, embora ambição louvável, não convinha a esse tipo de investigação, dado o caráter diversificado de nossos objetos de atenção. Desde o começo da pesquisa, estávamos decididos a não nos submetermos a um arcabouço totalizante. Advertia Schlegel ao estudioso de poesia: “É igualmente mortal para o espírito ter um sistema ou não ter sistema algum. Ele terá portanto de se decidir por uma combinação de ambos" (1994, frag. A 53).

Todavia, seria pretensioso e ingênuo recusar as interpretações de grandes teóricos que tratam de nosso tempo, das quais por vezes partimos, mas que aqui comparecem articuladas sob a hegemonia dos estudos específicos e costuradas por dentro. Partes de um pensamento são aproveitadas, quando nos convém, sem que concordemos necessariamente com todas as conclusões do autor. Resolvemos embutir questões mais amplas, que incluam posições filosóficas e ideológicas, de forma discreta, o mais das vezes em notas de rodapé, pois não queremos sair demasiadamente do âmbito da análise particular dos poetas e temas escolhidos, os quais, esperamos, ultrapassam e contrariam qualquer panorama explicativo pronto. Convictos da semiautonomia da esfera cultural, que se encontra atravessada pelas injunções históricas nas quais as obras foram gestadas, pretendemos, ainda assim, apontar os deslizamentos, as permeabilidades inventivas e os modos de resistência da poesia.

Não postulamos o caminho do historiador, cuja investigação sobre os acontecimentos de uma época sedimenta-se em um tipo determinado de reflexão. Nosso intento é tão somente indicar tendências gerais para melhor delinear a paisagem onde se configuraram os poemas que destacamos ao longo do trabalho. Por isso, a necessidade de tantas referências bibliográficas, para as quais endereçamos o leitor interessado nos estudos históricos, sociológicos e antropológicos — em que encontrará informações e análises sobre o período — que não almejamos repetir ou exaurir. Esse tipo de investigação depende de um conjunto de pesquisadores, e dentre eles nos colocamos com uma contribuição restrita a um universo delimitado — a poesia de alguns poetas —, mas que interage necessariamente com todo o complexo movimento de ondas histórico-culturais.

Os seis primeiros ensaios ora estabelecem paralelos à volta de um tópico ou problema definido, ora tratam de poetas singulares. São eles: Augusto de Campos, Ferreira Gullar, Torquato Neto, Armando Freitas Filho, Ana Cristina Cesar, Francisco Alvim, Rubens Rodrigues Torres Filho. Já o sétimo ensaio propõe-se a reencontrar os dois últimos poetas citados, ao lado de Sebastião Uchoa Leite, para refletir sobre o lugar do sujeito poético. Seu recorte se afasta do período escolhido, incidindo sobre a análise de poemas mais recentes. O oitavo estudo gira à volta de uma discussão mais geral acerca do ambiente artístico vigente nos anos 1970, em especial no tocante aos poetas da geração marginal. Mas não se restringe a eles, uma vez que tangencia questões que abrangem outros poetas, que pertencem a diferentes grupos e gerações escrevendo na mesma época.

Por fim, o capítulo sobre as publicações periódicas tem personalidade distinta dos demais, porque se parece antes com uma lista comentada de jornais e revistas do que com uma pesquisa interpretativa. A despeito de haver algum exame analítico, pretendeu-se sobretudo registrar e comentar uma amostra de publicações da época a fim de reforçar hipóteses que havíamos espalhado ao longo do trabalho. De novo, escolhemos revistas cuja riqueza atraiu especialmente a nossa atenção, sem pretender exaurir o tema.

As reproduções de capas e textos internos exercem a função de fazer reviver para o leitor atual o espírito de publicações independentes dos anos 1970, auxiliando-o a visualizar os nossos comentários.

Encerramos o percurso com algumas notas reflexivas, cujo intento é apenas arrematar por agora o que continuará a ser tramado, evitando que as pontas soltas o desfiem, uma vez que cada capítulo é razoavelmente autônomo.

Vários poetas representativos do período estão ausentes. Tal silêncio deve-se a fatores distintos: alguns já mereceram atenção crítica de muita qualidade, de forma que nada de relevante teríamos a acrescentar à sua fortuna bibliográfica; outros, talvez, não despertaram em nós suficiente acicate: futuros leitores terão maior capacidade de penetração em sua obra. Há ainda poetas com quem precisaríamos conviver mais longamente para ambicionar comentá-los. Enfim, nosso propósito consiste em assinalar pontos marcantes num mapa de muitas veredas, na esperança de guiar os possíveis leitores por locais especialmente estimulantes, procurando trajetos alternativos.

Se, em diversos momentos, apelamos para a interlocução com outras artes, é necessário ressalvar que nosso intento foi modesto, uma vez que o centro do trabalho restringe-se à leitura de poesia, e tais relações têm por fito estabelecer vínculos que nos auxiliem a corroborar impressões sobre o período, ampliando o espectro de visão. Não há a intenção enciclopédica de abranger a obra de artistas fora do âmbito da poesia — e aqui eles comparecem como referências e alusões.[2]

Por fim, vale lembrar que este livro, como todo aquele que se refere a um tema ainda em ebulição, dada a sua proximidade com o presente, não consegue abarcar toda a bibliografia que é incessantemente publicada. Apesar dos esforços para abranger o máximo de estudos acerca dos poetas selecionados, sempre haverá pesquisas sendo redigidas, com novas direções, de modo que em certo momento tornou-se impossível continuar a atualizar as leituras.

Oxalá a possibilidade de interlocução proporcionada pelas nossas inquirições cruze o caminho de outros interessados e concretize oportunidades de diálogos e de futuros desdobramentos.

[2] Desenvolvo um panorama mais amplo sobre as artes e a poesia da época, em suas relações com o contexto histórico, no ensaio "Sobrevoo entre as artes (à volta das décadas de 1960 e 1970)", constante no livro organizado por mim e por Renan Nuernberger, *Neste instante: novos olhares sobre a poesia brasileira dos anos 1970* (São Paulo: Humanitas, 2019). Nele, examino três vertentes predominantes naquele período, que ora se entrecruzavam, ora se digladiavam: o construtivismo (ou arte concreta), o nacional-popular (ou arte engajada), a contracultura (ou arte em questão).

pois abarrotas o largo armazém do factível
onde a realidade é maior do que a realidade

("Isso é aquilo")

Onde é Brasil
Que verdura é amor?
Quando te condensas, atingindo
o ponto fora do tempo e da vida?
Que importa este lugar
se todo lugar
é ponto de ver e não de ser?
E esta hora, se toda hora
já se completa longe de si mesma
e te deixa mais longe da procura?

("A palavra e a terra")

Carlos Drummond de Andrade, *Lição de coisas*, 1962

Décadas são difíceis de recortar, pois a história se desdobra em camadas de diferentes espessuras e volumes. Estabelecer uma relação entre história e poesia não é simples — pelo contrário, trata-se de tentar apreender combinações complexas, com dimensões por vezes desconjuntadas. Ao delinear os traços dominantes que distinguem os períodos que escolhemos compreender, deparamo-nos com um desenho irregular de ondas que se sobrepõem, movendo-se em determinada direção.

Não apenas as camadas históricas se entrelaçam em ritmos desiguais, mas também a realização das obras artísticas produzidas em cada época nem sempre corresponde de forma explícita e imediata às experiências individuais ou coletivas do seu tempo tal como ele foi interpretado. Sem colocar em causa a conexão profunda entre as manifestações culturais e o solo histórico onde elas foram gestadas, pode ocorrer de a expressão escrita sobre o que foi o clima existencial daquele momento só vir à luz, em forma literária, tempos depois, principalmente quando os fatos políticos envolvem os sujeitos de modo traumático, a ponto de nem sequer permitirem ao escritor o distanciamento necessário para a reflexão.

Ou, pelo contrário, o artista pode captar, como uma antena ultrassensível, as sementes do tempo: "espelho que adianta", tal como já disse Kafka.

Ao objetar como abusivas as ingênuas homologias entre a estrutura econômica e a produção cultural, Jameson ressalva, no entanto, que procura encontrar frequências análogas entre fenômenos de várias ordens ocorridos durante certo período, respeitando, em sua análise da década de 1960, a semiautonomia de cada esfera da vida, e conclui:

> Decerto não há qualquer razão para que fenômenos especializados e de elite, como o escrever poesia, não possam revelar correntes e tendências históricas tão vivamente quanto a "vida real"; talvez o façam até mais visivelmente, no seu isolamento e semiautonomia, que os aproximam de uma situação de laboratório. (Jameson, 1991: 83)

Mas não deixa de matizar tal afirmação, considerando tanto as dinâmicas próprias do desenvolvimento de cada arte em suas "leis internas" quanto as rupturas que tendem a precipitar novos conflitos em quadros aparentemente lineares.

Como sabemos sobejamente, a poesia não costuma aludir de modo direto aos fatos históricos. Por exemplo, para tratar do clima após a Revolução Francesa e do novo indivíduo que se firmava como independente e autônomo, Rancière (1995) menciona o famoso poema de Wordsworth, "I wandered lonely as a cloud" ("Eu vagava solitário como uma nuvem"), publicado em 1807, no qual o poeta inglês se sente arrebatado de alegria ao ver uma multidão de flores (narcisos) dançando na brisa. Em sua errância pelo interior da França, identifica-se com a liberdade das nuvens para, indiretamente, e de forma sensível, se referir ao júbilo do povo que festejava nas ruas. Não há nenhuma alusão objetiva aos eventos políticos então candentes. Por vezes, não apreendemos com clareza os traços de um tempo impressos no poema porque não atentamos para o seu ritmo ou suas imagens — e certamente as épocas exprimem-se em vários tons e vozes: como olhar, como ouvir, a vivência inscrita no andamento de um poema, que pode variar muitíssimo entre indivíduos com sentimentos de mundo contrastantes?

Além do mais, o conceito de década não é inteiramente funcional, pois um ciclo cultural pode variar sua duração, de forma que artistas contemporâneos entre si fundearão sua visão de mundo com diferentes âncoras ideológicas. Pontos fortes de reviravolta ocorrem em momentos diversos, dadas as "irregularidades e sobreposições de qualquer história cultural — a copresença constante de várias formas do emergente com as formas do residual e do dominante", conforme refletiu Williams (2011: 52).

Embora seja, em princípio, problemático propor um contorno temporal, podemos procurar a gênese de certas características centrais àqueles anos para compreender como neles se chegou, pois alguns fatos se originaram muito antes e outros terminaram bem depois do período em tela, ou continuam a se expandir até hoje.[3]

Como pondera Gramsci:

> Um determinado momento histórico-social jamais é homogêneo; ao contrário, é rico de contradições. Ele adquire "personalidade", torna-se um "momento" do desenvolvimento, graças ao fato de que uma certa atividade fundamental da vida nele prevalece sobre as outras, representando uma "ponta" histórica. (1968: 5)

É, assim, importante puxar algumas "pontas" do emaranhado tecido histórico para abarcar o contexto brasileiro em dimensões mais amplas, tendo sempre em vista a necessidade, ao nos situarmos frente à poesia dos anos 1970, de rastrear os centros ner-

[3] Ao ser perguntado sobre como se identificava em termos de período literário, Abel Silva questiona: "Aliás, essa coisa de década, de geração... Nossa década de 60 teve um golpe militar em 64 e o AI-5 em 68: uma porrada no princípio, outra no fim. Geração também é um conceito muito frágil — qual a geração de Clarice Lispector? Parece que é a mesma de Otto Lara Resende — e daí?" (Entrevista em Gonçalves e Hollanda, 2005: 133).

vosos vitais que ali se colocam desde pelo menos meados dos anos 1950, e lembrando igualmente que certas obras escritas no início da década podem só ter vindo a lume no início dos anos 1980. Ao repensar aquele período hoje, tentamos segurar nas mãos algumas extremidades dos fios mais salientes.

Imaginar que as décadas são difíceis de recortar, pois as marés dos movimentos culturais se comportam por fluxos desiguais e contraditórios, também implica pensar em como definir o final dos anos 1970 e quais as suas vias de saída. A década contempla amadurecimentos importantes na obra dos artistas, que se firmam em certa direção, mas, ao chegarmos aos anos 1980, observamos em alguns deles dois movimentos aparentemente opostos: de um lado, paralisação ou repetição de paradigmas, muitas vezes até hoje; de outro, a interrupção de certas experiências artísticas. Nesses casos, pode-se dizer que há poetas que não saíram daquela década. Se é penoso aceitar que o passado pode ser irremissível e que o destruído não será recomposto, pois mesmo quando falamos dele, soa como um fantasma que não pode mais encarnar-se no real — para sempre perdido —, tampouco é fácil suportar a aporia oposta: que a história não se mova e tudo se reapresente monotonamente (dois pesadelos...). Existe algo em comum entre esses extremos: o fato de que, uns e outros, ao contrário de seus antecessores até os anos 1950 e 1960, deixaram de acreditar em projetos de grande monta para o futuro. Desistindo de crer na possibilidade de conversão radical da existência, interromperam violentamente sua própria vida e obra, ou, então, continuaram a repetir as mesmas expressões e ideias, como se a história tivesse parado.

Há ainda um terceiro tipo de movimento perceptível na obra de poetas que começaram a publicar naqueles anos. Este diz respeito aos poetas que conseguiram ampliar e amadurecer sua perspectiva, mesmo sem modificá-la substancialmente, uma vez tendo sido estabelecida. São poetas cuja qualidade e densidade dependem da reflexão sobre esses desafios e da conversa com o momento atual, os quais se converteram em impulso interiorizado de seu trabalho (ou de sua influência) hoje.

O fixo e o fluxo: notas sobre tempo e forma em Augusto de Campos e Ferreira Gullar

> É este contraste entre fixidez e fluxo, esta despercebida fuga da monotonia, que é a verdadeira vida do verso.
>
> T. S. Eliot, "Reflexões sobre o verso livre"[1]

As indagações desataviadas que se seguem são o mote para pensar a modo de gangorra — pois parece-me que tanto Augusto de Campos (1931) quanto Ferreira Gullar (1930), poetas contemporâneos um do outro, tematizam obsessivamente a relação entre representação poética e passagem do tempo, impondo ao problema soluções antagônicas.

Evidentemente, contrastar ambos é uma forma de acompanhar as transformações de duas vertentes da poesia brasileira, uma vez que, ao longo das últimas décadas, os dois se colocaram o mais das vezes em campos discrepantes. Nosso objetivo não será esmiuçar a trajetória individual desses poetas, nem mesmo determo-nos especificamente nos pontos de atrito entre eles; limitamo-nos a frisar momentos e aspectos que elucidem a perspectiva de cada um sobre o nosso foco: o tempo no poema. Como, de certa forma, a obra recente desvela em parte o que prometiam realizar, recorre-

[1] "It is this contrast between fixity and flux, this unperceived evasion of monotony, which is the very life of verse" ("Reflections on 'vers libre'" (1917), em Frank Kermode (org.), *Selected prose of T. S. Eliot*, Londres, Faber & Faber, 1975: 33).

remos também à produção anterior, sem preocupação cronológica estrita.

As poéticas de Augusto de Campos e de Ferreira Gullar se originaram sob uma égide histórica dúplice: tratava-se tanto de um período de incertezas pós-Segunda Guerra quanto de um empuxo desenvolvimentista para o futuro. Enquanto na Europa e nos Estados Unidos ascendia a poesia da "nova austeridade", que rejeitava o subjetivismo e as sublimações, no Brasil praticava-se o poema de feição elevada da geração de 1945, embora Cabral e alguns outros já acusassem direção antilírica.[2]

Os dois poetas se propunham a destruir uma linguagem avaliada como carcomida em seu lirismo hedonista e alienado, ao mesmo tempo que valorizavam fortemente a sociedade que se modernizava. Essa polaridade entre crise e construção reaparece ao longo do percurso de cada um deles de maneiras muito divergentes.

Enquanto Augusto pode dar a impressão de distância quase impessoal (semelhante a um sujeito "espectral", como agudamente formulou Gonzalo Aguilar), propondo-se a escrever de modo lapidar e epigramático, e a compor poemas em formas geométricas que firmam os sentidos também visualmente, Gullar carregava seus versos de subjetividade, fundada na memória muitas vezes biográfica ou geracional do perdido, com ritmos entrecortados. Em comum, ambos interiorizam o problema da passagem do tempo na própria configuração do poema, como se a relação entre o minuto e o milênio precisasse ser evocada a cada passo.

[2] O enciclopédico volume de Michael Hamburger (2007) trata desse período com argúcia extraordinária.

AUGUSTO DE CAMPOS: TENSÃO

O esquadro disfarça o eclipse
que os homens não querem ver.

João Cabral de Melo Neto,
"Homenagem a Picasso", *Pedra do sono*, 1942

Nos diversos manifestos assinados pelo trio concretista original, publicados ao longo dos anos 1950 e começo da década seguinte (reunidos no volume *Teoria da poesia concreta*, de 1965), destacam-se duas diretrizes:[3] a) a ideia de que a palavra pode se identificar à coisa designada através do isomorfismo entre estrutura e conteúdo; b) a afirmação de que esse poema-coisa deve ser útil como um objeto.[4] Faz-se necessário entender que esse objeto no qual a poesia almeja converter-se é um constructo mental, e não um simulacro em bruto das coisas do mundo. Não se trata de reproduzir a atitude de um Rauschenberg e seu quadro-objeto (como Argan batizou a pintura de 1956 em que o artista havia colado um pedaço de cama). Pelo contrário, recusa-se a imitação da aparência orgânica do objeto para privilegiar a estrutura geométrica (sua "composição matemática"). Não há como ignorar o anseio construtivo pela depuração abstratizante. Palavra é "*cosa mentale*". Se, na pintura abstrata, o artista dedica-se às cores e às formas, desnudando "essências e medulas" e expondo processos internos, por analogia podemos observar como, na poesia concreta, a palavra remete ao som, ao tamanho, à forma, à disposição relacional.

[3] Para uma apresentação bastante completa e crítica dos postulados da poesia concreta, remeto ao livro de Paulo Franchetti (1989, 2ª ed. 1992) e ao ensaio de Iumna M. Simon (1995).

[4] A intenção pedagógica da poesia concreta em seus inícios conflui com o anseio engajado da arte naquele período e com a crença no papel do artista como elemento fundamental para a transformação social.

Sem abandonar o significado, "liberta-o" de suas contingências existenciais, subjetivas, contextuais, para aplainá-lo na superfície movente da página.

Quando se examina a poesia concreta em sua trajetória, tem-se a impressão de que ela se erigiu como um fenômeno particularmente brasileiro, a ser analisado em sua necessidade histórica. Embora tal movimento tenha florescido também em outros países, normalmente constituiu-se, lá fora, de grupos isolados e marginais ao *mainstream*. Aqui, o concretismo teve (e tem) forte ascendência em vários campos, o que nos impele a evidenciar, em mais de um momento, a estrutura óssea, depurada da geleia, exibindo o esqueleto da cultura para melhor colocá-la de pé: "consciência rigorosamente organizadora", "vontade implacável de estrutura" — é o apelo dos manifestos dos anos 1950 e começo dos 1960 (Campos; Pignatari, 2006: 142).

Procurava-se jogar fora com estardalhaço toda a ornamentação simbolizante e dar a ver o tutano da palavra. Isso verificamos, por exemplo, em "tensão", poema bastante conhecido de Augusto de Campos, da fase mais ortodoxa da poesia concreta:

com som	can tem	
con tem	ten são	tam bem
	tom bem	sem som

("tensão", 1956, *Ovonovelo*)[5]

[5] Tanto *Ovonovelo* (1954-1960) como outras três obras que citaremos neste livro (*O rei menos o reino* (1949-1951), *Stelegramas* (1975-1978) e "Tudo está dito") foram republicados pelo autor em *Viva vaia*, 2000.

A composição coloca-se na encruzilhada entre pintura e poesia, como um móbile de ressonâncias. Os trigramas que se ecoam e se contrastam compõem linhas, quadrados, triângulos, uma cruz. Aguilar considera que, em vez de ser publicado em livro (cuja leitura pede interiorização), esse poema deveria ser aposto a paredes e muros, verticalmente, uma vez que a melhor solução seria "olhar-ler", em todas as direções, como uma pintura (ou música) ideogramática: "Não há uma metáfora da tensão: a tensão age no próprio poema (*é* o poema)" (2005: 209), conclui, acerca dessa articulação simultânea entre signo e imagem. Em mais de um manifesto, o termo "tensão" destaca-se para explicitar o sentido da proposta do grupo. Veja-se, por exemplo:

TENSÃO para um novo mundo de formas
VETOR
para
o
FUTURO

(Haroldo de Campos,
"Olho por olho a olho nu", manifesto, 1956)

E ainda:

POESIA CONCRETA: TENSÃO DE PALAVRAS-COISAS NO ESPAÇO-TEMPO

(Augusto de Campos,
"Poesia concreta, manifesto", 1956)[6]

O poema "tensão", aliás, integrou a Primeira Exposição Nacional de Arte Concreta no Museu de Arte Moderna (São Paulo,

[6] Esta frase emblemática de 1956 reaparece também no "Plano-piloto para poesia concreta" (1958), assinado por Augusto de Campos, Haroldo de Campos e Décio Pignatari, sendo que os dois manifestos foram reproduzidos pelos autores em *Teoria da poesia concreta*, 2006.

1956), da qual participaram tanto poetas como pintores. Na época, em 1957, Haroldo de Campos relativiza a tradicional distinção entre pintura e poesia, propondo certo movimento "resultante visualmente do impacto de relações no quadro, criando um 'tempo' próprio no âmbito de uma arte — a pintura — definida como espacial" (2006: 146).

Os poetas concretos não concebiam o poema como exatamente "*ut pictura poesis*", no sentido de estático e mimético, mas como composição que se espelhava tal qual câmara de ecos, gerando um tipo de "objeto" novo, "espaciotemporal".

Ao ler o texto de Flora Süssekind "Augusto de Campos e o tempo", matiza-se aquilo que sempre se alegara sobre a produção concreta, a qual, ao repelir a sintaxe frasal do verso para declarar o poema um tipo de ideograma significativo em sua totalidade isomórfica, renegava por isso a sequência temporal. Era um ovo de Colombo enxergar como a reflexão sobre o tempo ocorria ali reiteradamente, mormente em poemas cuja disposição visual e todos os elementos eram demonstrações da consciência da passagem temporal enquanto procuravam apreender e segurar, pela forma, o instante. Afirma Flora:

> Visualização não apontando, portanto, para uma inevitável suspensão temporal, nem espacialização para estaticidade, talvez se possa compreender o aspecto expositivo da poesia de Augusto de Campos, não como atemporalizador, mas, ao contrário, como forma de tensionar a fixidez convencionalmente característica do presente lírico. (1998: 106)

A seguir, a autora menciona várias traduções elaboradas por Augusto, entre elas, as odes de Keats e alguns poemas de Yeats, que, como esclarece, são "reflexões sobre o contraste entre permanência e corrosão, sobre as relações entre o instante e o tempo" (1998: 107).

Mesmo antes da eclosão do ideário concretista, em seus primórdios a poesia de Augusto já tendia a certa circularidade do tempo: "Não queiras ser mais vivo do que és morto. As sempre-vivas morrem diariamente/ Pisadas por teus pés enquanto nasces" ("O vivo", 1949, *O rei menos o reino*), enuncia o autor em sua primeira antologia, como se fosse congenial à sua disposição anímica representar a dinâmica humana enquanto um ritmo de refluxos. Uma das melhores realizações dessa roda dos dias, que evolve de forma centrípeta e centrífuga, é o poema "ovonovelo", publicado no livro homônimo, no qual ocorre um desenrolar progressivo em direção ao nascimento, e ao mesmo tempo percebe-se forte reiteração aliterativa. O binarismo simultâneo entre opostos corresponde a um tipo de movimento espacializador que conduz a uma estase tensa, na tentativa de contrariar a sucessão temporal linear. Eis a primeira sequência estrófica:

o v o
n o v e l o
novo no velho
o filho em folhos
na jaula dos joelhos
infante em fonte
f e t o f e i t o
d e n t r o d o
centro

(1955, *Ovonovelo*)

Em poemas bem posteriores, como "memos" ou "rapidalentamente", é como se a voz poética buscasse conciliar o inconciliável: o tempo que passa em flecha e o círculo do instante que a forma procura aprisionar ou ralentar — um lugar de revelação, mas que escoa e flui —, mesmo retido pela textura ininteligível ou pela lenta gota, que poderia dar a impressão de um inumerável repetir-se, avançando, porém, para a dissolução:

("memos", 1976, *Stelegramas*)

rapid
alenta
mente
o tempo
a v a n ç a
f u j o de m i m
e assisto à minha fuga
aquiles não alcança
a t a r t a r u g a
só o tempo não se cansa
e ruga a ruga
o velho mata em si
sua criança

("rapidalentamente", 2001, *Não*, 2003)

Em todos os poemas mencionados, publicados em momentos diversos, mantém-se a tensão do tempo sucessivo que se quer simultâneo.[7] Todavia, em composições mais recentes, há uma cons-

[7] Em "memos", a mensagem encontra-se dissimulada sob os cortes e as

tatação de que esse empenho em agarrar o instante e firmá-lo no poema é obstruído pela impossibilidade de parar o tempo.

É evidente que no poema "memos", como em tantos outros, estamos diante de um poeta lírico, seja pela estrutura de composição e pelo ritmo regular (anacruse, anapesto e síncope no meio, três estrofes de catorze linhas e sílabas iguais), seja pelo desejo, expresso pelas palavras, de epifania — guardada a diferença de que a diagramação hermetizante, porém, reforça a mensagem numa direção pouco usual. Assim, a composição obriga o leitor à decifração visual, forçando-o a ralentar a leitura e a incorporar, como máquina kafkiana que escreve no corpo, o conteúdo no âmago. Tudo para reter o movimento que conduz à dissolução e deter o momento da forma reveladora que é a arte. Como muitos poemas, "memos" é uma máquina de metapoesia. Na superfície, muitas informações dispersas, como os néons de uma rua cheia, de comércio variado; na profundidade, a tentativa de apreender o momento mais essencial do poema, que, no entanto, escoa no final, e também passa... de forma incompleta, inacabada.

Em "rapidalentamente" a angústia do tempo, rimado e ritmado, no que poderiam ser versos decassílabos, na figura reiterativa da gota que cai, igualmente apresenta a circularidade aporética do desejo de prender o instante que, no entanto, se esvai enquanto dura, espessado pelo poema. Até mesmo o espaçamento menor ou maior entre as letras marca o andamento, acentuando a contradição entre o rápido e o lento.

Confira-se também "ão" (1994, *Não*), no qual o fino traço vertical se assemelha à aspiração do *om* que ressoa no oco, no vão, no osso do som, na canção sem voz, como se o poema fosse a re-

configurações das palavras, como recados anotados rapidamente: "Como parar este instante luz que a memória aflora mas não sabe reter/ amargo este momento a mais que a memória morde mas não consegue amar/ e passas sim passa assim passa memória assassina do momento que pas".

Remeto às excelentes leituras de poemas de Augusto de Campos que integram tanto o livro de Aguilar (2005) quanto o livro coletivo de ensaios organizado por Süssekind e Castañon Guimarães (2004).

dução ao imo mínimo da linguagem. O poema alude a "João", que poderia ser tanto Cabral quanto Gilberto. Se escorre como filete, na expressão de Süssekind (em Süssekind e Castañon Guimarães, 2004), ao mesmo tempo almeja ser o "aço do açúcar", a depuração a palo seco, negatividade que ativa a presença, pois, ao alcançar o vazio, ressoa a pura vibração.

Enquanto nos anos 1960 predominava o equilíbrio entre linearidade e circularidade, que se realizava através de básculas opostas a se alternar recomeçando sempre (conforme se depreende de "tensão" e de "ovonovelo"), nos demais poemas assinalados, compostos a partir de meados da década de 1970, acentua-se outra atitude, um tanto cética, melancólica, talvez autoirônica, em relação à proposta inicial. Em algumas das melhores realizações, o tom é classicizante e pende para um tipo de reflexão gnômica.

As diversas formas geométricas que moldam os poemas de Augusto têm parentesco com a retícula (*grid*) — e suas inúmeras variações —, que fez escola na pintura construtivista ao longo de todo o século XX, conforme se reconhece na pesquisa fartamente documentada de Rosalind Krauss.[8] Um dos atributos da retícula seria a proeminência de "tudo o que separa a obra de arte do mundo, do espaço ambiente e dos outros objetos. A retícula é uma introjeção das fronteiras do mundo no interior da obra; é o mapeamento do espaço interior à moldura em si mesmo" (Krauss, 1986: 18-9). Tanto ela quanto suas derivações geometrizantes parecem substituir o verso (aquilo que define o poema enquanto tal), mas sem deixar de afiançar, ainda e sempre, que se trata de obra poética, embora permeável a princípios diversos do vaivém do arado (versura) subjacente àquela forma tradicional. Haveria, no entanto, algo de contraditório nessa separação supostamente autônoma salientada por tais formas abstratizantes. Discerne-se nos quadros

[8] Nos dicionários, normalmente traduz-se o termo *grid* por "grade" ou "grelha", o que nos parece inadequado aqui. Gonzalo Aguilar (2005), que desenvolve ampla reflexão sobre o tema, oscila entre "retícula" e "quadrícula" em sua tradução.

de Mondrian, por exemplo, uma virtual continuidade de linhas e quadrados em uma sequência que demandaria estender-se para fora da tela, como se suas bordas interrompessem a sucessão serial de cores e formas num recorte arbitrário. Alguns poemas concretos apresentam esse impulso para o contínuo, como se pudessem girar as pás de moinho, aparentemente fixas, em tensão incessante. Podem conter seu movimento num entrefechar-se (como "ovonovelo") ou girar ampliando-se (como o angustiante "SOS", de um período mais tardio).

Ainda segundo Krauss, distingue-se na retícula um cunho antinarrativo e anti-histórico. Em toda estética de matriz construtivista, desde as pinturas das vanguardas russas, passando pelo neoplasticismo e depois pela Bauhaus, pela Escola de Ulm e, finalmente, pela arte concreta brasileira dos anos 1950, encontra-se uma tendência à abstração e às formas geométricas que causam a impressão de um tempo descolado da existência de um sujeito, de um local ou de um momento histórico determinado.[9]

Em *Arte e crítica de arte* (1995), Argan também constata como o tempo, nas pinturas abstratas, parece eternizado, porque as

[9] Com exceção dos poemas amorosos de *Poetamenos* (1953), anteriores aos manifestos concretistas, ou dos declaradamente engajados, como "Cubagrama" ou "Greve" (1961), ou ainda, um pouco mais tarde, dos Popcretos (1964-66), dificilmente se poderia fixar um contexto histórico ou pessoal imediato para a maior parte da produção poética de Augusto de Campos, que tende a colocar-se de forma coletiva (mesmo quando escreve na primeira pessoa) e num presente que parece eterno, que se faz e perfaz e refaz. Como vimos, a própria forma dos poemas enseja esse apelo à superação da linearidade temporal. No entanto, essa impressão de a-historicidade sempre foi ilusória. Talvez a força dos acontecimentos políticos que marcaram a virada dos anos 1950 para os 1960, e que certamente conduziu ao "salto participativo" do começo da década de 1960, tenha gerado a necessidade de produzir poemas que refletissem de modo direto a convulsão social que então se propagava no Brasil. Isso se repropõe para Augusto, com mais clareza, na passagem do regime militar para a democracia, por ocasião da publicação de "Pós-tudo" (1984), como veremos adiante. Nos últimos tempos, em sua produção recente, a vocação propriamente política de protesto vem ganhando força.

formas geométricas e as cores puras colocam-se à margem da história. Se formos ler os escritos de Maliévitch ou, um pouco mais tarde, de Mondrian, nos depararemos com uma mescla de misticismo e utopia que talvez não seja muito diferente das reflexões de outros pintores da vanguarda de pendor construtivista, mesmo aqueles que, em vez do espiritualismo, tenham abraçado o materialismo dialético. Nos manifestos que Perloff transcreve em seu livro sobre os futurismos, as projeções sobre o futuro são expressas de forma altamente idealizada, a reunir o alfa e o ômega num tempo que casaria instante e eternidade e que sobrepujaria o descontínuo, frágil e incerto caminhar humano. Há um tom profético, como se as promessas pudessem se efetivar agora.

Pressupunha-se que a arte abstrata conteria mais potencial revolucionário do que a figurativa, pois superava a representação da realidade empírica por meio da razão ou da intuição, conferindo maior consciência ao artista. Este podia purificar sua linguagem da mera aparência e ir além, alcançando as estruturas geométricas dos objetos, revelando seu cerne, ou então construindo, ideogramaticamente, uma síntese mental das coisas do mundo. Assim, nos manifestos da teoria concreta, os poetas colocam-se contra o "realismo simplista e simplório" e advogam o "realismo absoluto", como concepção de "uma arte — não q apresente — mas q presentifique" a "palavra-coisa": o poema cria seu próprio "objeto mentado", compõe um mundo paralelo, "é uma realidade em si, não um poema sobre...". Esse objeto verbivocovisual, a "estrutura-conteúdo" de que falam os manifestos, não deixa de ser a reposição adaptada de um ideal poético absoluto, entre a consumação mística de Mallarmé ou Maliévitch (ao lado da iluminação oriental) e o construtivismo racional de Rodchenko ou Le Corbusier (respeitadas todas as diferenças).[10]

[10] Enzensberger (1971) faz observações satíricas acerca da mistura de cientificismo e religião que acompanha as "seitas" de vanguarda, como se os manifestos fossem um tipo de Bíblia, com seus profetas e seus dez mandamentos, suas inevitáveis dissidências e expurgos. Não obstante, ressalva a necessi-

Gonzalo Aguilar se interroga sobre a função da fisionomia geometrizante: haveria nessa escolha radical um último bastião de defesa contra a dissolução da obra, distintiva de algumas vanguardas? Mas a recusa da imediatez (imputada ao surrealismo) implicaria afinal o risco da "celebração" e da "reprodução acrítica das relações abstratas e quantitativas de uma modernidade mercantilizada" ou, ao contrário, poderia conduzir a uma "crítica do atraso e da falta de modernidade do contexto"? A retícula possibilitaria o afastamento da "noção de sujeito" e o concomitante abandono da "expressividade em função da evolução das formas", que finalmente "deixa o poema entregue às forças de seu próprio material" (2005: 203-4)?

Embora nenhuma revolução estivesse em curso no Brasil nos anos 1950 — apenas a recuperação da economia no pós-guerra, aqui incrementada pelo desenvolvimentismo e pela aparente consolidação da democracia, num momento de relativo otimismo e de intensa movimentação social pelas reformas de base —, o contato com discípulos da Bauhaus, na Escola de Ulm, que acreditavam na contribuição das conquistas técnicas para chegarmos a uma sociedade mais igualitária, ajudou a configurar um tipo de ideário que pregava a industrialização e a coletivização (havia alguns comunistas entre os pintores e poetas concretos), integrando uma vertente da modernidade que queria ser libertadora e progressista. Essa crença nas benesses da tecnologia remonta ao ideal iluminista de apreensão do real com base em premissas racionais, delineando, pela representação de suas estruturas lógicas, como o engenheiro cabralino, um "mundo justo/ mundo que nenhum véu en-

dade de voltarmo-nos para as obras individuais independentemente do credo que as reveste, pois, por mais redutores que nos pareçam os programas dos manifestos, ainda assim mesmo o mais rígido dos dogmas não consegue destruir o talento criador do artista individual. Os poemas de Augusto de Campos, por exemplo, o mais das vezes nada têm a ver com a suposta simplificação proposta para a compreensão racional do operário. A decifração das várias "enigmagens" assim como as referências à cultura erudita exigem perícia e traquejo dos seus leitores.

cobre". Evidentemente oposta ao expressionismo, ao surrealismo e a todas as correntes artísticas que derivam a sua matriz inspiradora do inconsciente e da imaginação subjetiva, tende a ser positiva em seus propósitos de participação social.

A ambivalência entre o elogio da técnica proveniente da sociedade urbana industrial e a crítica ao capitalismo é difícil de destrinchar. Nos cartazes de propaganda soviéticos, a estética futurista servia à revolução. Mas também ali se observa a ingenuidade mitificadora em relação aos avanços utópicos que o progresso industrial supostamente traria em termos de justiça social. Essa questão ocupou tanto Benjamin, que acreditava na força possivelmente positiva dos meios de comunicação como propulsores de valores socialistas, quanto Adorno, que, pelo contrário, temia o efeito alienante da indústria cultural. No Brasil, os concretos dos anos iniciais viam com esperança a influência do meio sobre a mensagem. Algo semelhante ocorria com artistas de origem completamente diversa, os chamados engajados provenientes do Centro Popular de Cultura (CPC) e do Partido Comunista (como Gullar, Dias Gomes, Guarnieri), que viam na televisão, por exemplo, uma forma de atingir o povo com mensagens mais críticas.

Não pretendemos discorrer sobre as óbvias diferenças históricas e culturais entre as vanguardas históricas europeias e o momento posterior brasileiro no qual surgiu o movimento concreto.[11] O que nos interessa é tentar entender, no caso da produção poética de Augusto de Campos, como a fé "futurista" dos manifestos dos anos 1950 e começo dos 1960 foi se alterando no decorrer das décadas posteriores: por um lado, o poeta manteve a disposição

[11] Pois, ainda que ecoassem a fé dos primeiros construtivistas em uma arte voltada ao mundo urbano e industrial, em direção ao futuro socialista da humanidade, nem nossos concretos, nem tampouco os seus antecessores ou dialogantes mais diretos, pisavam um chão histórico que amparasse realizações culturais dessa voltagem — fato que em si não influencia a qualidade artística. Sobre o tema, recomendamos o já clássico livro de Ronaldo Brito (1985) e o ensaio mencionado de Iumna M. Simon (1995).

para a simultaneidade, por outro, mais recentemente, um tom fúnéreo paira sobre seus versos, ou algo irremediável é enunciado, como se o poema fosse uma bolha encapsulada no espaço. De certa forma, tal disposição sempre esteve presente, desde o início, em vários de seus poemas. Entretanto, nos últimos trinta anos, essa vertente evidenciou-se com mais nitidez.

Como tal modificação certamente tangencia o contexto mais amplo, faremos um sumaríssimo excurso a respeito da possível conexão entre o tempo na poesia e suas concepções nos estudos históricos.

Em parte, os poemas das últimas décadas de Augusto não se encaixam bem em certo entendimento do que seria o regime moderno de historicidade (paradigma que nos acompanha simbolicamente desde a Revolução Francesa, relacionado à visada hegeliano-marxista, que compreende a história como um processo coletivo de transformação dialética rumo a um devir utópico). Associo o tratamento do tempo na poesia do livro *Não* (2003) de Augusto de Campos a outro tipo de regime de historicidade, conforme as definições de François Hartog: uma experiência de tempo que o historiador intitula "presentismo" (o qual teria começado por volta de 1968, mas se firmaria de fato a partir de 1989, após a queda do muro de Berlim). Essa modalidade de consciência da temporalidade não crê em modificações necessariamente positivas do atual estado de coisas. Uma série de fracassos relativos às esperanças revolucionárias no século XX teria levado a uma sensação de encurtamento do tempo. Cito o historiador:

> Entendo o presentismo, assim nomeado pela referência e oposição ao futurismo, como a expressão de um profundo questionamento do regime moderno de historicidade. O futuro, o progresso e as ideologias que a ele se prendem perderam sua força de convicção no momento mesmo que a distância entre horizonte de espera e campo de experiência tornaram-se máximos. (1996: 152)

A despeito do otimismo em relação aos avanços da tecnologia que se manifesta nas entrevistas de Augusto de Campos, a noção de futuro que vez por outra frequenta seus poemas parece acentuar a sensação de "sabedoria fatigada", observa Sterzi ("Todos os sons, sem som", Süssekind e Castañon, 2004: 105), corroborando a entropia no contínuo do tempo. Por outro lado, muitos poemas recaem no meramente lúdico, apresentando apenas a evidência engenhosa da "função poética". Um antigo regime de historicidade estudado por Hartog também poderia repontar sob o "presentismo": certo ar de exemplaridade característico de momentos de grande desencanto histórico, em que os paradigmas do passado pairam como monumentos a serem imitados, numa visão resignada de circularidade e decadência ao mesmo tempo.

A partir da polêmica acerca de "pós-tudo"[12] essas contradições tornaram-se bastante evidentes:

QUIS
MUDAR TUDO
MUDEI TUDO
AGORAPÓSTUDO
EXTUDO
MUDO

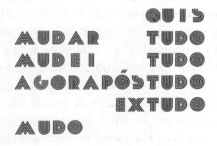

("pós-tudo", 1984, "Expoemas", *Despoesia*, 1994)

[12] Refiro-me principalmente ao ensaio "Marco histórico", de Roberto Schwarz (publicado antes no Folhetim, da *Folha de S. Paulo*, em 31 de março de 1985, e republicado em *Que horas são?*, de 1987) e à réplica de Augusto de Campos, "Dialética da maledicência" (também publicado primeiro no mesmo jornal, em 7 de abril de 1985, e depois republicado em *À margem da margem*, de 1989. Inesperadamente, Schwarz elogia, na sua polêmica contra "pós-tudo", o poema "dias dias dias" (em *Poetamenos*, 1953). Por quê? Justamente, é um poema que se ocupa da passagem do tempo, do amor e da solidão... da memó-

À luz de um poema como esse, é difícil reiterar a energia assertiva dos manifestos que ambicionavam a realização de projetos modernizadores — Brasília, o cosmopolitismo, a industrialização, a efervescência política e cultural de meados dos anos 1950 até o começo da década seguinte... Uma linha subterrânea começou a percorrer os poemas de Augusto, tensionando a figura do poeta entusiasta do futuro, conforme envelheciam as esperanças vanguardistas dele contemporâneas.[13]

As divergências em torno de "pós-tudo" serviam para debater também, mesmo que de modo inconsciente, os rumos da cultura brasileira daquele período.[14] No fundo, as críticas ao poema em parte ecoavam o inconformismo com o decepcionante momento político dos anos 1980 (transição "lenta, segura e gradual" da ditadura para a democracia, concomitante à crise econômica e sem alterações sociais significativas). O poema registra o mal-estar individual e coletivo seja como testemunho da exaustão da estética construtivista concreta, seja especialmente em relação à conjuntu-

ria... do estertor da linguagem e da experiência do sujeito frágil. Há ainda referências ao local em que a amada mora, à sua família, à viagem de avião, sempre de modo telegráfico ou com palavras fragmentadas. Algumas alusões enigmáticas que lembram o Egito só podiam ser compreendidas pela interlocutora escolhida. Nesse livro, anterior aos manifestos, todos os poemas são de amor, dedicados a Lygia. A "dias", segue-se "nossos dias com cimento": ambos se aproximam da música timbrística, serial, de Webern, muito concisa e sugestiva, como um haicai, tematizando a angústia do tempo que passa, mas também os ecos, retornos, variações e simultaneidades da experiência, da memória, presentes igualmente no lirismo e no amor (entre pintura e música).

[13] Alinha-se a essa disposição o influente ensaio de Haroldo de Campos "Poesia e modernidade: da morte do verso à constelação. O poema pós-utópico", que foi publicado contemporaneamente ao poema e anuncia uma atitude mais adequada a esses novos tempos, não mais propícios aos projetos de vanguarda. O ensaio foi republicado em *O arco-íris branco* (1997).

[14] A própria vontade de polêmica é em parte atribuída aos ares democráticos que então se fortaleciam, como percebem, de maneiras diferentes, Flora Süssekind, Zuenir Ventura e Cacaso em ensaios nos quais procuravam compreendê-la.

ra histórica, o que era uma constatação difícil de suportar, com particular relevo para os atores mais engajados na expectativa de melhorias substanciais: reconhecer o quanto estávamos imobilizados e perplexos pela aceleração do capitalismo de mercado e pela sociedade do espetáculo.

Ao contrário do mantra "Tudo muda",[15] ele anuncia a desilusão sem consolo quanto às transformações do presente depois de tantos esforços. Enfim, uma assertiva sobre a (quase) inutilidade das iniciativas que conduz à conclusão um tanto desencantada da necessidade de parar (de compor poemas? de acreditar no "princípio esperança"?) para estudar e/ou mudar e/ou ficar mudo...

Assim, parece-nos que vários poemas recentes de Augusto de Campos tendem o mais das vezes ao circular estático — no sentido de retornar ao zero, ao nada, ao silêncio —, ainda que os desenvolvimentos da computação possam eventualmente contribuir para aprimorar alguns procedimentos de construção.[16] Tal "tensão" entre proposta original e realização ocorre em mais de uma direção, como se minasse do fundo do poema uma contradição secreta ou explícita entre impessoalidade e sujeito, tempo simultâneo e sucessivo, positividade e negatividade, fluidez e estagnação:[17]

[15] "Alles wandelt sich", de Bertolt Brecht. Na tradução de Modesto Carone (citado em Alfredo Bosi, 1977: 184): "Tudo muda. Começar de novo/ Tu podes, com o último alento./ Mas o que está feito, está feito. E a água/ Que atiraste ao vinho, não podes/ Mais retirar.// O que está feito, está feito. A água/ Que atiraste ao vinho, não podes/ Mais retirar, mas/ Tudo muda. Começar de novo/ Tu podes com o último alento".

[16] No site de Augusto de Campos (www.uol.com.br/augustodecampos), assim como no YouTube e no Instagram, podem-se encontrar diversos poemas musicalizados, declamados e com recursos de movimento, o que proporciona uma experiência verbovocovisual mais completa.

[17] O poema "inestante" figura a representação gráfica de uma estante. Segue assim: "os livros estão de pé na es/ a vida cada vez mais dis/ morrer já não é o bas/ escrever é quase tão desgas/ este instante já é outro ins/ vivam os vivos com o res/ os livros estão de pé na es".

osllllllivroslllllestãolllllldelllllpélllllnalllllles

allllllvidalllllcadallllvezlllmaisllllllllllllllldis

morrerllllllllllljállllllllllnãollllllllléllllllllbas

escreverllllllllléllllllquaselllllltãolllllldesgas

estellllllinstantelllllljálllllléllllloutrolllllins

vivamlllllloslllllvivoslllllcomllllllollllllres

osllllllivroslllllestãolllllldelllllpélllllnalllllles

("inestante", 1983, *Despoesia*)

Elucida Sterzi:

> [...] em "inestante" [...], ele admite que "escrever é quase tão desgastante" quanto morrer e elege para si a definitiva perspectiva da morte: "vivam os vivos com o restante". Aliás, o poema aqui já aparece em ruína, com a elisão do segmento rítmico dos versos e a sugestão da rima apenas pelo encadeamento dos vocábulos terminais desgastados. (2002: 178)

O crítico observa que, na sua tendência à máxima redução e contenção, "a indesejada das gentes não é apenas o assunto ou tema, mas sim a razão determinante da forma" (2002: 177). De um lado, o movimento sucessivo do tempo que passa e se desgasta; de outro, o contraste com a fixidez dos livros na estante.

Veja-se, por exemplo, "morituro". O moribundo crê na sobrevivência do ideal poético, a despeito das evidências em contrário, como um tipo de morto-vivo isolado em sua catacumba que espera retornar. A forma-ataúde vai preservá-lo embalsamado. Mas parece não haver diferença entre futuro, presente e passado ("que não muda"). Enquanto isso, a única atitude a tomar é opor-se à alastrada vulgaridade à sua volta, contra a qual o poema se posiciona, como a desmascarar a mentira do céu atual. Já o percebera igualmente Sterzi quando ressaltou a íntima relação da poesia de Augusto de Campos com a lápide: "O epitáfio é seu modelo secreto — e às vezes evidente. Augusto confere centralidade e alcance a uma forma poética persistente mas marginal, o epigrama funerário". E exemplifica: "Com efeito, 'morituro' (1994) foi escrito como um telegrama enviado da tumba" (2002: 178).

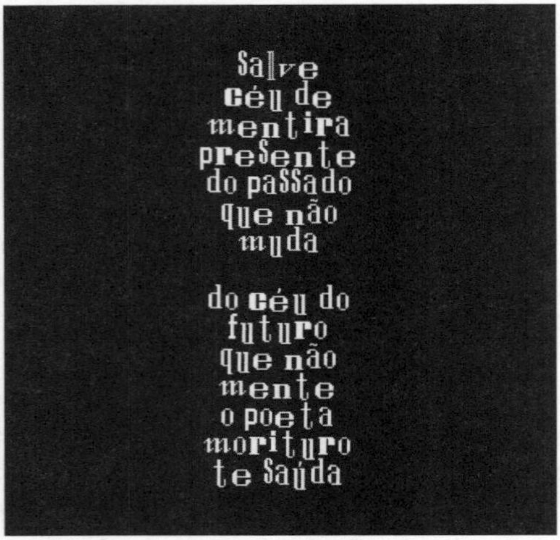

("morituro", 1994, *Não*)

No penúltimo livro publicado, *Não*, a imagem do "beco sem saída" ("desplacebo", 1977) é reiterada na contracapa com o poema labiríntico "sem saída" (2000), no qual se podem decifrar frases como "não posso voltar atrás/ nunca saí do lugar/ não posso ir mais adiante/ o caminho é sem saída"; ou reforçada por poemas circulares que vão do nada ao nada ("ad marginem", 1986); ou ainda por praticamente todos os poemas da seção "Ex", que tratam da irreversibilidade (tema que já comparecia antes — veja-se por exemplo o impressionante "viv", de 1992, em *Despoesia*, que realmente lembra uma lápide funerária). Ainda que o balanceio entre viver e morrer permaneça, a própria forma de alguns poemas é estática, como é o caso de "tour" (1999, *Não*), em que as letras estão circunscritas cada qual a seu quadrado, como se presas em jazigos.

Embora predominante, como se depreende dos exemplos citados, esse não é o único tom de sua obra recente. O encontro breve e intenso com o minuto essencial também emerge. O tempo que se desdobra pode desembocar na dissolução inescapável do pesadelo ou na iluminação do instante mínimo (em que salta a rã, cai a folha, brilha a estrela, pulsa o quasar), concorrendo ainda como pano de fundo da meditação poética de Augusto de Campos.

Não à toa, sente-se a afinidade entre o efeito de alguns poemas e a meditação zen (mas não religiosa) — porque há uma concentração no instante, contrária ao percurso horizontal da linguagem: uma pintura do evento em seu momento de manifestação, ou a impressão de epifania poética (quando a palavra intensifica seus sentidos) —, derivando daí a incompatibilidade com certas formas de movimento discursivo, processual.

O "poema-constelação", asseverava Haroldo de Campos, irá "liquidando com a noção de desenvolvimento linear seccionado em princípio-meio-fim em prol de uma organização circular da matéria poética", pois postula a adoção do princípio mallarmaico da "rosácea" e joyciano da "contenção do todo na parte" do "círculo vico-vicioso", "onde cada unidade 'verbivocovisual' é ao mesmo tempo continente-conteúdo da obra inteira, *myriadminded* no instante" ("A obra de arte aberta", 1955).[18]

Mas hoje, muitas vezes, ao contrário do que imaginavam os místicos e revolucionários das vanguardas históricas, em vez da "agoridade" messiânica, o que se espera (ou melhor, se teme) é a degradação, de modo que a forma tenta conservar ou reiterar a pulsação do instante poético, consciente, com angústia, do escoar gota a gota do tempo, sobre o qual ensaia, impossivelmente, saltar. Se olharmos para o século XX a partir da perspectiva de historiadores como Hobsbawm, que consideram o arco do tempo entre a Primeira Guerra Mundial e a Revolução Russa como o seu

[18] Em Campos; Pignatari, 2006: 50.

começo, numa ponta, e a queda do muro de Berlim como o seu final, na outra, poderemos compreender esse "sentimento de mundo" de estagnação no presente espesso que não aponta para uma transformação social positiva.

Percebe-se um nó de ritmos temporais retesando os fios poéticos enlaçados de Augusto: um lado inclina-se para a fé no progresso que a tecnologia enseja (tributário do entusiasmo desenvolvimentista dos anos 1950); outro pende para a reiteração do presente, característico deste contemporâneo sem margens em que estamos imersos; e um terceiro abre-se para instante depurado do som-imagem lírico. Ainda que na superfície pareçam sobrepairar a vida concreta, esses compassos imbricam-se com os diferentes andamentos históricos de nossa época. Mas, como toda poesia que resiste, seu alcance ultrapassa o momento da produção.

Um piscar de estrelas entre o cosmos e o pó, o ser e o nada, o tudo e o mudo, a solidão dos múltiplos "eus" frente ao universo, a progressão que se quer eco — procurando vencer a contradição inerente à natureza sequencial da linguagem — são os eixos que traduzem essa dinâmica entre viver e morrer, luz e negror:

("Tudo está dito", 1974)[19]

[19] Dentre outras frases possíveis, destacam-se "Tudo está dito/ Tudo es-

FERREIRA GULLAR: "O FOGO PROCURA SUA FORMA"

O impulso por uma nova poesia afinava-se com o então jovem movimento concreto em meados dos anos 1950. Gullar compôs, na época, alguns poemas visuais semelhantes aos da poesia concreta, recusando o discursivo em nome de uma linguagem mais substantiva. No Rio de Janeiro, um grupo de artistas se encaminhava para a criação de formas plásticas que rompessem com modelos anteriores de pintura e escultura. Mas logo se observa certo afastamento entre as concepções de cariocas e paulistas. No "Manifesto da primeira exposição neoconcreta",[20] uma das críticas que Gullar endereçava ao concretismo tinha por alvo o que julgava ser uma "perigosa exacerbação racionalista", pois desconfiava dos "limites impostos pela teoria". O poeta propunha, em contrapartida, o afastamento de aspectos cientificistas, matemáticos, mecânicos, e a aproximação do organismo vivo, em uma arte relacionada ao corpo e à experiência, e não apenas a meros exercícios ópticos. Ressaltava que a importância do tempo era maior que a do espaço, embora concordasse com os concretos quanto ao repúdio da "sintaxe unidirecional". Os artistas que subscreviam esse seu manifesto[21] apoiavam a volta ao "verbo", que supunham mais

tá visto/ Nada é perdido/ Nada é perfeito/ Eis o imprevisto/ Tudo é infinito". Um poema visual de Torquato Neto ("POETA/ MÃEDA/ ARTES/ MANHA"), publicado na revista *Navilouca* em 1974, portanto dois anos após a sua morte, lembra bastante, do ponto de vista da aparência, esse "Tudo está dito". Por sua vez, o poema do próprio Torquato foi convertido em palavra de ordem em uma conclamação de Chacal ("Artimanha: ardil, artifício, astúcia", em *Malasartes*, nº 3, abr.-jun. 1976), o qual quase com certeza não conhecia a primeira versão concreta. É como se a deformação do princípio construtivista fosse a regra dos anos 1970, que imita a letra traindo o espírito.

[20] Museu de Arte Moderna do Rio de Janeiro, MAM-RJ, 1959, republicado em Gullar, 2007.

[21] O manifesto foi assinado por Amilcar de Castro, Ferreira Gullar, Franz Weissmann, Lygia Clark, Lygia Pape, Reynaldo Jardim e Theon Spanúdis. É

expressivo. Sugeria-se o conceito de um espectador participante nessas primeiras experiências com poemas-objetos, os quais necessitariam da ação interativa de um interlocutor para desvelar-se como significado pleno.

Apesar de guardarem alguns pontos comuns com a proposta concreta, tanto na poesia quanto nas artes plásticas,[22] havia também fortes desavenças. Como bem concluiu Ronaldo Brito (1985), o neoconcretismo foi o ápice do ideal construtivista, último rebento e já a semente de sua desagregação, porque existia ali uma crise exacerbada que reconhecemos traduzida desde *A luta corporal* (1954), anterior ainda a toda essa formulação teórica. Por fim, as próprias tensões internas, intimamente articuladas à situação histórica, levaram alguns artistas ao engajamento político e a experiências de *performance*.

Cito Ferreira Gullar em trecho da "Teoria do não-objeto" (1959), em que tal inquietude materializa-se plenamente e no qual

interessante notar que Max Bense definiu os neoconcretos como "o grupo que se distingue de *noigandres* sobretudo pelo fato de que seu construtivismo admite, ao lado dos racionais, também elementos irracionais, e toma em consideração o folclorismo do país" (em Brito, 1985: 62), como se, ao menos inconscientemente, fizessem uma ponte para a eclosão da arte politicamente engajada que surgiria na curva dos anos 1960 e, mais adiante, para a eclosão da antiarte e para uma aproximação com a ideia de marginalidade — contrária às manifestações artísticas concretistas anteriores, mas em parte por elas contaminada. Mesmo em sua produção concreta e neoconcreta, Gullar já se distinguia do grupo original quando, na epígrafe do livro *Poemas* (1958), anunciava sua proposta com uma comparação ao universo vegetal: "Esta poesia mostra o tempo como uma fruta aberta, tempo espaço de si mesmo". Em Manuel Bandeira, "Gullar concreto", resenha reproduzida em Gullar, *Poesia completa, teatro e prosa*, 2008: xxxi.

[22] Por exemplo, de acordo com Brito (1985): tirar a pintura do espaço bidimensional e levá-la para o espaço multidimensional (como tentava Lygia Clark); corporificar e construir o poema em objeto espacial; ou ainda programar-se para atuar como modelo de construção social, de modo a coletivizar suas produções e ter uma ação educativa — como se o artista fosse sobretudo um informador visual —, opondo-se a tendências oníricas, subjetivas, surrealistas.

explicita suas afinidades e diferenças, já antevendo consequências posteriores:

> Também o poeta busca a experiência primeira do mundo, também ele trabalha no limite da linguagem poética.
>
> Na época moderna, vimos a destruição das formas fixas de estrofe, de verso, para chegar-se ao verso livre. Mas, depois, o verso livre também tornou-se um instrumento estereotipado: rebentou-se a sintaxe e chegou-se à palavra como elemento primeiro. Da mesma maneira que a cor libertou-se da pintura, a palavra libertou-se da poesia. O poeta tem a palavra, mas já não tem um quadro estético preestabelecido onde colocá-la habilmente. Ele se defronta com ela desarmado, sem nenhuma possibilidade definida mas com todas as possibilidades indefinidas. O que importa não é fazer um poema — nem mesmo fazer um não-objeto — mas revelar o quanto de mundo se deposita na palavra. (2007: 98-9)

Apesar do exagero retórico, típico do gênero manifesto (e nisso Gullar se assemelhava aos seus antecessores, com quem digladiava), reconhece-se o tema da consciência do hiato irresolúvel entre mundo e palavra, que permanecerá constante em sua obra e conservará um vínculo agudo com a interrogação sobre a matéria da vida (imersa no tempo que passa) e sua relação com a poesia, dilema para o qual o poeta buscará diferentes formulações. Amigo de Mário Pedrosa, que muito o influenciou, todo o seu empenho teórico para compreender as inovações de Lygia Clark e Hélio Oiticica, as quais compartilhava naquele período, segue na direção de imaginar uma arte que superasse a representação e criasse o seu próprio espaço: o "não-objeto" deveria ser "pura significação", "imanente à sua própria forma" — uma "presentação" de algo anterior aos nomes já classificados, como lemos acima na "Teoria do não-objeto" (2007: 94 ss.).

A polarização, nesse caso, dá-se entre o tempo vivo de criação do poema e sua posterior solidificação como parte da cultura (que ele afirma e nega, gerando uma dimensão própria). Esse conflito deveria transparecer no interior da obra, uma vez que, segundo afirmava, aliás em consonância com o *ethos* construtivista, "A arte não é uma atividade de segundo grau, mas um ato primeiro que muda o mundo" ("O tempo e a obra", 1961: 110).

Naquele momento, ensaiava formas poéticas vizinhas às artes plásticas, como os "Poemas espaciais". E quando, depois de passar pela fase mais politicamente engajada, compõe, nos anos 1970, uma poesia mais próxima do que será sua trajetória até recentemente, voltamos a encontrar muito das preocupações manifestadas em seus primeiros textos.

Tempo e poesia

Diversamente dos estudos críticos acerca da obra de Augusto de Campos, a fortuna crítica de Ferreira Gullar sempre realçou a questão do tempo em sua poesia. Sem pretender discorrer sobre todas as complexas reflexões acerca do tema, focalizo, sumariamente, algumas ponderações que se confirmam em quatro ensaístas, à guisa de alicerce fundamental para o que me proponho a acrescentar.

No estudo longo mais antigo sobre o poeta, João Luiz Lafetá logo percebeu que a consciência da "passagem desagregadora" do tempo, que conduz para a destruição a beleza fugaz dos viventes, era um motivo axial de Gullar desde seu primeiro livro: "o canto, coisa viva, em que se trabalha, é inquietude, luta contra a morte" (1982: 74), compreendia o crítico. Mas nem sempre a linguagem pode resistir ao curso de deterioração das coisas. Por isso, o fogo aparece constantemente como imagem do ardente consumir-se de tudo, até da própria poesia. Haveria nos seres uma cintilação que logo se perde. No livro *A luta corporal*, ela era inútil e solitária. Ao desencavar e depois voltar a enterrar o cadáver do anjo, "o poeta recusa o mito da eternidade, firma-se na constatação do perecimento de tudo" (1982: 81).

A seguir, o ensaio de Alfredo Bosi sobre Gullar encarecia traços análogos, acrescentando a percepção de que

> A matriz do seu mundo poético é a Cidade da infância e da adolescência, aquela São Luís mítica e realíssima onde o Sol irradia por um céu cruelmente azul e arde como um fogo que é a própria figura do Tempo. A chama calcina como as horas. O fogo queima, se rápido, ou, se lento, faz o germe explodir, a polpa adoçar até o mel e, obsessão fecunda, leveda a natureza até o apodrecimento, a náusea, a inexorável combustão dos seus mais ocultos tecidos.
>
> [...] No poema de Ferreira Gullar uma intimidade febril une o sol e a morte, e esta, repito, me parece ser a forma imaginária com que o poeta diz o seu sentimento do Tempo. (1983: 7-8)

Alcides Villaça também refletia:

> As imagens da iluminação e as do escuro constituem, pois, um campo simbólico geral da luta que se trava entre o impulso lírico e a consciência de sua impossibilidade, tudo desembocando na ironia mortal que conduz à pulverização do discurso. O antagonista maior, quase absoluto, é o Tempo, menos histórico que fenomênico, ação material da natureza sedutora mas ilusória, fátua e fatal. A tarefa dessa poesia está em perfurar a superfície enganosa para encontrar, no cerne de cada coisa ou ser, o que lhe é essencial: "um contínuo negar-se". Assim, o azul do céu é "mais que azul": "ele é o nosso sucessivo morrer". (1998: 92-3)

Por fim, o sugestivo ensaio de Leonardo Martinelli (1997) procurava explorar o estiramento do tempo que passa *versus* a forma que perdura no próprio *tempo do poema*, cuja linguagem é destruída, fraturada e conspurcada em nome da ânsia de existir. O "incêndio" retrata a figura da impermanência da representação, pois as coisas consumidas pelo fogo só podem brilhar no segundo antes do vórtice implacável que as corrói, visto que as palavras não as apanham de fato, apenas as alumiam vivaz e fugazmente.

Num dos poemas antigos em que mais se destaca a composição aparentemente harmônica entre o existir passageiro (mas concreto e sólido) e o fogo do tempo que consome a vida selvagemente, "Frutas", contrapunham-se o universo doméstico, a sustentar-se no presente aparentemente calmo de uma "mesa no domingo", e, em oposição, o "mar atrás", como cena pictórica instável devido às chamas que vem devorar por dentro e por fora o pequeno arranjo humano:

> Sobre a mesa no domingo
> (o mar atrás)
> duas maçãs e oito bananas num prato de louça
> São duas manchas vermelhas e uma faixa amarela
> com pintas de verde selvagem:
> uma fogueira sólida
> acesa no centro do dia.
> O fogo é escuro e não cabe hoje nas frutas:
> chamas,
> as chamas do que está pronto e alimenta.
>
> (*O vil metal*, 1960)[23]

É um tipo de natureza-morta em que a vibração opera de dentro e de fora da matéria.[24] "Que não seja imortal, posto que é cha-

[23] Todos os poemas de Gullar foram republicados em *Poesia completa, teatro e prosa* (2008), obra consultada para este livro.

[24] Confira-se a bela análise desse poema realizada por Alcides Villaça (1998: 94-5), na qual o crítico distingue "os cinco primeiros versos", os quais "oferecem-nos a visão descritiva das frutas", dos "cinco restantes", que "elaboram liricamente o material apresentado. Duas naturezas se oferecem, em dois tempos destacados: a reconhecida pelos olhos (com formas, cores, planos, pers-

ma/ mas que seja infinito enquanto dure", diz a fórmula lapidar de Vinicius de Moraes para definir tanto a emoção poética quanto a amorosa.

"Frutas" parece uma tentativa de pensar o lugar da poesia na vida um pouco diferente dos anteriores "Peras" e "Galo galo" (em *A luta corporal*), nos quais os seres existiam para a morte solitária e sem redenção em meio à indiferença do seu meio e do tique-taque do tempo mecânico. Aqui, as frutas ardem no fulgor intenso de um instante, mas ele é belo e vale por si mesmo. Em vez de apodrecer inutilmente, elas trazem dentro de si energia nutritiva. Por dentro e por trás da aparência "sólida", tudo se desequilibra em combustão — o escuro perpassa a luz das cores que se autoconsomem. As frutas são apresentadas duas vezes: primeiro de modo prosaico e objetivo ("duas maçãs e oito bananas num prato de louça") e a seguir de modo transfigurado, como pintura abstrata ("duas manchas vermelhas e uma faixa amarela/ com pintas de verde selvagem"). Pois ocorre um movimento do olhar que converte a contemplação objetiva do mundo externo em percepção artística: por um breve e instável momento, o poema, como as frutas, "está pronto e alimenta".

A qualificação do tempo como ser vivo com corpo de luz, que resiste a morrer, comparece desde o começo juvenil de sua poesia. Os nomes dos meses (dezembro, fevereiro, março, setembro) caracterizam-nos como deidades animalizadas, potências que presidem as deambulações pelas ruas, em meio às vitrinas, pontos de

pectiva) e a trabalhada pelas impressões (por meio de metáforas, sinestesias e paradoxos). Uma 'natureza morta', picturalmente imobilizada, torna-se convulsa e sugestiva em outra que a traduz. Como pano de fundo à apresentação das frutas atua, no entanto, 'o mar atrás', signo da inquietação do que está 'atrás' não como cenário, mas como perturbadora infinitude. Os elementos plásticos da primeira cena temporalizam-se no segundo momento: a 'mesa no domingo' torna-se 'o centro do dia'. A 'faixa amarela' desdobra-se em 'fogueira sólida' e contrasta com o insólito 'fogo escuro', 'que não cabe hoje nas frutas'. Por que não cabe? Porque as frutas estão no auge do viço (maçãs vermelhas, bananas amarelas), e a ameaça mortal do 'escuro' diz respeito ao fogo destrutivo, que ainda não surgiu".

ônibus, jardins — qual aviões ou torpedos suicidas que se abatem sobre a cidade, sinais da passagem intensa do tempo, entreouvida junto aos ruídos da bulha cotidiana:

Este fevereiro azul
como a chama da paixão
nascido com a morte certa
com prevista duração

deflagra suas manhãs
sobre as montanhas e o mar
com o desatino de tudo
que está para se acabar.
[...]

("Verão", *Dentro da noite veloz*, 1975)

O "sôfrego pulsar" do coração diário confere aos poemas um ritmo por vezes enumerativo e desconjuntado, aos trancos, como se a multidão de homens e mulheres o atravessasse em diferentes compassos, enquanto certa cadência se mantém, de acordo com rotações variadas, lentas ou aceleradas, formando um painel complexo que inclui insetos e estrelas. "Muitos/ muitos dias há num dia só/ porque as coisas mesmas/ os compõem/ com sua carne (ou ferro/ que nome tenha essa/ matéria-tempo/ suja ou/ não)" — a matéria-tempo se move de modo "sinfônico" e "simultâneo", como já notou a crítica, ou "vertiginosamente devagar", tal como se desfazem frutas e homens:

Sou um homem comum
    de carne e de memória
    de osso e esquecimento.
    Ando a pé, de ônibus, de táxi, de avião
e a vida sopra dentro de mim
    pânica
    feito a chama de um maçarico

e pode
subitamente
                    cessar.
[...]

("Homem comum", *Dentro da noite veloz*)

Nesse poema e em vários outros desse livro, o sujeito se coloca como alguém semelhante aos outros, reconhecendo-se por meio da luta comum contra o opressor. É o momento de emergência das identidades coletivas. Há, portanto, diferença em relação à postura do poeta da década anterior, marcada pelo existencialismo e pela experimentação formal ostensiva. Aqui, a revolta poética assume viés político de denúncia, como se reconhece em tantos versos desse livro bem representativo dos anos 1960.

Um dos desafios que percorre a arte da época é o anseio por participação social e a crença de que o artista teria uma função conscientizadora. Ao mesmo tempo, há um sentimento de impotência e de sublevação, tanto dos próprios artistas quanto da crítica, contra os objetos artísticos, declarados insuficientes para sustentar projeto tão grandioso. O enfrentamento da dura realidade da vida do povo brasileiro, ao lado de um sentimento de urgência, impeliu Gullar à simplificação da linguagem poética e até ao didatismo, como se o poema devesse cumprir a função de iluminar e acender imediatamente o tempo presente, mas fosse, entretanto, insatisfatório para cumprir tal exigência. Essa é uma contradição que a poesia de Gullar encarou de variadas maneiras — desde *A luta corporal* — e que podemos reter em mente.

Mas pode ser brusca demais a exteriorização desse rechaço do "mero" verbo. No sobejamente conhecido "A bomba suja", Gullar emula a "Antiode" cabralina para de novo pedir licença e colocar no poema o que nele não caberia, o que reputa como verdadeiramente "real": "Introduzo na poesia/ a palavra diarreia [...]. Quem fala em flor não diz tudo./ Quem me fala em dor diz demais./ O poeta se torna mudo/ sem as palavras reais". E, mais adiante no livro, em "Não há vagas", insiste: "O preço do feijão/

não cabe no poema [...]. O poema, senhores/ não fede/ nem cheira". O seu empenho em mobiliar o espaço do verso com materiais da atualidade e mesmo com os sentidos corporais vai até o ponto de torná-lo jornalístico e literal ao máximo, como em "Poema brasileiro".[25]

Em vez de pressupormos uma ruptura brusca entre o momento neoconcreto e o posterior engajamento, poderíamos localizar certa continuidade no impulso ambicioso de armar a poesia com potencial revolucionário, seja nas premissas daqueles primeiros manifestos, seja nas pesquisas com as formas do cordel e do *agitprop*.

Mas o tom podia soar um tanto empostado, desequilibrando-se na direção do discursivo. "Essa não coincidência entre o momento lírico e o plano histórico-social é marca aguda da poesia moderna", pondera Villaça (1984: 179), referindo-se à procura do autor por uma forma de alcançar traduzibilidade ou ponte de participação entre sujeito, de um lado, e mundo de coisas e homens, de outro.

Aos poucos, ao longo dos anos 1960 e começo dos 1970, a poesia de Gullar foi superando essa dificuldade. Em seus poemas a respeito da guerra do Vietnã e da morte de Guevara (já em 1968), pressente-se a ampliação de horizontes não apenas geopolíticos, mas igualmente de imaginação e de ritmo.

Veja-se um poema breve, no qual se notam tanto a desafinação irresolvida quanto o casamento entre interior e exterior, quando o poeta intenta falar de sua experiência como fugitivo clandestino depois do golpe militar:

[25] Se tanto Augusto quanto Gullar compuseram poemas "engajados", especialmente nos anos 1960, enquanto o primeiro permaneceu aguerridamente experimental, seguindo os procedimentos concretos — que se assemelham a cartazes, na sua concisão sugestiva —, o segundo preferiu as formas populares tradicionais do cordel e da quadrinha, muitas vezes narrativas, para tratar dos nossos problemas sociopolíticos. É evidente que tais escolhas significavam visões radicalmente diferentes sobre o país e sobre a poesia.

Madrugada

Do fundo de meu quarto, do fundo
de meu corpo
clandestino
ouço (não vejo) ouço
crescer no osso e no músculo da noite
a noite

a noite ocidental obscenamente acesa
sobre meu país dividido em classes

(*Dentro da noite veloz*)

As reiterações para acentuar o fundo, o escondido, o que punge no osso (a noite, a noite, a noite... três vezes seguidas) — não separado intelectualmente pela visão, mas gravado dentro de si (ouço osso), no músculo (do eu lírico? da noite?), palavra também noturna — são a penetração no próprio corpo da verdade interdita, do que resume essas trevas do país (e do ocidente inteiro) iluminado por uma claridade falseadora que cicia (o*c*idental obs*c*enamente a*c*esa), por uma luz que se projeta sobre a divisão de classes — força externa que exibe claramente o vergonhoso da atomização e da desigualdade do que deveria ser um coletivo justo. A escuridão que cresce, amalgamando sujeito e mundo, torna-se subitamente imensa e opressiva, como se o eu escondido no "fundo de meu corpo", na intimidade sombria do quarto, fosse projetado para a amplitude da consciência do país onde se efetiva a disparidade social. Embora o título seja "Madrugada", não parece remeter a uma alvissareira aurora. Pelo contrário, o dia vindouro impõe ao poeta a lucidez desencantada do real.

Nesse poema já se delineia um traço que irá percorrer toda sua obra: para além da visão (tipicamente cabralina), Gullar mergulhará nas sensações — táteis, olfativas — para alcançar e dar a sentir esse mundo tangível anterior a todo conceito, anterior mesmo à palavra, obsessão que o acompanhará até seus últimos livros. O corpo do mundo que ele percute e faz vibrar propiciará a realização do seu verdadeiro projeto de escrita poética com alcance social.

Os dois últimos versos de "Madrugada" são, porém, fiéis ao antilirismo de um reconhecimento indignado, em que quase não há transfiguração e o enunciado se dá ao rés do chão. É comum em seus poemas dos anos 1960 um começo mais autorreflexivo, seguido por um desenlace abrupto que hoje nos soa um tanto altissonante, descaindo em retórica. Perde-se a mediação imagética e sonora, assim como a particularidade concreta, expondo ideais de modo exterior. Villaça (1998: 99) considera essa passagem para o conceitual um despencar para o emblema explicitamente alegorizante. É verdade, mas há que se considerar que, conforme o crítico comenta em outras passagens, também nesses versos ocorre um forte movimento de interiorização por meio do qual tanto o corpo do sujeito quanto o da linguagem se projetam no poema. Naqueles anos, a ira da denúncia e o desejo utópico mobilizavam de tal modo a arte que ela parecia renunciar por vezes à mediação do trabalho formal para aproximar-se da "universal reportagem", desagregando-se no limite da antiarte, como se verifica, por exemplo, em duas obras de Oiticica, o estandarte ("seja marginal/ seja herói"), semelhante aos dois versos finais do poema "Agosto 1964", de Gullar ("um poema/ uma bandeira"), e o bólide em homenagem a Cara de Cavalo (o amigo morto pela polícia), que se parece sobretudo com uma ação ritual.

Torna-se claro o desacordo exasperante entre o aqui e agora irremissível da existência diária em curso e as palavras arranjadas artisticamente no poema. No entanto, ainda assim, Gullar exprimirá a insatisfação... em palavras... mesmo que ao ponto de desconfiar totalmente delas, como se verifica, dez anos mais tarde, em "O poço dos Medeiros" (*Na vertigem do dia*, 1980), no qual declara: "Não quero a poesia, o capricho/ do poema: quero/ reaver a manhã que virou lixo". O poema, porque simulacro da vida, é tomado como mentira. Novamente, o autor se revoltará contra a poesia como obra morta e advogará em favor da sensação, do imediato: embora consciente do intervalo entre presença e discurso, ele exige que a palavra incorpore uma voz atuante.

"A poesia é o presente", assegura o eu lírico em "No corpo", quando desaprova o estatuto de obra perene do poema, e em "A poesia" (*Dentro da noite veloz*), quando diz: "Poesia — deter a vida com palavras?/ Não — libertá-la,/ fazê-la voz e fogo em nossa voz. Po-/ esia — falar/ o dia". Ecoam os timbres do corpo, onipresente no *Poema sujo* e em tantos outros versos daqueles anos.

Grifamos essa impaciente e contraditória negação da poesia em "Arte poética" ("Não quero morrer não quero/ apodrecer no poema"), na qual toda a composição dos versos divide-se entre o universo ígneo, vital, e a tentativa de embalsamamento que seria a palavra escrita. Se pudéssemos sintetizar o vórtice que a arte do período exibe em uma pequena estética da dessublimação e da gana de retomar a vida, leríamos como um manifesto esse poema paradoxal:

Arte poética

Não quero morrer não quero
apodrecer no poema
que o cadáver de minhas tardes
não venha feder em tua manhã feliz
                    e o lume
que tua boca acenda acaso das palavras
— ainda que nascido da morte —
                    some-se
                    aos outros fogos do dia
aos barulhos da casa e da avenida
                    no presente veloz

Nada que se pareça
a pássaro empalhado múmia
de flor
dentro do livro
                    e o que da noite volte

volte em chamas
        ou em chaga

        vertiginosamente como o jasmim
que num lampejo só
ilumina a cidade inteira

(*Na vertigem do dia*, 1980)

Tanto a primeira como a segunda estrofes erigem-se sobre imagens que se contrastam fortemente, distinguindo a morte, noturna e rígida, do fogo diário, instantâneo, veloz. A diagramação enfatiza essa oposição binária entre o "cadáver das tardes" e a "manhã feliz". Os recursos sonoros (rimas sobretudo toantes, aliterações e assonâncias), assim como as quebras abruptas dos versos, intensificam o apelo reiterado do poeta. O movimento rotatório em espiral dos versos da última parte do poema bem representa a veemência da aspiração de encarnar-se na duração do tempo horizontal da vida, que afinal acelera-se em ressonâncias sonoras as quais mimetizam a vertigem do instante. Com isso, o poema tenta furtar-se à mumificação da arte-flor empalhada no museu-livro que contrasta com a sinestesia perfumada, luminosa e musical do jasmim.

Porém, ocorre uma torção nessa dualidade, pois o único sinal de pontuação de "Arte poética", o estridente travessão na primeira estrofe, assinala o reconhecimento que o poema nasce da morte, enquanto na segunda estrofe, de modo paralelo, que a energia iluminadora provém da noite, de forma que a contradição entre o anseio vital e a escrita só poderia se resolver no próprio fazer poético. Sonoridade e imagem vêm materializar o discurso, tornando-o mais corpóreo e presente.

Desde o princípio da trajetória de Gullar, esse temor da escrita como máscara mortuária já se anunciava, como lemos em depoimento no qual retoma seus primeiros passos como poeta:

> A literatura, que me prometia uma resposta para o enigma da vida, lembrava-me a morte, com seu mundo de letras pretas impressas em páginas amarelecidas. Compreendi que a poesia devia captar a força e a vibração da vida ou não teria sentido escrever. Nem viver. (2008: 1068)

Assim, o ideal de uma arte semelhante à chama, que nasce da noite e, no momento em que fulge, ilumina a cidade sem deixar peso ou rastro, acompanha o poeta sempre, como voltagem que não cede, recusando-se, na forma, a abandonar a construção do poema, ao mesmo tempo que, no conteúdo, incita a ignição do instante.

Em rebelião contra a forma estática, aspirando a cadavérica, da arte autônoma, o poema proclama o movimento do fogo, em sua voraz vitalidade, como modelo de intensidade. A fisionomia desse e de tantos outros poemas corrobora o ímpeto para o perpétuo deslocamento, quando os versos se desalinham na página, desarranjando a estaticidade dos recuos usuais.[26]

A partir desse livro, observa Antonio Carlos Secchin, torna-se "expressivo, qualitativa e quantitativamente, o conjunto de textos que refletem sobre o próprio ato criador (quase um terço do total)" (2008: xxiv).

Nesses poemas claramente metapoéticos, como "O espelho do guarda-roupa" (*Na vertigem do dia*), o eu lírico evita mineralizar as palavras, nunca retidas em conserva. O próprio espelho é água e estilhaço, enquanto "por trás do meu rosto/ o dia/ bracejava seus ramos verdes/ sua iluminada primavera". Tudo se agita e cresce: mesmo quando dormindo, o poeta "é como um acrobata/

[26] Meschonnic (2006: 64) dirá que a linguagem poética, quando bem realizada, é oralidade, isto é, consegue imprimir o corpo vivo na linguagem. É, em suas palavras: "O máximo possível do corpo e de sua energia. Como ritmo. O ritmo como forma-sujeito". A voz do poeta se faz sentir em seu timbre particular. Como se o dizer pudesse tangenciar um fazer, sendo, através da sonoridade e da imagem, mais concreto.

estendido sobre um relâmpago". A ventania, o marulho do mar são alguns dos rumores inquietos que vêm desequilibrar a figuração no poema. O problema da representação imobilizadora é que, embora reflita "a paisagem", não consegue preservar o movimento ruidoso da vida: "o vento nas copas/ o ladrar dos cães/ a conversa na sala// barulhos/ sem os quais/ não haveria tardes nem manhãs". Nem o próprio sujeito petrifica a imagem de si próprio enquanto o tempo passa, preenchido por pedacinhos de tempos menores, que podem ser particularizados e nomeados pela experiência mais cotidiana.

Em relação ao *Poema sujo* (1976), porém, concluía Lafetá (1982), firma-se um movimento que já vinha crescendo desde livros anteriores, quando a memória recupera a infância no presente, ao mesmo tempo que imerge nas velocidades plurais de tantos dias, objetos, pessoas, que circulam lado a lado, juntas ou distantes. De forma similar, Bosi acentua a "simultaneidade dos múltiplos modos de existir da vida íntima e pública de São Luís" (2003: 175).

A consciência da finitude, se implica desconfiança em relação à durabilidade da vida, torna preciosos os pequenos caroços narrativos associados à memória dos amigos e da infância, como se fossem espessamentos que permanecem, pouco antes de serem tragados pelo aflorar incessante de um novo presente.

Aduziríamos que os segmentos narrativos fragmentariamente espalhados ao longo do *Poema sujo* reafirmam a noção de sujeito, tão recalcada pela impessoalidade associada à vanguarda concreta. Trata-se de uma biografia mutilada, exposta através de episódios epifânicos, mas que ainda assim buscam coesão em torno da experiência bem particularizada de um indivíduo.

O poema é costurado com esquecimentos e núcleos de lembranças, como se o sujeito tivesse sido lacerado na sua própria história e agora, ao tentar se reconstituir, não pudesse responder por si mesmo de forma completa, tendo se convertido em um grande amontoado ou em uma enumeração de partes que não se totalizam. A superposição de tempos e espaços o ajudou a restaurar um passado dissonante, movendo a esperança ardente do futuro.

No *Poema sujo* reconhecemos, por conseguinte, um procedimento que reaparecerá muitas vezes na obra de Gullar. O sujeito lírico começa por apresentar uma sensação (um cheiro de hortelã, de jasmim, de esgoto, de mangue, ou o ritmo do trem, ou uma cor da água) semelhante a uma fulguração da memória involuntária. O som "turvo" precede imagem e sentido, e depois os rompantes de lembrança e esquecimento, mesclados, emergem como gênese criadora de um fundo perdido em colherinhas de chá tomadas repetidas vezes. E então um núcleo é constituído à volta daquele instante fugidio, quase irrepresentável.

O início do poema parece tatear em torno de algo que não consegue distinguir: embaçado, opaco, indeterminado, como se das trevas nascesse a luz. Entranhado na matéria primordial do mundo, o sujeito não se separa de cores, bichos, plantas, corpo feminino. Em certo momento, ele dirá: "Mas a poesia não existia ainda", como se estivesse entramado com coisas e pessoas do passado que o penetram e o perpassam: do turvo vão germinando e clareando as lembranças mais remotas e profundas de um corpo-galáxia. A disposição inicial se dá em forma de palavras soltas, que depois se aglutinam em frases meio verso meio prosa para afinal se expandirem em constelações de cenas fragmentárias e sobrepostas.

As interrupções parecem mais fiéis justamente ao que estava ocorrendo no Brasil: a discrepância na cidade provinciana de São Luís, o avião que passa, a lembrança dos índios inscrita nos pássaros, a pobreza das casas da favela, a industrialização, o banimento político... toda aquela mescla muito rica que desponta em surtos descontínuos. No final, o poeta tenta encaixar os tempos de forma metonímica e serial, à maneira de João Cabral. Busca, assim, racionalizar aquele ir e vir entre passado e presente.

Opera-se um envolvimento visceral com a dimensão coletiva, que foi processada substancialmente e passou a entrar de igual para igual na linguagem lírica, que se alargou para recebê-la. O exílio levou o poeta a expressar uma subjetividade solitária, não obstante, por meio do afeto e da memória, agora sim múltipla e solidária. O "adensamento" e a "dimensão coral" (Bosi, 1983: 10) provieram da autoescavação, através da qual alcançou as diversas vozes contidas no fundo de si, como se pode constatar em um trecho do grande poema:

[...]
Não sei de que tecido é feita minha carne e essa vertigem
que me arrasta por avenidas e vaginas entre cheiros de gás
e mijo a me consumir como um facho-corpo sem chama,
ou dentro de um ônibus
ou dentro de um Boeing 707 acima do Atlântico
acima do arco-íris
perfeitamente fora
do rigor cronológico
sonhando
Garfos enferrujados facas cegas cadeiras furadas mesas gastas
balcões de quitanda pedras da Rua da Alegria beirais de casas
cobertos de limo muros de musgos palavras ditas à mesa do
jantar,
voais comigo
sobre continentes e mares

E também rastejais comigo
pelos túneis das noites clandestinas
sob o céu constelado do país
entre fulgor e lepra
debaixo de lençóis de lama e de terror
vos esgueirais comigo, mesas velhas,
armários obsoletos gavetas perfumadas de passado,
dobrais comigo as esquinas do susto
e esperais esperais
que o dia venha
E depois de tanto,
que importa um nome?
Te cubro de flor, menina, e te dou todos os nomes do mundo:
te chamo aurora
te chamo água

te descubro nas pedras coloridas nas artistas de cinema
nas aparições do sonho

[...]

(*Poema sujo*, 1976)

De um lado, o sujeito se dilui entre os objetos velhos da memória que o compõe, junto a homens e bichos; de outro, se expande ao deslocar-se acima do espaço terreno, voando, ou abaixo da vida comum, no subterrâneo clandestino, pelos esgotos secretos onde flui o recalcado, perseguido, proibido. Ele está fora do espaço urbano e além do tempo cronológico da vida comum, carregando consigo os restos do passado, esfarrapados e gastos. No meio da noite, da lepra, da lama, do terror e do susto, escondido por armários, gavetas, esquinas, lençóis... por dobras que o protegem enquanto rasteja e se esgueira por túneis... Em vez de caminhar na cidade, pedestre entre coisas e homens, como fazia antes (em vários poemas dos anos 1960), arrasta-se por baixo ou sobrevoa oniricamente o Atlântico acima do arco-íris, e incorpora objetos e pessoas ausentes. O passado perdido e reconquistado torna-se sua identidade. As coisas e seres esquecidos, quebrados ou mortos, voltam a existir por intermédio de seu corpo e de sua mente, perpassados por um vigoroso afeto. Ele espreita a vida íntima e mesmo secreta das pessoas que vai nomeando, a expor o clandestino, o "sujo" que compõe a existência a ser salva pelo poema.

Assim como o espaço e o tempo são ampliados por viagens e lembranças, o anseio veemente pelo futuro, pelo clarear do dia, é subjetivado graças a essa mediação da distância física e psíquica que, se conduziu a um afastamento, permitiu uma projeção intensa do desejo. Aparecem fachos de luz e grandes espaços — a nova manhã: "esperais esperais/ que o dia venha". O amor transfigurado pelo que nasce: "Te cubro de flor, menina" — menina que se chama aurora, água, pedra colorida, artista de cinema e, finalmente, aparição do sonho... Quem seria, então, esta que é o ápice de todos os devaneios políticos e amorosos? A própria plenitude do tempo?

A pluralidade que o poema convoca, fazendo irromper o menino e o adolescente dentro do homem, junto às muitas vozes do seu passado, seja em breves sequências narrativas, seja pela imersão nas sensações vivenciadas (fiapos de cor, luz, cheiros que se entramam dentro de si, bichos e corpos que nascem da terra), transforma-se numa multiplicidade de pontos de vista. A perspectiva do eu lírico aflora, mas não é exclusiva: diversidade e vertigem avultam no "poema-sinfonia" (Villaça, 1979: xlv ss.), uma vez que seu corpo é uma galáxia em expansão inclusiva: "Não sei de que tecido é feita minha carne", "E depois de tanto,/ que importa um nome?".

O próprio processo de composição, concebido como montagem e colagem de partes aparentemente independentes, busca engajar-se profundamente no real: "a identificação com os outros homens surge como que nascendo do íntimo, espontânea, e a sentimos como natural" (Lafetá, 2004: 207). Não se reduz a sistemas ideológicos previamente arranjados, na vida e na poesia. Tanto que o poema começa antes das palavras e da constituição do sujeito, pois desde o início está imerso no mundo sujo (nisso ele deve muito a *O cão sem plumas*, de João Cabral: o mergulho no mangue da matéria mais inconsciente — um lugar do espírito que se confunde com o inumano). Não há mais arestas entre o corpo no fundo do quarto noturno e a vida social: os objetos, o passado pessoal e histórico, as pessoas, o país, tudo entra na roda gigante do poema, que absorve, deglute e expele insetos, estrelas, roupas velhas, cheiro de sabão, palafitas, pai e mãe, o soldado, a vizinha, o comerciante, a professora, o capim, a sucata do terreno baldio... Tempos e espaços remotos e de ordens díspares são revividos, desde a evocação dos índios extintos que ressurgem encarnados nos pássaros do mato até a tarde que corre calma no armazém, associada ao fluxo do comércio internacional, assim como a viagem de trem musical, com Bandeira e Villa-Lobos, pelo interior do Maranhão.

Naquele período, o poeta adquiriu consciência do eu como processo desdobrado em vários tempos e lugares, tomando parte do mundo, que não é mais estanque: a luta é comum, para vir a ser, para constituir-se. Enquanto nos romances do cordel e na poesia engajada dos anos 1960 a voz parecia alheia, os poemas contemporâneos ao *Poema sujo*, na década seguinte, "não abdicam da interioridade problemática, registrada em seu *esforço* para o devir" (Villaça, 1984: 115, grifo do autor). Enfim, Gullar alcança uma "aliança verdadeiramente nupcial de sujeito e objeto, que só se realiza quando a alma consegue objetivar-se na mesma medida em que a História consegue subjetivar-se", sustenta Bosi (1983: 9) a respeito da sua poesia a partir de então.

Se nos anos 1950 o sujeito poético solitário se interrogava sobre a inutilidade do canto em um mundo hostil e nos anos 1960 ele se colocava ao lado de homens genéricos (o "povo") para lutarem juntos, no *Poema sujo* a voz poética se concretiza. Torna-se capaz de um olhar singularizado sobre cada ser evocado, como se seu corpo, ecumênico, abrigasse a matéria vasta e densa de uma cidade que corresponde a uma parte representativa de algo maior. Ambos se entremeiam, pessoa e vida múltipla, na ausência recordada. Assim, a voz poética se amplia, polifônica, em associação com ritmos de durações desiguais mas simultâneos. "Se algum sentido tem o que escrevo", refletiu posteriormente Gullar em *Uma luz do chão* (1978), "é dar voz a esse mundo sem história." E continua:

> Disso quis eu fazer a minha poesia, dessa matéria humilde e humilhada, dessa vida obscura e injustiçada, porque o canto não pode ser uma traição à vida, e só é justo cantar se o nosso canto arrasta consigo as pessoas e as coisas que não têm voz. (2008: 1067-8)

Permanece contínua a percepção de que o tempo passa de modo irremissível, amoldado no poema a imagens de fogo, chama, relâmpago, clarão do instante. Não há distância e calma para o diamante polido quando a poesia quer tratar de sangue, de corpos que se amam ou se ferem e podem morrer. Gullar, numa entrevista sobre o *Poema sujo*, falava da premência com que desejava "vomitar" a "matéria bruta"[27] — tema reiterado em muitos e muitos versos que confessam a precariedade humana assim como a da poesia, no mesmo diapasão.

Essa questão continua a acompanhá-lo, como se lê no poema "Desastre": "Ah quem me dera/ o poema podre!" [...] "Um poema/ como um desastre em curso" (*Barulhos*, 1987). O retesamento entre a permanência da matéria e a instabilidade do tempo, que ceifa tanto as frutas quanto os homens, faz-se paralelo ao anseio dramático de gerar vida no poema, como se este fosse uma usina de energia que pudesse acender uma flama na realidade.

O poema quer ser "uma luz do chão", o mais prosaico e menos "literário" possível, afirma Gullar numa entrevista: "É esse frescor da experiência vital, primeira, que pretendo captar e expressar". Assim, tanto em *Barulhos* quanto em *Muitas vozes* (1999) repropõe sua pregressa teoria do não-objeto, batizando um poema de "Não-coisa" e nele recolocando algumas das perguntas que o assombram desde sempre. Começa por dizer que não cabe no discurso o sabor, o perfume, o odor, o barulho, do mundo, mas que o poema tenta "incutir na linguagem/ densidade de coisa", ainda que consciente da impossibilidade. O poema é, também, a voz dos outros, e não mais uma obra estanque e isolada (como acreditava quando publicou "Galo, galo" em 1954). Termina assim:

> [...]
> Toda coisa tem peso:
> Uma noite em seu centro.

[27] No entanto, ao tentar realizar essa proeza, descobre que é impossível. Cito seu depoimento: "Imaginei que o melhor caminho para realizar o poema era vomitar de uma só vez, sem ordem lógica ou sintática, todo o meu passado, tudo o que vivera como homem e como escritor. Posto para fora esse magma, extrairia dele depois os temas com que construiria o poema. [...] Na manhã seguinte, mal despertei, sentei-me à máquina de escrever: era a hora de vomitar a vida. Sim, mas como? Fiquei ali paralisado. Se a linguagem tivesse garganta, meteria o dedo nela e provocaria o vômito verbal". E, afinal, conclui: "eu tenho que começar antes da linguagem, antes de mim, antes de tudo...". Gullar, 1998: 237-8.

O poema é uma coisa
Que não tem nada dentro

A não ser o ressoar
De uma imprecisa voz
Que não quer se apagar
— essa voz somos nós.

("Não-coisa", *Muitas vozes*, 1999)

Assim, as "muitas vozes" podem afinal habitar o verso, sacudido pelo ruído das ruas, do verão que envolve a cidade e o homem, os quais a língua intenta incorporar ao poema.

Após haver passado por dicotomias radicais entre a potência lírica e o prosaísmo didático do discurso engajado, Gullar atingiu, na poesia, a "experiência sensível do político" (conforme também advertia Martinelli) quando a pulsação do instante que se quer devir foi plenamente incorporada à perenidade da obra (adaptando muito sinteticamente as reflexões de Rancière sobre a modernidade).

Vislumbramos certa mudança entre a atitude de combate que distinguiu a posição de Gullar relativamente à poesia desde sua estreia nos anos 1950 e o que percebemos em sua obra dos últimos livros. Enquanto em seus poemas até a década de 1970 a urgência do movimento da vida, concomitante à negação da forma considerada estática, somava-se tanto à temática política quanto à afirmação da identidade coletiva (o sentimento de irmandade do poeta com o homem comum) como aspectos do mesmo vetor, na obra mais recente há uma interrogação ainda mais constante acerca da infranqueabilidade entre a matéria sensível do real e a poesia. Quando o sujeito lírico indaga por que prefere se deter sobre a morte das frutas em vez de tratar dos graves problemas sociais de sua época, na verdade recoloca a dúvida sobre o destino humano em seus limites: "É a morte que te chama?/ É tua própria história/ reduzida ao inventário de escombros/ no avesso do dia/ e não mais a esperança/ de uma vida melhor?/ que se passa, poeta?/

adiaste o futuro?" ("Omissão", *Barulhos*, 1987). Seria uma constatação, ou mesmo aceitação, da impossibilidade de atingir aquele horizonte utópico com que sonhara na juventude?

O contraste, que sempre suscitou conflito no poeta, entre, de um lado, a manhã, o cheiro de tangerina, a mancha azul, a paisagem solar, e, de outro, a indiferença automática do tempo dos relógios, a mineralidade do eterno e das constelações, ultimamente, vez por outra, encontrou formulações ríspidas de síntese, talvez resignadas: "todo poema é feito de ar/ apenas", então é mero "barulho".

Se Gullar enfrentou reiteradamente o tema da morte, observamos, entretanto, como tentou pular a barreira entre linguagem e mundo, confessando, afinal, sua impossibilidade. Em "Visita", o sujeito lírico quer conversar com o filho morto no cemitério, único lugar do mundo em que isso seria factível. Embora narrativa, essa elegia de uma só frase quebrada se lê como uma série de soluços:

VISITA

no dia de
finados ele foi
ao cemitério
porque era o único
lugar do mundo onde
podia estar
perto do filho mas
diante daquele
bloco negro
de pedra
impenetrável
entendeu
que nunca mais
poderia alcançá-lo

Então
apanhou do chão um
pedaço amarrotado
de papel escreveu
eu te amo filho
pôs em cima do
mármore sob uma
flor
e saiu
soluçando

(*Muitas vozes*)

O visitante reconhece que o papel com o bilhete que deixou sobre o mármore negro terá o mesmo destino da flor. Não parece haver qualquer esperança: a poesia está fadada à intransitividade pétrea...

No entanto, a reiterada meditação sobre o lugar excêntrico do poema no mundo continuou a ocupar parte expressiva de sua obra. Seria porventura a suspensão do tempo? Um rumor de frequência inaudível que o poeta capta? Um nada luminoso, a corola que fulgura e faz aparecer o centro opaco das coisas? Essa constatação não traz necessariamente alívio, pois também a morte, em sua poesia, é comparada ao relâmpago, ou a um brilho interno que cada vivente porta, pronto a explodir.

Se "o poema é uma coisa/ que não tem nada dentro" ("Não-coisa"), um tipo especial de obra que o poeta e crítico batizou no passado de "não-objeto", ele busca mesmo assim existir, ambiguamente, "em alguma parte alguma". O que seria afinal essa linguagem que detona um tipo de efeito imprevisto — alarido, lampejo ou estampido — na zona de contato entre imaginário e real?

Em sua derradeira coletânea, *Em alguma parte alguma* (2010), Gullar procurou algum abrandamento para a contradição que o afligia nas artes plásticas, referência fundamental em sua reflexão poética. No extraordinário "Figura-fundo", começa por sustentar que "a pera pintada é falsa" para afinal concluir que se pode atingir uma "pintura-pera" tão profundamente verdadeira quanto as frutas naturais. Para falar com Merleau-Ponty (2004: 36), quando este alude a Paul Klee, Gullar também valorizou o encontro com "o coração das coisas", quando o pintor não se coloca mais à parte para representar o mundo: ambos se criam pela fusão entre quem vê e o que é visto. Então, não existiria separação entre "figura" e "fundo", uma vez que a "pera pintada" nasce das palavras densas do poema. Logo, o objeto artístico não significaria algo reificado e alheio, pois ocorre uma "transubstanciação do pintor em pintura", já que o artista se converte em "quadro-corpo". A cisão entre palavra e coisa, posto que irredutível, nem sempre pende em desvantagem para a primeira neste seu trabalho final.

A fortuna crítica de Gullar demonstrou de diversas maneiras esse centro de irradiação determinante — "o trepidar do tempo que escorre da torneira" —, a poesia que tanto através da sonoridade e da imagem quanto pelos possíveis sentidos se abisma inquieta sobre a transitoriedade humana. Mas também se observa que, depois de bater-se ao longo de toda a sua obra com o divórcio entre mundo e arte, no qual esta ansiava por alcançar a consistência das coisas, em mais de um momento desse livro o poeta sugere a existência de algo que "fulge", ainda que se assemelhe a "um silêncio que o poeta exuma do pó", e que vive ao revés, posto que sem eximir-se da dor. Contudo, esse ser híbrido segue existindo, invenção humana para respirar junto com e além da brevidade fugidia, já que "em algum lugar esplende uma corola"...

Medusa ou mexilhão?

Jacques Rancière (2007) investigou o duplo sentido do termo *resistir*, que pode significar tanto algo que perdura (como o monumento e a pedra) quanto algo ou alguém que se contrapõe ao *status quo*, à situação do mundo tal como é.[28] Dessa maneira, ha-

[28] Sobre essa segunda acepção, ver o ensaio "Poesia resistência", de Alfredo Bosi, em *O ser e o tempo da poesia* (1977).

veria na arte um nó que não pode ser desfeito, entre, de um lado, sua autonomia de obra e, de outro, sua potência de transformação, uma vez que ela é tanto forma quanto vibração sensível. No romantismo prolongado, em torno do paradigma da modernidade, cuja origem podemos referir ao período da Revolução Francesa, cada vez mais o objetivo da arte seria sua própria supressão, quando uma nova vida viria, na qual arte, religião, política e economia se integrariam uma à outra. Mas, para que a arte aponte sempre para este devir imaginário, ela deve dilatar e diferir a tensão, mantendo-a irresolvida.

Como paradigmas opostos, poderíamos imaginar dois extremos: de um lado, a vontade de reunir-se ao momento que passa, renegando toda fixação da forma e proclamando a potência do existir em sua "carnadura", num instante de aparente imediatez; de outro, o empenho em constituir a obra de modo a durar, como "estrutura", contrapondo-se à efemeridade do contemporâneo. Um paralelo nos ocorre quando evocamos os poemas do artista visual belga Marcel Broodthaers (*Pense-Bête*, 1964), que encarnou essas duas atitudes em animais que ele reputava exemplares: a medusa (ou água-viva) representaria o ser que praticamente se amolda e se amalgama ao ambiente à sua volta, mimetizando o mar, enquanto o mexilhão (*moule*, em francês, que também significa "molde") seria o bicho que contrasta com seu entorno, protegendo-se graças à sua dura concha.

Enquanto Augusto de Campos, em "desplacebo", enjeita a semelhança com o que adere e se dilui, aproximando sua poesia da matéria dura do osso, em "clareza de cristal/ dureza de rochedo", a poesia de Gullar (cuja forma também é, aliás, bastante refinada e muitas vezes de compasso regular) exibe a flexibilidade do "mover de nuvem", entre quebras e deslocamentos sintáticos:

> [...]
> O poema já não quer ser mais poema
>   quer ser fala
>   esgarçada e esparsa
>   mover de nuvem

e sono
que se desenrola azul do joelho
quer ser
um murmúrio
rente à pulsão
estelar
chamada

ʌ

d

i

ɐ

("Fevereiro de 82", *Barulhos*)

Ambos os poetas demonstram alta consciência da diagramação na página, embora a concepção de forma, tão prezada pelos dois, divirja na medida da diferença extrema de suas poéticas. Ao cortar a amarra da sintaxe linear, a poesia de Augusto explicita o teor sonoro e visual da palavra, que desliza "na pele do papel" sem lastros aparentes biográficos, psicológicos ou históricos, mas adquirindo consistência de objeto. Já Gullar tenta alcançar o que estaria no fundo do signo, como se pudesse torná-lo palpável.

Quanto à presença, à qual a poesia anseia, não é nem desejável nem possível alcançá-la plenamente. A antiarte pode fracassar por completo, limitando-se à vivência fugaz, e ser aderida a uma realidade banal. Da perspectiva do trabalho formal, a fatura depurada impede que o poema se esboroe na linguagem cotidiana, por vezes enrijecida pelo lugar-comum. O coloquialismo, conquista da poética modernista, quando se propõe a conversar com o homem comum, torna-se, com certa frequência, álibi para encurtar a reflexão criativa. Entretanto, ao tentar alcançar, pela arquitetura formal, a perenidade, o tempo vital pode se imobilizar, resultando em tecnicismo e oratória grandiloquente.

No caso dos nossos poetas, Ferreira Gullar e Augusto de Campos, ambos tangenciam os extremos, embora consigam, no geral, não perder nem o fluido que confere maleabilidade nem o molde que permite a forma. Mas cada qual tomou rumos radicalmente distintos. Desde o final dos anos 1950, enquanto nos manifestos da poesia concreta declarava-se que o poema deveria ser um *objeto*, Gullar contrapunha a concepção de obra artística como um *não-objeto*, contradizendo o programa assumido pelos seus coetâneos de vanguarda.[29]

Ora, afinal, os dois são poetas, em sua origem, modernos, explicitamente descendentes da estética construtiva, que acreditava na consistência da fatura formal em prol de "uma integração funcional da arte na sociedade", com um sentido de "intervenção" "de natureza didática", "útil" (ao contrário do surrealismo, condenado por eles, nos anos 1950 e 1960, como "mágico", "místico" e "*maudit*", junto com quaisquer tendências "românticas" ou "expressionistas").[30] O trabalho de cada um deles originou-se de fontes diferentes e, embora tenham se aproximado em certa época, a atração pelo racionalismo tecnológico da Escola de Ulm apenas tangenciou de leve Gullar, uma vez que, no início da sua trajetória, a vontade destrutiva impunha-se mais intensa. Por outro lado, num dado momento, o construtivismo russo fascinou ambos, Augusto e Gullar, ao menos em relação a alguns de seus princípios materialistas e revolucionários e à adesão à sociedade urbana e industrial.

[29] Acerca das divergências entre concretos e neoconcretos, recomenda-se a leitura do livro clássico, já mencionado, de Ronaldo Brito. Cito: "Esta, a verdade neoconcreta, a de ter sido o vértice da consciência construtiva brasileira — produtor das formulações talvez mais sofisticadas nesse sentido — e simultaneamente o agente de sua crise, abrindo caminho para sua superação no processo de produção de arte local". E ainda: "E nesse sentido ele [o movimento neoconcreto] foi um precursor das tendências dominantes nos anos 60 que representavam um esforço para abolir a distância entre arte e vida" (1985: 9 e 80). As oposições são de ordem filosófica (um tenderia à Gestalt e ao positivismo e o outro à fenomenologia; um tenderia ao matemático e outro à intuição expressiva, um pensaria o tempo de forma sincrônica, o outro tenderia à duração).

[30] Ver Brito (1985: 15) e Campos; Pignatari (2006: 76).

Todavia, o "retorno das intenções expressivas ao centro do trabalho da arte" (Brito, 1985: 58), nos neoconcretos, concorreu para que, muito depressa, também despontassem dúvidas sobre o dogmatismo ortodoxo do "plano-piloto". Logo, uma inquirição pertinaz sobre os limites da obra se instala na produção poética e ensaística de Gullar. Mais tarde, Augusto se interessará pelo acaso e pelo caótico — principalmente por conta de sua atração pelas inovações musicais de John Cage —, e surpreenderemos a sombra do sujeito (mas sem caráter biográfico) pairar em alguns de seus poemas.[31]

Assim falando, parecemos ignorar a tradição moderna da poesia brasileira como fonte de inspiração para ambos (notadamente o espírito livre e iconoclasta dos modernistas de primeira hora e a "arquitetura funcional" de João Cabral). Para não nos alongarmos na descrição e análise das influências literárias neles inscritas, mencionamos apenas a batalha dos dois para reivindicar o legado de Oswald de Andrade, do qual cada um se julga, mais do que o outro, "legítimo" sucessor. Mas como o poeta modernista contribuiu para o estilo de Augusto ou de Gullar? O que aprenderam com ele? Seria o caso de averiguar o quão diversamente cada qual deglutiu a herança do nosso antropófago. Do lado dos concretos, advoga-se a retomada do diálogo com 1922, especialmente no que tange à concisão substantiva, à linguagem econômica e direta do poema-minuto ("mínimo múltiplo comum da linguagem"), à experimentação inventiva com o léxico e a sintaxe, à consciência visual da diagramação do poema (e mesmo da fonte e da cor da letra), à ambição de antenar-se em relação à cultura universal superando um nacionalismo purista.[32] Do lado de Gullar, encantava-o o viço, a inovação, mas também a intimidade com a

[31] Sobre a questão do sujeito na poesia de Augusto de Campos, ver, de Renan Nuernberger, o excelente estudo "Augusto poeta morituro", em Bosi e Nuernberger, 2018.

[32] Os ensaios de Augusto de Campos referem-se inúmeras vezes à antropofagia de Oswald de Andrade como tática de incorporação da arte de invenção universal aos ritmos brasileiros, notadamente nos seus vívidos artigos e

terra brasileira, a concretude do "sabor de capim verdade" (2007: 22) que vai se refletir em mais de um aspecto de sua poética.

Para concluir, a dúvida sobre o sentido da poesia, que explicitam em tantos poemas, não os conduz até o extremo da destruição da arte, a qual repropõem inúmeras vezes. Ambos revivem o dilema da resistência poética como emblema inescapável, mesmo tendo anteriormente anunciado exatamente o contrário em suas múltiplas experimentações com colagens e sobreposições de signos visuais (por exemplo, no caso dos "Popcretos" de Augusto, de 1964) ou com palavras libertas da página do livro, que pediam a participação do leitor para serem realizadas em seu possível sentido (como o "Poema enterrado" de Gullar, de 1959).

Nos dois poetas se veem, de um lado, retesamento entre expressividade e construção, cujos pratos na balança têm, para cada um, pesos diferentes e variados; de outro, a temática social; e ambas as vertentes estão casadas em tensão: isso já resultaria em suficiente desafio para um poeta. Mas eles foram, ademais, infatigáveis inquiridores da relação entre representação poética e passagem do tempo. Interiorizaram a substância do tempo na própria configuração do poema, como se a relação entre o instante da sensação e a vertigem cósmica precisasse ser evocada tanto sucessiva quanto simultaneamente para perfazer seus ritmos próprios.

Pois o poema movimenta-se na página de acordo com andamentos diversos, acoplados e paradoxais: quer como brusco impulso, que se assemelha ao jorro ou salto, quer como ginástica serial, que se posiciona em estruturas variáveis. Ou, ainda, como a ação violenta do sol do meio-dia, a estiolar as frutas, e à qual se contrapõe a escora da memória e do desejo para firmar-se no instante; ou feito sujeito impessoal, roendo com angústia um não de pedra — enquanto cada qual, à sua maneira, ausculta o pulso das estrelas e dos homens no curso de noites e dias.

entrevistas sobre música popular brasileira, pioneiros na defesa da Tropicália, reunidos no livro *Balanço da bossa* (1968).

Torquato Neto: "Começa na lua cheia e termina antes do fim"

pertenço ao número
dos que viveram uma época excessiva

Paulo Leminski, "Coroas para Torquato"

Os leitores de Torquato Neto observam, com razão, como o seu percurso é um verdadeiro paradigma para melhor compreendermos os traumas de sua época.[1] Quase tudo o que ele escreveu parece cruamente sintomático, como se o poeta estivesse de tal forma submerso no clima daqueles anos que sua produção fosse uma reação imediata e parcialmente inconsciente à pressão dos fatos históricos.

O pesquisador André Bueno ressalta "a falta de distância entre o corpo do poeta, a linguagem verbal e o fogo da História de sua época", o que, afinal, "Significa que a própria matéria social tomou conta da linguagem e da subjetividade do poeta, como forma bruta e destrutiva, o tempo todo indiciada" (2005: 181 e 108). Ressalvamos, em consideração a alguns bons resultados do artista, que essa tentativa de obra por vezes falhada dá a ver principalmente as tensões do período, encarnadas pela sensibilidade sismográ-

[1] Para análises e discussões interpretativas do conjunto dos escritos de Torquato Neto (Teresina, 1944-Rio de Janeiro, 1972), recomendo os estudos de Laura B. Fonseca de Almeida (2000), Paulo Andrade (2002) e André Bueno (2005), assim como os ensaios de Beatriz de Moraes Vieira (2010, 2011). E antes de todos, como matriz, o livro de Celso Favaretto (1979). Estas, ao lado da própria obra de Torquato, foram minhas principais fontes de referências, uma vez que tiveram o cuidado e a ambição de comentar sua produção de uma perspectiva integral, tratando de seus vários aspectos (poemas, letras de música, artigos de jornal, diários e cartas).

fica de um indivíduo. Evocamos sua figura como artista emblemático de uma atitude vital, que transitava entre a literatura, a música, a crítica cultural e o cinema.

Assim, uma parte do interesse por sua trajetória consiste em que nela visitamos momentos extremados de uma geração, e, nesse caso, cada passo de sua carreira prossegue em consonância — num nível agudíssimo — com os acontecimentos e o espírito do tempo deles resultantes. Não se pretende, com isso, anular a originalidade do indivíduo, em relação por vezes assimétrica com o mundo à volta, mas avaliar quão significativa foi a carreira literária de Torquato em relação a essas décadas ainda em movimento da história brasileira.

Neste estudo, o ponto que queremos destacar é a dificuldade da passagem de um mundo mais orgânico e tradicional, ligado à cidade pequena da infância, para outro mais cosmopolita, da cidade grande. Os sentimentos contraditórios expressos nos escritos de Torquato em relação ao tema, muito sensível para o artista, estendem-se também, em graus diferentes, a alguns de seus companheiros de geração, apresentando-se como um tópico recorrente e que significa mais do que um problema apenas pessoal ou de um grupo. Parece-nos antes um desenraizamento ao mesmo tempo temido e desejado, que provoca reações ambíguas, entre a sensação de liberdade e a de culpa. Para além da experiência psicológica, variável de acordo com o sujeito que a vivencia, há uma questão maior, derivada do intenso índice de urbanização naquele momento, que provocou alterações relevantes nas formas de vida,[2] desestabilizando as relações entre as gerações e entre dois Brasis interdependentes — um designado como "tradicional" (ou mesmo

[2] Sabe-se que nos anos 1960 ocorreu no Brasil o maior êxodo rural do mundo moderno, resultando em um tipo de urbanização desequilibrada e em uma concentração de renda absolutamente perversa. O "milagre econômico" deu-se às custas do endividamento do país. Em consequência da centralização das decisões na ditadura, o dinheiro foi gasto em obras faraônicas, à custa de devastação ecológica e humana. As sequelas dessa política desastrosa se fazem presentes e, em certo sentido, se aceleram ainda hoje.

"arcaico") e outro como "moderno" —, o que explicaria em parte o estilo justaposto e fragmentário, considerado alegórico, do tropicalismo.[3] As reverberações desse tipo de desenvolvimentismo, desigual, fazem-se sentir na maioria das expressões culturais das décadas de 1960 e de 1970, seja através de anseios nostálgicos por modos de existência que estavam em vias de se desintegrar, seja através de impulsos cosmopolitas que se traduzem como importação e adaptação de movimentos de vanguarda ou de cultura de massa dos países economicamente centrais — ou ainda, através de combinações de várias ordens de ambas as tendências.[4]

[3] Tal como foi analisado por Roberto Schwarz (1970) e reinterpretado por Gilberto Vasconcelos (1977) e por Celso Favaretto (1979), com diferentes conclusões. Voltaremos ao tema adiante.

[4] O termo "arcaico" pode igualar e confundir tanto os males da pobreza quanto as formas culturais pré-capitalistas remanescentes em regiões menos invadidas pelo "progresso". Para alguns intérpretes, as formas de vida de populações ditas "arcaicas" seriam etapas de um sistema capitalista atrasado a ser superado. Reflete Dunn: "Embora seja verdade que a escravidão, a lavoura arrendada e a produção industrial representam diferentes estágios do capitalismo, não fica claro que as religiões africanas e as tribos indígenas podem ser incluídas no mesmo esquema temporal, supostamente como resíduos pré-modernos. Essa análise supõe um desenvolvimento progressivo não só das forças produtivas, mas também da própria cultura rumo a um modelo ideal de modernidade cultural" (2008: 123). Preferimos, por isso, a reflexão do teórico pioneiro em pensar um socialismo latino-americano, José Carlos Mariátegui (2005), que, nos anos 1920, assim designou o "comunismo inca", o qual estaria na base de sua utopia socialista para o Peru e a região andina. Em sua leitura dos marxistas europeus, ele procurou contradizer certo evolucionismo eurocentrista que, muitas vezes, acompanhava os comunistas de seu tempo. Propunha recuperar para o anticapitalismo formas sociais tradicionais, de maneira muito semelhante à atração pela cultura popular experimentada por parte da esquerda brasileira, preocupada em cultivar nossa herança cultural específica sem fechar-se à relação criativa com o universal (como preconizava Lukács ao referir-se à "categoria da particularidade" em sua reflexão estética. Sobre o tema, ver, de Celso Frederico, "A política cultural dos comunistas", 1998). Nem por isso Mariátegui era cego em relação ao que considerava autoritário e supersticioso (portanto a ser criticado) nos modos de vida tradicionais, nem deixava de acreditar nas benesses que o progresso tecnológico podia oferecer. Isto é, sua posi-

Se remontarmos ao início de seu percurso como letrista, no começo dos anos 1960, notamos que suas primeiras composições atêm-se às formas folclóricas corais e a temas voltados à realidade do interior nordestino. Como muitos dos seus contemporâneos mais interessantes, compõe música engajada similar à poesia e ao teatro do CPC (Centro Popular de Cultura), combinando motivos da tradição popular ao desejo de justiça social. A raiz comum com os espetáculos de Augusto Boal e de Oduvaldo Vianna Filho, o Vianinha, ou com o show *Opinião*, é claramente perceptível, pois o momento fomentava a esperança na ampliação da consciência que protesta.[5]

Assim, suas letras lembram as canções típicas da MPB da época, fossem elas mais líricas, fossem politicamente engajadas. Começa por pertencer à grande coletividade dos cantadores, e se parece bastante com os então emergentes Geraldo Vandré e Edu Lobo (dos quais foi parceiro), além de outros compositores que se firmavam especialmente entre o público mais intelectualizado. Ele se inspira então nos ritmos populares (frevo, ciranda, baião e outros), na literatura de cordel, na folia de reis e outras festas tradicionais, em provérbios e expressões nordestinas, e até atinge certa empostação épica, que lembra canções como "Aroeira", de Geraldo Vandré, por exemplo.

A exaltação da cultura popular (como forma de oposição à ideologia dominante), marcada pelo selo do "nacional-popular"

ção em relação às inovações modernas não era rigidamente binária, e sim matizada dialeticamente, pois distinguia um populismo nacionalista conservador de um populismo de esquerda que buscava, nas culturas nativas e africanas, elementos de resistência com potencial socializante.

[5] Em 1963, Torquato chegou a morar na sede do CPC da UNE no Rio de Janeiro, ali ficando até a sua destruição na época do golpe de 1964. Trabalhou com o grupo Opinião no roteiro do espetáculo *Pois é* (1965). Esses e outros dados sobre sua biografia encontram-se no livro de Toninho Vaz *Pra mim chega* (2005). A sintonia inicial com grupos culturais vinculados ao complexo ideológico de esquerda foi compartilhada por quase todos os integrantes do posterior movimento tropicalista.

(tal como foi decodificado e adaptado no Brasil), perpassa sua visão de mundo, uma vez que ele está rodeado por essa discussão, dominante no ambiente em que transita (a juventude universitária vinculada à União Nacional dos Estudantes).[6] Sem nenhum grão de ufanismo patrioteiro, típico do nacionalismo conservador de direita, concebe, ao contrário, o nacional ora como projeto (leitor que era dos nossos modernistas), ora como riqueza a ser resguardada (contra o ataque desfigurador da indústria cultural).

Uma letra como "A rua" revela muito de certa nostalgia da pequena cidade nordestina revisitada como cenário encantador:

Toda rua tem seu curso
Tem seu leito de água clara
Por onde passa a memória
Lembrando histórias de um tempo
Que não acaba

De uma rua de uma rua
Eu lembro agora
Que o tempo ninguém mais
Ninguém mais canta
Muito embora de cirandas
(oi de cirandas)
E de meninos correndo
Atrás de bandas

Atrás de bandas que passavam
Como o Rio Parnaíba

[6] No Brasil, grande parte da arte moderna busca na cultura popular a sua matéria-prima. Observa José Miguel Wisnik (1979: 26), aludindo ao conto "O recado do morro", de Guimarães Rosa: "A música popular é uma rede de recados, onde o conceitual é apenas um dos seus movimentos: o da subida à superfície. A base é uma só, e está enraizada na cultura popular: a simpatia anímica, a adesão profunda às pulsações telúricas, corporais, sociais que vão se tornando linguagem".

Rio manso
Passava no fim da rua
E molhava seus lajedos
Onde a noite refletia
O brilho manso
O tempo claro da lua

Ê São João ê Pacatuba
Ê Rua do Barrocão
Ê Parnaíba passando
Separando a minha rua
Das outras, do Maranhão
De longe pensando nela
Meu coração de menino
Bate forte como um sino
Que anuncia procissão

Ê minha rua meu povo
Ê gente que mal nasceu
Das dores que morreu cedo
Luzia que se perdeu
Macapreto Zé Velhinho
Esse menino crescido
Que tem o peito ferido
Ainda vivo, não morreu

Ê Pacatuba
Meu tempo de brincar
Já foi-se embora
Ê Parnaíba
Passando pela rua
Até agora
Agora por aqui estou
Com vontade
E eu volto pra matar
Essa saudade

Ê São João ê Pacatuba
Ê Rua do Barrocão

(1966, *Torquatália: Do lado de dentro*, 2004)[7]

A paisagem evocada sobrepõe as passagens do rio e da rua como curso único de memória, descrevendo os "meninos correndo atrás de bandas", quando um ritmo comum os associa num paraíso de tempo que flui e não acaba — análogo às "cirandas". Percebe-se o desejo de voltar, com saudade, ao tempo coletivo de brincadeiras em um bairro tranquilo, de luar manso e claro, de rio manso de água clara. Bandas, procissões, sino tocando e coração batendo... rio, luar, rua... Nesse universo nostálgico da infância tudo concorre para a harmonia entre natureza e cultura. Comenta Paulo Andrade, ao analisar a letra da canção: "A imagem do rio como metáfora do fluxo contínuo e da vida é utilizada nesse poema a fim de que o poeta possa refletir sobre um tempo que não volta mais. Cantá-lo, portanto, no presente, é torná-lo atemporal, um passado mítico, um espaço de resistência" (2002: 90). De fato, o tempo passado prossegue na memória, como o rio que continua seu curso. O tom elegíaco, plangente, do sentimental "para sempre perdido" se imporia, não fosse a força do agora que vem retomar os seus direitos.

A rememoração de "minha rua meu povo" vem concretizada pelo apelo a tipos humanos do lugar (Das Dores, Luzia, Macapreto, Zé Velhinho), ecoando a famosa coleção bandeiriana de "Profundamente", na qual o poeta retoma figuras relevantes da quadra da infância, ou a recordação de "Velha chácara", quando o rio é a voz que permanece quando a casa foi destruída, fluindo ao en-

[7] Canção gravada por Gilberto Gil no disco *Louvação* (1967), com arranjo e regência de Carlos Monteiro de Souza. A primeira parte da música é uma ciranda, tocada de forma lenta com violino, violão, violoncelo e flauta. A segunda, mais animada, é um baião em que entra também a percussão (triângulo e outros instrumentos).

contro do homem solitário para religá-lo com o tempo perdido: "mas o menino ainda existe".

A pobreza não é mascarada, uma vez que as personagens nomeadas sofreram destinos adversos, mas, mesmo assim, um modo de vida ou um ambiente em que persistem música, brincadeira, liberdade e entorno natural benfazejo é evocado com nostalgia — haja vista o desenraizamento brutal que a nova onda capitalista promovia nas formas tradicionais de vida, especialmente no Terceiro Mundo.

A forma de entoar a melodia, sem empostação vocal, sofreu influência do jeito bossanovista de cantar como quem conversa, narrando experiências do passado e do presente. E as palavras acentuam, ao lado da perda, a memória inolvidável: "esse menino" que "tem o peito ferido" permanece vivo.

Nessa canção, como em várias outras compostas entre 1964 e 1966,[8] o foco concentra-se na solidariedade e na esperança que provêm da confiança nos valores populares, com algum alcance crítico das situações de injustiça, ao lado da nostalgia por um mundo do qual o artista se distanciava. Contrapor-se aos valores "colonizados" e "imperialistas" passava por uma valorização da cultura tradicional do interior do país, nesse caso sem necessariamente recair em retórica empostada que tivesse a intenção de convencer quem quer que fosse.

Marcos Napolitano demonstra, em seus estudos, que seria necessário matizar a impressão de posturas contrapostas política e esteticamente nos compositores da MPB do começo dos anos 1960: a dissensão identificada por certos críticos entre a canção de tendência popular e uma música mais sofisticada e inovadora como a bossa nova pode, algumas vezes, não passar de preconceito, pois certos compositores, como Edu Lobo ou Vinicius, superavam

[8] Cito, entre outras: "Lua nova" e "Veleiro" (ambas com Edu Lobo, 1966), "Louvação" e "Minha senhora" (ambas com Gilberto Gil, 1966), "Zabelê" (1966), "Rancho da boa vinda" (1966), "Rancho da rosa encarnada" (com Geraldo Vandré, 1966) e "Vento de maio" (1966), cujas letras podem ser conferidas no livro *Torquatália: Do lado de dentro* (2004).

tais dicotomias, articulando os dois parâmetros estéticos e buscando o diálogo com o jazz norte-americano sem deixar de retomar ritmos e temas brasileiros. A leitura segundo a qual os mais "puristas" eram no geral conservadores (do ponto de vista artístico) ou demagógicos (do ponto de vista ideológico) desconsidera, por vezes, a resistência ao apelo comercial que sua atitude traduzia sem que fossem necessariamente infensos à pesquisa e à ampliação de repertório. Compositores como Edu Lobo, que admiravam as pesquisas de Mário de Andrade em relação ao material musical brasileiro, tendiam a "um engajamento em que o tema épico não assume um tom exaltado ou exortativo, procurando comunicar uma experiência de desenraizamento que se confunde com o enfoque lírico, quase impressionista". Do mesmo modo, nota Napolitano, a pecha de cosmopolitismo atribuída à "vanguarda" tropicalista pode tender ao exagero quando se observa que também esses artistas se colocavam assiduamente a questão do nacional, num momento político em que os festivais são "alçado[s] à condição de uma *esfera pública não oficial*" (2001: 174, grifo do autor).

No entanto, a política brasileira vai se fechando, e os anseios sociais tão claros e determinados tornam-se mais opacos. As agremiações políticas de resistência à ditadura desmoronam com a repressão e não conseguem mais acompanhar as mudanças que o tempo requer. Por força das novas circunstâncias, uma parcela da juventude, descrente de discursos que agora parecem enrijecidos, ressente-se do ranço daqueles que, segundo sua impressão, afirmam o subdesenvolvimento cultural como trunfo de nossa especificidade, desaprovando tudo o que vinha de fora como forma de alienação — uma vez que se identificava o "colonialismo cultural" com as influências do rock norte-americano ou inglês. Ao mesmo tempo, no campo propriamente ideológico, parte expressiva da nova audiência formada por jovens universitários esperava dos compositores que se comprometessem de modo inequívoco contra a ditadura militar.

A discussão levada a cabo por Ferreira Gullar em *Vanguarda e subdesenvolvimento* (1969) recupera aspectos dessa contenda do ponto de vista das bandeiras defendidas pela esquerda identificada com o comunismo e o "nacional-popular". Quando conduzida ao campo da poesia e das artes plásticas, a devoração antropofágica das vanguardas europeias havia sido um valor consensual. Veja-se o caso de João Cabral, analisado por Gullar como modelo, em que a paisagem nordestina pode ser cantada numa linguagem que deve tanto ao cancioneiro ibérico medieval (incorporado às tradições do sertão) quanto às cadências do alto modernismo europeu, numa dinâmica profícua entre o regional e o internacional, ou mesmo entre o tradicional e o moderno.

Mas a perspectiva de uma dialética razoavelmente equilibrada, posto que crítica, entre "localismo" e "cosmopolitismo" (na expressão consagrada de Antonio Candido) não se aplicava mais quando se tratava das incorporações fragmentárias desses universos culturais na estética tropicalista. Tanto seu cosmopolitismo quanto sua bizarra exposição das "relíquias do Brasil" sofrem tratamento paródico e traem uma suposta pureza, porque agora um elemento ascendente vinha conspurcar o intercâmbio não submisso entre "nacional" e "universal": a consolidação da indústria cultural, em sincronia com a ditadura política.[9] Tal aproximação é especialmente complexa porque, ao lado da massificação e do consumismo resultantes de seus ditames mercadológicos, a indústria cultural proporcionava uma janela de abertura para o mundo pop, carreando tanto entulho quanto grãos de inovação no material musical. O artista popular encontrava-se, então, na encruzilhada entre adotar formas musicais autenticamente nacionais (sem arremedar o folclore ingênuo) e renovar sua técnica ora com a influência da bossa nova, ora com pitadas de cosmopolitismo musical de várias ordens (mas sem parecer "entreguismo ao imperialis-

[9] Em momento imediatamente anterior, Vinicius de Moraes, Tom Jobim e outros casavam aspectos musicais eruditos e populares na bossa nova, e depois nos afrossambas (junto com Baden Powell), sem que tal atitude fosse, no geral, considerada dissonante ou apelativa (embora houvesse recusa à contaminação do jazz no nosso samba na crítica mais linha-dura de estudiosos como Tinhorão). Mas, na Tropicália, a junção torna-se especialmente estridente e agressiva, com muitos elementos da cultura de massas (veja-se Tom Zé com "Parque industrial", de 1968) ou da cultura popular vista como *kitsch*.

mo ianque"). A modernização conservadora, ao acoplar universos tradicionais e cosmopolitas de forma perversa, trazia em seu bojo a dissonância.

Tal mescla de formas de vida distantes portava, além de tudo, tons descontínuos, alternando nostalgia elegíaca, ironia crítica, exaltação... enfim, sentimentos díspares que apenas a colagem drástica conseguia abraçar.[10]

Nesse período, Torquato descobre o cinema e a música contemporâneos, ao lado de leituras literárias mais amplas (nas quais se destaca a marca do *paideuma* concreto), e modifica rapidamente suas concepções.[11] Um ideário contracultural polêmico o inspira agora, e ele começa a duvidar de alguns princípios de sua direção estético-política anterior.

Frederico Coelho (2010), através da leitura detida das crônicas jornalísticas do poeta publicadas no *Jornal dos Sports* do Rio, assinala sua rápida metamorfose ao longo de 1967. Nos primeiros meses do ano, Torquato se comporta como um típico jovem de esquerda, influenciado pela visão de mundo cepecista, defendendo a MPB engajada e repudiando acerbamente o iê-iê-iê, que considera uma imitação degradada, alienante, de ritmos norte-americanos. (Como se sabe, a polêmica entre os defensores da MPB e os fãs da jovem guarda era aguerrida e ideologizada ao ponto de ter ocor-

[10] Observa-se certo grau de coincidência com as conclusões de Raymond Williams quanto à origem dos artistas europeus das primeiras décadas do século XX. Segundo o teórico, o desenraizamento experimentado por esses vanguardistas, em sua maioria migrantes e imigrantes, gerou parte da sensação de estranhamento e mobilidade quanto às regras da língua e da cultura, ao lado de uma composição pluralista de tradições folclóricas de seus locais de origem filtrada pela estimulante energia da metrópole. Ver "Percepções metropolitanas e a emergência do modernismo", em Williams (2011).

[11] Torquato também tivera a oportunidade de conhecer o clima cultural efervescente de Salvador do final dos anos 1950 e início dos 1960, que abriu tantas portas para sua geração e cujas inquietações certamente já fermentavam nele, apenas esperando a oportunidade de amadurecer e eclodir. Isto é, a passagem do interior provinciano para a capital do país teve uma importante parada intermediária de encontro fecundo com artistas e intelectuais de vanguarda.

rido uma passeata no Rio de Janeiro, em julho de 1967, contra as guitarras elétricas, encabeçada, entre outros, por Elis Regina.)

À medida que Torquato se identifica com o grupo tropicalista, sua postura vai se alterando, e ele passa a criticar alguns músicos populares que crê parados no tempo por renegarem as influências externas e a realidade urbana de então, que não mais podia ser ignorada. A transformação se estendia para parte considerável de sua geração, como se percebe com clareza nos discos lançados no ano de 1967, principalmente por Caetano Veloso, Gilberto Gil e Tom Zé.[12]

Conforme salientamos, essa juventude estudantil é coetânea à internacionalização do modelo econômico brasileiro. Embora recentemente egressos de pequenas cidades interioranas e lá mantendo fortes ligações, não havia uma forma de arte popular de raiz que catalisasse suas novas experiências. Os discursos da contracultura e da indústria cultural aproximavam-se da sensibilidade mais cosmopolita do período — e por isso, como percebe Schwarz (1970), o alívio paroxístico de matar os avós provincianos talvez fosse ali patente. É preciso ressalvar que tal libertação veio o mais das vezes acompanhada de angústia como contrapartida, consciente ou não.

De que modo se opor ao golpe militar, à repressão e ao modelo econômico excludente de atualização capitalista? A contesta-

[12] Relembra Caetano Veloso: "Não foi sem desconfiança que Torquato recebeu as primeiras notícias de que nós nos empenharíamos em subverter o ambiente da MPB". Mas em seguida acrescenta: "Na altura das reuniões de catequese organizadas por Gil, Torquato já tinha aderido ao ideário transformador: os Beatles, Roberto Carlos, o programa do Chacrinha, o contato direto com as formas cruas da expressão rural do Nordeste — tudo isso Torquato já tinha digerido e metabolizado com espontaneidade suficiente para deixar entrever sua apreensão da totalidade do corpo de ideias que defendíamos. Ele superara as resistências iniciais por possuir uma inteligência desimpedida. A partir de então sua concordância com o projeto passou a ser orgânica, e se algo podia parecer preocupante era justamente sua tendência a aferrar-se aos novos princípios como dogmas e a desprezar antigos modelos com demasiada ferocidade" (1997: 141-2).

ção do sistema que soprava dos hippies, dos protestos da juventude europeia e norte-americana, dos ídolos do rock vinha alimentar o desejo utópico de transformação pessoal e social. Entre o encolhimento para o lado de dentro e a submissão à disciplina de um tipo de engajamento político do qual muitos desconfiavam, abria-se um terceiro movimento, que prometia um caminho de liberdade. Nesse segundo momento, Torquato sofre em si mesmo um amor contraditório pelos ritmos populares regionais, que integravam sua primeira formação, os quais tenta justapor aos ritmos mais pop então em voga. Há em suas novas letras violência iconoclasta, deflagrada por uma consciência tingida pela ironia de perceber o curto-circuito entre o projeto de tornar-se por fim moderno e a impossibilidade de desentranhar-se desses aspectos do Brasil provinciano, que permanece em cacos incrustados, para o bem e para o mal.

Gil declara que a Tropicália é filha do CPC (e sua atitude cultural engajada) com a poesia concreta (e sua consciência formal "construtiva" e "experimental") — mas é óbvio que houve uma ruptura de permeio, causada pela inflexão histórica da ditadura militar, cujo modelo político-econômico conduzia à urbanização acelerada via migração das regiões mais "atrasadas" rumo ao novo "parque industrial". Assim, o engajamento do grupo tropicalista prende-se o mais das vezes ao ideal de uma revolução de comportamento e de inventividade estética, desacreditando tanto da política cultural nacional-popular de esquerda então dominante nos meios da MPB quanto, em consequência, das formas musicais associadas a esse complexo ideológico — uma vez que o quadro de referências havia se alterado de tal forma que essas maneiras de pensar tinham se tornado subitamente anacrônicas.[13]

[13] Analisando um universo mais amplo, Jameson (em Hollanda, 1991) detecta, na arte contemporânea, a contaminação inevitável da cultura de massa, como se colocar-se acima e contra a "realidade" houvesse se tornado não apenas impossível como também indesejavelmente elitista, pois, se nada mais existe fora do âmbito do consumo e da indústria, uma contraposição absoluta do artista o condenaria ao isolamento. Ainda por cima, ele seria taxado de ab-

Nesse sentido, apoiamos o ponto de vista de Bueno quando, ao retomar a argumentação de Schwarz acerca do tropicalismo, discorda de uma de suas interpretações (embora acolha a maior parte das outras):

> Que o processo de montagem das alegorias tropicalistas causava estranheza, dada a aproximação de figuras tão desencontradas da vida social, é certo. Que essa estranheza, sem as necessárias mediações estéticas, simbólicas e não alegóricas, abrisse o flanco para um qualquer fascismo, era um equívoco do crítico. Mesmo que ambíguas, as alegorias tropicalistas tinham força crítica, não endossavam a modernização e, muitas vezes,

senteísta ao relegar a produção cultural inteiramente ao mercado, ausentando-se. Como suportar a tensão resultante de uma tomada de posição?

Reflete ainda Jameson (1997), ao tratar da década de 1960, que teria havido forte oposição à modernização ocidental quando ela se firmou no Terceiro Mundo, mas as resistências foram destruídas e a originalidade da cultura tradicional, assimilada (embora em alguns lugares tenha surgido um neotradicionalismo reativo, como o confucionismo na China). Se a residualidade pré-moderna fazia parte das sociedades modernas, agora só o moderno prevalece (e isto é, para ele, o pós-moderno). No Brasil (e em toda a América Latina, segundo ele), também a juventude dos anos 1960 e 1970 tentou incorporar aspectos mais arcaicos da cultura em sua visão de mundo (associados a outras influências). Mas tal reapropriação teria se dado de forma mítica e alegórica, já em parte nostálgica. Assim, conclui Jameson, a reativação dos blocos de rua no carnaval, as festas populares, o futebol de várzea, a vida tranquila e simples do campo, as formas comunitárias de trabalho foram valorizados num momento em que se midiatizavam e se adaptavam ao formato de espetáculo, ou simplesmente desapareciam.

Cremos que tal exame agudo da realidade contemporânea encontra-se sob a égide da experiência do Primeiro Mundo, especialmente dos Estados Unidos, onde reside o crítico. O desaparecimento das manifestações da cultura popular não se estende de forma tão extrema à América Latina, em que, seja de forma híbrida, seja por vezes de modos bastante genuínos, ela ainda se faz presente. A absorção antropofágica das influências externas vem acompanhada, inúmeras vezes, de manifestações da cultura popular que resultam em amálgamas muito fecundos.

tratavam o passado rural e popular, da cultura popular, com delicadeza e um lirismo que em nada se parecia com a arrogância do provinciano que foi para a capital e olha para seu passado com desprezo. (2005: 93)

De fato, não se pode comparar o arreglo realizado pelos militares (aliados à burguesia) entre modernização capitalista e conservadorismo moral e político — aparentemente paradoxal, mas que funcionava e funciona até hoje em várias sociedades autoritárias como o mais produtivo dos casamentos — e o caldeirão tropicalista, pois este, se refletia tal realidade, também, em parte, a contestava.[14] A doutrina disseminada pela ditadura poderia causar em algum incauto todo tipo de confusão, quando, ao lado da

[14] O foco da polêmica em torno da alegoria no tropicalismo, considerada ideologicamente problemática por Schwarz (1970), vincula-se à divergência entre duas interpretações teóricas. Por um lado, o uso da alegoria redundaria numa tipificação esquemática (como sói acontecer em certo naturalismo, ou no realismo socialista, tais como criticados por Lukács, por serem excessivamente emblemáticos e mesmo redutores). Além do mais, os fragmentos alegóricos (as "relíquias do Brasil"), acoplados por montagem, não remeteriam a uma totalidade e precisariam ser costurados pelo ouvinte para adquirir sentido; por fim, conduziriam a uma sensação de paralisia e ruína histórica, já que eliminam a narratividade processual e dialética (amparando-nos nas reflexões de Benjamin). Por outro lado, as alegorias aguçariam o senso crítico, ao requererem a participação do ouvinte para a construção dos seus possíveis significados. No excelente estudo de João Camillo Penna (2017), o crítico argumenta a favor da posição benjaminiana de defesa do fato concreto particular contra a necessidade de submissão deste ao universal. Isto é, ainda que os fragmentos dissonantes não remetam à totalidade, a "aglutinação de heterogêneos" em que se chocam contrastes sem síntese pode ter efeito crítico. O aspecto estático, sem progresso, no qual não se divisa horizonte dialético, em que se reiteram imagens paralisadas, pode ser uma "cura pelo veneno". Os ritmos de fundo africano e indígena, considerados primitivos, desvelariam, no caldeirão tropicalista, o "reverso irônico da colonização". Nem sujeito autônomo iluminista e crítico, nem adesão regressiva e irrefletida. Através da "ostentação barroquizante de nossas falências", como se reconhece no filme *Terra em transe*, nas canções "Tropicália", "Geleia geral" e outras, provocar-se-ia no espectador, ao simular ufanismo, mas de modo satírico, "autoderrisivo", um complexo de sentimentos entre o paródico e o amoroso.

cooptação de intelectuais tradicionalistas de velha cepa e da difusão de valores tipicamente conservadores no plano dos costumes, tratava-se de integrar (e subordinar) o Brasil ao capitalismo avançado, sobretudo dos Estados Unidos. Por outro lado, também não se pode minimizar a ambivalência das posições dos tropicalistas, que, ao rejeitar valores antimercadológicos correntes da esquerda em função da sedução produzida pelos ícones mais transgressivos do universo pop norte-americano e inglês, ou mesmo da indústria cultural da nascente TV brasileira, geravam um conjunto ideológico muito contraditório, até hoje objeto de polêmicas.

O xis do problema consiste na recusa ferrenha de certos mitos saudosistas de caracterização do país, parodiados sem dó pelos tropicalistas. Eles eram trunfos de uma parcela importante da esquerda, que assim esperava salvar o país do "entreguismo" aos parâmetros imperialistas da cultura de massa. Os tropicalistas, ao contrário, queriam entrar nesse universo para transformar em inovação o que era destinado a ser popularesco e meramente comercial. Conseguiam, com isso, desagradar tanto parte da esquerda intelectualizada quanto a direita conservadora.

Em estudo sobre os dilemas culturais dos anos 1960, Marcelo Ridenti incrementa o debate em torno de uma ruptura completa dos tropicalistas em relação às suas raízes populares, as quais eles almejavam superar ("incorporar essa saudade num projeto de futuro", na expressão de Caetano Veloso, em Ridenti, 2000: 285). Segundo o autor, tratava-se de uma variante do nacionalismo, com conotações antropofágicas de abertura para o mundo.[15] A identidade brasileira continuava a ser o ponto central de discussão, mas a afinidade simbólica com a esquerda revolucionária não os afastava do desejo de modernização afinado com as vanguardas da contracultura. Para Ridenti, neste primeiro momento de afirmação dos compositores identificados com o tropicalismo, observa-se um "pêndulo radical" que oscilava entre:

[15] Outros estudiosos também confirmam essa interpretação. Ver Campos (1968), Vasconcelos (1977) e Dunn (2008), os quais defendem para a Tropicália a concepção oswaldiana do "canibalismo cultural".

> 1) Uma posição de incorporação crítica moderna das influências estéticas e políticas internacionais, indispensáveis à elaboração de obras de arte brasileiras; 2) O resgate crítico da cultura brasileira, mesmo nos seus aspectos populares e aparentemente arcaicos, dos mais desprezados pelas elites, como as canções de Vicente Celestino. [...]
>
> Não se tratava de resistir à indústria cultural e à ditadura encastelando-se romanticamente no passado, mas de mergulhar de cabeça nas novas estruturas, para subvertê-las por dentro, incorporando desde as últimas conquistas das vanguardas internacionais até as tradições mais arcaicas, enraizadas na alma do brasileiro. (2000: 284)[16]

Mas retornemos àquele momento de inovação para Torquato Neto.

Ele compõe a partir de 1967 suas letras mais conhecidas (como "Geleia geral", "Marginália II" e "Deus vos salve a casa santa"), com disjunções metonímicas, brilhantes em precisão e humor amargo, em que respinga amor-ódio purificador à tradição cultural

[16] Tal atitude desafiadora de contestação não se prolonga na mesma voltagem por muitos anos. Possivelmente, após o disco *Araçá azul* (1973), o mais experimental de Caetano Veloso, sua posição pública passou a oscilar entre a rebeldia e a adesão ao mercado, o que Ridenti chamou de "pêndulo integrador", em consonância parcial cada vez maior com o que dele espera a indústria cultural, tendo desaparecido o clima e as condições para um "ensaio geral de socialização da cultura" (na expressão de Walnice Galvão) e para a "proximidade imaginativa da revolução social" (na expressão de Perry Anderson), ambos mencionados por Ridenti (2000: 288 ss.) como elementos do ambiente que haviam propiciado uma atitude mais radical. Na primeira eleição para presidente após o fim da ditadura, Caetano apoiou o candidato Leonel Brizola, que sustentava a utopia do "socialismo moreno", mentada por Darcy Ribeiro, o que se afina com o ideal latino-americano das contribuições que as culturas africanas, indígenas e ibéricas tradicionais poderiam carrear para enriquecer uma modernidade alternativa.

brasileira.[17] Dele poderia ser a frase enunciada por Glauber Rocha que Paulo Andrade colocou como epígrafe de sua pesquisa sobre a obra do poeta: "Entre uma usina hidrelétrica e o luar do sertão, não há dúvida possível — fica-se com os dois" (2002: 31).[18]

A militância cultural se intensifica no período. Torquato chega a redigir manifestos paródicos com toques surrealistas invocando declarações de Oiticica e de Caetano. No roteiro do programa de TV chamado *Vida, Paixão e Banana do Tropicalismo*, redigido em parceria com Capinan entre 1967 e 1968, o Brasil aparece de forma farsesca, como a revolver as entranhas vulgares da mídia.[19] Para atacar o discurso oficial, resvala para o grotesco até o cinismo. Em um paroxismo de autocrítica, volta-se contra os arquétipos míticos do país como forma de corroer alguns clichês, desapropriando o gesto dominante, as ideias importadas e o atraso local (conforme analisou Celso Favaretto em "O procedimento cafona", capítulo de seu livro de 1979). Havia ali um "look back in anger" que sabotava as ilusões ufanistas com um misto de desprezo e gozação.

A ironia peculiar de muitas das canções tropicalistas concretiza bem esse sentimento de recusa eivada de afeto. Os composi-

[17] Não é necessário retomar essas canções, analisadas com brilho por Augusto de Campos (1968) e por Celso Favaretto (1979), que nelas ressaltaram o "mosaico informativo", a "letra-câmera-na-mão", o casamento entre o universo da música erudita e a popular, o aspecto alegórico, o carnavalesco, a paródia, os procedimentos de montagem e as alusões literárias (especialmente aos poetas românticos, a Oswald de Andrade, à poesia concreta).

[18] Glauber Rocha foi considerado um dos arautos do movimento tropicalista, embora ele rejeitasse esse epíteto. O intelectual retratado em *Terra em transe* (1967) percebe as incongruências do projeto político nacional-popular de forma trágica. Sua oscilação amorosa entre a mulher engajada e consequente, de um lado, e a bela modelo alienada, de outro, talvez tenha inspirado o final da letra de "Soy loco por ti, América" (Capinan e Gilberto Gil, 1968) quando Caetano Veloso, seu primeiro intérprete, afirma que morrerá, apaixonado, nos braços de uma mulher camponesa, guerrilheira ou manequim — o que configura uma súmula dessa conjugação entre várias instâncias contraditórias.

[19] Veja-se "Torquatália III" e "Vida, paixão e banana do tropicalismo", em *Torquatália: Do lado de dentro*, 2004a: 63-85.

tores defendem-se de sua relação com um passado considerado "careta" sem libertar-se completamente da dor que isso lhes provoca. A afirmação da identidade pessoal vem conjugada à culpa — e a paródia traduz um mecanismo tipicamente adolescente, porque renega a própria raiz. Quantas canções ambíguas em que a mãe é referida assim como a terra natal... Isso constitui uma temática forte no tropicalismo (e em Torquato), e é de fato um tema muito pertinente, pois, como já assinalado, aquela foi a década em que a migração para os centros urbanos se deu de forma mais acelerada. A quebra com a experiência da geração anterior fora abrupta, mas não completa.

A partida para a cidade grande é abordada em "Mamãe, coragem" (1968) de modo dilacerante. A canção parece uma chave para entender a coexistência simultânea de sentimentos opostos no tropicalismo, tal como se manifestava em Torquato:

Mamãe mamãe não chore
A vida é assim mesmo
Eu fui embora
Mamãe mamãe não chore
Eu nunca mais vou voltar por aí
Mamãe mamãe não chore
A vida é assim mesmo
E eu quero mesmo
É isso aqui

Mamãe mamãe não chore
Pegue uns panos pra lavar
Leia um romance
Veja as contas do mercado
Pague as prestações
— ser mãe
É desdobrar fibra por fibra
Os corações dos filhos,
Seja feliz
Seja feliz

Mamãe mamãe não chore
Eu quero eu posso eu fiz eu quis
Mamãe seja feliz
Mamãe mamãe não chore
Não chore nunca mais não adianta
Eu tenho um beijo preso na garganta
Eu tenho jeito de quem não se espanta
(Braço de ouro vale dez milhões)
Eu tenho corações fora do peito
Mamãe não chore, não tem jeito
Pegue uns panos pra lavar leia um romance
Leia *Elzira, a morta virgem*,
O grande industrial

Eu por aqui vou indo muito bem
De vez em quando brinco o carnaval
E vou vivendo assim: felicidade
Na cidade que eu plantei pra mim
E que não tem mais fim
Não tem mais fim
Não tem mais fim

(1968, *Torquatália: Do lado de dentro*)[20]

Ir-se embora do interior para a metrópole é interpretado como rompimento de uma geração que vai fazer sua vida no Brasil moderno, industrial (observe-se, ao ouvir a canção, a sirene de fábrica na abertura). Ao mesmo tempo, a autoafirmação do jovem, que pretende "postular uma vida de rupturas, oposta à estabilida-

[20] A música teve arranjo de Rogério Duprat para o disco-manifesto *Tropicália*, no qual a canção é interpretada por Gal Costa. Ritmos regionais, como o maracatu, mesclam-se a certa estranheza dissonante, que lembra uma orquestração erudita, aliando violão elétrico, tuba, chocalho, tambor, sirene... Além da vírgula, outra diferença (dentre inúmeras) em relação à *Mãe coragem e seus filhos*, de Brecht, é o uso mais afetivo e informal de "mamãe".

de da vida familiar" (Favaretto, 1996: 90), vem acompanhada de palavras de consolo à mãe, que acentuam ainda mais sua desolação. Ela é retratada como uma mulher simplória — figura característica das camadas populares nordestinas.

A mãe está confinada a uma vida sem esperanças de transformação, presa a um papel definido bem típico. Adequados para sua distração, apenas os afazeres domésticos e a leitura de romances lacrimosos como *Elzira, a morta virgem* (de Pedro Ribeiro Vianna, 1883), originalmente publicados como livros "de algibeira", que recontavam casos sensacionais na forma de dramalhões. De tão populares que se tornaram, foram adaptados para o cordel e transitaram numa faixa que beirava a oralidade.[21] Já *O grande industrial* (do francês Georges Ohnet, 1882), logo traduzido para o português, integrava o gênero folhetinesco, que tendia para as histórias rocambolescas, sentimentais, edulcoradas. O sucesso desse tipo de narrativa perdurou por décadas, desde o final do século XIX até talvez os anos 1950, quando esses gêneros subliterários acabaram por ser suplantados pela dramaturgia do rádio e, finalmente, da TV.

Por outro lado, o filho, sujeito da canção, vive uma eufórica expansão dos horizontes, como um conquistador que atravessará o Rubicão e vencerá na cidade que se torna sua lavoura e propriedade ampliada (pois ele a "plantou para si") e que "não tem mais fim". Segundo Caetano Veloso, seu amigo, "Torquato adorava o Rio à maneira dos imigrantes tradicionais, desejoso de afastar-se rapidamente de sua província de origem e integrar-se na vida carioca" (1997: 137). O trabalho bem recompensado do migrante que se realiza (metonimizado por "braço de ouro vale dez milhões")[22] e a festa coletiva (o carnaval), que o fazem sentir-se co-

[21] A interessante história de *Elzira, a morta virgem*, que deu origem a três diferentes folhetos de cordel, está presente no estudo de Alessandra El Far, "Histórias, ouvintes e leitores", disponível em <www.caminhosdoromance.iel.unicamp.br/estudos/abralic/historias_ouvintes.doc>, acesso em 26 ago. 2018.

[22] O filme norte-americano *O homem do braço de ouro* (com direção de Otto Preminger, 1955) foi adaptado de um romance de Nelson Algren publi-

mo um ser plural, com "corações fora do peito", pleno de confiança e de felicidade, contrastam com a estreiteza da vida da mãe que tenta, com suas constantes lamúrias, impor ao filho seus tristes limites. Mas, enquanto ele afirma sua vontade assertiva sem nenhuma hesitação aparente, e a canção insiste em que a mãe aceite o fato consumado da partida do filho, este repete de modo aflito o pedido para que ela não chore, não sofra... como uma forma de afastar de si o próprio fantasma da culpa.

Favaretto constata que a paródia aos conhecidos versos de Coelho Neto ("Ser mãe é desdobrar fibra por fibra o coração!"), "invertendo o seu sentido e conotando crueldade" (1996: 90), agrega à letra um elemento de coragem, pois o esforço do jovem de romper as amarras familiares é visceral.

A figura materna pode servir de metáfora desse interior "atrasado", como a "Ave Maria" em latim (do disco *Caetano Veloso*, 1967) ou o ambivalente "Coração materno", de Vicente Celestino (cantado por Caetano em *Tropicália ou Panis et circencis*), correspondendo a um *ethos* mais tradicional, como eterna fonte (ambígua) de nostalgia. Essa mãe precisa ser ironizada a fim de permitir o salto do indivíduo rumo à modernidade, para que ele possa partir para a cidade, lugar do encontro descompromissado (veja-se "Alegria, alegria", *Caetano Veloso*), mas também da solidão (como se infere no poema de Gullar musicado por Caetano "Onde andarás", do mesmo disco).

Além da mãe, outras personagens femininas são associadas, nas canções tropicalistas, ao mundo da cidade pequena, tal qual Maria, de "Pé de roseira" (*Gilberto Gil*, 1968), a chorar porque o seu amado vai embora caminhando sozinho e indiferente: "Só sei que eu andava e não sentia dor", diz ele — enquanto o pé de

cado em 1949. Nele, o protagonista (representado por Frank Sinatra) gostaria de ser músico, mas fracassa devido a sua dependência das drogas e a seu envolvimento com o jogo, através do qual ganha somas consideráveis de dinheiro. Além disso, vive uma relação doentia com a mulher, falsamente paralítica, que o enleia pela culpa. Não sabemos se Torquato chegou a assistir ao filme, mas poderia ser objeto de identificação.

roseira murchava. Embora o eu lírico afirme, na letra, sua confusão por não sentir nada ao perceber que o amor acabara ("eu também não compreendia/ por que terminava um amor/ nem mesmo se o amor terminava"), ao mesmo tempo, ele se lembra da ciranda que seu pai cantava, como se a ruptura com os valores tradicionais não fosse completa nem passível de distância reflexiva. Há ainda Clarice, da canção homônima de Caetano e Capinan (*Caetano Veloso*, 1967), que despe o corpo moreno enquanto o narrador se afasta no navio a levá-lo dali. A moça figura a natureza, o amor eterno, a infância, o mistério da pureza — qualidades muito substanciais abandonadas, mas mitificadas na memória da infância. Em oposição a elas, o protagonista da canção se distancia rumo à cidade grande, fixado naquela imagem que guarda no coração. Do mesmo disco, há também Clara, da canção homônima de Caetano e Perinho Albuquerque, que morre de amor. Todas — Maria, Clarice e Clara — são evocadas num mesmo sentimento elegíaco. Já em "No dia em que eu vim-me embora", de Caetano e Gil (*Caetano Veloso*), enquanto a mãe, a irmã e a avó sofrem em casa assistindo à partida do jovem que segue sozinho para a capital, o rapaz parece sentir um misto de alívio e ruptura no destino por ele escolhido. Não chora nem ri, nem sabe direito o que sonha, mas sua mala de couro fede e incomoda, como se carregasse algo morto...

Walnice Galvão sinaliza, em cima do lance, "o tema do indivíduo que é obrigado a deixar sua terra em busca de trabalho" e, por consequência, a importância das "imagens de partida" na canção de Caetano Veloso, que retrata essa situação com irresolução entre a dor e a alegria (1968: 103-4).[23]

Concomitante, o eu vencedor de "Superbacana", de Caetano (1968), que se espalha e conquista, é recorrente também nos poe-

[23] Em seu ensaio, a autora destaca o aspecto "mítico" da canção engajada dos anos 1960, que enfatizaria o "dia que virá", como se este fosse o agente que move a história, sem necessidade do concurso do sujeito, proporcionando a ele esperança e consolo. Os laivos nostálgicos dessas canções, que muitas vezes relembram com pungência a vida na pequena cidade pré-industrial, são igualmente criticados como ilusórios.

mas de Torquato (leiam-se "Cogito", "Let's play that", "Pessoal intransferível"), afirmando-se de modo retumbante, como na declaração tão assertiva "Eu só quero saber do que pode dar certo", expressa no mesmo tom do sujeito de "Mamãe, coragem", a quebrar amarras e a desbravar a grande cidade: "eu quero eu posso eu fiz eu quis".[24]

Às vezes a paródia é indiscernível do elogio, conclui Favaretto a respeito de "Baby" (1968), à qual acrescentaríamos "Paisagem útil" (1967), ambas de Caetano Veloso. Nesta última, não se consegue assegurar se o compositor está se vangloriando (como os futuristas) do fato de que a luz elétrica suplanta as estrelas, os automóveis substituem os anjos, o emblema da Esso brilha mais bonito que a lua — e tudo isso ilumina com vantagem "o beijo/ dos pobres tristes felizes/ corações amantes do nosso Brasil" — ou se os dois mundos (moderno, associado à cidade, e tradicional, associado ao amor e à natureza) convivem superpostos.

Poderíamos aproximar da estética pop a oscilação entre fascínio e repulsa relativamente à modernização urbana. No exemplo mais evidente, "Alegria, alegria", isso parece atingir o máximo: de um lado, "ela pensa em casamento", de outro, "eu tomo uma Coca-Cola" — como se o sujeito tradicional fosse superado por este novo indivíduo leve, colorido, livre de lastros, movendo-se em meio às mercadorias, atraído pelo mundo do consumo e desapegado do peso da experiência.[25]

[24] No texto "Torquato Marginália Neto", Waly Salomão menciona o quanto seu amigo gostava da canção "Vapor barato", devido, segundo ele, à "obsessão que diz que está indo embora". Recorda o "medo de ser desaprovado aos olhos da mãe medusa tirana", assim como "O temor fulminante de se constituir no Idiota da família". Quando vê Torquato sair do sanatório "com o cabelo completamente tosado", justamente ele que tinha tanto orgulho da cabeleira rebelde, pressente: "sofri uma premonição terrível e insuportável de uma ovelha negra tosada se oferecendo ao cutelo do matadouro. INQUISITORIAL: fazendo do final de sua vida uma fogueira de um auto de fé, Torqua se transvestiu em seu próprio Torquemada?" (*Armarinho de miudezas*, 1993: 65-7).

[25] Em conferência proferida no MAM do Rio de Janeiro em 1993, Caetano afirma: "nós, os tropicalistas, éramos pessimistas", portando uma "visão

Enquanto alguns leem o maior paradigma da arte pop norte-americana, Andy Warhol, na chave do oportunismo mercadológico, como um artista que aderiu à reificação, outros teóricos querem reputá-lo crítico da sociedade de consumo — como se, ao reproduzir as latas de sopa Campbell e o rosto de Marilyn, imitando as técnicas da propaganda e repetindo até a exaustão os seus clichês, Warhol, de um lado, estimulasse a sedução pelo seu *glamour*, enquanto, de outro, parodiasse a seriação intensificada da era industrial. A superficialidade de suas imagens dispensa toda densidade histórica em nome das sensações presentes. É o oposto das convenções fixas, da arte auratizada, dos sentimentos sólidos.[26]

autodepreciativa da nossa vida cotidiana e do seu quase nenhum valor no mundo". Uma palavra como "lanchonete", que aparece na canção "Baby", foi por ele escolhida porque "dava náuseas quando lida em marquises ou ouvida em conversas", "anúncio de uma vulgaridade intolerável que começava a tomar conta do mundo". É o caso também da "Coca-Cola" de "Alegria, alegria". Diz Veloso: "eu detestava Coca-Cola", que, além de tudo, representava a "hegemonia da cultura de massas americana (o que não deixava de ter seu teor de humilhação para nós)". "Afinal", conclui, "o que é que me chamou a atenção no filme *Terra em transe*, de Glauber Rocha, senão a ostentação barroquizante de nossas falências, de nossas torpezas e de nossos ridículos?" De um lado, autoflagelação, de outro, tentar redimir essa realidade. "Diferentemente dos americanos do norte", em *O mundo não é chato*, 2004: 51-2.

[26] Celso Favaretto (1979) desenvolve em muitos momentos de seu livro reflexão sobre a ambivalência entre vanguarda e mercado na estética tropicalista, próxima ao pop, assim como a sensação de deriva e dissolução do sujeito. Decididos a enfrentar a "grande máquina", os artistas se propõem a não fugir da raia e "consumir o consumo" (na expressão de Oiticica). Carlos Eduardo de Barros Moreira Pires, analisando os primeiros LPs tropicalistas, observa nas canções "um interessante efeito na direção de Andy Warhol. Isso ao mesmo tempo em que se tenta esboçar críticas, que pressupõem algum ponto de vista e algum 'peso' dos materiais, ao meio cultural que acabam em um clima de pulverização semelhante ao das vozes" (2008: 164). Hal Foster (1996) interpreta a complacência com o consumo de Warhol como uma tendência a repetir serialmente, tal qual máquina, a lógica social, para expô-la em seu automatismo. Desse modo, o artista se apaga como sujeito, imitando o modo de existência das coisas no mundo capitalista. Mas isso ocorre de forma consciente ou inconsciente? Cínica ou crítica? Provavelmente o artista trabalhou nas duas

A situação brasileira afigura-se algo diferente da norte-americana em vários aspectos, porque, entre outras particularidades políticas e culturais, aqui essa modernização fez-se de modo excepcionalmente autoritário.[27] Nota-se em "Marginália II" (com letra de Torquato, musicada por Gil para o disco *Gilberto Gil*, 1968) como a animação do cantor contradiz espantosamente o pesadume melancólico da letra quando inverte a "Canção do exílio" — exílio este que se localiza por cá mesmo. E não há saída: apenas solidão, medo, culpa, aflição, desmontando assim ícones do ufanismo tropical. "Aqui é o fim do mundo", local de catástrofe e pobreza, afirma o oposto do ideal da pátria como "berço esplêndido".[28]

frentes, transitando entre o experimento e a propaganda e vice-versa (no capítulo "The return of the real"). As analogias não pretendem ser aproximações modelares.

[27] Não estamos desconsiderando a violência do processo modernizador norte-americano. Apenas frisamos que, apesar de tudo, havia, naquele momento, mais participação democrática cidadã lá do que aqui. Isso se reflete claramente na arte pop brasileira, que, ao contrário da norte-americana, nos anos 1960 é claramente de oposição política (veja-se Rubens Gerchman, Claudio Tozzi, Antonio Dias).

[28] Essa dissonância entre a letra e a melodia, já antes destacada por Celso Favaretto, é assim analisada na dissertação de Carlos Eduardo de Barros Moreira Pires: "A situação de degredo dentro do próprio país é cantada com estranha alegria como que sugerindo certo degredo subjetivo, ou certa 'migração interior' [expressão de Antonio Candido], já que a voz se encontra dentro desse lugar que se tenta caracterizar. Não existe a oposição entre o aqui do degredo e o lá do país, como na 'Canção do exílio' que é citada na letra" (2008: 20).

Não é um acaso que, de acordo com a estatística de motivos poéticos escolhidos para as canções inscritas no III Festival de MPB da TV Record (1967), no topo da lista encontre-se o tema "saudade", que predominou em todas as regiões do Brasil. No ano seguinte, no III Festival Internacional da Canção da TV Globo, são populares, entre outros, "temas como 'cidade' (estranhamento diante das paisagens urbanas), 'desenraizamento', e exortação à 'ação/luta'" (ver Napolitano, 2001: 218 e 304). A nostálgica canção "Sabiá", que trata do exílio e do "para sempre perdido", de Chico Buarque e Tom Jobim, ganha o

No caso tropicalista, as contradições entre qualidade artística e indústria cultural são motivo de desconforto, uma vez que sua originalidade criativa não tinha pudor algum de se acercar do mercado. O desejo de ser popular, de estar na TV, de se comunicar com o grande público — enfim, de ser objeto de consumo de massa — é concomitante aos saltos experimentais e aos desafios político-culturais. O aspecto comercial soma-se às atitudes iconoclastas de forma inextricável. A utilização da guitarra elétrica alia-se a alguns voos ambiciosos nos arranjos musicais eruditos (graças aos maestros Rogério Duprat e Julio Medaglia, de quem os tropicalistas se acercaram). Enfim, palavras como "atualização" e "modernidade", então em voga, podiam remeter a sentidos diferentes, sobretudo tendo-se em vista a conjuntura política.

Tais tentativas de contato com a mídia nem sempre funcionaram, justamente por conta do aspecto contestador da estética tropicalista. O programa idealizado por Torquato Neto e Capinan, *Vida, Paixão e Banana do Tropicalismo*, cujo roteiro pode ser conferido na coletânea de textos *Torquatália*, foi planejado para ser apresentado na TV Globo, mas se realizou apenas uma vez, dada a sua excessiva imprevisibilidade, aliada ao tom crítico, entre o agressivo e o paródico. No roteiro, o tropicalismo acabava por ser morto e destruído, pois não se propunha a continuar como um movimento que sugerisse programa ou seguidores.

Em alguns momentos, avulta a "estranheza inquietante" em sentido freudiano, como em "Panis et circenses" (de Gil e Caetano, gravada no disco *Tropicália ou Panis et circencis*) ou em "Janelas abertas nº 2" (no álbum *Chico e Caetano juntos e ao vivo*, 1972), canções nas quais penetrar no recinto familiar para matar o que se ama e se odeia significa uma forma de libertação. Mas os insetos entram pela janela... (alusão às implacáveis Erínias d'*As moscas* de Sartre?).[29]

certame, dividindo as atenções com a lutadora "Pra não dizer que não falei de flores", de Geraldo Vandré.

[29] Ao ler a análise dessa canção feita pelo pesquisador norte-americano Charles Perrone em seu trabalho sobre a MPB, encontrei outra referência a Sar-

Sinistra a gestação do filho temível ou profético de "Anunciação" (com letra de Rogério Duarte, cantada por Caetano no disco de 1967), que virá matar os pais: representaria a revolução, o caos, a barbárie?[30] A força dessas canções enraíza-se no sentimento obscuro de recuo e libertação, com culpa e afeto, da família, ao lado da afirmação do novo sujeito — um tipo de monstro informe e perigoso, cheio de energia, atraído pelo mundo pop da indústria cultural e da contracultura internacional.

Torquato também compôs letras de matiz estranho, como é o caso de "Deus vos salve a casa santa" (gravada por Nara Leão em 1968), na qual o tema central, posto que interdito, gira à volta do conflito de gerações: o silêncio dos jovens, o filho que some dentro de casa "entre a cozinha e o corredor" enquanto os pais e a polícia (ambos instituições persecutórias) o procuram, num universo fechado em que, ironicamente, um refrão típico da cultura popular é reiterado: Deus salva e a mesa da família é farta. Mas há um caos germinando abafado, numa opressão secreta: "Um trem de ferro sobre o colchão/ A porta aberta pra escuridão/ A luz mortiça ilumina a mesa/ E a brasa acesa queima o porão"... A claustrofobia e o *chiaroscuro* da casa sugerem a interiorização esquizoide de uma questão histórica pois, assim como em "Mamãe,

tre, justamente em relação aos versos finais: "Mas eu prefiro abrir as janelas/ pra que entrem todos os insetos". Cito: "Exploration of self ultimately means confronting the annihilation of self in death, and, in a gesture of Sartrean 'bad faith', the final statement expresses a seeming unwillingness to assume such an undertaking" (1989: 65).

[30] Não podemos nos furtar à referência obrigatória a Freud, especialmente ao capítulo VII d'O *mal-estar na civilização*, quando o pensador trata dos sentimentos ambivalentes em relação aos pais, de remorso culposo mesclado ao amor, que remontam à origem do superego, o qual tanto maltrata o sujeito. Freud ilustra essa contradição inerente à civilização, "eterna luta entre as tendências de amor e de morte", com estes versos de Goethe, constantes do romance de formação de Wilhelm Meister: "À Terra, a esta Terra cansada, nos trouxestes,/ À culpa nos deixastes descuidados ir,/ Depois deixastes que o arrependimento feroz nos torturasse,/ A culpa de um momento, uma era de aflição!" (1931: 95).

coragem", para além do conflito psíquico, a fratura entre pais e filhos também resultou das alterações socioculturais do mundo rural tradicional para o urbano moderno. Enquanto na letra de "A rua" tudo se passava fora de casa, comunitariamente, congraçando-se natureza e cultura (ao menos no passado rememorado), aqui o tempo e o espaço parecem abafados e encolhidos.

O aspecto metonímico, e as montagens às vezes incompreensíveis dessas letras, remetem ao fértil conceito da enumeração caótica, definida por Spitzer (1974) como uma forma de pensamento heterogêneo que tenta aglutinar referências díspares em um sistema de sentido. O crítico temia que esse procedimento sem síntese e assistemático se instaurasse como matriz pouco coesa (embora altamente significativa) de composição para a poesia moderna. Julgava tal risco um perigo real, pois nem sempre a matéria heteróclita organiza-se afinal em obra consistente, traço que podemos observar em parte da trajetória de Torquato. A intraduzibilidade das imagens constitui prova da complexidade daquela experiência pouco articulável.

Em momentos mais "animados", o artista consegue justapor contrastes e embalá-los ritmicamente, como em "Geleia geral" (gravada por Gilberto Gil em *Tropicália ou Panis et circencis*, 1968). Ali, a energia do grupo se manifesta voltada para o mundo público, reunindo, entre o paródico e o afirmativo, as "relíquias do Brasil" em uma coleção que termina por aglutinar tempos diversos, como cacos colados que formam um objeto dissonante o qual no entanto se move à volta de si mesmo. Como o ritual do boi que foi morto e devorado, mas ressuscita a cada ano, assim a história brasileira parece caminhar... O tropicalismo era, segundo a percepção de Torquato e Capinan, "a ausência da consciência da tragédia em plena tragédia".[31]

[31] Afirmam ainda, no roteiro de *Vida, Paixão e Banana do Tropicalismo*, composto por ambos: "Tropicalismo é uma arte sadomasoquista". Depois de desfilar triunfal mas sarcasticamente vários ícones da brasilidade, o cenário será afinal destruído e, com ele, o próprio tropicalismo, que se define como momento de crise. Cf. *Torquatália: Do lado de dentro*, 2004a: 72.

Em suma, os elementos da cultura popular, antes idealizados lírica e nostalgicamente, agora comparecem esvaziados de modo sarcástico, como manifestações de subdesenvolvimento. No entanto, não podem ser relegados: o cordel lido pela mãe, a mesa da família religiosa, a exaltação romântica da natureza pujante, o bumba meu boi folclórico — tudo é profanado com a energia de quem anseia sobrepujar por fim aquela prisão para projetar-se em outro espaço mais feliz, embora carregando inevitáveis destroços. A mamãe-pátria continua a vegetar em seu ramerrão provinciano que nada contém de glamoroso, enquanto seus filhos vencem, libertos para afirmar-se na cidade moderna. Mesmo com remorso de abandoná-la, reconhecem que nada se pode fazer por ela e preferem seguir vivendo, atraídos pelo admirável mundo novo.

O que estava ocorrendo no Brasil podia ser observado no restante do então denominado Terceiro Mundo, quando saía de cena o velho colonialismo, substituído agora pela penetração de mercado, "destruindo as antigas comunidades de aldeia e criando um contingente de mão de obra assalariada e um lumpemproletariado inteiramente novos" (Jameson, 1991: 123), o que resultava numa ambivalência de posturas, entre a superação libertadora dos hábitos rurais e a necessidade de defesa das formas de vida tradicionais.

Chegamos agora a um terceiro momento da produção artística de Torquato, concomitante ao fechamento político pós-AI-5 e ao exílio involuntário ou voluntário de tantos artistas e militantes políticos. Agora, o poeta não integra mais nenhum grupo orgânico, passando a escrever textos solipsistas e bastante disjuntivos. Depois de voltar de longa estada na Europa, em 1969, recomeça a trabalhar no colunismo cultural jornalístico e a escrever poesia e algumas letras para canções. Suas reflexões em forma de diário, algumas lúcidas, outras ininteligíveis, denunciam um isolamento cada vez maior. Torna-se, pois, gradativamente confinado em si.[32] Ao afastar-se dos tropicalistas, continuou ainda cultivan-

[32] Novamente nos remetemos ao estudo de Paulo Andrade (2002), no qual ele comenta letras de canção, trechos do diário e poemas de Torquato em que este se encerra numa linguagem desconstruída e mesmo autoagressiva —

do outros laços e buscando realizar alguns projetos, como os filmes super-8 com Ivan Cardoso, as constantes trocas de cartas junto a Hélio Oiticica, as publicações alternativas em parceria com Waly Salomão (nas edições quase clandestinas de *Presença*, *Flor do Mal* e depois a ambiciosa *Navilouca*),[33] além de uma curta colaboração com o suplemento *Plug* (do *Correio da Manhã*). Mais assiduamente, redigia a coluna "Geleia Geral" no jornal *Última Hora*. Seu estilo afirmou-se como coloquial, polêmico, radicalmente *underground*. Pois sua produção daquele momento se dirigia à contracultura dos "subterrâneos" que resistiam a tudo o que era oficialesco. Paulo Roberto Pires, na introdução ao volume que organizou com os textos desse período, aproxima a militância cultural intensa de Torquato do didatismo da famosa coluna de Mário Faustino no *Jornal do Brasil*, nos anos 1950, mas numa "versão devidamente pirada" (2004: 20).[34]

particularmente às análises do terceiro capítulo de seu livro, em que o pesquisador busca interpretar os textos finais do poeta. Neles, destaca uma radicalização do hermetismo da linguagem, em recortes das palavras, quando a violência se volta contra todo o significado, bloqueado pela fragmentação extrema, como se a palavra reproduzisse a imagem de um corpo torturado. De seu cancioneiro, extraímos alguns exemplos do tema da caminhada solitária: "Lua nova" (1966), "Pra dizer adeus" (1966), "Ai de mim, Copacabana" (1967), "Três da madrugada" (1971), "Jardim da noite" (com Carlos Galvão, 1972), "Tome nota" (1972), "Andar, andei" (com Renato Piau, s/d). *Torquatália: Do lado de dentro*, 2004a.

[33] Observamos, em algumas dessas publicações, a junção de recursos visuais e linguísticos, em uma absorção bastante transfigurada da influência concreta. Hollanda ressalta "a energia anárquica explodindo o construtivismo" (2004: 99). Mas não nos deteremos na análise dessas revistas, que exploro no capítulo específico sobre elas.

[34] Segundo o testemunho de Heloisa Buarque de Hollanda, a coluna de Torquato era o lugar, por excelência, onde circulavam a informação nova e os debates mais polêmicos que esquentaram a produção cultural pós-AI-5: "Lendo o conjunto de 'Geleia geral', temos a impressão de estar numa cabina de cinema vendo um superlonga-metragem de época. [...] Torquato fez de 'Geleia geral' a tribuna das vozes 'não-oficiais' e alternativas. [...] O segundo ponto que

Nesse último período de sua vida, que corresponde ao começo da década de 1970, acentua-se a perplexidade com a ideia de "obra", artefato perene e enquadrado em procedimentos fixados pela tradição, os quais pressupõem um conceito de forma literária culturalmente consensual. Torquato pratica gêneros ditos menores e instáveis, como o diário, a carta, a montagem entre o visual e o poético, a reportagem como conversa e um tipo de escrita que parece aglutinar frases que passaram por uma explosão. A crise do escritor, na sua busca de sentidos, ultrapassa a dimensão existencial, pois é afinal compartilhada por ampla parcela de uma geração de artistas.[35] Como se verá adiante, a fragmentação cada vez mais intensa termina por romper a possibilidade de acordes minimamente harmônicos, na música e na poesia.

A duplicidade de tons de seus textos no final da vida, entre o exaltado e o deprimido, se evidencia de modo estridente: de um lado, o apelo ao desfrute do filme *trash* e da música pop na coluna "Geleia Geral" e, de outro, os diários do sanatório. De modo análogo, advertimos tanto uma autodestrutividade paranoica em relação à própria época quanto a vontade perturbada de assim mesmo inventar de novo as palavras:

chama atenção em 'Geleia geral' é a determinação abertamente política de enfrentar com a poesia e com a prática jornalística as possíveis brechas que eventualmente pintem". "Poetas rendem chefe da redação (II)", *Jornal do Brasil*, 13 fev. 1983, republicado em Gaspari, Hollanda e Ventura, 2000: 252-3.

[35] Conforme as agudas ponderações de Flora Süssekind, manifesta-se uma variação ampla de tom na cultura brasileira entre os anos de 1967 e 1972. Para a pesquisadora, há um primeiro momento de expansão, em que os experimentos ocorrem "em várias frentes", abrangendo a música, o teatro, o cinema, as artes plásticas, e, a seguir, um período de encolhimento, muitas vezes relacionado ao confinamento do artista na prisão e no manicômio, em que o "desencanto histórico" conduz à dissolução da "coralidade" múltipla e complexa que, por algum tempo, parecia ser a tônica das diversas facetas da cultura (2007: 39). Encontramos exemplos extremos desse enclausuramento nos diários de Torquato e nos escritos relativos à prisão de Rogério Duarte recolhidos em "A grande porta do medo" (*Tropicaos*, 2003).

Quando eu a recito ou quando eu a escrevo, uma palavra — um mundo poluído — explode comigo e logo os estilhaços desse corpo arrebentado, retalhado em lascas de corte e fogo e morte (como napalm) espalham imprevisíveis significados ao redor de mim: informação. Informação: há palavras que estão nos dicionários e outras que não estão e outras que eu posso inventar, inverter. Todas juntas e à minha disposição, aparentemente limpas, estão imundas e transformaram-se, tanto tempo, num amontoado de ciladas.

Uma palavra é mais do que uma palavra, além de uma cilada. Elas estão no mundo e portanto explodem, bombardeadas. Agora não se fala nada e tudo é transparente em cada forma; qualquer palavra é um gesto e em sua orla os pássaros de sempre cantam nos hospícios. No princípio era o *verbo* e o apocalipse, aqui será apenas uma espécie de caos no interior tenebroso da semântica. Salve-se quem puder.

As palavras inutilizadas são almas mortas e a linguagem de ontem impõe a de hoje. A imagem de um cogumelo atômico informa por inteiro seu próprio significado, suas ruínas, as palavras arrebentadas, os becos, as ciladas. Escrevo, leio, rasgo, toco fogo e vou ao cinema. Informação? Cuidado, amigo. Cuidado contigo, comigo. Imprevisíveis significados. Partir pra outra, partindo sempre. Uma palavra: Deus e o Diabo.[36]

[36] "Marcha à revisão. 1. Colagem". Trecho do texto extraído da coluna "Geleia Geral" no jornal *Última Hora* (8 ago. 1971). *Torquatália: Geleia Geral*, 2004b: 261-2. Há mais versões do texto (por exemplo, "Marcha à revisão. 1. Sugestão", *Torquatália: Do lado de dentro*, 2004a: 311), inclusive algumas em que partes são transformadas em versos, como no poema "Literato Cantabile". A primeira estrofe se assemelha bastante ao texto que reproduzimos, com a ressalva de que a divisão em versos permite destacar as rimas e o ritmo: "Agora não se fala mais/ toda palavra guarda uma cilada/ e qualquer gesto é o fim/ do seu início;/ agora não se fala nada/ e tudo é transparente em cada forma/

Parece uma cena de guerra. O que fazer para salvar-se da violência das palavras quando estas podem arrebentar, reduzindo tudo a destroços desordenados?

As referências cacofônicas ao extermínio dos sentidos são acompanhadas pelo sentimento de desproteção, num mundo amorfo, em que a informação faz parte do grande monturo de ruínas, colaborando inclusive para seu incremento, pois as palavras, carregadas de sujeira, são perigosas armadilhas e pesam sobre o real. Na carne do material inscrevem-se referências históricas amplas, que se interiorizaram.

Acrescentaríamos a isso a tendência ao caótico proliferante: um pensamento heterogêneo, que precisa aglutinar referências contraditórias, aparentemente sem possibilidade de síntese. Mas a mensagem final é clara: "Partir pra outra, partindo sempre". Percepções muito agudas sobre a realidade como um aglomerado de estilhaços, a revelar um sujeito acossado (pássaro cantando do precipício).

Bueno destaca o aspecto apocalíptico do texto, como sinal de coincidência entre o fim da história e o fim da vida do poeta, ambos congelados e submetidos a uma liquidação de seus agora impossíveis movimentos. O sujeito "de repente se vê *objeto*, dilacerado e dividido, de uma História que não controla e de formas de linguagem que, além de terem perdido o sentido, tornaram-se peri-

qualquer palavra é um gesto/ e em sua orla/ os pássaros de sempre cantam assim,/ do precipício:". A alusão à guerra ocorre na segunda estrofe: "a guerra acabou/ quem perdeu agradeça/ a quem ganhou./ não se fala. Não é permitido./ mudar de ideia. É proibido./ não se permite nunca mais olhares/ tensões de cismas crises e outros tempos/ está vetado qualquer movimento/ do corpo ou onde que alhures./ toda palavra envolve o precipício/ e os literatos foram todos para o hospício./ e não se sabe nunca mais do fim. Agora o nunca./ agora não se fala nada, sim. Fim, a guerra/ acabou/ e quem perdeu agradeça a quem ganhou". As repetições e a pontuação abrupta dessa parte reforçam a sensação de imobilidade no tempo e no espaço, reiterando a derrota. Ver *Torquatália: Do lado de dentro*, 2004a: 168-9. Para análise desse poema, recomenda-se a leitura de Vieira, "As ciladas do trauma: considerações sobre história e poesia nos anos 70", em Safatle e Teles, 2010.

gosas e inúteis ciladas". Assim, suas "sucessivas *recusas de linguagem*" (Bueno, 2005: 181-2) desembocariam num silêncio mortal.

A energia destrutiva partilha algo da ira sagrada do profeta, que quer imprimir no mundo uma fala purificadora, intempestiva, que denuncie e limpe o ambiente contaminado, para que as potências divinas e luciferinas possam se encarnar e recomeçar a criação.

Às vezes, os textos de Torquato dessa última fase são pedaços picotados de poemas anteriores agora submetidos à intensificação do fragmento obsessivo, no espectro oposto da facilidade "alegrinha" (também a se ponderar...) aparente em outros poemas. O ímpeto para "festa e comício" é contrabalançado pela confissão da solidão, a internação no sanatório, o anseio de morte, que pontuam a trajetória de Torquato, a vacilar entre o ardor do entusiasta procurando frestas no marasmo e o refém do desalento, o homem angustiado lutando consigo para não soçobrar — como se a alegria fosse uma resolução heroica e mesmo patética. Relembrando as reflexões de Hollanda (2000)[37] e de Vieira (2011), essa flama de resistência enraizava-se, possivelmente, no medo e no desespero, "na corda bamba" de Cacaso (Antonio Carlos de Brito).

A linguagem de Torquato Neto lembra, em mais de um aspecto, a de Ana Cristina Cesar, quer no estilo de comunicação elíptica, preferindo certo tom intimista, quer na negação de continuar a viver quando se percebe absolutamente só, sem interlocutor. Pesadas as singularidades, a vida e a morte de ambos, transfiguradas em obras, naquele momento se aproximam e se tornam propriedade coletiva, como se fossem formas lendárias apropriadas à história da "geração que esbanjou os seus poetas" (evocando, *mutatis mutandis*, a acertada expressão de Jakobson).

[37] Em seu artigo "Poetas rendem chefe da redação (II)" (*Jornal do Brasil*, 13 fev. 1983), Heloisa enfatiza o ânimo acirrado de Torquato, comentando trechos como "não está na hora de transar derrotas. Eu digo na Geleia: ocupar espaço, amigo, estou sabendo, como você, que não está podendo haver jornalismo no Brasil, e que — já que não deixam — o jeito é tentar, não tem outro jeito que não seja desistir, e eu, sinceramente, acredito que não está na hora de desistir". Republicado em Gaspari, Hollanda e Venturi, 2000: 253.

Cadernos, escritos compulsivos. Torquato se empenha em não se encolher completamente, evitando proteger-se do mundo numa clausura:

> Mais: a prisão, o hospício, a burocracia repressiva dos esquemas, o apartamento apertado no meio de apartamentos — enfim, esses lugares forçados podem (e devem, como exercício de vida) ser curtidos segundo os papos da política, da psicologia, etc. mas em nenhuma hipótese podem servir como refúgio contra. refúgio contrário. apocalíptico do tipo suicida (a mais "doce" tentação, a mais "cruel" e a mais malandra, saco, soluço, banheiro). o hospício é o lugar mais fundo que eu conheço — mas isso não é desculpa para que EU o transforme em refúgio. o fundo do poço e o lado de fora. (2004: 304)

E por aí segue, num monólogo em que procura convencer-se de que precisa lutar para não se entregar à autodestruição. Mas, se o "lado de fora" aparentemente se contrapunha ao "fundo do poço" (ambos perigosos e, no limite, alienantes), no entanto a descrição do poeta nos faz entrever o empenho para não se render a um tipo de paralisia, como se tudo conspirasse para conduzi-lo ao confinamento, ao silêncio mortificado.[38]

Seus diários evidenciam cada vez mais as tentativas de lucidamente resistir à pulsão de morte, como se verifica nos textos de "Geleia Geral" em que busca "ocupar espaço", transar qualquer coisa, fazer guerrilha cultural, de modo até frenético. "Todo dia é dia D" vira um tipo de grito de guerra para aguentar a pressão e seguir adiante. Nas muitas cartas trocadas com Hélio Oiticica, eles partilham a animação ansiosa pelos projetos radicais. Quando co-

[38] Ao tratar da verdadeira "síndrome de prisão" que acomete a literatura nos anos 1970, Flora Süssekind (2004: 71-2) lembra: "É perigoso acostumar-se à prisão, alertava Torquato em 1970 [...] No seu caso, de não conseguir mais viver lá fora, de não conseguir mais escolher ao invés de receber ordens".

meçam a tentar realizá-los, à euforia segue-se a frustração: Torquato se entusiasma com a edição do jornalzinho alternativo *Flor do Mal* em 1971, logo desmantelado por "ordem dos homens" (ou, pior, pela autocensura dos editores).

Em todos os momentos, acompanham-no os temas da despedida, do isolamento, das mudanças ocasionadas pela viagem — o que nos faz pensar que esse seja um traço específico de sua sensibilidade, em consonância com um tempo de mudanças sociopolíticas drásticas. Numa de suas últimas composições, "Todo dia é dia D" (1971), comprime-se tanto o tempo quanto o espaço, quando partir já é voltar, e existir, carregar dentro de si o próprio fim:

> Desde que saí de casa
> Trouxe a viagem da volta
> Gravada na minha mão
> Enterrada no umbigo
> Dentro e fora assim comigo
> Minha própria condução
> Todo dia é o dia dela
> Pode não ser pode ser
> Abro a porta e a janela
> Todo dia é dia D
> Há urubus no telhado
> E a carne-seca é servida
> Um escorpião encravado
> Na sua própria ferida
> Não escapa, só escapo
> Pela porta da saída
> Todo dia é o mesmo dia
> De amar-te, amorte, morrer
> Todo dia é menos dia
> Mais dia é dia D

(*Torquatália: Do lado de dentro*)[39]

[39] Com arranjo musical de Carlos Pinto, foi gravada por Gilberto Gil no

Se cada dia reitera o mesmo dia, numa rota circular sem escape (que o monótono ritmo regular de redondilha, as rimas toantes e as aliterações mais reforçam), querer ir embora de casa não leva a lugar algum; inclusive, os urubus esperam logo acima a carniça ressecada pelo sol nordestino. O destino vem gravado fundo no corpo (mão e umbigo), como um retorno forçoso à origem. A porta da saída é o encontro inexorável com o dia D — a data da decisão, que tanto significa a virada para a vitória quanto, pelo contrário, uma batalha na qual, como se sabe, milhares de jovens desembarcaram dos navios, encurralados, para morrer na praia sem apelação.

Diferente de "Alegria, alegria" ou, ainda, de "Pra não dizer que não falei de flores" (1968), a intenção de caminhar não se dirige à realização de nenhum projeto individual ou coletivo, e nem há interlocutor amoroso ou político. O único trajeto desse sujeito consiste em revolver-se, consumindo-se no próprio veneno que o marca no fundo de si. É ilusória qualquer tentativa de expansão vital, por mais que Torquato repise em seus diários que "é preciso não dar de comer aos urubus". Tempo e espaço se comprimiram num presente sem escape.

Fabiano Calixto (2012) nota a hesitação do ir e vir nas frases que se duplicam e se anulam: "dentro e fora assim comigo", "pode não ser pode ser", "abro a porta e a janela", "não escapa, só escapo", "mais dia menos dia" etc. Amor e morte, próximos e confundidos, igualmente corroboram a sensação opressiva.[40]

disco *Cidade de Salvador*, de 1973, tocada com violão elétrico e cantada de forma despojada e lenta, característica de certa bossa nova. Na versão cantada, há uma pequena alteração na letra, no final: "Todo dia é mais dia/ Menos dia é dia D" — certamente devida à exigência rítmica. Na antologia organizada por Italo Moriconi em 2017, *Torquato essencial*, há pequenas variações nessa letra, inclusive no corte dos versos e na separação em duas estrofes. Destacamos as diferenças dos versos finais: "Todo dia é mesmo dia/ De amar-te e a morte morrer/ Todo dia é mais dia, menos dia/ É dia D".

[40] O pesquisador compara "Todo dia é dia D" com a letra de outra canção, também de 1971, "Três da madrugada", na qual o sujeito lírico caminha

Por outro lado, na animação de "Geleia geral", de certa forma já se anunciava a mesma circularidade do tempo: "Ê bumba iê iê boi/ Ano que vem, mês que foi/ [...]/ é a mesma dança, meu boi", como um ritual de sacrifício travestido de festa, avivado pelo ritmo. Mas, em alguns escritos posteriores de Torquato, a alegria comparece como entusiasmo maníaco, num tom de pressa meio histérica ("não tenho tempo a perder") que se contrapõe, como gangorra ciclotímica, ao abatimento melancólico causado pela ferida pessoal e coletiva.

Na última viagem que fez à cidade natal, Torquato gravou o filme *O terror da Vermelha* (1971).[41] Nele, um jovem assassino serial persegue rapazes e moças pelas ruas da cidade e os mata por estrangulamento ou facada. Com um dos rapazes com quem conversa, o protagonista parece entreter alguma relação entre amigável e amorosa, o que não o impede de atacá-lo, de uma forma que poderia sugerir certo erotismo. De quando em quando surge alguém, inesperadamente, segurando um cartaz, ou sobressaem palavras escritas em muros e placas, exibidas longamente, sem contexto explicativo, como: VIR VER OU VIR, OU RESINA.[42] Por sinal, os "atores" eram todos amigos e parentes do poeta convidados para serem personagens (inclusive os próprios pais integram a lista dos créditos)...

O filme termina com a exibição na tela de um texto razoavelmente longo, que procura esclarecer o roteiro, e do qual recortamos o seguinte trecho:

pela rua "que não tem mais fim" e nela nada encontra de acolhedor: "esta cidade me mata/ de saudade/ é sempre assim.../ triste madrugada/ tudo é nada/ minha alegria cansada/ e a mão fria gelada/ toca bem de leve em mim". É um completo contraste com o acento vitorioso de "Mamãe, coragem" (2010: 90-3).

[41] Rodado em super-8 com nove rolos, foi revelado e montado apenas depois da morte de Torquato Neto por Carlos Galvão, que procurou ser fiel às intenções do amigo. Ver *Torquatália: Do lado de dentro*, 2004: 189 ss.).

[42] Sabemos que essas expressões eram emblemáticas para Torquato, pois as reencontramos em seus poemas visuais da *Navilouca*.

TRISTERESINA
uma porta aberta semiaberta pe-
numbra retratos e retoques eis
tudo. observei longamente, entrei saí e novamente eu volto
enquanto saio, uma vez ferido de
morte e me salvei
o primeiro filme — todos cantam
sua terra
também vou cantar a minha

VIAGEM/LINGUA/VIALINGUAGEM

A obsessão do retorno à casa paterna e à cidade da infância, como resina triste, impregna Torquato. Mesmo conhecendo-se o desfecho perigoso de tal aventura, ela poderia, quem sabe, ser superada pela repetição exaustiva do assassinato dos pais e amigos, e o poeta, talvez salvo pelo exorcismo do filme. Mas tal revela-se impossível, pois a volta reitera o trauma, como se o movimento dele e de sua cidade fosse circular.

Como em "Marginália II", a referência a um verso romântico tornado clichê comparece como arremedo ("Todos cantam sua terra/ Também vou cantar a minha", de Casimiro de Abreu). Assim, poemas, canções e filme documentam seu enorme desejo (culpado) de libertar-se da "casa santa". Os oximoros ("novamente eu volto/ enquanto saio" seguido de "uma vez ferido de morte e me salvei") acompanham o fato de que ele voltou para matar, nesse espaço penumbroso e apenas semiaberto das memórias. Numa fotomontagem da época, composta por Moacir Cirne, o rosto de Torquato aparece sob a palavra-valise "Teresina", desdobrada em outras duas: "resina" (repetida três vezes) e, finalmente, "(triste) sina"[43] — dois termos que, vinculados ao nome da cidade, frisam

[43] Esse procedimento derivou do contato com a poesia concreta, como também se nota na apropriação do "poemóbile" de Augusto de Campos "Linguaviagem" (1967-70) e de "cicatristeza", publicado em *Equivocábulos* (1970).

ainda mais a fatalidade da repetição morosa de um destino que não se desenrola nem avança.

O texto apresentado no filme conclui-se com a frase: "Sou um homem desesperado andando à margem do Rio Parnaíba". As lembranças do rio da infância, tão líricas numa canção como "A rua", tornaram-se uma cadeia de tormentos que o subjugam.

Abandonar sua terra para vencer na cidade grande e depois retornar para ser derrotado pela impossibilidade de verdadeiramente ir embora — todos esses movimentos ("entrei saí e novamente eu volto enquanto saio") se assemelham ao giro de "amor amorte morrer" constante na letra de "Todo dia é dia D": não há verdadeiramente avanço.

As fases pessoais acompanham a evolução do estreitamento dos horizontes da vida cultural brasileira e da concomitante crise de expressão. O seu exílio (externo e interno) se acirra até que ele não caiba mais em molde algum. Sua carta-poema de despedida em 1972 é terrivelmente patética, pois sente que nem mesmo Ana, sua mulher, pode seguir junto a ele no seu desajuste às novas noções de eficiência do ambiente:

> atesto q
> FICO
> Não consigo acompanhar o progresso de minha mulher
> ou sou uma grande múmia que só pensa em múmias
> mesmo vivas e lindas feito a minha mulher em sua louca
> disparada para o progresso. Tenho saudades como os
> cariocas do tempo em que me sentia e achava que era
> um guia de cegos. Depois começaram a ver e enquanto
> me contorcia de dores o cacho de banana caía.
> De modo
> q
> FICO
> sossegado por aqui mesmo enquanto dure.
> Ana é uma
> SANTA
> de véu e grinalda com um palhaço empacotado ao lado.

Não acredito em amor de múmias e é por isso que eu
FICO
e vou ficando por causa de este
AMOR
Pra mim chega.
Vocês aí, peço o favor de não sacudirem demais o Thiago. Ele pode acordar.[44]

A palavra FICO — grafada e repetida em letras capitais, aludindo, talvez, ao episódio histórico do "Dia do Fico" — e todos os termos que reforçam a atmosfera de imobilidade, ainda acentuada no paralelismo com o sono insciente da criança, encerram a jornada de Torquato, sintomática dos desejos irrealizáveis de uma geração. Outro projeto de país venceu, e os derrotados ficaram à margem: tanto os radicais apaixonados que morreram na guerrilha quanto alguns artistas inquietos quedaram paralisados nos embates dos anos 1970, como sombras igualmente "empacotadas" no esgotamento precoce de um ciclo, em que uma parcela de jovens brasileiros vivenciava um mundo que se fechava para eles.

Os trabalhos recentemente publicados sobre esses poetas de obra irregular contribuem para que não se transformem em "múmias", como se refere a si mesmo Torquato, numa imagem analógica ao vampiro — figuras marginais, fechadas em antros escuros, a nos assombrar sem poder pertencer à corrente da vida. Antes, ao manter viva a memória de sua ferroada e de sua ferida, podemos nos inocular seu veneno salutar refeito em vacina, forte em reflexão, dor e alegria, porque, lembra-nos Benjamin, como as sementes de trigo guardadas nas pirâmides, nunca perdem seu poder germinativo.

[44] Reproduzido em Toninho Vaz, 2005: 200.

Armando Freitas Filho: "objeto urgente"

A reunião de grande parte da obra de Armando Freitas Filho no volume *Máquina de escrever* (2003)[1] permite percorrer um trecho significativo de sua trajetória e perceber como seu caminho pode ser, em sua originalidade, paradigmático, ao enfeixar de forma coesa o que de mais instigante se produziu na poesia brasileira nas últimas décadas. O autor vem adensando ao ponto de transfiguração todos os elementos que compõem seu percurso, sempre numa profundidade superior, o que nos permite apreciar a consistência de uma poética tanto em sua particularidade quanto nos pontos comuns com seus contemporâneos. Gradualmente, delineia e intensifica o estilo, cada vez atingindo mais contundência em suas polaridades. A marca construtivista, articulada e desarticulada com a urgência vital da poesia que emerge na década de 1970, gera uma poética potente pelo consórcio de opostos tensionados.

Em nosso estudo, perseguimos um eixo principal de leitura, a se desenvolver em radiais conectados. Trilhamos a obra do poeta de forma cronológica, seguindo até 2003, no âmbito da coletânea mencionada, detendo-nos sobretudo em pontos especialmente marcantes para a perspectiva adotada. Outros trajetos secundários confluem ou cruzam com a via escolhida, pois quando um poeta compõe um universo tão multifacetado quanto este que adentramos, diferentes itinerários podem ser traçados para explorar tal território. Dos cem prismas de uma joia...

[1] Todos os poemas transcritos neste capítulo foram retirados de *Máquina de escrever*, salvo quando indicado.

"O CORAÇÃO PARTE COM TODOS OS CAVALOS"

Os poemas de *Numeral/ Nominal* (2003) — livro inédito que abre *Máquina de escrever* — configuram a história anterior do autor, tornando compreensíveis os contrastes urdidos e alinhavados ao longo de sua obra poética. Como antecipa o título, o livro vem dividido em duas partes de natureza distinta. No entanto, uma unidade de fundo se entrevê: todo ele enfrenta o diálogo tenso da presença do homem frente ao tempo de vida. Há uma coragem entre raivosa e erótica, que arremete para dentro das coisas — não em consonância, mas em desafio. A dissociação entre a dura matéria e o esforço do coração só pode ser franqueada por um impulso de lançar-se contra a "impassível paisagem": muro, mármore, mar. O sujeito incompatível com o mundo-parede tenta arranhar, com ritmo imperfeito, a natureza esquiva. O pensamento insatisfeito procura interrogar o que passa. "Feixe de gritos", o corpo reconhece o limite da expressão e seu escuro. Resiste com dentes, osso, ferro interior, "ira de raízes", contra a "derradeira terra imediata".

A angústia de ler e exprimir as coisas é obsessão deste que se autodenomina, em verso, "reescritor" de variações seriais:

> sucessivas erratas
> que superpondo-se assim, não chegam
> a corrigir, a acrescentar fôlego
> no comprimento e sentido das linhas
> e nada sopra no espaço entrelinhado
> não dando tempo e teto para que o voo levante

Pode-se dizer que a disposição anímica angular — especialmente da primeira parte, "Numeral" — é a ambição de flagrar num átimo o sentir e a presença ainda sem figuração, "a respiração/ anterior ao alfabeto", que a linguagem quer abraçar em livre enlace. A imagem do tigre comparece algumas vezes, ameaçando atacar a carne das palavras. O movimento perigoso desse feroz caçador, que não se intimida com obstáculos, preferindo ferir-se no encontro com o limite, traduz o desenho de sua poética:

16

para Mário Rosa

Escrever é arriscar tigres
ou algo que arranhe, ralando
o peito na borda do limite
com a mão estendida
até a cerca impossível e farpada
até o erro — é rezar com raiva.

14 VIII 2001

A obstinação incessante em abarcar esse real de "arame e oceano, e, também, talvez/ o roçar do rosto dos astros" é trabalho árduo, mística imanente que o perseguirá até o fim. Pois os 31 poemas da primeira parte, cada qual encimado por um número à guisa de título, constituem o começo de uma série a se prolongar nos livros posteriores, infinita enquanto durar: "'Numerando até a morte'/ principalmente o inominado".[2]

Medindo-se severamente com Drummond, nele Armando admira a exata velocidade para apreender a máquina do mundo — a tal ponto que, se o antecessor podia até desprezar a ilusão mitificante da compreensão total, constata em si mesmo, em contraste,

[2] João Camillo Penna, em seu prefácio para *Raro mar*, de Armando Freitas Filho, expõe a articulação entre essa "anotação numérica ao mesmo tempo singular e repetida cotidianamente" (que continua em todos os livros recentes do autor, como se escrever fosse "consubstancial a contar") e a "forma rítmica, uma aritmética" que faz do poema uma "forma do tempo" na qual vida e escrita se alternam, vazam uma na outra, se deparam e desequilibram, sucessivamente... (2006: 9-15).

o ritmo errado, os "dedos gagos", que não acertam o cerne fugidio dos seres. A mão erra, sua, rala, e por vezes tange o universo, que esplende e escapa. E este é seu sal-gema: o empenho visceral para adentrar o imo esquivo das coisas em devir, que a ele não se entregam melodiosas e ofertas.

A segunda parte desdobra-se mais distendida. Os poemas de "Nominal", todos batizados com títulos, são independentes. Vários temas se apresentam, abrindo um leque diverso em que perdas e encontros se interligam. Impossível resumir sua riqueza, cada página alteando-se solitária e completa. Há uma sequência em homenagem a Drummond, na qual se alternam fraga e sombra. Este nome, "palavra-chave" da poesia moderna, é pedra angular, como se vê logo no início de "CDA no coração":

> Drummond é Deus. Pai inalcançável.
> Não reconhece os filhos. A mão ossuda
> e dura, de unhas rachadas, não abençoa:
> escreve, sem querer, contudo, a vida
> de cada um, misturada com a sua.

Ao debruçarmo-nos sobre a poética de Armando, embora a manifesta admiração por seus predecessores venha à tona, quando estudados os pontos de confluência (notadamente com Drummond, Cabral e Gullar), algum ruído de desencaixe se evidencia. André Goldfeder (2012) ressalta, em Drummond, a reflexividade, todavia distingue, no nosso poeta, "o modo como os questionamentos dessa consciência poética voltam-se progressivamente contra o próprio discurso", pois, no discípulo, agudiza-se o insucesso da empreitada não apenas como "possibilidade aventada, mas precisamente [como] o horizonte de expectativa do ato poético". Segue-se daí que "a tensão central da obra passa a ser a encenação da tentativa sempre defasada de apreender a realidade pela linguagem" (2012: 50, 57 e 60). Com frequência, ocorre uma abstração progressiva dos temas e assuntos do mundo, como se o poema fosse depurado e se ensimesmasse em máquina incessante de autorreplicação.

Nesse livro, há poemas descritivos de grande sensualidade visual e aderentes ao concreto. Há outros de um patético irremissível, em que a perda é severa. A lembrança das coisas findas em seu giro de brilho vital contrasta com o vazio irreparável. Não se cultiva, contudo, a nostalgia: só lucidez de luta, que carreia a imagem para o presente e a faz soar outra vez.

A passagem do tempo perpassa os poemas, seja de forma sutil (como o barulho seco das amêndoas que caem na calçada), seja de forma dramática (como na foto de Marilyn Monroe fixada no veludo vermelho, já antecipando a chama em que se extinguiu). Os objetos e a paisagem atestam o discreto entardecer, desde a mesa seca que outrora foi árvore com pássaros até a sombra que avulta sobre a vida.

Também aqui o apuro áspero da escrita reproduz um teimoso galgar na direção da claridade que evoca as aproximações precisas de caçador cabralino. Mas, se muitas vezes utiliza as mesmas ferramentas (o passo pedregulhoso, as sequências gradativas e rigorosas), o arrebatamento subjetivo termina por inverter o resultado.

Sua ética particular o faz esperar de pé, em vigília, pronto para o embate corpo a corpo. O vigor desse engajamento lembra o processo poético descrito por Sartre, para quem as palavras existem como coisas em estado selvagem, quase anteriores ao pensamento. O fracasso em alcançá-las é registrado no poema, signo intermitente de que cada nova tentativa comunica uma reiteração da mensagem secreta de que "o homem é o remorso do mundo". Escrever é gesto corrosivo, como ácido de gravura vertido contra o pulso da vida, fluindo a partir da própria veia:

> Sofrer o livro. Entrever o trançado
> de caneta e dicionário, e o desvio
> que o sentido impôs à linha
> em cada folha nova e úmida
> que passa, vira, no vento do sol
> do dia aberto, seca, e se volta
> para sempre, para trás — para

contra a cal viva, o papel vazio
contra a noite dos olhos fechados.

(de "Livro")

Forma de conhecimento em que o sujeito aspira deixar de sê-lo, ao não distanciar seu corpo do mundo exterior, o um-no-outro de Armando não se realiza como fusão lírica, mas sempre como corte, em que a ferida testemunha o confronto. Se escreve "a um palmo de si", ou "nem isso", "sem se separar/ da sua sombra, sequer do suor/ do corpo", temos a impressão de uma penosa ginástica para afinal desentranhar, em estado nascente e suja de placenta, a linha do verso. A tenacidade equivale a um caminhar de cego que forceja para descrever a "impressão primal", mais do que a silhueta definida, frente a frente com o oco do que morde.

Trajetória

Em depoimento de 1991, o poeta comenta que considera Bandeira, Drummond e Cabral tríade fundamental em sua formação, e compara Gullar a D'Artagnan. Foi este quarto o responsável por sua primeira intimidade com a linguagem da poesia contemporânea, esboçando-se em fins dos anos 1950 num Brasil que se industrializava. Quando jovem, chegou a copiar *A luta corporal* à mão, para reler a obra *à la* Pierre Menard, percebendo ali uma possibilidade que se inaugurava. Na poderosa irregularidade desse livro, há sonetos metafísicos, poesia concreta, desmembramento "dadá" da sintaxe... tudo! Como um planeta emergindo complexo, fecundo e ainda em estágios diversos de ebulição, solidificação e destruição. Essa é parte da pré-história da escrita de Armando, como se Gullar pudesse ocupar o lugar de irmão mais velho, afirmando a importância da leitura da tradição moderna e de sua reconfiguração. Nele, como sabemos, a desconfiança em relação à potência da linguagem poética assume aspectos distintos ao longo de sua produção. Entretanto, argumenta Goldfeder, se nesse quesito ambos compartilham a mesma problematização da escrita, que se grafa em detrimento da vida lá fora ou cá dentro, em Gullar ocorreria uma crença na comunicabilidade entre os homens, ao passo que, em Armando, "o sujeito poético nutre-se exatamente da impossibilidade de estabilização do discurso pela reconciliação com qualquer instância externa" (2012: 73).

Ao sondar a via da vanguarda, suas publicações dos anos 1960 trazem marcas da Instauração Práxis. Não que tenha de fato integrado o grupo com a ortodoxia programática exposta nos manifestos do poeta Mário Chamie. Na verdade, Armando agregou-se a ele por afinidade de espectro amplo, tendo em vista duas motivações centrais à poesia daquele período: a experimentação formal e o conteúdo socialmente orientado. Depois de *Palavra* (1963) — seu primeiro livro — os dois seguintes, *Dual* (1966) e *Marca registrada* (1970), foram editados pelo grupo Práxis.[3] Neles, encontramos o engajamento de sua palavra com o concreto. Poesia, desde o princípio, substantiva e terrena.

Os exercícios de proliferação em torno de um campo semântico são recorrentes nesse período inicial, nos quais a forma de construção resulta compacta, tanto do ponto de vista sonoro, em que os ecos lembram uma gesticulação veemente e o ritmo evoca a percussão sincopada, quanto da perspectiva temática, em que prevalecem as linhas e as cores de uma visão plástica, certamente embebida na descoberta da arte mais em voga e de suas afiliações. Calder, Volpi, Goeldi, Gerchman inspiram esses estudos de arquiteto.

Quase nem é preciso dizê-lo, mas outra influência de enorme magnitude o assombrava — e até hoje com ela se depara e contrasta: João Cabral foi sempre seu contraponto, na matéria vazada em branco e preto, no estilete da gravura atuando com força e precisão. O engenheiro cauteloso e medido na apreensão da matéria — e não menos apaixonado por isso (como se poderia pre-

[3] Seus dois primeiros livros trazem capa de Rubens Gerchman, com quem partilhou projetos gráficos posteriores, e o terceiro tem capa de Emilie Chamie.

conceituosamente supor) — também atua em Armando, conferindo à sua poesia uma qualidade paradoxal de fundo que se torna cada vez mais consciente: um desejo de expressão desmesurado mas meticuloso.

Segue exemplo eminentemente cabralino do livro inaugural:

DOIS MOVIMENTOS DA PEDRA

1

A pedra treva
(Fera imóvel)
Dorme seu sono
Informe.

A pedra aguarda
Seu brusco impulso
Em difusa espera
De matéria e sombra.

2

A pedra alvor
Ganha ímpeto
Se distancia
(Corpo franzido escalando ar)

A estrutura
Fura o espaço
Em livre salto
E se empenha em forma.

Neste poema, já descortinamos o traço maníaco dos ritornelos sonoros — as aliterações e assonâncias — e uma continuidade ou passagem do metalinguístico abstrato para preocupações neoconcretas. Há uma afinidade inconteste com as estruturas entre geométricas e orgânicas das artes plásticas cariocas da época, que derivam as suas balizas da matéria bruta e das linhas de força matemáticas.

A admiração *cum grano salis* que consagra a Cabral dá-se pelo viés da convergência do aspecto solar e construtivista dos dois. Ambos têm em comum o anseio de apreender o âmago das coisas. Mas um o faz através de símiles lúcidos, afiados, até chegar quase à anulação da matéria (e do eu). Outro se distancia com um misto de louvor e crítica ao que considera excessivamente planejado e cerebrino, e valoriza "o que ficou atrás, no escuro/ do rascunho, cego e rasurado" e "segreda/ em código na entrelinha, o que só/ passa através de frestas", preferindo a atitude do bote na medula como dinâmica mais afim ao seu perfil criador. Nessa posição dialética reside a tensão que realiza sua escrita. Ainda que elogie o "verso de prumo e rigor", atribui a si o transbordamento impetuoso, como em "Caçar em vão" (*Fio terra*, 2000):

Às vezes escreve-se a cavalo.
Arremetendo, com toda a carga.
Saltando obstáculos ou não.
Atropelando tudo, passando
por cima sem puxar o freio —
a galope — no susto, disparado
sobre as pedras, fora da margem
feito só de patas, sem cabeça
nem tempo de ler no pensamento
o que corre ou o que empaca:
sem ter a calma e o cálculo
de quem colhe e cata feijão.

Surpreende, nesse poema, o uso inteligente do ritmo e da simetria final irônica, com aliteração e cortes espelhados, como a querer superar um tipo de racionalidade a partir dela mesma. As marcas ostensivas de pontuação, quando se estaca, ou o galope do *enjambement*, opõem-se ao andamento regular e gradativo do atento poeta-cozinheiro que, minucioso, cata feijão. Ou seja, a maneira de Cabral — tão circunstanciada — de apresentar o seu objeto com cuidado, por partes metonímicas para enfrentar cada pedaço por meio do espiralado serial, e ainda a forma obstaculizada e esquisita de atrapalhar a fluência de leitura terminando o verso antes da respiração aqui são viradas ao contrário, para combatê-lo. Ao mesmo tempo, apesar da alegada aceleração, o trabalho cuidadoso se evidencia.

Voltemos a tratar de sua trajetória, avançando para a década de 1970. Escreve, nesse período, mais três livros: *De corpo presente* (1975), *À mão livre* (1979), *longa vida* (1982). A começar pelos títulos, bastante sugestivos, neles sua poesia sofreu alterações substanciais. Outra textura de vocabulário foi aparecendo. Não mais pedra, estrutura, espaço, forma, e sim carne, sangue, pele, esperma... Muito mudou: do espacial para o temporal, do geométrico para o vital, do social para o subjetivo. Progressivamente, o corpo habitará seu estilo de lirismo. Mordente e sôfrego, passa da batida do pulso para o papel: uma paixão sempre rascante e visceral — e agora mais interiorizada.

Será a partir dessa segunda leva de publicações que o poeta atará à sua poesia o erotismo como integrante essencial. Assim analisou Renan Nuernberger sua trajetória, acompanhando as oscilações entre entrega amorosa e arremesso violento que irão constituir a própria direção da caça fanática de Armando pela apreensão-destruição do outro e de si.[4]

[4] Acerca das várias facetas do erotismo na obra de Armando Freitas Filho, em suas relações complexas com a escrita, recomenda-se o ensaio fundamental de Nuernberger. Com maestria, o pesquisador acompanha as fixações e transformações do poeta, enfatizando a disparidade entre o rigor da construção formal e a consciência do fracasso em abraçar a vida, "cada vez mais difícil de ser capturada", apesar de todo o empenho, que se acirra, enquanto aumenta a distância e a raridade dos eventos que propiciariam a conjunção carnal-poética. A repetição obcecada, se não barra inteiramente a sensação de impossibilidade, permitindo adiar a versão última e definitiva, por outro lado acentua a aflição: "não parar de cair ou não parar de morrer é permanecer constantemente com a dor, sem perspectiva de cura, mas, ao mesmo tempo,

Como se sabe, Armando é o responsável pelas edições cada vez melhores dos inéditos de Ana Cristina Cesar. A afinidade com a liberdade discursiva dos anos 1970 conserva-se presente, ainda que modulada pela forte dicção própria, que nunca perdeu a referência construtiva primeira. O dilema da escrita continua a ser a pedra de toque, mas a ela agregou-se a subjetividade impura e coloquial. Em conversa com Mário Alex Rosa, comenta: "Com os poetas marginais, a minha relação foi, digamos, mais carnal. Eles desengravataram a poesia brasileira por um bom período e isso foi muito salutar. A poesia ia à praia. A poesia suava" (2000: 7).

Ao reunir produções anteriormente editadas em livrinhos de feitio artesanal, *À mão livre* se aproxima da atitude daquela geração.[5] Vários poemas aludem a lugares e acontecimentos socialmente marcados pelas feridas da época. Até mesmo as linguagens do jornal e do dicionário são experimentadas, avizinhando-se dos trabalhos de artistas como Oiticica ou Barrio, ao romper os limites estéticos e pisar o chão factual. Conforme pondera Mariana Quadros Pinheiro, a pseudorreportagem "A flor da pele" "transtorna a fratura entre arte e técnica, singularidade e reprodutibilidade" acercando-se da linguagem da *pop art* e do *ready-made*, uma vez que "perverte a separação entre o texto poético, portanto singular, e o jornalístico, portanto consumível e descartável" (2009: 22).

A meditação sobre o tempo que escoa, no qual as batidas do coração repercutem fatalmente os segundos, aliada à impossibili-

impedir que se morra completamente, que se morra no texto (o signo da dor se fixa no poema)" (2011: 97 e 87).

[5] A primeira parte reproduz *Mademoiselle furta-cor* (1977), com gravuras de Rubens Gerchman. São oito poemas de voltagem erótica. Segue-se "Mr. Interlúdio", que será mais tarde republicado em separata especial (2008), ilustrado pelo próprio poeta e diagramado por Sergio Liuzzi. Ainda no livro, deparamo-nos com o texto "A flor da pele", datado de setembro de 1978 e distribuído como tabloide (com fotos de Roberto Maia), o qual vai copiando e subvertendo o verbete "pele" do dicionário Aurélio para referir-se, obliquamente, à situação política de exceção na ditadura. Sobre "A flor da pele", ver a inteligente leitura de Mariana Quadros Pinheiro (2009).

dade de habitar-se como sujeito, já que este se transforma, movendo-se no poema tão rapidamente que nem consegue refletir-se, será uma constante particular a Armando. Há parentesco com a insatisfação frente ao hiato entre palavra e vida, que reconhecemos tanto em Gullar quanto em Ana Cristina, cada qual com o seu próprio tom e temática. Como foi dominante na arte da década de 1970, todos eles procuram trazer à tona o mundo mais concreto e o próprio corpo como formas de encarnar a linguagem, embora Armando se alimente da suspeita e do intervalo.

Cacaso propunha que a poesia não fosse memória do susto, mas véspera do trapezista: ao invés de emoção recolhida na tranquilidade, um desafio que implicava atirar-se ao desconhecido. Em Armando, deparamo-nos com os dois movimentos essenciais ao trapezista, o pulo e a procura do instante exato: "alcanço o triz do trapézio/ pelos cabelos". Nos seus versos daquele período, a qualidade do risco parece predominar, pois, embora não abandone a cautela do conta-gotas, é acossado por um desassossego que surde, como se escrever fosse arranque para a sobrevivência:

Escrevo
          só
em último caso
ou como quem alcança
o último carro
como quem
          por um triz
por um fio
          não fica
no fim da linha
de uma estação
sem flores
          a ver navios.

(de *longa vida*)

A própria diagramação acompanha o ímpeto de quase ruptura, recorrendo à escrita como ponto de sustentação. Delírio, loucura, navegação são ideias centrais. A imagem da mão livre, para ele, remete a um Dr. Jekyll ou subversivo malcomportado, que se debate entre evadir-se, levantando voo, ou segurar-se à escrivaninha.

O poema como raio, descarga do momento. A escrita ágil em *fiat lux*, numa subjetivação de recortes e vestígios rápidos da paisagem. *Flashes* em que, observa Sebastião Uchoa Leite,[6] arma-se um conflito entre os signos poesia e vida, pois agora interferem o erotismo e o cotidiano do caminhante urbano. As imagens do amor são uma poética em si mesma, ao figurar o mergulho do jogar-se inteiro, consumindo-se como chama veloz, como se lê neste trecho de poema de *longa vida*:

> e como o amor
> se lança
> sem esperar a ponte concluir
> seus lances, cálculos, óculos
> o alcance de sua segunda margem
>   mergulhando
> pois eu sei
> pois eu sou
> esse incêndio instantâneo
>   aceso
> em seu louvor.

Em outro poema do mesmo livro, brincando com o *slogan* de pastilhas populares à época, que vinham com frases sempre começadas com "Amar é...", cada estrofe, em vez de afirmar, termina em interrogação:

> Amar
> é mergulhar de cabeça
> sem saber nadar

[6] Na orelha de *longa vida* (1982), Sebastião Uchoa Leite faz agudo apanhado crítico da obra de Armando Freitas Filho.

sem saber de nada
ao seu encalço
numa piscina
como um camicase
pulando do último
do mais alto trampolim
de mim
          sem asa-delta
salva-vidas, paraquedas
sem perguntar
sem sequer pensar
se lá embaixo
vou encontrar água
ou apenas o ladrilho do vazio?

Amar
é ter que inventar
mãos tão macias e cuidadosas
como nenhum Nívea
jamais ousou fazer
para melhor pegar
como quem pega, no céu
sem rasgar
               o corpo de uma nuvem
seu voo de papel de seda
                              em slow/snow motion
ou ainda alcançar
e reter
        entre os dedos
a fuga do perfume
do seu sonho
solto em minha fronha?

A construção simétrica, mas invertida, recorda a oposição entre os cavalos da alma de Platão, no *Fedro*: enquanto um arremete sem brida, o outro contempla.

Na primeira estrofe, recomenda-se primeiro pular, em queda livre — ainda que duvidando do possível acolhimento. Como outros, também esse poema exprime o medo da incerteza do seu *kairós*, mas despenha-se contra o ladrilho lá embaixo sem nenhuma rede de proteção.

Já na segunda estrofe, aconselha-se o voo e a suprema leveza de gestos suaves. Sugere-se o rastro elusivo, espiritualizado, de perfume, quase névoa. As aliterações sibilantes e labiodentais amaciam a delicadeza das imagens que, ao invés de pulo e queda no vazio, sugerem uma atmosfera acolhedora.

O verão na praia é o ambiente de grande parte dos poemas, em que a eletricidade solar ateia potência aos corpos. Figuras em chama, em pira, em frenesi rodopiante povoam este Rio ardente.

Ao comentar seu livro seguinte, *3x4* (1986), Flora Süssekind define o estilo de Armando como a fala de um gago que adora conversar ao telefone: o ritmo cortado de alguém que se coloca como meio para a transmissão do viver e quer colher o instante da onda, por isso se repete, repete, repete e não para. Assim, a pressa de falar antes de ser interrompido pela fuga das palavras leva o poeta a ansiar por uma comunhão entre a subjetividade que pretende exprimir e o destino do que foi emitido e vagueia errante:

Arrancadas tão depressa
                    pelos cabelos
pela raiz
da terra última
estas palavras são mudas
trêmulas e íntimas
e erram no ar
quase sem fôlego
buscando um voo para a voz
e qualquer vento para o pouso.

(*3x4*)

O poema é parido e nasce do imo da terra e do corpo, anterior a todo sentido, como ser da natureza inominada. Brota, com vontade iminente de sair ao encalço e acossar o minuto fragílimo:

A tarde precipita sua cor
cai, no começo
        no princípio da noite
e o que ainda resiste
meio fera, ao precipício
ficou na beira da taça
que não suporta mais
sequer um riso
pois todo cristal está sempre
na iminência, um minuto antes
        de partir.

(de *3x4*)

Considere-se a associação de dois ritmos, tarde e cristal, a pique, na beira do abismo. Aqui se contraria a "Urna grega" de Keats, visto que os objetos não se encontram em equilíbrio eterno: podem romper e quebrar, pois o poeta deseja impedir que sua obra se enrijeça assepticamente, em manifestação consagrada. Justamente esse tempo-cristal não é estático: ele parte — na dupla acepção do termo. Nisso, lembra os versos emblemáticos de Gullar em sua "Arte poética": "Não quero morrer não quero/ apodrecer no poema".

Nunca, porém, Armando se tornou propositadamente antiliterário. Embora o contato com a chamada "geração marginal" (rótulo ambíguo) tivesse acicatado ainda mais o problema da passagem da escrita para a vida, e vice-versa, no entanto, para ele, a questão continuou sempre tremendamente tensa.

Leiamos, por fim, versos que resumem perfeitamente esse campo de inquietação amiúde retomado:

Abrir os pulsos
          as gavetas
e cortar as veias
enquanto é tempo
de salvar a vida
e impedir que o poema
caia
          em si mesmo
como os repuxos, os reflexos
os anúncios luminosos
que trabalham sempre
com a mesma água
sem o risco das hemorragias.

(*3x4*)

Recusa-se a estagnação que paralisaria a vida em nome da bela forma, preferindo o fluxo ininterrupto, sem circularidade estabilizada.[7] Na ponta do trampolim, negando-se a passar a limpo ou marmorizar a lírica, para não perder a vitalidade, chegamos à sensação, em *De cor* (1988), de queda ininterrupta e vertigem. Os muitos poemas entrançados com a memória do suicídio de Ana Cristina Cesar também agudizam o motivo (já central, mas agora transfigurado tragicamente) da poesia "em apuro no ápice do pre-

[7] A respeito de *3x4*, Pinheiro aprofunda a leitura de outro eixo temático: as referências a autorretratos fotográficos, espelhos, lagos — tentativas de assinatura que intentariam duplicações de uma "biografia impossível" pois, cegas, convertem a revelação em "ocultamento do sujeito poético", dada a impossibilidade de fixar, pela escrita, a existência enquanto acontece. Esse truncamento do registro modifica a fluência veloz, característica do livro anterior, para poemas "mínimos como o retrato 3x4" (2009: 75 e 74). Nuernberger (2011) também considera a disparidade em relação ao livro anterior, examinando a "meditação desconfiada" inserida em jogos sonoros, pistas ocultadas, que indicariam maior desconfiança em relação à possibilidade do casamento entre vida e poesia.

cipício" ou "cachoeira fixa", "edifício calafrio", sobressalto e torpedo. Seguem dois trechos, tal como transcritos nesse livro:

> Você não para de cair
> fugindo por entre os dedos de todos:
> água de mina
> resvalando pelas pedras.
> Nunca um poema acaba
> a não ser com um tranco
> com um corte brusco
> de luz
>
> ("Na área dos fundos")

> Escrever metralhadora:
> quebra-quebra
> o coração quer disparar
> louco vermelho preso
> entre paredes acolchoadas
> atingindo muitos alvos
> sem precisar de mira fina
> ou olho microscópico
> para ferir fundo e grave
> sem matar jamais
>
> ("Muito depressa")

O poema é uma arma, de ataque ou defesa. Viver, morrer, escrever — ações angustiantemente prolongadas que se enredam e acontecem simultâneas. Há uma aceleração de choque, de fio desencapado. No entanto, à diferença dos livros anteriores, em *De cor*, o terrível telefone negro, que toca ininterrupto trazendo pânico e dor, impele o poeta ao recolhimento, temeroso agora em relação a uma ausência que o atormenta.

Interroga João Gilberto Noll, na orelha de *Cabeça de homem* (1991):

O que torna o poeta, digamos, tão aflito com as ingerências físicas, com a materialidade do mundo? Estes versos (não raro de cadência afoita), que provocam a sensação de que acabaram de estar, deixando ao nosso olhar como que a lembrança espantada de um fulgor ríspido, sem pompa, estes versos parecem indicar que na potencialidade da matéria repousa o *central*, *farpado*, *avesso ao ar*.

De fato, Armando escava tudo e a si mesmo, sem cicatrizar, procurando, num ralo escuro, fundo, o seu antirretrato, em uma não fixação da imagem, a qual se rompe no momento mesmo de ser representada: mimese de estilhaço mais do que de espelho. Como se o poeta quisesse suprimir a si e a qualquer objeto, lembrando Lygia Clark, que ambicionava ultrapassar a cisão entre subjetividade e referência externa:

PERIGOSO QUANDO ÚMIDO

Capaz de morte, aerodinâmico.
Só a raiva modela assim
acelera e vinga
ocupando espaço
para que nada
sem cálculo, cresça.

Empunho as máquinas
disponíveis:
carro, câncer, acaso
e disparo
                    no risco
na velocidade da luz de rua.

Só, com a ira em riste
contra qualquer corpo:
vinho velho sem escape

que em garrafa nova
rosna na pressão do gargalo
até chegar a vinagre.

Boca de álcool puro
língua de chama
que chupa tudo que acha —
do astro ao deserto
nada me salvará daqui
deste desastre.

Esse arranco abrupto, com ira e dentes, que morde e tritura, impaciente de raiva e de fome, como o sol de Cabral, que bate nas pálpebras a soco, insemina até no som rascante o ruído destrutivo. O poema é máquina mortífera, ao ponto da explosão incendiária. Do astro ao deserto: desastre.

Observa Maria Rita Kehl, em estudo crítico sobre *Cabeça de homem*: "A poesia de Armando incita uma velocidade por dentro e por fora do corpo, correndo atrás de quê? [...] Claro, essa velocidade conhece a força do que vem vindo atrás dela, implacável" (1996: 127).[8] Para a ensaísta, a urgência em apanhar eroticamente a paisagem, a mulher, o instante, revela a gana de flagrar os movimentos incessantes da vida, tentando a todo custo casar coisa e palavra. Por isso, as imagens remetem à penetração, atingindo o poema até o seu avesso.

Nesse livro, talvez Armando obtenha o cume de nitidez e dureza, recortando o verso com ansiedade de insônia, a "talhe de foice", "à queima-roupa", intensamente sensório num "mergulho do prego/ vertical, reto de ponta-cabeça, ininterrupto". Eis algumas amostras de versos em que a combustão é hiperbólica: "Os dias pegam fogo logo cedo/ [...]/ A paisagem perde o fôlego" e "O dia// ultra-rosas urgentes, em choque/ que chegam a tempo de morrer/

[8] Em "O desejo aflito", que é seguido por "Saudades de tudo", outro artigo excelente de Maria Rita Kehl sobre a poesia de Armando, ambos publicados no mesmo livro (1996).

com toda a cor, antes da noite". A queda de Ana Cristina Cesar impregna os poemas de vertigem, reiterando-se compulsivamente a cena cruel:

NAKED LUNCH COM W. S. BURROUGHS

No chão de emergência
ouço ferros e azulejos.
A ferida controlada do coração
dispara
ao toque do telefonema final

. . .

Barulho de faca que bate
na pedra do ladrilho
com todo alarme possível da lâmina
no chão do açougue. Não corte agora.

O ambiente do poema é ameaçador, com seus objetos imaginários duros e pontudos. Ainda mais do que nos livros anteriores, tem-se a eclosão de uma energia explosiva que viola o coração, a matéria, dias e noites, o escrever. Com os nervos estirados, o poeta dispara sobre a paisagem de si ou à sua volta, e contagia o real opaco com a vibração da procura dificultosa mas premente. Como se a celeridade brusca arrebatasse com mais pungência as coisas em seu arder: "Só, com a ira em riste/ contra qualquer corpo".

Já *Números anônimos* (1994) estampa, ao que parece, outra linguagem, amaciada, por vezes, pela felicidade, anasalada em remansos, ao lado da imponência simbolizante do tema do tempo, chegando a alturas do sublime clássico na sua secura trágica. A criação correndo em rascunho, submetida à lei da necessidade e do concreto, retorna sob o *leitmotiv* da passagem veloz:

Deus contra o céu
cercado de nuvens

coberto pelo suor
de todos os dias pensados:
um por um
sem tempo de ensaio
ou sonho, de passar a limpo
os sucessivos rascunhos
sob a carga do que corre
e do que estaca
          — do que é do vento
          e da pedra —
          sob o peso do dilúvio
          e do deserto depois.

O supremo criador sofre e sua, agindo contra a matéria... Também ele está encurralado pelos dias sem trégua que o comprimem entre extremos, dilúvio ou deserto. Esse recurso à dualidade de opostos ou complementos é uma forma rítmica de balanceio reiterada em muitos poemas (do que corre/do que estaca, do vento/da pedra).

O perseguidor do tempo, na impotência do exprimir-se em definitivo, dirige aos céus seu clamor de desespero, sob o peso de Sísifo da má infinitude. O corpo vai para a morte, na inexorabilidade dos dias que prosseguem: só a estátua e seu espelho duram, mas ele se esvai no intervalo entre pedra e vento, sob o "Sol de fora a fora/ sem sombra para aterrar/ e interromper o corpo/ e os dias sem índice/ idênticos e mortais". Talvez seja o momento de agonia o mais fulgurante do anônimo decorrer das horas, e nele se experimente algum consolo efêmero.

Por outro lado, uma delicadeza tranquila perpassa alguns dos poemas, como breve apaziguamento de acorde musical, alegrando-se (quase) placidamente, com a harmonia entre o homem e o seu lugar no universo, em *interregno*:

A lua não está à mão
a não ser da luva do astronauta
mas o seu lugar é aqui.

O luar que vai entrando
e paralisa o lago, o alto-mar
em cada onda, as salvas de prata
o espelho do aparador, e toca
no silêncio
no piano de Debussy
e no chão, xadrez, quadriculado
da casa que enfrenta a noite
em match sereno e aceso
jogando só com as brancas
preferindo à luz do fogo a da água.

Incomum o elogio da calmaria em que o luar e as águas suavizam a noite. Mas são passageiros esses intervalos extáticos. Logo o vermelho perigoso retorna feroz. A beleza será convulsiva ou não será:

Parar esta beleza
que gira
metendo a mão no ventilador.
Agarro
o coquetel forte e cru de pernas
o caldo que se move e corta

E a poesia, por algum tempo cálida e branda, volta a "disparar", "a sós com a alma violenta", o "Amor que pega no tranco/ e fica rodando/ na base do tiro".

O ritmo da cidade atravessa vários poemas como metáfora dos arranques agônicos do indivíduo contra a aniquilação. São os "sucessivos ônibus, táxis, metrôs" do desespero dos dias contra os quais se debate o poeta, tentando manter-se vivo à revelia, por túneis e gargalos e agulhas e gargantas e sinais fechados, "nadando no seu próprio sangue", "vivendo do próprio fígado". Do outro lado, o mar, indiferente à subjetividade humana, segue ensimesmado em sua grandeza.

O tema da escrita se impõe soberano, não como mera metalinguagem, mas antes como sentimento de mundo retesado entre a necessidade e a impossibilidade de dizer "A não ser o inarticulado/ entre suspiros/ ou o que as palavras não pegam/ próximo da alma e do impulso". Um dos poemas mais dramáticos nesse sentido, e — malgrado seu — em perfeita consonância de som e sentido, é:

> Gritos por dentro
> que acabam calados
> na boca do céu.
> Píncaros! Terrível.
> Qualquer palavra que tenha escarpas
> sentidos ou ritmos de perfis agudos
> de sprinter e sentinela
> em arrepiadíssimos despenhadeiros.
> Sem luxo.
> Sem o encaixe justo da joia no estojo.

Essa convulsão sonora para imitar o pontiagudo do grito pretende justamente romper a simetria das formas — através delas.

O poema-numeral em sequência perpétua, que vai principiar bem mais tarde (em *Numeral/ Nominal*, 2003), continuando pelos livros subsequentes afora, parece gestar-se nesse momento de sua obra. Pinheiro reflete sobre a relação entre a concepção de "obras em movimento" — de que trata Umberto Eco quando analisa as características da obra de arte aberta — e o "mecanismo poético" serial de Armando Freitas Filho, que, por meio do procedimento de enumeração, intensifica um traço intrínseco à sua poética: a "temática constante da falência da representação" associada ao "confronto vitorioso que permite a expansão" (2009: 121 e 126). "O poema acaba com a vida", declara o poeta, em lance de sentido ambivalente.

Nos dois livros seguintes — *Duplo cego* (1997) e *Fio terra* (2000) —, desejando vigorosamente divisar de novo a vida, ao "quebrar os pés dos versos mesmo que/ doa", o poeta nega a elegante morte-mimese da arte, em luta permanente para permanecer imerso no corpo, em relação boca a boca, com a cara mergulhada na terra.

Por exemplo, em *Duplo cego*:

> Escrevo contra, e incompreensível
> em pé, direto na parede
> sem horizonte à mão
>
> ("Sobre pedra")

Porém... como não ser sombra e luva da existência, esta que "Quando escrevo já morreu"? Será a obra menos provisória do que a vida? Ambas se encaram, e o poeta conhece a fenda entre o eu transitório e a escrita.

Surge em Armando uma sutileza de lapidador, um anelo de leveza e "concentrada luz":

> Movimentos finos, risco, fulgor!
> Ritmo a frio, no automático
> lapidando o brilho
> milimétrico, ciclotímico.
> Chuva de alfinetes, lá longe
> pegar com as unhas o voo tremido
> da borboleta contra o ar
>
> (de "Diamante")

O alfinete, o lápis bem aparado, o buril, enfim, a força refinada converte-se em referência constante nesses livros posteriores. A persistência em atingir através da escrita o real, em "morder o mundo", em "inscrever-se intenso", comprova o esforço para vir à tona, forcejar, irromper, sempre por frestas, entrelinhas, "como a umidade do muro que teima em vazar, a despeito da cal", ou "a luz que fura a parede, de tão furiosa", à procura da dose certeira. O fino — concentração depurada do explosivo — começa a revelar-se mais vigoroso que o rombudo.

Em *Fio terra* dá-se a plena maturação. Desde o nome, o livro remete ao relâmpago capturado, enfatizando o aspecto rápido e inesperado de um poeta que sintoniza no ar da tempestade as suas intuições. Entretanto, o que foi de súbito apreendido é descarregado num corpo pesado e escuro, que retém a carga elétrica e a digere, faísca consumida pela espessura úmida da terra, interior do sujeito e da linguagem que oscila "entre a sensação e o sentido".

Logo nos primeiros versos, explicita-se o mal-estar central que perpassa boa parte de sua escrita: o sujeito isolado, comprimido pelo real trevoso, terroso, contra o qual a poesia intentará um combate guerrilheiro, com "voz silenciosa". Mesmo quando recém-nascido, o poema será desentranhado com garra, assumindo sua condição "de garatuja, estudo ainda sujo", papel "abscôndito, amassado", para enfrentar a resistência das coisas em desabrocharem.

A primeira parte, intitulada "fio terra", apresenta-se em forma de "poema-diário" ou o "diário de um poema".[9] A companhia do diário, se evoca a sombra ou o reflexo no espelho, parece igualmente fortalecer a possibilidade de saída do tempo-túnel, como se escrever fosse tanto a doença quanto a cura. No primeiro excerto, datado como "5 IV 98", lê-se:

> Doente de mim, desde que a escrita
> juntou-se à vida, com as linhas
> da mão misturadas às do papel
> sob o peso da batida do pulso pegajoso.

O casamento de ritmos e suores do corpo e da poesia também se alinha à circulação regular, invariável, da própria vida:

> Sob a carga do corpo — vagão
> de sangue correndo sobre

[9] Conforme considerou em entrevista a Adolfo Montejo Navas para a revista *Cult* (2000).

os trilhos dos ossos — roda
dormente, circular, sempre
dentro do mesmo túnel.

(de "à tarde")

O homem se move na extensão dos dias a se repetirem exasperados, andando numa rua abstrata, apenas horizonte para a perplexidade do existir. Avança como o relógio, pulso e sangue, a não ser por sensações táteis e perfumes que perduram ou retornam.

Apesar de tudo, porém, a engrenagem do "dia e noite inumeráveis", da "camisa de força", da "definitiva televisão dos dias", pedestres, fugazes, almeja iluminar-se.

Na aurora volátil da criação, algo se gesta, aparentado de pássaro e flor, e conduz leve a mão para fulgor, voar de nuvens, bandeira tremulante, contrapondo-se à identidade solitária e pesada na noite: "Trevor. Noite sem remédio/ toda de terra, repleta de árvores/ de braços abertos para a poda". Assim, o poema-diário titubeia entre a perplexidade da enunciação do percebido ("Perto do pensamento/ é difícil nomear o que se escreve"), que se manifesta pela incomunicabilidade entre homem e coisa ("murmúrio e muro misturados/ segregando umidade, melodia/ sobre pedra muda, seca — entre/ poros — a custo este segredo") e a esperança de emitir clarões de intuição que podem trazer o amanhecer, ainda que "sem se passar a limpo", na forma de borrão e mancha:

Difícil de abrir o dia, o sol
a luxuosa luz da manhã
o céu que a montanha sonha
o alto-mar feito de leões.
A única vitória é a própria vida
com o corpo batendo ponto
e o fogo fechado do troféu, na mão.

("11 V 98")

Fogo este que consome ao rés do chão, sem sublimar-se, mas avança teimoso, afrontando e adentrando o miolo duro da existência diária:

> Ser na superfície, ao nível
> do mar. Não voo nem mergulho.
> Vou a pé, no chão calculado
> da cidade, dentro dos dentes
> dos dias, em cadeia.
>
> ("16 V 98")

E então, alguns instantes de nudez, entrega e faísca: graças ao encontro amoroso e ao sonho, o noturno insolúvel torna-se fértil, cintila em joia, quando da terra brotam fontes. Tudo cresce no poema, com novo alento: "Debaixo de mim/ o orgânico jardim/ desdobra sua planta — bétula, bétula!/ Em campo aberto, galopa o agapanto"; "sob mim, mil miosótis crescem". Muda inclusive a natureza da mão: as veias fazem-se firmes e azuis; a palma, delicada; e assim todo o corpo pode estar mais à vontade. Ainda que a vida retorne depois ao que era antes, a transfiguração ocorreu, em certa madrugada.

A segunda parte do livro, "no ar", principia com o belo poema "Mãe, memória", que apresenta um baixo contínuo no fundo de tudo por meio do qual entrevemos a passagem do tempo e a morte. A poesia parece um exercício até muscular para resistir à continuidade secante e cegante dos dias em sua lei fatal.

Escrever como infiltração secreta, fermento, explosão do cimento, sob a cal, rasgando a parede, reconhecendo a diferença quase insuperável entre o mundo enigma e "a mão que escreve na ventania", e tentando mesmo "morder a mesa" para marcá-la, entalhando a matéria para registrar os sinais do poeta: a linguagem é comparada a bala, risco, flecha, pluma — delgados ou espessos como lápis ou obus "no ataque contra o muro repetido/ contra o fim do dia, que morde". Mas, adverte o poeta, "a vida vem com a morte implícita", e, embora a arte permaneça imóvel nos museus, protegida por vidros, caímos paulatinamente, até depor o corpo na terra. Pior, a escrita pode apressar o corte, arrancando a flor da vida, que não mais respira, congelada no verso sem perfume ou cor — simulacro ou vampiro, eterno feito estátua de chumbo —, como se lê no último poema, "Terminal":

> sem água nem terra, sem céu
> e sol — sem o sereno da lua
> o livro se encerra sem pássaros.

Encontro-enigma

Em *Máquina de escrever*, se aguça um "movimento contraditório" entre "permanência e fuga" (Freitas Filho, em Navas, 2000). As aliterações compulsivas, que permeiam todos os seus livros, marcam o zelo do embate entre murmúrio e muro; por isso a voracidade do amante que se dá sem reservas, alternando crença e descrença na poesia como possibilidade de confluência com a matéria — a montanha maciça sonhando com o céu.

Mantêm-se, por toda sua obra, imagens recorrentes: a solidão do corpo, o "dia invariável", o sol causticante que apressa a morte, o mar imenso em contraposição à cidade, o trânsito nos túneis, a fala que quer rasgar e mover (mas não pode) como o vento, os seres.

Tanto nos poemas eróticos quanto nos que tratam do círculo temporal finito, ambos conjugados ao esforço exasperado da escrita, o leitor depara-se com a disposição vital de um poeta que não se poupa do risco, atirando-se com energia até pontos extremos, ao nos reapresentar, destemido, o paradoxo romântico proposto por Schiller em toda sua consequência de ruptura entre homem, linguagem e mundo: "Quando a alma fala, ah, já não é a alma que fala!".

Um trecho do próprio Armando Freitas Filho "explicando" sua poética:

> Sob o aspecto visual, a sensação é de que armo, num lugar sem mãos, um *puzzle*, onde as peças quase se encaixam: há sempre alguma coisa que falta ou sobra. O interstício e o excesso são a diferença imprecisa entre intenção e expressão. Procuro não contemporizar com a carência e a abundância, mas jamais consigo preencher ou desbastar de maneira correta. De vez em quando, essas necessidades vivem no paradoxo e se apresentam no mesmo plano — simultâneas — querendo existência plena e idêntica.
>
> A poesia assim pensada não apresenta resultado cabal. As soluções são virtuais e se deixam ver e ouvir através de atmosferas distintas que misturam, aleatoriamente, cálculo e acaso.[10]

Afinado com as artes contemporâneas, que contemplam a indeterminação na obra sempre por perfazer-se, aceita arriscar-se na fronteira do desconhecido, como um dos "horríveis trabalhadores" descritos por Rimbaud, ambicionando trazer aos homens o que está além das sensações conhecidas e nomeadas. Tudo é predominantemente tátil e olfativo, como se o corpo se empenhasse visceralmente nessa empreitada, em que se falha de novo, e se compromete com o próprio suor na escrita reiterada: um socavar de pilão.

Dessa forma, o seu trabalho consolida uma ética de luta para a apreensão das coisas, que se torna cada vez mais precisa, como uma série cabralina gradual que fosse também mergulho ou transmutação de si no outro, nunca satisfeita com a própria expressão.

A incompatibilidade do herói problemático com a vida, se, de um lado, constitui o que possibilita a busca, também é fonte de insatisfação perene que o obriga a empenhar-se para descobrir um sentido.

[10] Encarte do CD *Armando Freitas Filho*, da coleção "O escritor por ele mesmo", gravado e publicado pelo Instituto Moreira Salles, 2001: 4.

O medo de cristalizar-se tornou-se um motivo central para Armando, tema profundo no conteúdo e na forma, quase como se ele estivesse correndo por fora de sua poesia, tentando deixar uma marca ou transcrição muito incisiva e rápida antes de escapulir: há um atirar-se reiterado como se a vida escoasse, fugisse, e fosse necessário lançar-se em seu encalço. No entanto, uma vez domada, perderia o sal, a liberdade de seu devir. Nesse caso, a expressão precisa figurar o gesto que não enclausura, como a blague de Delacroix contada por Baudelaire: ser um desenhista tão rápido que consiga capturar os traços do suicida enquanto ele se joga pela janela. O desenho deveria ficar pronto antes de ele chegar ao chão. Para tanto, alia-se técnica e espontaneidade, a fim de ser percuciente no imediato vertical. Resulta numa arte desesperada, que sabe ter pouco tempo de vida e precisa ser incisiva no átimo: em si mesma já inscreve a dessublimação do que é impermanente, mas carrega o paradoxo baudelairiano da ideia da modernidade: simultaneamente, representação do agora e da eternidade.

A exasperação só se acalma, em alguns momentos, no que parecem ser entregas totais, completas e por vezes autodestrutivas — mas na verdade nunca se resolve, pois o ato de escrever já demanda a insatisfação ansiosa. Assim, a própria descrição das imagens de entrega contém o germe da nova inquietude — ainda que relate o instante breve da graça.[11]

De um lado, como sublinhamos, a poesia de Armando se distingue pelo ímpeto para agarrar a vida, o corpo, a coisa, como se fosse possível franquear o espaço entre a paisagem indiferente e a mão que tenta "incendiar", "avançar", "caçar" o "exploema", que passa voando e quase se dissipa na tentativa: "seguir/ segundo por segundo/ a cem por hora/ a céu aberto/ verão adentro/ sem pouso ou pique"... "É correr na contramão/ por bares, praias, casas/ pegando fogo/ e chegar — ventando —/ na hora H/ de todos

[11] Em sua dissertação de mestrado, Eduardo Guerreiro Brito Losso (2002) analisa o desequilíbrio constitutivo da poesia de Armando, à procura sem fim do irrepresentável, do inaudito — próximo do erotismo e da morte.

os incêndios" (*longa vida*). Mas, mesmo precipitando-se, "na iminência, um minuto antes/ de partir", tentando impedir que o poema se imobilize como forma fixa, na carreira, "na ponta do trampolim", o eu lírico confessa o custo de dizer o que sente, vê e vive: as cartas permanecem sempre no rascunho, esquivando-se do registro preciso. Tal como na canção de Waly Salomão (junto a Gil e Frejat), "O revólver do meu sonho",[12] na qual o revólver "atirava no que via mas não matava o desejo do que ainda não existia", o poema de Armando também atira "na miragem que ainda não vejo", impelido a continuar seu "*work-in-progress* acelerado" (Nuernberger, 2011: 82). Fracassa, erra, mas continua: "Escrever metralhadora/ quebra-quebra/ o coração quer disparar" ("Muito depressa", *De cor*); ou: "Desescrevo depressa, desespero/ até o último ponto do avesso" ("Aplicação e espelho", *Cabeça de homem*).

Mas a velocidade tem a sua contrapartida... À "vida que dispara" segue a consciência de que, quando todos os tiros são gastos, sobra uma roda de fumaça que gira e regira sob o céu, sem nada que a possa consolar: a dor repisa o deserto no peito. Por mais que tente agilizar a vida, o telefone continua chamando na "casa vazia e trancada". Pois, embora o poeta ataque as palavras com facão e navalha, investindo contra tudo, o resíduo de sombra perdura.

Fogo e deserto são presenças constantes nos poemas, a impor uma luz coruscante, imutável: "O sol trabalha no céu perpétuo". Há um marasmo no reprisar das estações, dos minutos regulares do relógio, do telefone tocando, das cenas no espelho, do sujeito de pé contra o muro "abotoado e morto até a boca". A máquina de escrever tem a função de sustentar o fluxo dos dias e não deixar parar a vida-poesia que, no entanto, é descrita como estática: "céu inútil, dias/ que não andam, previsíveis sol e/ lua, nuvens, vento que não arrebata" (*Números anônimos*).

[12] Gravada por Gal Costa no LP *Profana* (1984).

O corredor se precipita inutilmente no vácuo, repetindo desesperadamente os mesmos movimentos, e continua ansiando sofregamente que o poema possa ser o seu "meio de transporte" — para além do espelho, para um real mais verdadeiro.

As dores da vida (e da morte) são aliviadas por meio dessa velocidade/paralisia, que impede algum perigoso estacionamento em estruturas aprisionadoras. Assim interpreta Celia Pedrosa a recusa aos ritmos lisos, como se a irregularidade pudesse driblar o automatismo mecânico do tempo implacável: "Em Armando, a gagueira está, ao contrário, vinculada a uma estranha forma de eloquência, em que o grito é expresso por uma dicção que o nega, a força pelo travo que a reprime, assim como a luz pelos sobressaltos que a entrecortam" (2011: 161). Ela menciona, a esse respeito, os seguintes versos (que começam recordando o *pathos* drummondiano):

> [...]
> "Eu vou doer / eu estou doendo"
> e o pensamento ferido
> prefere acelerar
> para não parar na dor
> e toma velocidade
> a anestesia
> da mesma paisagem
> do dia aberto e igual
> sem horas.
>
> (de "Pai", *Cabeça de homem*, 1991)

A lírica de Armando existe sob o signo da tensão, pois aspira a fundir-se à expressão mais íntima do mundo, fora e dentro de si, reconhecendo, no entanto, tal impossibilidade, pedra inaferrável que impede o encontro; e se debate, fazendo do poema o arabesco nervoso desse impulso. A noção de rascunho atua como estímulo, pelo qual a poesia funciona como relato de aventuras constantemente incompletas, pois o que foi passado a limpo "vai sem vida".

Sob o signo da negatividade que não desiste nem se dobra (marca da melhor arte desde o romantismo), sua obra testemunha uma fissura irreparável e registra o sujeito contemporâneo como veloz máquina de escrever, em moto-contínuo, sem elidir a contradição do gesto, corajosa e lucidamente partido.

Ana Cristina Cesar: “Não, a poesia não pode esperar”

Ah!
leitor! você abre o livro
meus poemas fitam você você
os fita de volta, não? meus
poemas falam para a menina
dos seus olhos seus olhos
repetem-nos para os de seu amor
nesta mesma noite.

Frank O’Hara,
“Um pensamento agradável de Whitehead”[1]

A sensação de que o poema poderia olhar para o leitor a partir da página do livro, atuando como um espelho que intensifica a imagem e imantando ambos com sentimento amoroso, descende de uma figuração sobretudo romântica de lirismo. A poesia, nalgum tempo perdido, ter-se-ia transmitido intimamente de alma para alma, como a linguagem transparente do paraíso.[2]

De maneira similar, Whitman sugeria, numa das estrofes finais do poema “So long”:

[1] “Ah!/ reader! you open the page/ my poems stare at you you/ stare back, do you not? my/ poems speak on the silver/ of your eyes your eyes repeat/ them to your lover’s this/ very night”. De “A pleasant thought from Whitehead” (1951), estrofe reproduzida por Marjorie Perloff em seu livro *Frank O’Hara: poet among painters* (Nova York, George Braziller, 1977, p. 55).

[2] Assim imaginou Schiller (1991), em seu famoso estudo, a poesia dita ingênua, característica dos tempos clássicos, a qual expressava sem distância reflexiva a natureza e os sentimentos humanos.

Camerado, this is no book,
Who touches this touches a man,
(Is it night? are we here together alone?)
It is I you hold and who holds you,
I spring from the pages into your arms —
[decease calls me forth.[3]

Ao traduzir esses versos de Whitman, Ana Cristina deles se apropria, reproduzindo suas palavras e incluindo-as em seu próprio texto. Adapta trechos do poema do norte-americano, e o traduz a partir da estrofe citada até o fim:

> Recito WW para você: "Amor, isto não é um livro, sou eu, sou eu que você segura e sou eu que te seguro (é de noite? estivemos juntos e sozinhos?), caio das páginas nos teus braços, teus dedos me entorpecem, teu hálito, teu pulso, mergulho dos pés à cabeça, delícia, e chega —
>
> Chega de saudade, segredo, impromptu, chega de presente deslizando, chega de passado em videotape impossivelmente veloz, repeat, repeat. Toma este beijo só para você e não me esquece mais. Trabalhei o dia inteiro e agora me retiro, agora repouso minhas cartas e traduções de muitas origens, me espera uma esfera mais real que a sonhada, mais direta, dardos e raios à minha volta, Adeus!
>
> Lembra minhas palavras uma a uma. Eu poderei voltar. Te amo, e parto, eu incorpóreo, triunfante, morto".[4]
>
> ("Luvas de pelica", *A teus pés*, 1982)

[3] Em tradução literal: "Camarada, isto não é um livro,/ Quem o toca, toca um homem,/ (É de noite? estamos aqui juntos sozinhos?)/ Sou eu que você segura e que segura você,/ Salto das páginas nos teus braços — a morte me chama". De "So long", in "Songs of parting", *Leaves of grass*, 1891-92.

[4] Maria Clara B. Paro observa que Ana Cristina "fez uma incorporação da voz whitmaniana na sua, buscando exprimir-se e imprimir-se no(a) interlo-

Tal como Whitman, que terminava o poema avisando que suas palavras iriam substituir a presença corpórea ("I love you, I depart from materials/ I am as one disembodied, triumphant, dead", que ela traduz como "Te amo, e parto, eu incorpóreo, triunfante, morto"), ela se despede em outro trecho desse livro: "Estou partindo com suspiro de alívio. A paixão,/ Reinaldo, é uma fera que hiberna precariamente. [...] Não pega mais o meu corpo; não pega mais o seu corpo./ Não pega".

Mas de antemão, no começo do parágrafo, avisava: "Opto pelo olhar estetizante", como se oscilasse entre a pretensão do encontro com o leitor (que ela mesma considera inatingível) e a necessidade de preservação da "autonomia". Embora o anseio por contato ronde assiduamente muitos versos de Ana Cristina Cesar, o discernimento da distância intransponível o mais das vezes se faz sentir, produzindo movimentos opostos de aproximação e recuo.[5] Assim, experimentamos, nos poemas de Ana Cristina, extremos entre acenos afetuosos e afastamentos bruscos que parecem traduzir uma desconfiança suprema quanto ao acolhimento compreensivo dos seus textos (ainda quando eles insistem em comunicar-se). De maneira análoga, muitas vezes seus versos enunciam obstáculos à possibilidade de expressar o mundo através das palavras.

Há um desejo paroxístico de impedir que o tempo flua ou deslize: que seja como um videoteipe pausado em que se repete a cena, de modo que possa haver um corpo a corpo com o interlocutor, presente, que recebe o beijo e não esquece. Sem saudade, sem passado: apenas o aqui e agora.

cutor(a)". Percebe ainda que a palavra "'camarada', mais ideologicamente marcada", foi substituída por "amor", e que as "implicações metafísicas" do poema aqui adquirem "proporções físicas" (1995: 255-7).

[5] Sobre *Leaves of grass*, de Whitman, ela afirma: "o livro é o poeta", que teria inventado a si mesmo como figura apaixonante, abolindo "a questão da representação como distanciamento" e criando "a metáfora recorrente do abraço da palavra que percorre e inventa o país de ponta a ponta". Se "ler Whitman [significa] tornar-se amante de Whitman", ao mesmo tempo não importam os fatos empíricos de sua vida real, "apagada", e sim sua *persona* poética. "O rosto, o corpo, a voz", *Escritos no Rio*, 1983.

Veja-se trecho de um longo e complexo poema:

> Os poemas são para nós uma ferida.
>
> Cachoeira
> de repente alguém diz a palavra cachoeira
> e ela se medusa
>
> insolúvel
> intimidade
> piche insolúvel
> negro.

(“Contagem regressiva”,
Inéditos e dispersos, 1985)

Os versos assinalam a contradição entre a imagem da cachoeira, que concebemos como o próprio símbolo do fluxo ininterrupto e, por outro lado, o fato paradoxal de ela ser imóvel.[6] Trata-se afinal do referente, coisa no mundo, ou do signo, integrante da linguagem? Neste poema, “cachoeira” gera total opacidade para o olhar, e, ao se fazer o gesto de tentar apreendê-la, ela se perde, tornando-se inalcançável. A palavra vira enigma *insolúvel* (na dupla acepção do termo: tanto o contrário das propriedades habituais da água, que associamos a clareza e fluidez, quanto no sentido de problema sem solução — “piche negro” e “medusa”). Se a lírica de tempos míticos teria, supostamente, o poder de suprimir o intervalo e a dessemelhança entre palavra e coisa, sujeito e mundo, Ana Cristina também pretende fazê-lo, ao menos em parte, enfrentando, porém, o aspecto agora traumático de tal intento: “Os poemas são para nós uma ferida”.

[6] Armando Freitas Filho, no poema “Edifício Libera” (*De cor*, 1988), apresenta a imagem da “cachoeira fixa” para figurar “qualquer coisa correndo/ sempre no mesmo lugar” — uma “imagem-manequim”, guardada e repisada como emblema.

Esse recorte de "Contagem regressiva" evoca outros versos, do começo do século XX, nos quais o irlandês W. B. Yeats se interrogava sobre a natureza da imagem. Já o título de seu poema "Towards break of day" (que pode ser traduzido como "Em direção ao romper do dia") sugere o lugar de lusco-fusco, de indefinição, de passagem entre sonho e realidade, arte e vida. Nele, o eu lírico refere-se a uma lembrança de infância: a cachoeira que costumava admirar, numa montanha chamada Ben Bulben (por sinal, o local onde está enterrado o poeta, na Irlanda). O menino corria até lá com vontade de segurar a água corrente com as mãos, mas então ficava irado, pois no momento mesmo em que tentava abraçar a cachoeira, ela se reduzia a pedra e água fria. Revoltava-se contra uma lei inexorável dos céus: "Nothing that we love over-much/ Is ponderable to our touch" ("Nada do que amamos de fato/ Tem qualquer peso ao nosso tacto", na tradução de José Paulo Paes, 1996). Descobre então a impossibilidade de passar da realidade para a imagem, uma vez que entre a coisa em si e sua transposição simbólica não há travessia desobstruída.

Se a poesia contém um aspecto gestual em que o ritmo, os ecos sonoros, as imagens querem conferir à palavra um alto grau de materialidade e movimento, superando o divórcio entre coisa e linguagem no mesmo compasso que entre significante e significado, seu desafio seria projetar na linguagem o máximo de corporeidade. Mas as palavras são, como a medusa, enigmas estáticos e opacos. Creio que Ana Cristina Cesar se propõe a tensionar a composição e assim evidenciar as barreiras entre a própria voz e toda alteridade. Ela não desiste do impulso ambivalente de saltar e recolher-se. Porém, quando as pontes entre sujeito, linguagem e mundo estão fraturadas (tal como eles próprios), também o contato entre o poeta e o outro é penoso. Lê-se no trecho final daquele mesmo "Contagem regressiva":

> saberias então que hoje, nesta noite, diante desta
> gente,
> não há ninguém que me interesse e meus versos
> são apenas para exatamente esta pessoa que deixou de vir

ou chegou tarde, sorrateira, de forma que não posso,
gritar ao microfone com os olhos presos nos seus olhos
baixos, porque não te localizo e as luzes da ribalta
confundem a visão, te arranco, te arranco do papel,
materializo minha morte, chego tão perto que chego
a desaparecer-me, indecência, qualquer coisa de
[excessivamente
oferecida, oferecida, me pasmo de falar para quem falo
com que alacridade
sento aqui neste banco de réus, raso,
e procuro uma vez mais ouvir-te respirando
no silêncio que se faz agora
minutos e minutos de silêncio, já.

A princípio, o poema reitera a indicação de tempo e lugar como se tudo ocorresse agora mesmo ("hoje, nesta noite, diante desta/ gente"). Mas o desencontro entre essa voz que enuncia, de microfone na mão, e o seu público ("singular e anônimo"),[7] parece total: "não há ninguém que me interesse e meus versos/ são apenas para exatamente esta pessoa que deixou de vir/ ou chegou tarde, sorrateira". A voz lírica viria até o seu interlocutor, se fosse possível sair do palco de papel e conversar com o leitor pessoalmente, mesmo sabendo que tal falta de limite significaria o desaparecimento arrebatado da poeta: "te arranco, te arranco do papel,/ materializo minha morte, chego tão perto que chego/ a desaparecer-me".[8] Esse outro a quem se endereça o sujeito da enunciação é

[7] Silviano Santiago capturou um traço fundamental para a compreensão da linguagem poética de Ana Cristina Cesar em seu ensaio "Singular e anônimo" (publicado em livro em 1989), no qual destaca o "estado de contínua travessia para o Outro" que se verifica na produção da poeta.

[8] Sugiro a leitura do capítulo "Interlocução, a presença do corpo" do livro de Annita Costa Malufe, no qual a pesquisadora ressalta a "obsessão pelo interlocutor" na poesia de Ana Cristina, traduzida pela reiteração da função fática, em geral típica da conversa ou da carta, nas quais se evidencia a "presença da voz que fala". Malufe reporta-se a Barthes, quando este trata do diá-

também um ser de linguagem, uma vez que foi incorporado à escrita e tornou-se um "você", pronome intercambiável, ambos sujeitos e objetos da escrita. Quem está no papel, quem está lendo? Ele não pode, por conseguinte, comparecer a esse *rendez-vous* imaginário. Palco ou banco de réus — lugar exposto no qual o leitor pode "ver" inteiramente quem fala, mas não de fato comunicar-se. Embora a solidão seja completa, lembrando os monólogos beckettianos, um aspecto da artimanha sedutora do texto consiste em insinuar a possibilidade de conversar com "você" — o leitor, destinatário especial, ou até mesmo ela própria, que se arranca do "papel" para se tornar "real".[9]

Chamar para perto de si o interlocutor a quem se dirige a mensagem é uma ideia fixa: ele precisa ser alertado, acordado, para que venha ouvir, cuidar, tratar da voz poética que o interpela no espaço hostil, perigoso, onde se coloca pronta a escorregar, destruir-se, perder-se, escapar "ralo abaixo".

Reencontramos essa aflição em muitos escritos de Ana Cristina (especialmente aqueles publicados na coletânea póstuma *Inéditos e dispersos*), os quais desejam atingir o presente intempestivo, conforme se verifica neste outro trecho de poema:

logo (amoroso), em que "um corpo se lança em direção ao outro para 'agarrar o outro e mantê-lo em estado de parceiro'". Também amplia o conceito de *performance* de Zumthor, observando como a presença de um corpo e de uma voz, característica da vocalização de um poema, poderia estar embutida nessa sensação do "acontecer em tempo real" que os textos de Ana Cristina muitas vezes propiciam (2011: 182, 185, 187 e 189).

[9] Ana Cristina, em conversa com um grupo de alunos, ao esclarecer a escolha do título *A teus pés*, reforça a impressão de que escreve "na perspectiva da paixão", deixando clara a "referência ao outro", o "desejo alucinado de se lançar, que o teu texto mobilize". E vai além: "Todo texto desejaria não ser texto. Em todo texto o autor morre, o autor dança, e isso que dá literatura", mas "Existe de repente uma consciência trágica: texto é só texto. Que tragédia!". Ao mesmo tempo, Ana Cristina enfatiza que não transcreve sua intimidade, ou subjetividade, uma vez que isso seria impossível. Escolhe a construção, optando pelo "literário". Ver *Escritos no Rio* (1993), "Depoimento de ACC no curso 'Literatura de mulheres no Brasil'", de Beatriz Rezende.

Não querida, não é preciso correr assim do que
vivemos. O espaço arde. O perigo de viver.

Não, esta palavra.
O encarcerado só sabe que não vai morrer,
pinta as paredes da cela.
Deixa rastros possíveis, naquele curto espaço.
E se entala.
Estalam as tábuas do chão, o piso rompe, e todo
[sinal é uma
profecia.
Ou um acaso de que se escapa incólume, a cada
[minuto.
Este é meu testemunho.

A urgência em relação ao tempo transmite a impressão de que o poema é o testemunho do "fogo do final" e demanda a incorporação da linguagem ao *locus* da experiência. Exprime-se, pois, em metonímias abruptas, como se não houvesse fôlego para dizer mais do que o essencial daquele evento fugaz, segurando o leitor e colocando-o no centro, pedindo sua ajuda para salvar-se do perigo iminente. A escrita é o "sinal" — "profecia" que permite safar-se por um triz, quando tudo se consome: "o espaço arde". Até mesmo as aliterações e assonâncias obsessivas reforçam a impressão da escrita como "rastro", vestígio antes do risco da destruição: "se entala./ Estalam as tábuas", "acaso de que se escapa incólume"... Embora na literatura não seja necessariamente no tema que se manifeste a representação do processo social, o poema escrito "nas paredes da cela" traz no ritmo e no conteúdo o espaço estreito e precário de expressão para os que se sentiam oprimidos em um tempo de prisioneiros.

Num outro texto em prosa (datado de 16 de outubro de 1983), cuja forma inequívoca parece remeter a acontecimentos factuais, Ana Cristina adverte: "Lá fora está sol, quem escreve deixa um testemunho". E mais adiante:

Diário não tem graça, mas esquenta, pega-se de novo a caneta abandonada, e o interlocutor é fundamental. Escrevo para você sim. *Da cama do hospital. A lesma quando passa deixa um rastro prateado. Leiam se forem capazes.*

Novamente, o mesmo apelo patético e premente ao leitor, o único habilitado a acolher sua confissão, que deseja imprimir no mundo um sinal físico: "rastro prateado" sob o sol.

A convicção de que o tempo se encolheu e só existe este único (e último) instante, característica de sua geração de artistas, repropõe-se fortemente. Octavio Paz tratou dessa alteração da perspectiva ao referir-se a maio de 1968: não mais transformar o mundo, politicamente, mas "changer la vie".[10] A forma perene e durável da arte é muitas vezes comprimida pela irrupção do presente, pois só a sensação do imediato existe.[11] Cito alguns versos de

[10] Ao tratar dos efeitos da industrialização e da urbanização aceleradas no Brasil dos anos 1970, ao lado da influência da contracultura, Heloisa Buarque de Hollanda evoca ponderações de Octavio Paz acerca da "crise de uma perspectiva de Futuro", associada à "perda da imagem do mundo como totalidade" e à fragmentação do próprio sujeito (2004: 69 e 67). Tal mudança de paradigma é bastante perceptível em canções do tropicalismo, como "Alegria, alegria" (Caetano Veloso), "Geleia geral" (Torquato Neto e Gilberto Gil), e em poemas nos quais a afirmação do presente combina euforia e desespero (por vezes melancolia), como se averigua claramente nos escritos de Torquato Neto e Waly Salomão. Essa aproximação pode ser conferida principalmente na chamada poesia marginal. Em Ana Cristina Cesar, a complexidade costuma ser maior, mantendo-se a tração entre tentativa de familiaridade e uma áspera rejeição, que se dá através de procedimentos de corte e montagem de cacos confessionais.

[11] Diferentemente do regime moderno de historicidade, que projetava no futuro o progresso e a evolução, no mundo contemporâneo, "Passamos, portanto, em nossa relação com o tempo, do futurismo ao presentismo: a um presente que é seu próprio horizonte, sem futuro e sem passado, ou engendrando quase diariamente o passado e o futuro, dos quais necessita quotidianamente", pensa François Hartog que caracteriza maio de 1968 como um dos primeiros momentos da consciência do "presentismo", regime de historicidade refe-

Inéditos e dispersos que se assemelham a mensagens telegráficas desesperadas: "Estou vivendo de hora em hora, com muito temor"; "Preciso me atar no velame com as próprias mãos./ Sopra fúria"; "Barca engalanada adernando,/ mas fixa: doçura, não afoga"; e ainda:

> O que morre.
> Estou morrendo, ela disse devagar,
> olhos fixos para cima. Olhe
> para mim, ordenei. Não se vá assim.

De novo a voz poética implora, taxativa, nesse esboço de diálogo dramático, por uma última atenção antes de despedir-se.

Em outra anotação, misto de poema e prosa, destaca-se a escrita como ação que organiza a vida, sem delongas: "Agora, imediatamente, é aqui que começa o primeiro sinal do corpo que sobe. Aqui troco de mão e começo a ordenar o caos" (*Inéditos e dispersos*). A mão que escreve supõe sublimar a desordem das sensações por figuração na poesia, sem apartar-se demasiado da visão do que realmente acontece, porém. A poesia pode até mesmo se antecipar e fugir do controle, como neste outro trecho no próprio "Contagem regressiva": "Tenho medo de ter deixado a máquina ligada/ elétrica IBM lebre louca solta pelo campo// Corri atrás"...

Seu ideal seria correr tanto que conseguisse cruzar a linha de chegada junto às palavras, compartilhando com elas a intensidade

rido ao instante imediato, característico de nossa era. Afirma ele: "O slogan 'esquecer o futuro' é provavelmente a contribuição dos anos sessenta ao estrito encerramento sobre o presente. As utopias revolucionárias, progressistas e futuristas em seu princípio, deveriam operar em um horizonte que pouco ultrapassasse o círculo do presente: Tout, tout de suite!, diziam os muros de Paris em 1968. Neles se registra um pouco depois: 'No future'. Vieram, com efeito, os anos setenta, as desilusões, a clivagem da ideia revolucionária, a crise econômica de 1974, e as respostas mais ou menos desesperadas ou cínicas que, em todo caso, apostaram no presente, somente nele e em nada além" (1996: 1-2).

da reunião improvável entre esse sujeito acicatado pelo moscardo da iminência e sua necessidade de expressão, sinestésica à máxima potência:

> Agora quero luzes, os ramais piscando, o som
> virando
> luz, o disco voador, velocidade ímpar, num piscar
> de olhos.

São notações que soam instantâneas, versos de fôlego curto, num tempo radicalmente concentrado: "Vem de imediato" ou, numa variante: "Vem imediatamente, possível, e nos leva./ Durante estes últimos meses amor foi este fogo./ Contagem regressiva: a zerar. Hoje é o zero". É a aspiração de coincidir com o momento matriz, no qual o sujeito abole toda ruptura temporal, espacial, linguística, e vive só de alumbramento.

"Houve um poema que guiava a própria ambulância": poesia em transe

Da adversidade vivemos.

Hélio Oiticica

Em muitos versos de Ana Cristina Cesar, o eu lírico conduz um carro a toda, "passando a mil". Leia-se, entre outros, este trecho de "Mocidade independente":

> Voei pra cima: é agora, coração, no carro em fogo pelos ares, sem uma graça atravessando o Estado de São Paulo, de madrugada, por você, e furiosa: é agora, nesta contramão.

(*A teus pés*, 1982)

Há vários poemas assim, com passagens sobre automóveis e velocidade, além de tantos outros atravessados por ambulâncias, ônibus, aviões, navios — todos os "meios de transporte" (nome com que Ana Cristina queria batizar seu livro). Deslocar-se na contramão, em alta velocidade a ponto de decolar, é uma "cena da escrita"[12] constante, aliada ao tom aflitivo: "Estou sirgando, mas/ o velame foge", ou "Um carro em ré. Memória da água em movimento. Beijo./ Gosto particular da tua boca. Último trem subindo ao/ céu". Como em "Contagem regressiva", a voz lírica ambiciona um marco zero para a linguagem poética — o local de onde se irradia o tempo —, lampejos do agora.

Leia-se este outro poema, incisivo:

> Não, a poesia não pode esperar.
> O brigue toca as terras geladas do extremo sul.
> Escapo no automóvel aos guinchos.
> Hoje — você sabe disso? Sabe de hoje? Sabe que
> [quando
> digo hoje, falo precisamente deste extremo
> [ríspido,
> deste ponto que parece último possível?
>
> A garganta sai remota,
> longe de ti mal creio que te amo,
> Corto o trânsito e resvalo
>
> Que lugar ocupa este desejo de frutas?

[12] Título do estudo de Rosa Maria Martelo sobre "as representações do ato da escrita na poesia portuguesa contemporânea" tal como retratadas em diversos poemas. Trabalho apresentado no simpósio Travessias Poéticas — Brasil e Portugal, na mesa-redonda "Cenas de escrita: poesia e crítica" (PUC-SP, 2010), posteriormente publicado em Bastazin (2011). Percebe Martelo que o ambiente onde se passa a escrita, tal como retratado em alguns poemas, interfere no ritmo de sua constituição.

Esta é a primeira folha aberta.

15.7.83

(*Inéditos e dispersos*, 1985)[13]

O automóvel em marcha busca representar essa poética de apreensão impossível da vida enquanto acontece, antes da "emoção recolhida na tranquilidade", aproximando ao máximo a experiência e sua expressão. Trata de cada momento com urgência, como se este fosse lhe escapar. Por causa da necessidade de trazer a escrita para o imediato, Ana Cristina faz aflorar aflitamente o coro desafinado de sentidos concomitantes. Como nas aporias de Zenão de Eleia, que tentava dividir o espaço infinitamente até alcançar o ponto que seria a origem da linha, aqui o eu lírico, transportando o paradoxo para o tempo, quer chegar ao inaferrável centro do presente.

"O devotamento ao sempre singular é destituído de esperança porque está vinculado à consciência de que a realidade escapa ao indivíduo como realidade a ser conformada", observa Bürger (2008: 144-5) a respeito das obras inorgânicas das vanguardas e pós-vanguardas, que aparentam estar inacabadas ou em movimento. Salta do texto a premência por transformá-lo em ação, instando o leitor a conscientizar-se e a mover-se junto com o eu lírico, que o conclama "aos guinchos" (palavra onomatopaica, ecoada na mesma estridência dois versos abaixo por "ríspido"). E nisto se experimenta uma possível coesão: no tom enfático, impaciente, com que repisa seu apelo. Acentuam-se, na primeira estrofe, os deslocamentos intensos do brigue (um tipo de navio a vela) e do automóvel, que transportam ao polo extremo do agora. Na segunda, pelo contrário, falar de longe é resvalar, perder-se de si e do amor. O trânsito é a imagem contraditória da distância e do isolamento. A seguir, a frase arbitrária sobre o desejo de frutas acorda

[13] A análise desse poema, tal como aqui reproduzida, integra o meu ensaio "Poesia-automóvel" (2010).

de novo para a experiência vital, o empuxo para o "registro imediato" ou o instante do "flagra",[14] considerado característico da geração de Ana Cristina, que se recusa aos modelos pré-fabricados da convenção literária, imprimindo corporeidade e presentificação ao poético. Cansada de elucubrações ideológicas que se reputavam completas e abrangentes em relação ao real, inspira-se na subversão da ordem do discurso e na ideia de deriva,[15] muitas vezes criando textos de aparência aleatória e rebelando-se de tal forma contra as interpretações didáticas, falseadoras da experiência, que termina por produzir composições solipsistas, propositadamente contingentes. Por meio de seus ensaios, sabemos que Ana Cristina escolheu escrever nesta vertente que tenta escapar da simbolização, esquiva em relação à continuidade esperada: "uma sensibilidade talvez meio histérica", diz ela.[16]

[14] Conforme as expressões de Flora Süssekind para designar o tom da poesia dos anos 1970. Reporto ao capítulo "A literatura do eu" em *Literatura e vida literária* (2004: 114 ss.). A crítica nota ainda o procedimento menos comum à época: a lacuna, a hesitação, o delírio, o diário hospitalar, a correspondência cifrada.

[15] O termo foi primeiro utilizado pela Internacional Situacionista nos anos 1960 para significar "modo de comportamento experimental ligado às condições da sociedade urbana: técnica de passagem rápida por ambiências variadas". Ao criticar o urbanismo atual e o modo como as cidades foram remodeladas em função do automóvel, o grupo conclui: "O trânsito é a organização do isolamento de todos. Constitui o problema preponderante das cidades modernas. É o avesso do encontro" (Jacques, 2003: 65 e 140).

[16] Citação transcrita por Annita Costa Malufe, que analisa a histeria à luz de Deleuze como "excesso de presença", teatralizada, o que se traduz em textos com "movimento descontínuo, caótico, de frases entrecortadas, fragmentárias, de ritmo acelerado, ofegante". "Afectos femininos da escrita", *Territórios dispersos: a poética de Ana Cristina Cesar*, 2006. Reencontramos uma variação dessa ideia (a partir de outros fundamentos teóricos) na interessante reflexão de Henri Meschonnic sobre a conexão entre histeria e poesia. Ambas teriam em comum o fato de "não ser[em] mais um dizer, nem um dito, mas um fazer" (2006: 65-6). Mas a histeria, expressão neurótica em que o corpo sofre sintomas doentios quando um indivíduo não consegue simbolizar um trauma, pode provocar dores (trata-se, para o autor, da "linguagem no corpo"). Já na poesia, quando a pessoa se faz representar através da linguagem, e a voz

Não há quase unidade ou simetrias que retornem, embora se possa apreciar as repetições enfáticas de alguns sons, palavras e construções ("Não, a poesia não pode esperar", "Hoje — você sabe disso? Sabe de hoje? Sabe que quando/ digo hoje", "extremo sul" — "extremo ríspido", além das aliterações dos fonemas /p/, /t/ e /r/, combinados ou isolados, são os exemplos mais evidentes). No entanto, parecem antes acentos dramáticos do que paralelismos líricos. A interrupção e a elipse realçam o aspecto de montagem, traduzindo a "fragmentação da memória e da consciência e sua expressão como série de falas lampejadas".[17] A enumeração de frases disjuntivas que não compõem um todo coerente nega a possibilidade mais tradicional de interpretação, sem que, no entanto, esmoreça a tensão interativa entre elas, acicatando-nos a procurar, na aparência cifrada, alguma forma de penetração, mesmo reconhecendo que se trata de poema avesso ao compromisso seja com a comunicação utilitária, seja com a recepção sem fraturas: "O que permanece é o caráter enigmático das obras, a resistência que elas opõem à tentativa de lhes extrair sentido" (Bürger, 2008: 159).

Como ocorre no teatro épico moderno, aqui também a "narração [...] progride aos saltos", com o objetivo de provocar rupturas tais na continuidade semântica que o leitor possa notar de novo e com mais clareza o sentido da realidade.[18] Da mesma forma, o anti-ilusionismo presentifica, no primeiro e no último verso, a moldura, revelando por meio da ênfase no processo de escrita e no dêitico do final o poema a se fazer — não mais obra realizada, mas composição que se constrói ante nossos olhos. Pois não temos

(que o estudioso chama de "oralidade", não necessariamente falada) exprime todo o corpo como sujeito, intenta-se apresentar uma presença única, colocando-se "o corpo na linguagem" com "eficácia máxima", de modo que a poesia manteria sempre um vínculo depurado com o corpo, agora simbolizado em linguagem.

[17] Conforme percebeu Flora Süssekind (2007: 22).

[18] Remeto ao livro clássico de Anatol Rosenfeld (2006: 102 e 152, especialmente), assim como às reflexões de Peter Szondi (2001).

aqui a exposição de uma cena sobre a qual reflete o eu lírico. Diferente da poesia "tradicional" (termo muito impróprio, por sinal...), nela não há narratividade e passar do tempo, uma vez que tudo se constela em torno da fome de presente absoluto, como um "monólogo dramático"[19] que tentasse aceder a algum tipo de interlocutor.

A cisão entre sujeito e mundo manifesta-se intensa, ao ponto de não serem utilizados recursos de configuração habituais, que permitiriam algum trânsito descritivo ou narrativo, típicos da pequena fábula que é a metáfora: este poema foi composto praticamente só por montagem de partes disparatadas. Todavia, afinal, constitui-se como resultado, ao fundo, a imagem metafórica da escrita como deslocamento.

Não há antinomia entre o conteúdo, enfático na angústia, e a respiração arrítmica do verso disparatado, do qual se perdeu o pressuposto de eco sonoro e imagético em que voltaria o sentimento recordado, o que não combina, por certo, com tal ansiedade pela presença em cena. O leitor é interpelado como se de cara já houvesse discordado e fosse provocado.[20]

A aspiração utópica de eliminar a sucessão horizontal, superando a dominação implacável do relógio e instaurando o incêndio repentino da poesia, já integrava as obsessões do primeiro poeta da modernidade. Para galgar esse êxtase da liberdade absoluta, Baudelaire aconselhava, veemente: "São horas de te embriagares! Para não seres como os escravos martirizados do Tempo, embriaga-te, embriaga-te sem cessar! Com vinho, com poesia ou com a

[19] Definição de Flora Süssekind, que, tendo caracterizado a poesia de Ana Cristina como "arte da conversação", observa como a relação entre "forma teatralizada" e "efeito lírico" é característica de grandes poetas modernos lidos por ela (em especial T. S. Eliot) e como "seus textos costumam assinalar a própria dramatização" (2007: 13 e 16).

[20] O início do poema com um "não" causa a impressão de que esse verso inicial seria a continuação de um diálogo com "querida" ou mesmo um monólogo. O poema anterior do livro começa com a seguinte frase: "A poesia pode me esperar?". A negativa logo no poema seguinte parece uma resposta à pergunta da própria poeta a si mesma.

virtude, a teu gosto" ("Embriaga-te").[21] Em outro poema em prosa, um dos personagens manda vir mais bebida, "para matarem o tempo que tem uma vida tão resistente, e para acelerar a vida que tão lentamente decorre" ("Retratos de amantes").

Na visão de Bachelard, próxima à fenomenologia, "o poeta destrói a continuidade simples do tempo encadeado" (1985: 183), procurando gerar um tempo vertical que jorra, diferente do comum, que corre. Assim fazendo, rompe com a duração característica da vida social (ou do "tempo administrado", como diria outro teórico). Bachelard divisa no poema em prosa "O relógio" de Baudelaire o motivo dos olhos do gato, onde o poeta vê as horas, "sempre a mesma hora, uma hora vasta, solene, grande como o espaço, sem divisão em minutos ou segundos — uma hora imóvel que os relógios não marcam, e, no entanto, leve como um suspiro, rápida como um golpe de vista"... "Sim, vejo as horas; agora é a Eternidade!" (Baudelaire, 1991: 478). O motivo do tempo está presente ainda no poema em prosa "O quarto duplo": "Não! já não existem minutos, já não existem segundos! O tempo desapareceu; é a Eternidade que reina, uma eternidade de delícias!".

Embora o propósito de anulação da passagem do tempo possa ser em alguma medida compartilhado por ambos os poetas, não se reconhece em Ana Cristina o anseio pela eternidade. O "minuto de luxo" é o único horizonte de expectativa, uma vez que a outra metade da arte não faz parte de seu universo.

Mais um exemplo de apóstrofe imperativa, que nos precipita para o aqui e agora do tempo:

> No verso: atenção, estás falando para mim, sou
> [eu que estou
> aqui, deste lado, como um marinheiro na ponta
> [escura do cais.

[21] Charles Baudelaire, *O spleen de Paris: pequenos poemas em prosa*, tradução de António Pinheiro Guimarães, 1991. Este parágrafo e o próximo constam, com algumas modificações, do meu texto "Baudelaire mau vidraceiro" (*Alea*, v. 9, nº 1, jan.-jun. 2007), no qual exponho melhor essas ideias.

É para você que escrevo, hipócrita.
Para você — sou eu que te seguro os ombros
[e grito verdades
nos ouvidos, no último momento.
Me jogo aos teus pés inteiramente grata.
Bofetada de estalo — decolagem lancinante —
[baque de fuzil.
É só para você y que letra tán hermosa. Pratos
[limpos atirados para
o ar. Circo instantâneo, pano rápido mas exato
[descendo sobre a
tua cabeleira de um só golpe, e o teu espanto!

(de "Fogo do final", *A teus pés*)

Quem é "você", esse interlocutor tão desesperadamente amado e pelo jeito um tanto distraído e ausente, que precisa ser acordado e sacudido?

O poema alude a carteiros e cartões-postais. Assim, imaginamos que esse "No verso" refere-se, provavelmente, ao que estaria escrito no outro lado de um cartão. Ou seria um lance duplo: intenção de presença e consciência de composição estética?

As reiterações performáticas convocam o leitor como se ele fosse o remetente do cartão, aquele que enunciou o que a voz poética lê. Mas também insistem na distância entre ela e o interlocutor, mediados pelo papel (falando desde a ponta escura do cais): "atenção" — "estás falando para mim" — "sou eu que estou aqui, deste lado" (do verso do cartão?) — "É para você que escrevo, hipócrita" — "Para você — sou eu que te seguro os ombros e grito verdades nos ouvidos, no último momento" etc. (Por sinal, o verso "É para você que escrevo" se torna um autêntico bordão, repetido em diversos poemas de sua última fase.)

Todas as imagens, somadas à pontuação telegráfica e aos cortes ("Bofetada de estalo — decolagem lancinante — baque de fuzil", "Pratos limpos atirados para o ar. Circo instantâneo, pano rápido mas exato", "de um só golpe"), mostram ocorrências súbitas, como reproduções exacerbadas do mesmo.[22]

O poema começa com o verso "Escrevendo no automóvel" e, mais adiante:

> Ancorada no carro em fogo pela capital:
> [sightseeing no viaduto
> para a Liberdade. Caio[23] chutando pedrinhas na
> [calçada, damos
> adeus passando a mil, dirijo em círculo pelo
> [maior passeio
> público do mundo, nos perdemos — exclamo
> [num achado —,
> é tardíssimo, um deserto industrial com perigosas bocas
> imperguntáveis.

Na sequência, veloz, em montagem abrupta:

> Engato a quarta ao som de Revolution.
> Descontinuidade. Iluminações no calçadão.

Assim, a forte oscilação entre o ímpeto de consumação erótica, para o qual o outro é atraído, e a inclinação construtiva que recorta e cola geram a ambivalência entre máxima intimidade e enorme afastamento.[24] Segurar os ombros, gritar verdades nos

[22] Annita Costa Malufe interpreta esses momentos de enumeração descontínua, presentes em vários textos de Ana Cristina, como típicos do procedimento de saturação, muito utilizado pela poeta para imprimir velocidade à escrita: "Vamos saltando de uma oração a outra, como se impelidos por um acelerador. São frases rápidas que nos empurram para frente, jogam-nos em um fluxo acelerado" (2011: 101).

[23] Referência ao amigo Caio Fernando Abreu, que Ana Cristina visitava em São Paulo.

[24] Luciana di Leone conclui sua análise da recepção crítica da obra de Ana Cristina observando a ocorrência de "permanente tensão entre aparição e

ouvidos, jogar-se aos seus pés: gestos corporais "na perspectiva da paixão", com "desejo alucinado de se lançar", conforme Ana Cristina descreve seus poemas a um grupo de alunos, depois de ter afirmado que a intimidade não é comunicável literariamente, embora a relação com o leitor seja seu principal objetivo (Ana Cristina Cesar, 1993).

Em uma de suas anotações, Ana Cristina dá-se conta dos motivos que a levam a escrever na forma de carta ou diário:

> Agora percebo por que a grande obsessão com a carta, que é na verdade obsessão com o interlocutor preciso e o horror do "leitor ninguém" de que fala Cabral. A grande questão é escrever *para quem*? Ora, a carta resolve este problema. Cada texto se torna uma Correspondência Completa, de onde se estende o desejo das correspondências completas entre nós, entre linhas, clé total. A outra variação é o diário, que se faz à falta de interlocutor íntimo, ou à busca desse interlocutor. (2013: 415)

No entanto, diferentemente dos seus pares da chamada geração marginal, as cenas veiculadas nos poemas (ou "cartas" e "diários") não são claramente decodificáveis. Nem a voz que fala nem o interlocutor permanecem estáveis. Muito menos as sequências de frases ou versos formam narrativas coerentes e lineares. Justamente, em mais de um texto crítico, a poeta elogia a montagem como forma mais instigante de composição, uma vez que solicita do leitor interação participativa para chegar a um ou mais sentidos, que ele mesmo precisa decodificar ou criar, dado que os fragmentos sucessivos não pressupõem uma totalidade coesa. Algo análogo ocorre em relação à própria subjetividade: estaria ela de fato de corpo presente no texto, tal como parece indiciar a todo momento?

Consciente da impossibilidade da interlocução direta, a autora desafia tanto o próprio lugar quanto o do interlocutor, como

desaparição, entre vontade de deixar um testemunho e tentativa de desarrumar as pistas" (2008: 107).

se a página fosse um vidro interposto entre ambos: "O manequim de dentro, reflexo do manequim de fora. Se você me olha bem, me vê também no meio do reflexo, de máquina na mão" ("Luvas de pelica"). O autor e o leitor (hipócrita, semelhante e irmão) são intercambiáveis, e a própria Ana Cristina se coloca como imagem no texto, registrando ("de máquina na mão") o que essas personagens exibem, estranha e íntima como uma miragem.[25]

"Ana Cristina, cadê seus seios?"[26]

Em muitos momentos, deparamo-nos com uma poética que enfatiza a dificuldade de edificar um texto puramente literário, constituindo-o como vestimenta apartada de si própria ("luvas de pelica"...), quando se está tão ciente da proximidade ou da fusão entre a voz dos outros e a própria. É uma "poética quebrada pelo meio", como diz este poema em prosa:

> I
> Enquanto leio meus seios estão a descoberto. É difícil concentrar-me ao ver seus bicos. Então rabisco as folhas deste álbum. Poética quebrada pelo meio.
>
> II
> Enquanto leio meus textos se fazem descobertos. É difícil escondê-los no meio dessas letras. Então me nutro das tetas dos poetas pensadas no meu seio.
>
> (*Inéditos e dispersos*)

[25] Ana Cláudia Viegas (1998) apreendeu com precisão a relação tensa e instável entre o sujeito e seu objeto, seja este o interlocutor ou as referências à vida — todos em parte imaginários, como funções do discurso.

[26] Cacaso começa assim um poemeto em homenagem póstuma à amiga, glosando, quem sabe, versos dela própria.

A imagem dos seios figura em mais de um poema, origem nutriz do corpo feminino, a atrair e interpor-se como impedimento para uma separação necessária (o desmame? A representação autônoma de si mesma?) que permitiria a existência da escrita.

O enleio causado pelas rimas (leio/seios/meio), aliterações ou assonâncias (bico/ rabisco, letra/ nutro/ teta/ poetas/ pensadas) e o paralelismo entre a primeira e a segunda parte, evocando a imagem proposta dos seios, é a melhor reprodução dessa circular hesitação entre corpo e escrita, entre esse sujeito bifurcado e sua obra, também desinflada da sua suposta objetividade. O trânsito entre materialidade e simbolização, ou entre o sujeito e o outro — ambos imbricados —, expõe suas vias abertas, em processo contínuo, mas obstruído a cada passo pela autorreflexividade irônica.

A fonte da escrita estende-se até a relação com os outros poetas, que adentram a sua escrita num fluxo, como se a conexão entre eles e Ana fosse semelhante à contiguidade entre a mãe e seu bebê. Mas esse leite poético que a nutre não vaza com facilidade para o papel. Aqui ocorre uma pausa dubitativa da poeta, perplexa sobre como ocupar esse lugar de interrupção e atração por seu corpo visível no espaço, destacado de si mesma como outro.

Michel Riaudel desenvolve uma análise muito interessante do poema em sua tese de doutorado (2007: 337 ss.), na qual o aproxima da "Metafísica da moda feminina", de Murilo Mendes, sua possível matriz, e de um trecho da *Logique du sens*, de Deleuze, reproduzido por Ana Cristina na própria página do manuscrito do poema. O crítico distingue, dentre as frases assinaladas pela autora no exemplar da obra que a ela pertencia, esta, que nos parece particularmente próxima das inversões simétricas do poema: "A obra de Klossowski é construída sobre um extraordinário paralelismo do corpo e da linguagem, ou, antes, sobre uma reflexão de um dentro do outro" (2007: 353). Sem poder aqui resumir a complexidade do pensamento de Deleuze sobre as relações entre corpo e linguagem, expandidas por Riaudel em seu trabalho, destacamos apenas o aspecto erótico da escrita poética, associada, no poema, à ambiguidade entre pudor e nudez, não apenas do corpo, mas igualmente dos pensamentos, das sensações psíquicas, colocando-se a literatura como esse lugar no meio, veste imperfeita que revela e esconde.

Fogo do final

por fim à realidade,
prima, e tão violenta
que ao tentar apreendê-la
toda imagem se arrebenta.

João Cabral de Melo Neto,
"Uma faca só lâmina", 1956

A gana pelo presente (e pela presença) é concomitante à consciência de sua inviabilidade, como se observa ainda neste outro poema de Ana Cristina:

Le ballet de l'Opera a Rio

dos bastidores perde-se a ilusão do
transe. mas hoje eu queria escrever do meio de luzes que
só a plateia visse.
desejava um palco puro, pura
perspectiva de plateia. desejava
escrever com violência para consolar-te: a violência
com que (imaginamos)
os bailarinos fetichizados se erguem
em êxtase
em transfiguração

(*Antigos e soltos*, 2008)

O eu lírico propõe ao leitor entregar-se à "ilusão de transe" que presumimos acometer os bailarinos quando dançam — algo que só a plateia, na verdade, experimenta: "a violência/ com que (imaginamos)/ os bailarinos fetichizados se erguem/ em êxtase/ em transfiguração". Arrebatamento de entrega completa : "palco puro, pura/ perspectiva da plateia" — no frenesi da arte como rendição ao transe. O primitivo ritual, origem da dança e do teatro, Dioniso encarnado de novo: quimera de uma poesia curativa, em que se abraça a catarse total, contrária a todo distanciamento. Disto gostaria a poeta, tal como em outros poemas (por exemplo, "Contagem regressiva"): deixar de ser a autora que tudo vê a partir dos bastidores para poder sentir o prazer da plateia, mergulhada na mágica do espetáculo, ignorante dos andaimes da fatura. Imaginamos a naturalidade sublime dos bailarinos, que, para parecerem espontâneos, quebraram em segredo mil vezes os ossos em árduos ensaios (como apontou Valéry). O exercício deve ser tão perfeito que a apresentação dê a impressão de haver nascido ali, somente para aquela ocasião única de comunhão esplêndida entre público e artista. Um momento místico de consagração à luz fulgurante e inimitável pelo qual o desencantamento do mundo nostalgicamente anseia.

Nota-se que a diagramação imita os volteios da dança, sugerindo o ímpeto de alcançar, pela palavra, a fusão perdida com algum rito original que a arte propiciaria antes da cisão moderna entre indivíduo e mundo. Desse modo, o poema evidencia a intermitência entre "mundo em comum" e representação estética.[27]

Assim, o movimento do querer anuncia o que se perdeu. A inocência já foi rompida pelo divórcio do puro arrebatamento e da construção: entre a *machine à emouvoir* e o bastidor há um hiato a que alude o verso "desejo escrever com violência para consolar-te", uma vez que a utopia de comunhão plena consigo mesma e com as forças inaugurais panteístas foi dilacerada por força da consciência dividida de si.

Tal tensão se mostra especialmente clara na metade do poema, que espacialmente simula o repuxamento:

[27] Remeto à leitura instigante desse poema realizada por Roberto Zular em "Sereia de papel (algumas anotações sobre a escrita e a voz em Ana Cristina Cesar)", constante em Álvaro Faleiros, Roberto Zular e Viviana Bosi (orgs.), *Sereia de papel* (2015).

desejava um palco puro, pura
perspectiva da plateia. desejava

A palavra "perspectiva", situada no centro, colocada simetricamente entre os dois "desejava" e emoldurada por esse sapateado sonoro, destaca ainda mais o contraste entre a plateia que se entrega ao ritual do espetáculo e o lugar do autor, obrigada a certa separação que impede a sensação de "êxtase" e de "transfiguração" — palavras apostas na ponta extrema dos versos, como asas.

A leitura desse poema leva-nos, contraditoriamente, a desconfiar de que o apelo teatralizado e ansioso à participação de um interlocutor aliado denote falta e intangibilidade: é impossível realizar o desejo de reunir palavra e vida, poeta e leitor, instantes sucessivos do tempo, eu e você.

O movimento sem síntese de versos agudos como sirenes é composto pelo retesamento irresolúvel que caracteriza o sujeito lírico, o qual, se supera o eu empírico universalizando o singular, ao mesmo tempo "está em perpétua constituição numa gênese constantemente renovada pelo poema", como se este último tivesse "valor performativo" para criá-lo e criar-se, numa roda dinâmica entre experiência e vir a ser (Combe, em Rabaté, 1996: 63).[28] A consciência da fatura do poema impede o compartilhamento, como ocorreria num ritual pré-moderno ou numa utopia futura, quando a arte participar inteiramente da vida.

Mas, numa rara ocasião, há a visão fulminante das luzes, *bliss*, quando não se distingue mais "*the dancer from the dance*" (Yeats). Como anelava Whitman, poeta e leitor finalmente falam

[28] A concepção do sujeito lírico submetido ao balanço entre ipseidade e identidade, assim como as citações do parágrafo, integram o rico ensaio de Dominique Combe, "La réference dédoublée", em D. Rabaté, 1996. O estudioso traça uma gama variada de atitudes à volta da definição do sujeito lírico ao longo da modernidade, desde a assertiva romântica de sujeito de enunciação que exprime seus sentimentos mais autênticos até o máximo questionamento dessa postura.

juntos, compondo um "nós" simultâneo e amoroso entre si e com o dia que nasce, em corpo e espírito, no presente vivo:

> A luz se rompe.
> Chegamos ao mesmo tempo ao mirante
> onde a luz se rompe.
> Simultaneamente dizemos qualquer
> coisa.
> Então dou pique curva
> abaixo, volto e brilho.
> Mirante extremo onde se goza.
>
> (*Inéditos e dispersos*)

"Viens, mon beau chat, sur mon coeur amoureux"

> *E rimo*
> *Para ver eu mesmo, e fazer ecoar a escuridão*
>
> Seamus Heaney, "Hélicon pessoal"[29]

Comentamos a seguir cinco poemas da sequência "gatográfica",[30] publicados postumamente em *Inéditos e dispersos*, reme-

[29] A tradução é de Millôr Fernandes, *ABEI Journal*, nº 3, jun. 2001: 12. No original: "I rhyme/ To see myself, to set the darkness echoing", Seamus Heaney, "Personal Helicon", 1966.

[30] Uma das interlocuções mais fecundas de Ana Cristina Cesar com a poesia anterior a ela encontra-se em um grupo de doze poemas chamados de "gatográficos", composto, provavelmente, no começo de outubro de 1972 (alguns no mesmo dia). (Um dos poemas, que mais parece um exercício lúdico, escrito a duas mãos, foi incorporado apenas à segunda edição de *Inéditos e dispersos*.) A sequência, com vários poemas à volta da figura do gato, foi livremente inspirada em *Invenção de Orfeu* (1952), de Jorge de Lima. Obviamente, uma diferença importante a assinalar encontra-se no desnível entre um poeta maduro, cuja obra máxima talvez seja este seu último livro, e os esboços escritos por uma adolescente. Parte de sua importância advém da exposição de ques-

tendo ao diálogo entre Ana Cristina e Jorge de Lima, o que permite investigar um dos fios condutores da poesia brasileira dos anos 1950 aos 1970, a fim de pensar sobre as relações de resgate e de invenção entre um poeta consagrado e esta releitura neovanguardista. Se a leitura inventiva que Ana Cristina fez de Jorge de Lima é reveladora de tensões típicas dos anos 1970, estas já se manifestavam em embrião no pós-guerra de *Invenção de Orfeu*.[31]

Embora o significado último dos versos seja, de antemão, impossível de apanhar, uma impressão geral de sentido sobressai, reforçada pela leitura do conjunto. A própria construção sintática é, por vezes, estranha, como se houvesse inversão de sujeito e objeto. Malufe, ao salientar a impossibilidade da paráfrase na poesia como um todo e em Ana Cristina em particular, sugere "a ideia de

tões importantes para a compreensão da poética em formação de Ana Cristina, a serem repropostas ao longo de toda a sua obra. Para uma análise mais completa desses poemas, conferir o livro de Maria Lúcia de Barros Camargo (2003), assim como os estudos de Luiza Lobo (1993). Também encetei uma tentativa de análise desses poemas em dois ensaios (2001 e 2003), dos quais retirei, cortei e adaptei o texto aqui reproduzido. Mais recentemente, Michel Riaudel (2007) se debruçou sobre os "gatográficos", tendo-os inclusive traduzido para o francês.

[31] Orfeu, filho de Apolo, deus da música e do trajeto diurno do sol, simbolizaria, na mitologia grega, a harmonia das esferas (concórdia entre homem e natureza, peculiar ao polo apolíneo da arte clássica). Desde sempre, ele representou o poeta demiurgo, que recria o mundo pela imaginação e faz o sol nascer com a música que emana de sua lira. Mas Orfeu foi afinal dilacerado pelas bacantes dos montes da Trácia, onde perambulava desesperado e solitário após a morte de sua amada Eurídice. Confundido com um animal, sucumbiu ao delírio das mênades, sem conseguir resgatar a amada do Hades para o mundo dos vivos. Podemos reconhecer uma analogia com o ponto de partida do questionamento dos anos 1960 e 1970, na sua desconfiança em relação à arte, ao repudiar a constituição de objetos perenes. Olhar para trás supondo assim conferir imortalidade ao evento reconstruído em objeto artístico não o salvará da morte. Há algo de cru e direto, contrário ao cozido civilizado, seja na poesia marginal, seja na antiarte sensorial dos artistas plásticos mais experimentais, que tanto desejavam a presença viva do espectador como participante de uma obra em processo, renegando assim o objeto eternizado, e igualando elaboração e fruição no mesmo gesto e momento.

um poema como partitura vocal" (2011: 32) — atitude congenial à poética da autora.

Vamos ao primeiro:

> Localizaste o tempo e o espaço no discurso
> que não se gatografa impunemente.
> É ilusório pensar que restam dúvidas
> e repetir o pedido imediato.
> O nome morto vira lápide,
> falsa impressão de eternidade.
> Nem mesmo o cio exterior escapa
> à presa discursiva que não sabe.
> Nem mesmo o gosto frio de cerveja no teu corpo
> se localiza solto na grafia.
> Por mais que se gastem sete vidas
> a pressa do discurso recomeça a recontá-las
> fixamente, sem denúncia
> gatográfica que a salte e cale.
>
> 2.10.72

Observem-se o alexandrino, o acento na quarta sílaba e o uso da segunda pessoa do singular que imprimem regularidade incomum à abertura do poema. Comenta Camargo: "o verso inicial introduz solenidade, algo do 'sublime' poético", um "tom classicizante" (2003: 126). Note-se igualmente a divisão dos versos em parelha, só quebrada nos quatro últimos, em consonância (assim o cremos) com seus possíveis significados.

Parece indicar-se uma tensão entre o *discurso*, o *nome morto*, a *grafia* — como formas de *localizar*, *prender*, *recontar* — e as *dúvidas*, o *cio exterior*, o *gosto frio de cerveja no teu corpo*, as *sete vidas*... Em contraposição à escrita que perpetua em *lápide*, ignorando os *pedidos imediatos*, para *recontar fixamente*, criando uma *falsa impressão de eternidade*, haveria outra forma de mimetizar o real da vida e do corpo, por meio da *gatografia*. Esta poderia denunciar a *pressa do discurso* ou a *presa discursiva*, saltando a fenda entre ambos, soltando o reprimido e calando a imposição do arranjo artificial.

Seria talvez necessário o silêncio atento à vida, ou a imersão nela, para penetrar na substância do gato, pois os nomes e as letras não retratam de fato os seres, submersos em sua verdade oculta. O saber apressado e preso do discurso falsifica a impressão do real. O tempo e o espaço, formas abstratas de percepção, se distorcem ao serem concretizados em palavras. A escrita sufoca o acesso direto à experiência. Se nenhuma sensação corporal consegue exprimir-se através de uma lógica exterior ao discurso, a linguagem, no entanto, é figurada como grade que impõe sua própria estrutura sobre a existência (e aqui a poeta apresenta várias imagens: "o nome morto vira lápide,/ falsa impressão de eternidade", "nem mesmo o cio exterior escapa/ à presa discursiva que não sabe", "nem mesmo o gosto frio de cerveja no teu corpo/ se localiza solto na grafia"). Enredado numa armadilha, o eu lírico conclui que a linguagem se sobrepõe às tentativas de salto. A gatografia, como alternativa, denuncia mas não chega a calar a "pressa do discurso" tirana, que fixa e computa a atividade vital.[32]

O segundo poema — um soneto desmanchado com algumas rimas toantes ou imperfeitas — também expõe essa contradição:

> O nome do gato assegura minha vigília
> e morde meu pulso distraído
> finjo escrever gato, digo: pupilas, focinhos
> e patas emergentes. Mas onde repousa
>
> o nome, ataque e fingimento,
> estou ameaçada e repetida
> e antecipada pela espreita meio adormecida
> do gato que riscaste por te preceder e

[32] Apesar da distância entre os projetos poéticos de Gullar, Armando Freitas Filho e Ana Cristina, os três escrevem, nos anos 1970, sob a premência da contradição performativa, acusando a falta de potência do poema para representar a vida (e transformá-la), mas fazendo-o, ainda assim, no poema.

perder em traços a visão contígua
de coisa que surge aos saltos
no tempo, ameaçando de morte
a própria forma ameaçada do desenho
e o gato transcrito que antes era
marca do meu rosto, garra no meu seio.

2.10.72

O eu lírico atenta para o nome do gato que não o deixa dormir porque morde seu pulso. O felino provoca o poeta a vê-lo em sua inteireza, como um flerte entre sedutor e agressivo, em que ambos pretendem estar distraídos. Em vez de escrever o nome, enfrentando diretamente o ser, o poeta resiste e prefere um caminho de desvios, talvez para evitar o aprisionamento do gato. As partes tateiam o todo, sem tentar apaziguá-lo tachando-o por uma palavra possivelmente redutora: "pupilas, focinhos/ e patas emergentes". Comparecem os olhos em seu brilho, a boca que mordisca e cheira, os movimentos dos pés... aquilo que negaceia, não se deixando prender pela rede imobilizadora da linguagem. Bruscos *enjambements* fazem os versos saltarem.

Como em "Procura da poesia", de Drummond, as palavras não se abrem sem luta e sem a chave certa. O nome é "ataque e fingimento": tudo faz para não se entregar aos que não sabem desvendar seus mistérios ou defender-se de seus golpes.

O gato precede o escritor, e este só se estabelecerá como autor quando souber apreendê-lo e então transcrevê-lo. Inverte-se a relação entre sujeito e objeto, pois a tentativa de mimese nada tem do recolhimento preconizado por Wordsworth: ao contrário, é o gato o elemento ativo que espreita, sonso, como quem caça. Ele se recolhe para atacar, levando a voz poética a "perder em traços a visão contígua/ de coisa que surge aos saltos/ no tempo, ameaçando de morte/ a própria forma ameaçada do desenho". A distância estética, que poderia transfigurar a experiência sensorial, anula-se, e o gato esquiva-se de ser nomeado como objeto imóvel: o que o observador pode enxergar é antes devir e fluxo, mais do que o todo descritível. O nome decompõe-se metonimicamente em partes contíguas, sendo impossível agarrá-lo inteiro. Ele destrói sua forma gráfica para recuperar o corpo vivo da primeira relação visceral: "marca do meu rosto, garra no meu seio" — signos da eliminação de qualquer intervalo entre poeta e mundo, este tão entranhado a ponto de não poder ser contemplado. Poeta e mundo são tão "um-no-outro" que ambos são afrontados na sua qualidade de mônadas: apenas uma fração é vislumbrada, visto que a principal relação não é mais a do olhar, e sim a do ataque corporal. O mundo nega-se à vontade e à representação.

O terceiro poema é o único em toda a sequência em que não aparecem referências a gato algum. Contudo, como nos outros, os versos também mencionam quedas e cortes:

> Estão caindo sobre mim cacos sem peso
> porque retorno em quedas sobre os braços
>   volto ao espaço circunscrito, mas me teme
> meu corpo lento e bioquímico no escuro, e
> lentamente sei que me dissolvo aos
> quinze miligramas, seca
> em queda de paralisia quantificável.
>
> Silêncio
> retornando sobre quedas
> paralisia em caixa, crédito e cheque onde
> risco assinatura de meu nome; hipnótico aconchego dos
> números menores, em firmas menores que ainda registram
> arabescamente seus lucros; eu queria:
>
> Silêncio de resposta e sangue ainda
> os vidros soltos sobre a cara
> mesmo sem saber que retornamos
> saibamos que o espelho que desaba
> fere e contunde nossa cara
>
> 5.10.72

Um espelho desaba e os cacos ferem a face, ecoando, novamente, o mote do eu que procura sua imagem com muita dificuldade, imergindo no silêncio e na autodestruição para viver (ou morrer) no instante em que a identidade se parte, os nomes se apagam, os valores atribuídos às coisas diminuem, e resta apenas a cara machucada no embate.[33]

O espelho costuma representar "o elemento da experiência de identificação fundamental, do conhecimento de si e da constituição da imagem do corpo. Mas o espelho está partido. Cacos sem peso, vidros soltos sobre a cara permitem a imagem do corpo não apenas fraturado mas em dissolução. A assinatura, marca de autoria e de identidade, fica para os cheques, este signo de valor de troca, signo de mercadoria", pondera Camargo (2003: 129).

Poderíamos pensar no conhecido texto de Lacan (1971) sobre o estágio do espelho na formação do eu, no qual o autor veicula a hipótese de que, ao longo do crescimento, a criança precisa conscientizar-se de que não faz parte da mãe e conceber-se como ser independente. A difícil separação, que depois lhe permitirá intercâmbios entre sujeito e objeto, significa, em primeira instância, uma sensação de distância em relação ao próprio corpo proporcionada pela imagem especular. Desejo e agressão marcam a percepção do reflexo no espelho, algo inteiro e alienado. Interagir com essa primeira imagem pode levar, num excesso neurótico, a fantasias destrutivas de fragmentação e, no outro, a encastelar-se num eu fortificado. Ao quebrar o espelho, o sujeito lírico imagina-se, talvez, mais livre dessa estátua ou autômato que, nas palavras de Lacan, é a matriz ficcional da identidade, sem a qual não podemos estabelecer nossas relações com o outro e o mundo.

Chama a atenção no poema a reaparição em cada estrofe da imagem do *retorno* e da subsequente diminuição do corpo. Assim, na primeira estrofe, o motivo pelo qual caem sobre a voz poética

[33] Interroga-se Michel Riaudel: "Si le poème 3 ne fait aucune mention de l'animal, ne serait-ce pas tout simplement que celui-ci s'identifie au 'je' du texte?" (2007: 373). Considerando-se as quedas e os cortes referidos no poema, seria plausível imaginar uma identificação entre eu lírico e gato.

"cacos sem peso" — possivelmente imateriais, como são os espelhos imaginários — é o "retorno em quedas sobre os braços". O eu "volta ao espaço circunscrito", como se houvesse um encolhimento ou enrodilhamento. A seguir, o corpo se liquefaz, e ainda acrescenta o poema: "mas me teme/ meu corpo lento e bioquímico no escuro", como se ele fosse um outro (desligado do sujeito) que não aderisse ao curso da queda. Enquanto o eu lírico cai, voltando ao espaço menor e escuro de origem, o corpo, como um estranho ao cerne da identidade, vai se diluindo. O termo "bioquímico" reforça a impressão de alienação entre o imo do sujeito e a matéria corporal, que se reduz ao mínimo. Além da reiteração da ideia de lentidão, "queda de paralisia" pareceria um contraste incompreensível se não tivéssemos já antevisto que a poeta liberou-se da mobilidade corporal para tornar-se um objetozinho "seco" e quase abstrato, dado que o eu extinguiu sua própria matéria depois de chegar aos "quinze miligramas": com objetividade científica e dados "quantificáveis" refere-se a esse desconchavado outro.

"Queda" e "paralisia" voltam a surgir na segunda estrofe, agora reforçadas pelo "silêncio" que preside esse movimento de retorno. O patrimônio e as trocas (símbolos da identidade e de sua capacidade para o relacionamento com o mundo?) estão imobilizados, o que é reforçado ainda mais por "risco assinatura de meu nome". De novo, a escritora rasura uma palavra que representaria a extensão de si, desempenhando o papel de sua identidade. Mas a assinatura, redigida por sua mão, também se tornou alheia. Seu propósito, agora acentuado, é o "hipnótico aconchego dos/ números menores". Como na primeira estrofe, a mutilação da imagem externa da identidade vem acompanhada do impulso em direção ao âmago. Registrar "arabescamente seus lucros" talvez aluda à necessidade de desenhar o mundo de maneira mais gráfica, expressando linhas essenciais; de regredir ao pequeno e próximo, prescindindo do corpo e da assinatura. O verso interrompe-se no ponto e vírgula, de forma que a última frase fica em posição ambígua na leitura: "eu queria" é sujeito do que foi enunciado anteriormente, concluindo a segunda estrofe, ou, independente, anuncia os versos seguintes, reunidos sob sua égide, a partir dos dois-pontos?

O sujeito lírico chega a um lugar visceral, de silêncio e sangue, em que não há o outro para responder a perguntas. O "sem saber que retornamos" sugere falta de entendimento do resultado da queda. A única certeza é a ferida, a sensação dos cacos espalhados ("soltos"), que machucam. De forma que "o espelho que desaba" indica uma completa segregação das relações do eu com o próprio corpo, com os outros, com o mundo, com o nome, numa volta nada prazerosa a um possível lugar de origem. Sobrou "a cara" contundida na queda. Por alguma razão, é-nos indicado que se "queria" justamente isso — viagem antiépica de regressão dolorosa. Por que, nos últimos versos, o sujeito passa para a primeira pessoa do plural? Será devido à dissolução do lugar do eu, que agora fala inclusive consigo mesmo como interlocutor? Será uma forma de incluir o leitor no retorno à origem, acordando-o para a percepção de que ele também participou da queda e que deve, por isso, sentir a própria face ameaçada pelos estilhaços? Trata-se então de um alerta final (para si mesmo e, quiçá, para os leitores), de que, uma vez riscadas e eliminadas todas as seguranças externas, tendo se libertado da pseudoidentidade fabricada socialmente, resta somente um núcleo ferido, recusado pelo espelho que, em vez de refleti-lo, machuca-o? Ao aniquilar toda a alteridade, destruiu-se também a possibilidade da imagem? E, no entanto, tal é a ambição paradoxal de catarse suicida do eu lírico. E ele nos adverte sobre a consequência de sua escolha.

Este é o desafio dessa série de poemas: tornar ao início, voltar ao pré-eu, antes do desapego pela palavra, retomar a poesia a partir do nascimento das coisas e compreendê-las em si mesmas. Objetivos impossíveis.

Lembrando o verso "Os poemas são para nós uma ferida" (de "Contagem regressiva"), talvez pudéssemos ler também esse poema como expressão da consciência de que tornar-se poeta seria eliminar o espelho (falseador) da representação apriorística de si e do mundo; diminuir-se, abrindo fendas dolorosas, a fim de cancelar transações e assinaturas determinadas por uma identidade prévia.

Em sua análise, Camargo introduz a noção de palimpsesto, referindo-se ao intertexto com a *Invenção de Orfeu* de Jorge de

Lima, pois, segundo argumenta, "é nos cacos que refletem aqueles poemas que estes se espelham", como se os versos de Ana Cristina fossem "intenso trabalho sobre velhas marcas, restos [...] de outras falas, deformadas e reinventadas. Sim, talvez seja este o pulo do gato" (2003: 130 e 140).

Pois o quarto poema volta ao motivo do gato. A "incerteza de escrevê-lo" e os jogos do bichano com a letra revelam a dificuldade de se apossar do que se quer simbolizar:

> Ainda o gato vigia e expõe as unhas
> e segura o instrumento que o revira
> e finge deitar-se sobre a letra
> e nela cobrir sua barriga.
> O desenho que te peço tu cobriste
> de não saber, e rasgaste a paixão
> súbita pelo animal e a incerteza
> de escrevê-lo.
> O gato que não soubeste tem cheiro concreto
> e se enrodilha concreto e morde
> e saltas contornando os meus pelos
> e colo inseguro com cheiros
> e manchas e pele presa no espaço
> recortado em gatos pretendidos.

Nota-se de pronto que o gato continua desconfiado de seu perseguidor-escritor, pronto para o ataque, indócil à ideia de ser descrito. É ele que "segura o instrumento que o revira", evitando o domínio da representação sobre sua concretude de ser. Pretende acomodar-se sobre a letra, mas ela apenas abrange sua barriga (de novo, só a parte pode ser contemplada). A inscrição gráfica, abstratizante, distante de seu corpo, é impotente para cobri-lo. Brincando, ele acaba por coibir a independência da caneta.

Desenhá-lo é um meio de afastá-lo. O saber da escrita pressupõe a rigidez dogmática que se apartaria do corpo vivo. A mimese precisaria recuperar seu aspecto lúdico e erótico, mas conduz, ao contrário, a uma forma de circunscrever e limitar o seu objeto, ignorando, para tanto, "a paixão/ súbita pelo animal e a incerteza/ de escrevê-lo". O poeta tornou-se um olhar autoritário, que pretende prender a natureza do gato com suas palavras, substituindo o saber real pela imitação. A coisa em si tem cheiros e gestos que a letra nunca captaria de fato, dado que é, no máximo, pálido fantasma dos seres.

Há um enigmático "tu" a quem se endereça o sujeito da enunciação que poderia ser a voz poética dirigida a si mesma, algum interlocutor desconhecido ou ainda... o próprio gato. Mas uma inversão inesperada, agramatical, do sujeito confunde o leitor e faz pensar numa troca de posição, como se o gato fosse de repente a voz da poeta: "o gato que não soubeste [...] se enrodilha", "morde/ e *saltas* contornando os meus pelos", num rondar felino. O sujeito, de pelo e colo "inseguro", quer encarnar o gato, habitá-lo e ser possuído por ele. A imagem, porém, continua "presa no espaço/ recortado em gatos pretendidos", pois o bicho real nunca poderia ser totalmente alcançado. O poema mimetiza esse ir e vir indeterminado entre poeta e gato.

Para concluir, no último da série, os gatos vêm, à noite, procurar a poeta, invadindo os restos do imaginário e se libertando, como que para atingir um estádio superior, além da linguagem:

> Gatos vieram, à noite, perseguindo,
> deitaram seu hálito sobre o sono.
> Logo após o salto imaginário
> de fatos e palavras misturados
>
> vieram saber de cada gato
> o gato que os soubesse, e a todos
> compusesse dos restos de desenho
> e traços e sexos procurados.
>
> Porque nesse instante perdeu-se
> a voz que os miasse e desse forma
> e de gato se fizesse sem engenho

e deformando-os em bichos nunca vistos,
não mais linguagens perseguidas,
mas gato somente se lambendo.

d'après Jorge de Lima
Invenção de Orfeu, I, XVIII

Lograram tornar-se, finalmente, apenas gatos, sujeitos de si. Para além do símbolo poético, agora eles se converteram em "não mais linguagens perseguidas/ mas gato somente se lambendo". Será uma conquista extraordinária do eu lírico essa possibilidade de ceder a voz para enxergar coisas e bichos em si mesmos? Pois aqui são os gatos que se representam uns aos outros. Fatos e palavras foram confundidos, de tal forma que os gatos compõem o seu próprio desenho. A voz poética que pretendia miar como eles, dar-lhes "forma", perdeu-se. Não mais será preciso o engenho, a arte, para retratar gatos inapreensíveis. Eles poderão existir sem servirem de mera referência, como objetos, à linguagem de outrem. Ao que se depreende, essa ansiada conquista acontece durante o sono, como um "salto imaginário" da voz poética, que deixou de ser a agente da própria escrita. Camargo aponta, nesses poemas, uma "trajetória do não-saber à aprendizagem" (2003: 125) que passa pela ameaça de morte do eu lírico.

Tanto esse pseudossoneto (de decassílabos elásticos) quanto o poema de Jorge de Lima no qual a poeta diretamente se inspirou (Canto I, XVIII)[34] derivam aspectos da alquimia, em que o baixo se metamorfoseia em alto e o casamento dos elementos mais díspares resulta fecundo e totalizador. Há, em *Invenção de Orfeu*, uma crença animista de que tudo no universo se corresponde pelo

[34] "Éguas vieram, à tarde, perseguidas,/ depositaram bostas sob as vides./ Logo após borboletas vespertinas,/ gordas e veludosas como urtigas,// sugar vieram o esterco fumegante./ Se as vísseis, vós diríeis que o composto/ das asas e dos restos eram flores./ Porque parecem sexos; nesse instante,// os mais belos centauros do alto empíreo,/ pelas pétalas desceram atraídos,/ e agora debruçados formam círculos;/ depois as beijam como beijam lírios."

poder do Verbo ou do espírito criador, em analogia metafórica. Os contrários resolvem-se dialeticamente, dada a harmonia — inclusive formal — de sua composição. Já em Ana Cristina, ocorre uma desmetaforização, passando-se da imagem para a coisa: o gato concreto, que se constituiu a partir dos restos de desenhos, não pode mais ser capturado pela escrita, pois se tornou a origem de si mesmo. A "voz e o engenho se perderam". Ele escapa dessa possibilidade ao se metamorfosear em "bichos nunca vistos", que a linguagem não apanha, pois agora ele é pura matéria.

Em todos os poemas de Ana Cristina, a tentativa (frustrada) de "representação" dá-se por meio de quedas, saltos, unhadas: a poeta tenta agarrar o gato, mas enfim é absorvida por ele, que, por sua vez, pula no discurso, ferindo as letras, tentando "sem saber/ fluindo entrar nesse poema", arrastando sal pelas linhas dos versos... Algo semelhante ocorre n'"As aparições", do Canto IV da *Invenção de Orfeu*, em que o eu lírico engole monstros feitos de sal-gema, talvez para incorporar a loucura criadora e descobrir a quintessência da matéria, aquela que dá sabor à palavra. O "salto futuro do poeta" que gera "montanhas/ e desenhos e escritos" de Ana Cristina remete ao "fogo desabrochado" de Jorge de Lima, dando à luz um dilúvio de seres e vozes.

Mais adiante, nessa conversa misteriosa entre dois poetas, a mais jovem ecoa o poema XXII do Canto I ("O céu jamais me dê a tentação funesta"), do qual, no entanto, possivelmente discorda. Naquele conhecido poema, o eu lírico é tentado a adormecer na floresta e a se confundir com os elementos primordiais, renascendo em pedra, esquecendo tempo e espaço. Ana Cristina, por sua vez, lamenta-se por não poder se entregar à natureza inconsciente, apesar do "sangue de arranhões das tentativas". As pedras de Jorge de Lima penetram-no "do Verbo em seus silêncios claros", incorporando-se ao corpo e à mente, ao passo que, para a poeta, se aguça a crise da palavra: "Nem agora os verbos me consolam// e saltam como gatos desgarrados/ por cima dessas pedras que me inscrevem".

Em contraposição à força profunda de criação pelo sonho, pela memória, pelo fazer poético, com que nos encantamos em

Jorge de Lima, há na série de poemas "gatográficos" uma consciência da dificuldade da escrita, proporcional ao rechaço dos seres em se deixarem recriar por palavras. Como se, para Ana Cristina, o mundo ao redor estivesse fora de alcance, e, apesar do esforço de sintonia, a realidade lhe escapasse, submetendo-a, no entanto, ao seu fascínio.

Há algo que apenas se entrevê em seus "diários" e "cartas" fugidios, como se as referências diretas aos fatos e toda descrição estivessem interditas — fruto significativo da vacilação da própria voz. Lembrando Octavio Paz, "o mundo como imagem evaporou-se. Toda tentativa poética se reduz a fechar o punho para não deixar escapar esses dados que são o signo ambíguo da palavra talvez" (em Lima, 1994: 236).

Os poemas da sequência gatográfica assentam sob esse "signo ambíguo" que lhes confere um destamanho, um desajeitamento, certa incoerência — sinais dos sucessivos saltos irregulares para empenhadamente obter algo em perigo de se perder: a espessura do sal-gema poético.

Parece provocação, mas lembramo-nos do procedimento serial e metonímico de Cabral, girando à volta do objeto, chegando perto e tomando distância, até fundir-se em luz e diamante, sem no entanto fazê-lo de uma vez, mas sempre por meneios e recusas, como se custasse muito ao sujeito lírico (ou antilírico) aceder ao objeto, e as preliminares fossem absolutamente necessárias para aumentar o grau de tensão que precede a cópula metafórica: para que algo se abra, arremessos desdobrados. Aqui, pelo contrário, a aproximação com o gato segue uma lógica distinta, pois este tenta se inscrever no corpo da poeta. Faz-se necessário afastar-se a fim de captar o ser em movimento, que não é abarcado na sua totalidade, mas por indícios descontínuos: ataque e fingimento. Primeiro, o sujeito é ferido e marcado e, só então, tenta acercar-se por partes, em sinédoque contínua. Em Cabral, a figuração poética, dita objetivista, procura focar-se no mundo em sua concretude, acreditando que a linguagem poética é o meio adequado para revelá-lo a nossos olhos.

Nos esperançosos anos 1960, em "Tecendo a manhã" (*A edu-*

cação pela pedra, 1966), o poeta atribuía aos galos solidários o concerto da luz matinal, que surgia como um balão da rede de cantos entoados na madrugada. Já Gullar, anteriormente, imaginara um galo sozinho — entre coisas indiferentes — cujo canto não tem poder algum sobre a aurora, esgotando-se sem repercussão ("Galo galo", *A luta corporal*). Sobretudo o seu amplo conjunto de poemas sobre as frutas que apodrecem, que o acompanha ao longo de sua trajetória, reforça a perspectiva do poema como um evento vigoroso mas passageiro, e de certo modo inútil. Além disso, quantos e quantos versos tratam da dificuldade de falar de certas sensações e experiências que o poeta considera infranqueáveis pela linguagem (o cheiro de tangerina, o perfume do jasmim, o azul da blusa de mulher): "o gosto da fruta só o sabes se a comes". Ainda assim, "o poeta desafia o impossível": "ousa incutir na linguagem densidade de coisa" ("Não-coisa", *Muitas vozes*, 1999).

De forma que a certeza cultivada por tantos poetas de que a linguagem poética estaria do lado das coisas, em estado selvagem (como asseverava Sartre), abraçando substancialmente o mundo (daí a famosa afirmação do filósofo de que Mallarmé foi o mais engajado dos poetas ao buscar "remunerar o defeito das línguas"), foi substituída pela desconfiança em relação à palavra como veículo suficiente para a expressão completa da vida. O processo de tentar explicitar a diferença, colocando em dúvida a consistência de sujeito e objeto durante a travessia, tornou-se o próprio material do poema. Algo mudou relativamente a essa fé nos poderes da arte.

A procura da palavra demiúrgica em *Invenção de Orfeu* refrata-se como carência em Ana Cristina, para quem a poesia dificilmente é transfiguradora. A conturbada tradução da vivência em palavras é mimetizada pelos pulos felinos, os quais não se deixam transcrever. O conflito entre o empenho da poeta forçando o gato para dentro do poema e a rejeição deste em ser representado pela linguagem, aqui chamada de "desenho", é bastante tenso. O desejável seria que os traços fossem feitos pelas próprias unhas do bichano, e a poeta a ele se incorporasse, até fundir-se ao gato vivo e particular: não mais um símbolo ou metáfora, mas apenas o ser gato. Fazer as coisas virarem signos (e vice-versa) torna-se vontade ainda mais veemente quanto mais se agudizam a descontinuidade e o isolamento do sujeito lírico, agora sem forças mágicas, lutando corpo a corpo com cada pedaço e experimentando "pânicos felinos". Imprimir de novo a linguagem no corpo do mundo, presentificar as palavras encarnando-as, também é parte da busca da poesia de Ana Cristina, que despende na tentativa tanto mais energias quanto maiores se tornam os obstáculos.

Ela é atravessada por funda desconfiança na capacidade do discurso de suscitar vida ou dar à luz qualquer ser. Ao cifrar o gato ("gatografar"), sabe que perdeu o contato direto com o bicho real: "o nome morto vira lápide/ falsa impressão de eternidade".

O gato escapa à rede analítica dos *a priori* de tempo e espaço porque é a carne em si mesma, a matéria inocente, a pulsão anterior à consciência, o ponto negro do corpo. Como capturá-lo, senão dissolvendo-se no mundo? Dado que isso é, no limite, impossível, o poema nunca se firma como emblema claro, numa incessante interpelação.

Ao tentar desvendar algo, o artista elabora um novo correlativo imagético. O arriscado procedimento de Ana Cristina consiste em exibir esse processo em estado de plena dissonância, quando ainda tateia e interroga.[35]

Se a figuração poética advém da percepção da ausência, por ser fruto de uma disposição mental que pressupõe certo distanciamento para se realizar, não haveria possibilidade de criar quando o objeto se impõe como um fato cristalizado que não comporte o trânsito da imaginação. Assim, os poemas gatográficos especulam sobre esta oposição radical: penetrar-se de gato e entranhá-lo no poema seria perder o "transporte da liberdade" (na expressão de Rancière), necessário para gerar o *analogon* mental. Querer que a palavra tenha substrato real, correspondendo à matéria do mundo, é cancelar a sua qualidade simbólica — coisa que Ana Cristina

[35] Armando Freitas Filho, num poema dedicado aos gatos de Ana, conclui que os gatos são "gráficos", "esquivos fugidios significantes" ("27", *Numeral*), mais forma do que sentido.

também não deseja. Parece preferir esse lugar escorregadio, discrepante, entre a falta e o excesso.

O jogo dialógico de Ana Cristina contém um permanente desafio ao leitor, que precisa interagir com o poema e completá-lo com suas próprias sensações e experiências para que as palavras possam sair do papel. Como um parangolé, o poema só se converte em obra se o leitor vesti-lo, respondendo ao seu apelo. Num mundo de objetos sem aura, que não olham de volta infinitamente quando contemplados, a arte propõe objetos aparentemente efêmeros, realizáveis apenas em interação. A ideia de obra pronta e acabada é posta sob suspeição em nome da exposição contínua do processo de composição aliada à semipresença do artista. "Você não acha que a distância e a correspondência alimentam uma aura (um reflexo verde na lagoa no meio do bosque?)", indaga a poeta em *Correspondência completa* (1979), ansiosa por conferir se a sua escrita instável, com aparência de carta, poderia fomentar a impressão de ser literatura.

Nos poemas elípticos e incertos de Ana Cristina, o sujeito luta por sua própria "descriação", quando procura entregar-se com ardor aos seres, à busca de um olhar menos limitado a si mesmo, para ganhar de novo o mundo que se afasta.[36] Como bem refletiu Florência Garramuño, seria mais adequado empregar o termo lacaniano "extimidade" para definir o descentramento em relação a uma subjetividade sem fundo.[37] Ora, não há desapego sem dor,

[36] Não se trata do mesmo processo consagrado da despersonalização preconizado por Eliot. O cadinho do correlato objetivo pressupõe uma transmutação alquímica (por assim dizer) em que o sujeito lírico se expande e se deixa permear pelo mundo através da linguagem, alcançando, por meio de "objetos inesgotáveis", imagens do "universal concreto", como é o ovo de Cabral, a rosa de Rilke, a maçã de Bandeira. Aqui, tal processo expõe falhas, quando o recuo contemplativo necessário à mediação estética não conduz à apreensão intuitiva das coisas mercê do silêncio que está no cerne da linguagem poética, como se os circuitos estivessem obstruídos ou gastos.

[37] Garramuño desenvolve o conceito segundo a definição de J. A. Miller: "Extimacy is not the contrary of intimacy. Extimacy says that the intimate is Other — like a foreign body, a parasite" (2006: 16, nota 5).

adverte-nos Simone Weil: disso tratam esses poemas, que expõem com todos os vaivéns o seu dilaceramento, como a oferecer uma oficina criativa desde seu início aberta para o nosso exame: o ateliê, a matéria-prima, o embrião.

Enfim, associam-se e cruzam-se diversas esferas de interrogação: dúvidas sobre a capacidade representativa do discurso, questões acerca da perenidade e originalidade da obra, vacilação relativamente à formulação de um sujeito no poema (que abrangesse uma voz coletiva) e, finalmente, perguntas sobre a posição do possível interlocutor. A crise se alastra em todos os patamares, afetando a própria noção de "literário", incluindo-se aí as demarcações de gênero.

Ana Cristina move-se entre dois confins: de um lado, o anelo impossível de reunir a escrita à vida, revelando a potência do existir em seu instante de aparente imediaticidade; de outro, o trabalho com a forma e a fatura da obra. Mas esse "equilíbrio" não pode mais existir integralmente (e ela bem o sabe). Mostram-se as dicotomias em frases partidas, atraindo o leitor para a possibilidade de compreensão ou dela o repelindo.[38]

Para contrabalançar os apelos urgentes, Ana C. emprega uma série de procedimentos de elipse e fragmentação, de modo a deslocar e a interromper a via de acesso à suposta "clareza" corriqueira do estilo tradicional do diário ou da carta.

[38] Marcos Siscar, em seu ensaio sobre Ana Cristina Cesar, recoloca em termos muito apropriados a tensão constitutiva dos textos poéticos da autora. Sem condições de aqui reproduzir sua argumentação, apenas cito alguns trechos elucidativos. Para Siscar, há uma "ambivalência provocante" nessa poesia que "reinterpreta o discurso da interioridade, do desnudamento da alma, pela profanação daquilo que seria a nudez dos sentimentos ao modo romântico". A "possível ambiguidade [...] em relação à posição atribuída ao 'eu' e ao 'tu'" situa num jogo ora sedutor ora desconfiado tanto o emissário quando o destinatário, isto é, decidir-se sobre quem fala coloca em questão o próprio sujeito, agora esvaziado de sua ilusão de centralidade: o poema expõe o lugar "onde o coração pulsa — não sabemos exatamente se o coração próprio ou o coração de um outro" (2011: 25, 39 e 56).

Talvez, como bem notou Malufe, o fato de muitos textos de Ana Cristina serem compostos "a partir de procedimentos que atacam o significado", suprimindo nexos e contextos através de "subtração, enxerto e saturação", pretextando tal intimidade com o leitor que até mesmo "oculta-se um nome, uma palavra, pressup[ondo-se] que nosso destinatário saiba muito bem do que se trata", também nesse modo de tratar o material da poesia se exprima a necessidade imperiosa de interlocução. Ela seria de tal intensidade que o próprio poema abriria fendas para uma conversa permanente entre texto e leitor, quando caberia a este completar as fissuras do significado, assim instigado a participar de forma ativa de uma obra estruturalmente aberta: "E essa palavra não falada, que escapa, não é uma senha a ser decifrada, mas é, ao contrário, como um pequeno gancho, um anzol, para agarrar o leitor, tensioná-lo e dar-lhe o espaço de fabulação" (2011: 90, 92-3 e 109).

A estranheza que essa escrita provoca no leitor revela o grau de exílio da escritora em relação à sua contingência existencial, a si mesma, à própria escrita. Entranhadas na forma, afloram as dificuldades da situação histórica que vivenciou. Por isso não pode haver a pressuposição de contiguidade entre confissão e literatura. Tal ambição, embora muitas vezes expressa, é coartada pela consciência construtiva em um tempo em que as relações entre as partes não alcançam a superação de experiências obscuras e fragmentárias. Mas a presença que Ana C. solicita termina por ocorrer quando uma voz afinal emerge, mesmo que seja para contestar-se. Trata-se de uma perspectiva de tal modo problemática que o poema nunca se resolve, solicitando o nosso empenho como coautores, ou interlocutores solidários — sem, no entanto, de fato convidar-nos de forma acolhedora e completa: somos chamados e repelidos, confirmando, como leitores hipócritas, a nossa semelhante impossibilidade.

Sombra e luz: faces de Francisco Alvim

Uma cidade iluminada ao sol
e cuja sombra o olho teima em revelar

"Mirante", *Passatempo*, 1974

A dificuldade de apreender a poesia de Francisco Alvim consiste, entre outras complexidades, na possibilidade de distinguir nele diversas vozes poéticas, cada qual com estilo bem definido, sendo, à primeira vista, irredutível uma à outra. Suas imagens, seu ritmo, sua forma, de tal maneira diferem ao virar da página que poderíamos supor a sobreposição de vários autores. Nosso intento será, portanto, identificar e delinear algumas dessas faces.

Os leitores do poeta costumam perceber, pelo menos, "uma oscilação insistente entre dois modos de composição poética" ou um "formato bipolar": de um lado, "a captação irônica da fala cotidiana, compondo uma espécie de arena polifônica cujo mote é o contexto sociopolítico do Brasil contemporâneo"; de outro, "poemas calcados numa figuração estritamente paisagística, espaço privilegiado de contemplação para o olhar melancólico" (Martinelli, 2003: 182).

Ao longo de toda a sua produção poética, esses ângulos de visão mantêm-se firmes, de modo que aprendemos a reconhecê-los. Convencemo-nos, com sucessivas leituras, de que as mudanças de tom poderiam constituir um olhar razoavelmente coeso sobre a existência — esta sim contraditória e demandando do escritor alterações constantes de altitude para abarcá-la em seus diferentes graus. Talvez não se devesse forçar relações de convívio entre essas vozes, quando tendem a provocar a impressão de tensa descontinuidade. Mas o fato é que elas se entremeiam ao longo de sua obra, brotando de chofre uma ao lado da outra, isoladas ou em pequenos grupos, remetendo às vezes, por afinidade ou contraste, até mesmo a poemas de outras sessões e livros, em ecos harmônicos ou dissonantes.

Propomo-nos a apontar três facetas principais de sua poesia: uma atitude reflexiva, em que Alvim se refere aos dilemas do sujeito e da própria linguagem; uma atitude lírica, em que o amor, a nostalgia e a natureza são centrais; e uma atitude irônica — por vezes compassiva, por vezes "objetiva" —, em que trechos de ditos ou conversas recortadas do cotidiano são sinteticamente mimetizados. Essas três perspectivas que escolhemos destacar mantêm certa margem de indeterminação em muitos momentos, embora entre a segunda e a terceira haja confrontos incisivos que melhor marcam sua proposital oposição.[1]

É difícil descobrir um vínculo entre tais poéticas díspares, que chocam ao surgir lado a lado na página. Uma representação adequada dos embaraços à apreensão desses aspectos contrastantes foi bem apanhada por comentários críticos de Sérgio Alcides, quando recomenda ao leitor de Chico Alvim que não estacione em leituras ilhadas, pois nem sempre o autor privilegia o acabamento separado ou a consideração isolada de cada poema. A sequência também faz parte do feitio incompleto das situações retratadas em miniatura, melhor apreendidas em seriação: "são fotogramas do cotidiano que, por estarem em movimento, impossibilitam a fixi-

[1] Flora Süssekind (1993) havia contraposto uma voz dita "dramática" (referente aos poemas-fala, prosaicos) a outra chamada por ela de "descritiva" (vinculada às cenas breves de captação imediata da beleza da paisagem). Maria Augusta Fonseca (2001-2002) também se refere à "sarabanda de vozes" para descrever a poesia de Francisco Alvim, aludindo à repartição pensada por T. S. Eliot no ensaio "As três vozes da poesia", no qual ele propunha: "A primeira é a voz do poeta falando para si mesmo — ou não falando para ninguém. A segunda é a voz do poeta dirigindo-se a um auditório, grande ou pequeno. A terceira é a voz do poeta quando ele procura criar uma personagem dramática falando em verso; quando ele diz, não aquilo que pessoalmente nos diria, mas aquilo que lhe é possível dizer dentro dos limites de uma personagem imaginária que se dirige a outra personagem imaginária" (1962: 117).

dez e a monumentalidade do objeto simbólico estável (com seus compromissos ideológicos e políticos) [...] sua poesia tem horror à reificação. [...] Na poesia de Francisco Alvim, como na obra de Amilcar de Castro, por exemplo, ou Lygia Clark, cada objeto vale menos individualmente do que em conjunto, num organismo poético mais amplo, que fala com muitas vozes" (1999: 19-20).[2] Roberto Schwarz constata que "os poemas se agrupam segundo aspectos inesperados, do simples contraste ao comentário fulminante, além de interagirem à distância" (2012: 117).[3]

Antes, porém, de apresentar essas possíveis três vozes, gostaríamos de introduzir uma questão geral, que perpassa todas.

Um sujeito-mundo poroso

O voo das sombras
gira em torno de uma coluna
sonora, o poema —
luz de dentro

Fora

"Poema", *Elefante*, 2000

A permeabilidade dessa voz, que cruza as fronteiras entre "fora" e "dentro", é configurada de várias maneiras. O desafio para o leitor reside na tentativa de especificar tanto suas particularidades quanto as possíveis razões para tais metamorfoses.

O sujeito do enunciado pode se enxergar como "ser inconcluso", cujos passos e face são "Bruma", poema de *Sol dos cegos*

[2] Em ensaio posterior, Sérgio Alcides retoma e desenvolve essa percepção, acompanhada pela reflexão sobre "a fragilidade dos limites que separam o eu do seu mundo" (2016: 30-1).

[3] Sabemos que o procedimento de diálogo entre poemas que se ecoam, se respondem e até mesmo se contradizem de forma seguida ou intervalada ao longo de um livro encontra antecedentes no nosso modernismo, como em Oswald de Andrade.

(1968). Desde esse seu primeiro livro, a voz poética desenha-se por vezes como indistinta em relação ao interlocutor, como no caso de dois poemas acintosamente consecutivos:

O INIMIGO

Que você esteja
do meu ou do outro lado da mesa
tanto faz
Lá ou cá
você em verdade sou eu
E que os outros não julguem mal nosso fim
Quando eu lhe der a morte
ou recebê-la de você
estaremos vivos no que sobreviver

AMOR

Por um instante, retive-me em ti

Formei contigo um único poro
por onde penetrou a consciência unívoca de nossa posse
de nossa perda

Tanto na hostilidade quanto na atração, o eu se amalgama com a (pseudo) alteridade. O sujeito parece intercambiável em relação ao outro, e nele se funde antropofagicamente, seja este seu interlocutor, seu freguês, seu leitor, seu amor: "Estou em mim/ Estou no outro/ Estou na coisa que me vê/ e me situa" (*Sol dos cegos*, 1968). O tema retorna como inquietação de origem:

> Meu contorno no mundo, devo a esta luz: a mesma que se ilumina agora no desenho de todos nós, objetos deste quarto, e que extinguimos em sombra.

"Eu" não se diferencia de "nós", pessoas ou objetos desenhados a partir da incidência da luz e que existem tão somente como efeitos do seu reflexo no claro-escuro do dia — tema que voltará em outros poemas.[4] O sentimento de um mundo imenso, que dissolve o sujeito desproporcionalmente insignificante, reaparece inúmeras vezes, de forma terrível (como dor impotente) ou em tom sapiente:

Passa

Passeiam os dias
e o tempo não se extingue —
vento no infinito

O tempo me veste com seu sopro estranho
Sou uma luz em que ele bate

(*Lago, montanha*, 1981)

O sujeito se olha à distância, a partir da ótica do infinito, como um quase nada transitório... Enquanto passam fluxos de energia (vento, sopro), representando a imagem do tempo, ele se evola, transparente e imaterial.

Essa reflexão sobre o fazer poético incide sobre o contorno vazado da obra e sobre o lugar ampliado de quem enuncia (ao ponto da dissolução "sublime"), ambos em autonomia instável: "Eu — sou o mar/ sou o mar" ("Canção", *Elefante*, 2000).

[4] Heitor Ferraz Mello observara que "o contorno do poeta só existe enquanto um objeto a mais no quarto", quando até mesmo a própria forma em verso se desfazia. Aventa, ainda, que a passagem do "eu" para o "nós" assoma como indício da "dissolução do sujeito" no coletivo, quando se manifesta o trânsito entre privado e público no espaço urbano, representado, em mais de um poema, pela imagem da "calçada", onde caminham os habitantes da cidade, entre a casa e a rua (2001: 55, 42 ss.).

Os seus principais comentadores expressaram desde sempre a maior perplexidade ante esse deslocamento da voz pessoal em sua poesia. O lugar da enunciação foi alvo de um questionamento persistente para Alvim, que reviveu alguns dilemas da tradição moderna brasileira. Em estudo sobre sua obra, Heitor Ferraz Mello examina a herança do eu lírico cabralino e drummondiano retomado pelo poeta. Entre a postura dita objetivista de Cabral, que preconiza uma superação do subjetivismo em direção ao coletivo no poema (uma vez que este buscaria expressar a história dos homens de seu tempo), e os retorcimentos do *gauche* drummondiano, que não abandonou o atormentado núcleo pessoal — admitindo, entretanto, suas contradições —, nosso poeta também se interrogará radicalmente sobre a presença do eu lírico no novo contexto da sociedade urbana atual (misturada, todavia, a fortes resquícios do *ancien régime* à moda da casa): "Nota-se uma espécie de travamento dos sentidos e uma dor, cada vez maior, nascida da percepção da automatização da vida e do desgaste do homem moderno". Segundo a compreensão do crítico, o poeta desejaria "resistir a essa coisificação", contudo está consciente de "se perceber fragilizado e sem sentido histórico no espaço de convívio", de modo que "o preço da solução será a consciência da derrota" (Mello, 2001: 12 e 40). Alternando-se entre múltiplas *personas*, conforme afirma em entrevista concedida ao estudioso, declara-se atraído por essa concepção de Pound, que ele adapta para o cotidiano brasileiro com intenção problematizadora.

Embora em *Sol dos cegos* (1968) não haja referências diretas à situação política do país (talvez devido ao fato de que parte considerável do livro foi escrita antes do golpe, ou pouco depois), muitos poemas transpiram uma consciência alerta da alienação social e da exaustão doentia da história, à qual se alia a desimportância do núcleo subjetivo da vontade:

> Estamos gastos sim estamos
> gastos
> O dia já foi pisado como devia
> e de longe nosso coração

piscou na lanterna sanguínea dos automóveis
Agora os corredores nos deságuam
neste grande estuário
em que os sapatos esperam
para humildemente conduzir-nos a nossas casas

(estrofe inicial de "A roupa do rei",
cuja epígrafe é: "Drummondiana")

O sujeito, agora coletivo, apresenta-se levado pelos sapatos, automóveis, corredores, de um jeito apático e maquinal, num tempo de completo envelhecimento da história, quando as ruas foram tão palmilhadas que o ideal seria aceitarmo-nos meras coisas entre coisas. Se costumamos definir o lirismo como antropomorfizador, por projetar os sentimentos humanos no espaço à sua volta, poderíamos depreender desses versos o movimento contrário, pois é o coração que se maquiniza e se assemelha a um farol de carro.

Ainda nessa obra inicial, o poema que mais claramente anuncia a consciência da indiscriminação entre a voz "pessoal" e a multidão, nesse universo reificado, é, em nossa opinião, o precisamente chamado "Corpo", no qual o sujeito nem parece preponderar como móvel da ação:

quantas cidades
te percorrem passo a passo
antes de entrares nos mil lares
que te aguardam
é mesmo preciso usar sapatos
porque não gastar na pedra
uma pele que se lixa longe do
tato
dentro do ônibus os dias
viajam sentados
em meio a ombros colados
túneis esgotos bichos
sorvetes coxas anúncios

uma criança um adulto
modelam a cidade
na areia
longe
perto do coração onde
uma cabeça gira o
mundo
correndo na grama a sombra
de quantos assistem sentados
enquanto das traves pende
o corpo de um de todos
enforcado
enquanto as orelhas ouvem
ouvem
e não gritam
há um fora dentro da gente
e fora da gente um dentro
demonstrativos pronomes
o tempo o mundo as pessoas
o olho

A passagem repetitiva dos dias, que arrasta tudo e todos no seu trajeto, termina por anular a singularidade dos indivíduos, acarretando sua permutabilidade. O movimento das cidades aparece nesses versos como algo que prossegue insensível às vontades, na toada do tempo (este, sim, ativo). Na enumeração caótica de fragmentos que se sucedem, os homens são pedaços passivos, até mesmo distantes de partes de si mesmos (como os pés, alheios ao âmbito da propriocepção), misturados a outros objetos da cidade.

Assim, desde o princípio de sua produção, o poeta se mescla às vítimas da engrenagem social violenta, que presenciam sentadas, sem gritar, a própria destruição. Ele não se coloca numa posição exterior à multidão anônima — pelo contrário, percebe-se intercambiável e mesmo esvaziado, tal qual um pronome sem substância, conforme a definição de Benveniste. Esse "olho" final posta-se igual a uma câmera que tudo filma rapidamente: metonímia do sujeito poético, testemunha participante, fora e dentro, como os outros que ouvem, sem poder reagir, ao espetáculo (futebol? arena romana? patíbulo?) do decurso destruidor do tempo-areia, que todos desagrega.

Acentua-se o recurso à nomeação de coisas amontoadas, a atravancar os dias: "Arcas, roupas de baixo/ livros sem capa/ versos alambicados/ sapatos a que faltam cadarço", combinando com a conclusão indiferente sobre o ser poeta, esta "remotíssima criatura": "Podia pensar um verso/ podia, mas não pensa" ("Diário", *Sol dos cegos*). Objetos espalhados reforçando a sensação de inutilidade abundam em sua poesia. O sujeito descreve-se desterrado, cansado, atemorizado, subsistindo em um mundo insensível ou mesmo agressivo.

Já em *Passatempo* (1974), seu livro seguinte, reforça-se a concepção de tempo e de sujeito espacializados como coisa:

Um corredor

Um corredor enorme
este que vejo todos caminhando
que todos me veem caminhando

Um enorme enorme corredor enorme
este que tanta gente caminha
em que todos caminham

Um corredor que caminha
eu todos a gente
Um corredor se caminha

Presente e futuro estão condenados à repetição, como se nos movêssemos "contra um imutável muro cinza" ("O eclipse", *Sol dos cegos*), em que o decurso do tempo fosse só o corredor para a morte. O aspecto monótono da composição sugere a massificação automatizada dos "caminhantes", que não retêm mais traços de iniciativa individual, sendo tragados pela grande máquina.[5] Em mais de um poema, esse sujeito-objeto confessa de modo similar a sua incapacidade (histórica? existencial?) de comandar os próprios movimentos, pois é o caminho que determina a direção e o ritmo dos passos: "As estradas já não anoitecem à sombra de meus gestos/ nem meu rastro lhes imprime qualquer destino" ("Um homem", *Sol dos cegos*). As reiterações do corredor e dos sapatos que conduzem por si mesmos os homens maquinizados remetem à vida urbana contemporânea, que é assim condensada nessas imagens: a cidade aparece no ritmo, na respiração, em breves fragmentos de paisagem.

Ainda em *Passatempo*, em meio aos muitos poemas nos quais "cede a voz" a funcionários obscuros ou palacianos, mestres do *understatement* que sussurram entreditos entre a bajulação e a ameaça oblíqua, o motivo da autonegação retorna súbito, em itálico, como neste dístico convertido em aforisma:

> Eu sou ninguém; meu nome é ninguém
> Toda coisa que existe é uma luz

Luz e sombra: avultam metáforas da passagem do tempo sobre seres volatilizados, cuja ilusão acerca da diferença entre "dentro" e "fora" foi relativizada. Parece mesmo uma citação adaptada — de Emily Dickinson? de Ulisses fugindo de Polifemo? São percepções do olhar errante que alterna entre o medíocre das conversas conjugais comezinhas de amor cansado e o espanto cósmico pelas inalcançáveis, vagas estrelas por trás da muralha de neblina.

Se a deposição da própria voz em prol das falas anônimas e comuns denuncia a estereotipia social na qual somos apenas recipientes repetidores de frases feitas (todos nós, inclusive o poeta

[5] Mello ressalta a consciência da "reificação como resultado da automatização da vida", como destaca na análise que realiza do poema (2001: 98 ss.).

que reproduz a cena, autoirônico), quando, todavia, o sujeito do poema é permeado pela luz, ele, que poderia então fundar-se como eu lírico, no entanto se desvanece no contato com forças da natureza maiores do que o homem.

Mas, enquanto o universo permeia o sujeito de forma transcendente, aqui, nesta terra de relações interrompidas, o desterro impede que o sujeito comande a si próprio. Assim, o poema medita sobre a incapacidade de habitar o centro da própria voz e vida:

%

Cartas
chegando sempre com o mesmo jeito
pedindo resposta
Querido, Querida
(a vida sendo ouvida vista
para ser contada)

O ausente
sucumbido sob a culpa de tanta ausência
tenta extrair-se num assunto
Palavras que se escrevem balançam sua mão

(*Passatempo*, 1974)

A distância é tão radical que verruma o núcleo da expressão. Alheio e ausente em relação a si mesmo, o poeta se esforça para transformar em escrita, narrativa endereçada, o que é vivência. Culpado por não estar, culpado por não ser, ainda assim, as palavras ordenam-se em sua mão para obrigá-lo a dizer o "nada a anotar". Talvez a porcentagem do título refira-se à ideia de extrato. Porém, como alcançar esta cifra ideal, súmula da vida, quando esse sujeito está esvaziado? "Já não se pode mais narrar"...

Se no primeiro livro não comparecia ainda a "voz dos outros" — aquele observador atento que entreouve trechos de conversa nos quais se reconhece, familiarmente, a fala brasileira (o que seria, segundo Cacaso, uma das marcas registradas de Alvim) —, a ruminação da dúvida sobre o papel atuante do sujeito desde logo perfurava seus versos. A partir das publicações da década de 1970, Alvim deixou-se infiltrar pela aparente proximidade confidencial e pela reprodução de fatias de acontecimentos de feição irrelevante, em parte instigado pela coloquialidade e pelo prosaísmo da geração marginal, que ele carreou e adaptou para sua poesia, em parte, e principalmente, para ampliar-se como voz. Incorporou tal variedade de falas que Cacaso (1977) inferiu que o poeta, ao reproduzir frases muitas vezes estereotipadas da sociedade brasileira, sobretudo escutava.

Porém, a inquietação de Alvim não se resume a ser o "gravador" de situações corriqueiras de rua, de escritório ou de alcova. Nos poemas de amor, mais líricos, ou na interrogação existencial sobre o lugar da memória do perdido e sobre o destino humano, a posição do sujeito poético que contempla é singular.

Vilma Arêas, em análise arguta de sua obra, encarece a atitude desse sujeito em Alvim, apenas aparentemente dissolvido, mas na verdade comandando a escolha das cenas como o diretor nos bastidores do teatro. Para ela, a incompatibilidade dos gêneros na mesma página, quando se passa do registro lírico para a "banalidade da expressão humilde", desafia a "integridade da forma artística", pois contém em si tanto a "densidade da individuação" quanto "o sussurro da vida civil" no mesmo poema. Assim, embora não pareça haver, nas "constantes polaridades em diálogo", "conciliação desses opostos", esta "só pode ser encontrada na solução formal do livro, expondo os laços profundos que unem voz coletiva e voz individual" (2002: 322-3 e 328).

De forma que são aparentemente diversas as forças de esfacelamento do sujeito poético que permeiam sua obra. Uma primeira medita sobre a condição da nossa presença no mundo, outra denuncia, através da (pretensa) submissão mimética, a alienação imposta ao sujeito pela sociedade de massas (tal como reconhecemos em "Um corredor" e "Corpo"). Ao lado desta, acrescente-se sua faceta mais comentada, a do "poeta que escuta" "uma cena cotidiana, anônima e próxima", colocando-se em várias posições (segundo Cacaso). E há ainda outra, como veremos, a qual aborda a possibilidade utópica de reencontrar o outro e a natureza em fusão amorosa e alumbramento.

Em seu livro mais recente, *O metro nenhum* (2011), perdura a sensação da desimportância do sujeito face às recorrências inescrutáveis, kafkianas, de "uma história tão obscura", que "deixa o olhar paralítico/ diante do espelho". A "mão apócrifa" escreve:

> AVALIAR
>
> Quem sou eu
> Para

Parte da dúvida sobre a centralidade do sujeito encontra-se fortemente associada à percepção de sua irrelevância na sociedade atual, o que conduz a um tipo de modéstia relativista.

A partir dessas formulações, propomo-nos agora a explorar as diferentes atitudes desse sujeito lírico esquivo.

PERTO/LONGE, ALTO/BAIXO

> *A tua volta tudo canta.*
> *Tudo desconhece.*
>
> "Elefante", *Elefante*, 2000

Não se trata de mera "função metalinguística" o questionamento de Alvim sobre o lugar da poesia. Ao se debruçar sobre o possível sentido do seu mister, em atitude reflexiva, interroga-se igualmente sobre o sujeito, a natureza do tempo, os rumos do país. Tudo isso é poética desde sempre entrançada com sentimento de mundo.

Logo na abertura do primeiro livro, ele se perguntava sobre a finalidade crítica da representação artística, que não adere inocentemente ao que vê. Até mesmo para "copiar", desmonta o mecanismo, evidenciando, pela aparentemente simples imitação, seja os desvãos do poder, nas entrelinhas soturnas das conversas afáveis, seja a própria poesia:

(Soletrar os signos
que contém o rito
para destruí-lo
ou reproduzi-lo?)

(de "O rito", *Sol dos cegos*, 1968)

Uma forte consciência da necessidade de libertar-se dos mortos sob as calçadas o obriga a exorcizá-los, aludindo a seu retorno sempiterno, à sua onipresença, para ensaiar viver no presente, enterrando o passado. Tentando, porém, aliviar-se dessa carga, reproduz o incômodo, numa anamnese que homeopaticamente inocula em si o mal para diagnosticá-lo. A poesia se interroga sobre a reprodução da vida degradada, não para a ela aderir, mas para desimpedir a fresta do pensamento.

Com humor autorreflexivo, começa o livro *O corpo fora* (1988) convidando o leitor, em três curtos poemas, a dar no pé antes que seja tarde. Depois de anunciar, em tom possivelmente depreciativo, a poesia a vir em seguida, retrata-se como "O chefe da estação":

Se quiserem ficar
dão muito prazer
Mas se quiserem partir
é hora

Logo depois, sucedem-se poemetos de frases feitas insinuando subserviências de classe, famílias em decadência, violência e preconceito, a confirmar a justeza do aviso inicial.

Mas a ferida pode irromper de dentro, como ocorre em "Pássaros", último poema do livro. De uma complexidade maior do que o foco restrito de nossos comentários permite apontar, sugere imagens de barreiras à frente do sujeito que procura enxergar o universo, em parte majestoso, em parte hostil. Aves de vários tipos denotam angústia e medo. Parecem, por vezes, encarnar a voz do poeta, invocando, em certo momento, o olhar de Narciso, que tenta mirar alguma beleza na paisagem para consolar-se de uma dor enorme. Ao final, suplica:

> Meus passarinhos de treva
> voem baixo
> respeitem meu cão doente
> e minha alma que soluça
> Meus passarinhos tenham dó
> a dor é tanta
> cantem não cantem

O eu lírico apela às aves, no diminutivo, para que reduzam a altura da revelação poética, como se sua voz não devesse se elevar acima do corpo sofredor, a ignorar os lamentos desta vida comezinha. Passarinhos de treva, cão doente... criaturas que correspondem à "alma que soluça" em vez de cantar.

Também em outros momentos a dificuldade de ser e de estar desacorçoa esse sujeito lírico desconforme, como se lê em "Céu profundo", de *Lago, montanha* (1981):

> Vejo que o grande guindaste deixou cair
> a própria sombra no chão
>
> Tal qual meu coração
>
> Olho para cima
> para os lados
> me sinto sem tamanho no mundo

O peso é tão esmagador que se reduplica nos sons ("grande guindaste", "chão"/ "coração", e todas as nasais profundas do último verso). De novo, o sujeito perde a forma, agora acachapado.

Enquanto em seus poemas mais prosaicos o foco estreito da

perspectiva obriga-nos a olhar bem de perto, de tal forma que só enxergamos um retalho e precisamos adivinhar o contexto, em poemas solenes (como "Torre", "Canto" ou "Num adro", em *Elefante*), o horizonte se amplia tanto que somos tomados pelo temor reverencial do inexplicável. A "razão inconclusa" não consegue abarcar a máquina do mundo. "Perto" e "longe" ilustram, mais do que intervalos espaciais, o lugar *scherzo* do poeta contemporâneo, vidente míope com óculos multifocais, que não descortina mais do que miragens:

VENTURA

Corro. No deserto
líquidos longes e pertos

Palavra do pó, limalha
ranhura do olhar cego

O sol com brilho de lua
apaga-se em desmemória

Pedra sedenta o poente
da luz que tudo sente

Rasga o ar sua túnica
de seda e romã — este sangue

Aventura humana e dura:
a nenhuma aventura

(*Elefante*, 2000)

Nesses versos extraordinários, o mistério da vida é inquirido pela palavra, que ao mesmo tempo em que ressoa (sedenta, poente, sente; aventura, dura, nenhuma) se pulveriza (pó, limalha, ranhura). O sujeito corre, como num sonho ou alucinação, e provavelmente fantasia miragens no deserto ("líquidos longes e pertos"). Lagos imaginários, frutos de um olhar que pouco avista ou lembra, aparecem sob a luz onírica. Seria um momento de epifania este pôr do sol rubro como seda, romã e sangue? A "aventura humana", com que terminará o poema, consiste talvez nessa tentativa inglória de perseguir ou tatear o lume, aqui mortiço, do real. Tudo é paradoxal: o deserto e seus líquidos, o perto e o longe, o sol e a lua, o brilho que se apaga... As imagens sugerem contradições aflitivas de um sujeito que intenta perseguir um caminho irresolúvel, um alvo inalcançável. Ocorre o momento de "ventura"? Ou apenas "nenhuma aventura"?

Trata-se de uma relação com o mundo em que a atitude "ocularcêntrica" é desmanchada, uma vez que, para se constituir como perspectiva estável, ela dependeria da postura de um sujeito de contornos sólidos:

> É como se o olhar tornado
> inumano
> por força do branco
> soasse
> livre do longe e do perto
>
> (de "Canto", *Elefante*)

Será que a visão está dissolvida nas coisas, ou confundida pelo branco, espectro de luz que anula a percepção das distâncias?

Como este, outros poemas enigmáticos na obra de Alvim pintam cenas de assombro, quase surreais, nas quais o olhar se volve perplexo para mirar o universo a partir de um ângulo estranho (de cima, de longe, de perto, de baixo, de dentro, de fora), às vezes a partir de uma sensação de desterro radical:

> DOENTE
>
> O mundo se esconde
> longe bem longe

as águas os ventos
fugiram

(*Lago, montanha*)

O mistério desse mundo oculto reverbera na maneira como o poeta se refere aos animais, ao mar, à passagem do tempo, à própria poesia, ao seu lugar como sujeito.

Outra consequência dessa esquivança em assumir um lugar estável e bem delineado em relação ao que estaria dentro ou fora dele é a consciência da assimetria entre a palavra poética e o próprio sujeito que a profere quando tenta refletir-se nela com exatidão.

Embora Cacaso, em versinhos dedicados a Chico Alvim, aclamasse com euforia a vitória da imediaticidade ("Poesia/ eu não te escrevo/ Eu te/ vivo/ E viva nós!", *Na corda bamba*, 1977), afirmando o que bem poderíamos identificar como um sintético programa da poesia marginal, o nosso poeta, ainda mais mineiro, prefere cismar sobre essa correspondência entre vida e poesia como algo a desejar:

Não posso pensar cada instante de minha vida
numa palavra
Não posso mas é o que gostaria de fazer
Sei que a vida não me vive para ser escrita
me vive para me ter vivido
Sei disso mas é como se num lago muito calmo
onde a chuva caísse mansamente
e em cada círculo na água um outro (o mesmo) lago
onde chovesse

(sem título, *Passatempo*, 1974)

O poema parece hesitar ante a positividade de Cacaso, especialmente na declaração de que "a vida não me vive para ser escrita/ me vive para me ter vivido", acentuando a impressão de que o sujeito converteu-se em objeto da vida — esta, sim, soberana. O movimento de traduzir para o escrito o que foi vivido, em círculos concêntricos da mesma natureza da própria experiência, admite a estranheza da tentativa de sua realização: água que cai na água, em passagem contemplativa entre realidade e poesia que almeja ser reflexo integral para tornar compatível o tamanho da vida e o do sujeito, de modo que um compreenda o outro.[6]

Mas, do primeiro livro aos mais recentes, em sucessivas voltas sobre a questão do lugar da poesia, Alvim sustenta um espaço incômodo para sua voz: "quando falo/ minto" ("Discordância", *Lago, montanha*), conclui, paradoxal. Então, a palavra poética não é espelho perfeito e estável que possa expressar o sujeito que a enuncia, o qual não se ajeita e não se concebe com contornos bem delimitados, imerso num mundo também mutável.

Elefante principia com "Carnaval", poema que suscita, em versos rimados e regulares, a dúvida sobre a possibilidade de captar o "real", tanto do poema quanto por meio do poema:

> Sol
>
> Esta água é um deserto
>
> O mundo, uma fantasia
>
> O mar, de olhos abertos
> engolindo-se azul
>
> Qual o real da poesia?

O que se pode, de fato, ver e apreender? "Engulo o mar, que me engole", dissera nosso maior poeta, em momento de efusão lí-

[6] Ricardo Rizzo (2005: 104) chama de "princípio de refração" os desvios da luz e da sombra, e lembra outros versos de Alvim que aqui vêm a calhar: "Olho de um lago/ que olha dentro de si/ para se ver/ não se ver" ("Varanda de um voo", *Festa*, 1981).

rica, ao passo que, aqui, o mar basta a si mesmo, e a água talvez seja miragem. Ela não se oferece para ser bebida ou para que nela nos banhemos. Ao contrário, fita-nos com desinteresse autossuficiente. Onde situar a poesia em relação a esse mundo que se persegue sem jamais se alcançar, escondido que está sob máscaras e outras imagens alegóricas? Sol, mar, deserto... figurações do infinito, do imenso, do sublime: um universo iluminado mas inapreensível em sua claridade ofuscante. O elefante drummondiano, assombroso mas *gauche*, incompreendido por todos, seria como este "sol dos cegos" que projeta para nós, insensíveis, a representação imaginada do real?[7]

"Sou a água em cuja pele os astros se detêm"

O lirismo transparece em imagens suaves, em que a matéria é branda, flexível, como nuvem, névoa, neve. Tudo se abraça e dilui na natureza sumarenta e arredondada: o olhar da amada, tão doce; a paisagem, verde e azul; os pássaros, macios; o coração, exultante ou nostálgico. A "encosta mole dos montes" se assemelha ao dorso da amada... A entrega do poeta ocorre suave em ambiente fluido, sobretudo em seu segundo livro, do qual cito um poema sem título:

> Encostei meu ombro naquele céu curvo e terno
> No lago as estrelas molhavam-se
> Sussurravam que meu abraço
> contivera a terra inteira e os ares

Como o Bandeira mais encantador e simples, Alvim também adere ao "Ser como um rio que deflui". Os poemas para a amada

[7] Para uma leitura aprofundada do poema "Carnaval", remeto à excelente análise interpretativa de Lu Menezes, 2013: 84 ss.

se assemelham a espelhos límpidos de luz e água: ela é "árvore/ molhada de chuva", "Calma de névoa nos montes", "folha verde debruçada/ das águas de uma fonte clara", "Um mel de águas, macia pedra".

As correspondências metafóricas retornam de modo bastante frequente em seus poemas de amor:

> Quando olho para você vejo uma árvore
> molhada de chuva
> Meu coração se aquieta
> terra onde chovesse
> uma água verde
>
> ("Água", *Passatempo*, 1974)

Constantes, as imagens da amada como água "de uma fonte clara", ou "luz das acácias", praia azul, "olhar de água verde", "arco de luz", sugerem um ser matinal, apaziguador, que o liberta das agonias noturnas. As cores azul e verde, que correspondem a céu, água, árvore, folha, se repetem para exprimir a sensação de beatitude.[8]

As reflexões de Merleau-Ponty acerca do ambiente externo com relação ao pintor, para o qual a natureza nasce dentro de si, quando interior e exterior se amalgamam, adaptam-se perfeitamente à percepção que experimentamos quanto a esse sujeito líquido:

> Imerso no visível por seu corpo, ele próprio visível, o vidente [...] se abre ao mundo. [...] Visível e móvel,

[8] Lu Menezes comenta, a respeito da homenagem que o poeta faz à irmã (também poeta), na epígrafe de "Ângela": "Não à toa, a linda frase de Maria Ângela Alvim 'O amor, o amor é água', perfeita síntese metafórica da ligação de 'água' e 'amor'" (2013: 69) — confluindo com nossas percepções.

> meu corpo conta-se entre as coisas, é uma delas, está preso no tecido do mundo, e sua coesão é a de uma coisa. [... As coisas] são um anexo ou um prolongamento dele mesmo, estão incrustadas em sua carne, fazem parte de sua definição plena, e o mundo é feito do estofo mesmo do corpo [...] a visão é tomada ou se faz no meio das coisas, lá onde persiste, como a água-mãe no cristal, a indivisão do senciente e do sentido. (2004: 16-7)

Se a relação entre sujeito e mundo podia se mostrar obscura, ou a indistinção entre interior e exterior podia ser acachapante em ambientes opressivos, tal não ocorre quando se trata do encontro feliz de um olhar que parece levitar acompanhando os movimentos da "Moça de bicicleta":

O céu é mais que um mar sobre a cidade
os pés descolando-se do chão
mergulho de um corpo em cores que são ventos
relva relva verde verde
pneus rilhando o saibro úmido
amarelas margaridas brancas

sons que lavam o ar

(O corpo: um sino ouvindo
e repetindo a paisagem)

(*Passatempo*, 1974)

Esse corpo poroso se deixa dissolver, sinestésico, na natureza jubilosa. Na paisagem transparente, os sentidos imergem em infusão beatífica. O infinito do céu e do mar convidam ao voo e ao mergulho. As repetições aliteram, rangendo como as rodas da bicicleta, quando os paralelismos riscam curvas de som e cor. "Ser veloz é ser feliz", escreveu Cecília Meireles. Assim, a bicicleta vence o espaço como um poema neoconcreto de Ferreira Gullar, em que a sintaxe linear é engolida pelo movimento circular: "relva relva verde verde"... "amarelas margaridas brancas"... O corpo afina-se e tine em consonância com a atmosfera, decolando no vento, permeável, a rolar na amplitude.

Desse modo, entre esse conjunto mais contemplativo que perpassa sua obra, há poemas que se contrapõem totalmente à imagem de reificação do sujeito (tal como testemunhada em tantos outros de Alvim), compondo uma voz lírica e mesmo mágica:

> Paineiras roçam o tombadilho da manhã escarlate
> brisa divina diz o poeta
> trago meu corpo vizinho distante da morte
> de minhas mãos faço jorrar
> a água do ar
> brotar
> as escuras raízes
>
> ("Claro", *Lago, montanha*, 1981)

O poeta ressurge aqui como demiurgo órfico, que canta enquanto nasce a aurora, pronta para zarpar em direção ao primeiro dia. A "brisa divina" alude ao sopro criador, quando das mãos do sujeito pode brotar a vida. Há uma radiante passagem do corpo, integrado à mente, para o cerne criador da natureza naturante, no geral feminina e acolhedora. Ainda segundo Merleau-Ponty: "A visão do pintor é um nascimento continuado" (2004: 22), como se ele surgisse junto à paisagem que dele também provém.

O contentamento transmitido por esses poemas mais líricos lembra aquele experimentado por Rousseau ao contemplar as águas tranquilas de um lago na "Quinta caminhada" dos *Devaneios*, composta em 1777, a qual, por sua vez, se assemelha à meditação de Adorno em "Sur l'eau", em que o filósofo propõe, como realização suprema da humanidade, o futuro utópico no qual se poderia "flutuar na água, olhando pacificamente para o céu", renegando a "louca compulsão" de inventar novas necessidades que nos obriguem a continuar a produzir e abandonando-se finalmente ao estado de simplesmente ser, como quem volta ao paraíso (fragmento 100 da *Minima moralia*, 1992: 138).

Entretanto, no compasso seguinte àquele em que Alvim descreve a maneira como "Na praia/ corpos passeiam/ varados de luz" ("Pier", *Lago, montanha*), irrompe a ferocidade da história humana, a atravessar a possível felicidade em que o eu lírico submergia, tornando-a fugaz como um vento de frescor logo perdido. Essa dualidade é visível em um poema como "Dois antigos" (*Passatempo*), que retrata as palavras de um guerreiro:

> Urros   Uivos
> sons devorando ouvidos
> Sobre cabeças
> latejam chicotes
> retinem couraças
> presas rebrilham num esplendor sombrio
> [...]

Mas, embora sabendo que deve entregar-se à batalha, e cansado da "Noite humana — Interminável noite", ele admira, melancólico, o renascimento da natureza:

> [...]
> Voltou a primavera, a sempre mesma
> maravilhosa primavera
> Sinto meu olhar despegar-se da demência dos combates
> e invadir-se de nostalgia pungente:
> não há como reter esta hora verde
> que passará como todas as outras

Assim, imiscui-se nas formas macias a presciência da morte, como em tantos outros versos: "Percorro os ossos de teu rosto/ imerso na claridade sombria desta tarde" (*Passatempo*), anunciando a escuridão que se entremostra.

O tempo cíclico do eterno retorno, constitutivo do canto puro, confronta-se, dentro do poema, com o linear histórico. Se o primeiro se deslumbrava com a beleza, o segundo conhece a luta. Desse modo, o um-no-outro característico do gênero lírico, em que as fronteiras entre sujeito e objeto se esmaecem, ressoa vivamente em Alvim — mais do que em qualquer outro poeta de sua geração —, mas contrastado pelas subliminarmente equívocas vozes sociais. O sofrimento causado pelo embate entre a aspiração pela natureza romântica e a sociedade brutal ocorre como susto em "Se você está feliz" (também de *Passatempo*):

> Aquele desejo insofrido
> Um campo de trigo
> Som de vento nos ramos
> terra
> Vocês poderiam estar combinando esta manhã
> a morte de alguém
> Neblina azul
> o mar batendo nas pedras

A mancha atroz na paisagem inocente ressalta o choque da justaposição discrepante entre a paisagem inocente e o absurdo violento das relações humanas.

Rupturas entre a imagem amorosa e a perda também manifestam as fraturas decorrentes da vida deformada, ora no campo social, ora nas recordações, ora especialmente na relação entre percepção externa e interioridade. O desarranjo do mundo faz oscilar bruscamente a balança do poeta ingênuo para o sentimental, quer dentro do poema, quer em poemas complementares que se sucedem.

Neste trecho de "Lembrança" (*Lago, montanha*), por exemplo, o tempo almeja parar de correr, imergindo no instante vertical do jorro poético:

> Em que seu jeito de barro
> me punha terno e molhado
> e se abria na mesma
> azulverde janela

dia igual ao da véspera
O tempo se distraía
não a queria deixar
(eu me iludindo, iludia)

Se o instante é retido quando o tempo se distrai, logo, logo conclui-se que se tratava de ilusão compartilhada pelo par enamorado, movendo-se em passagem efêmera para a separação.

Pois, a seguir, a cidade de "mil detritos" obscurece a presença amorosa:

Diversa desta cidade
em que agora reside —
interna cerrada sombria
baú de ossos, de perdas
que a vida que é perda ajuda
[...]

Novamente, de um lado, amor-luz-abertura (eterno enquanto dure) e, de outro, cidade-sombra-fechamento (mortal) se enfrentam face a face.

A irrestrita amplidão de tempo e espaço, em que o visual colorido intenso ecoa o alumbramento bandeiriano, no convívio com a estrela, a manhã, o vento, a fonte, confrange-se na hora — no mesmo poema ou imediatamente no seguinte — com a amargura da opacidade entredita. Até mesmo dentro de si o sujeito descobre-se isolado da natureza feliz, como se a claridade vibrante do espaço exterior não pudesse penetrar nas câmaras internas, elas mesmas obstruídas e muradas. Leia-se o poema "Dentro" (*Passatempo*):

Como de uma varanda
a tarde debruça-se de meu olhar —
em sons iluminada

Murmúrio de vozes
a brisa verde dos pássaros
meu corpo recobre-se de relva silenciosa

Penso ouvir
o som distante de uma porta batendo
Regresso pelo escuro corredor
que vai de meu corpo a minha mente

Acoplados e paradoxais, os ambientes luminosos e escuros dividem o poeta, que interiormente experimenta tanto a felicidade de enlaçar-se à natureza quanto o isolamento e a desconfiança. Corredores, varandas, vidraças, túneis são as imagens a que recorre para exprimir esses lugares de passagem, nos quais pode se dar uma integração profunda, realizando aquela definição de sujeito lírico como alguém fora de si, na forma de "matéria-emoção", tal como foi pensado por Collot (1996).

"Todos os elementos estão amalgamados nestes versos, que atingem o ápice em 'meu corpo recobre-se de relva silenciosa'. A sinestesia iniciada pelo olhar atinge, agora, o corpo inteiro. A relva que o recobre reafirma a fusão [com a natureza]", analisa Mello (2001: 125).[9] Porém, tal casamento se desfaz no final, quando a expansão se retrai e o sujeito cai de novo no isolamento de si.

Os dias passam, passeiam, o tempo sopra em muitos poemas, nos quais o sujeito atravessado pela luz é o mesmo que se vê como "jarro obscuro do abandono" ("Vampiro", *Lago, montanha*). A natureza amorosa canta, mas não oblitera a consciência negativa, ponto partido do círculo que assim divisa a própria sombra. Pois "os momentos aqui dentro/ são bastante iguais aos lá de fora:/ o mesmo feltro de angústia/ que o escorregadio corredor do tempo/ vai deixando na sola dos pés na palma das mãos" ("Um poeta de

[9] Sobre este poema, ver análise de Mello, 2001: 122-6. Em sua dissertação, o autor aborda a questão do sujeito lírico especialmente no capítulo 2, "Palavra circulando".

mansarda", *Passatempo*), e ainda assim o poeta tenta olhar de um "Mirante", mesmo longínquo, dentro do quarto, da gruta, do aquário, sob a pálpebra...

Acrescento um depoimento de Chico Alvim (na USP, em 2009) sobre as recordações das viagens que fizera quando criança de Minas ao Rio de Janeiro, nas quais experimentara uma sensação de contraste intenso entre a treva dentro dos túneis da estrada e a súbita, esplêndida visão da cidade iluminada pelo azul do céu, à frente do contorno imponente das montanhas, e com o mar brilhando a seus pés... Toda vez que entrava em um túnel, ele se sentia agoniado, com a impressão de que nunca mais iria respirar ou voltar a ver o céu. Mas, depois de passar tantas vezes por essa experiência de angústia (literalmente...), conforme se repetiam os túneis, chegava finalmente ao alto de uma serra de onde descortinava o Rio de Janeiro, lá embaixo... e ficava deslumbrado pela ampla luminosidade. Tal disparidade entre o escuro apertado e a vasta paisagem se tornara, para o jovem, um emblema da dicotomia entre o horror que lhe provocavam as esconsas mesquinharias do ser humano em nossa sociedade e o maravilhamento ante a beleza do mundo. Os versos iniciais de "Lembrança" (*Lago, montanha*) oferecem uma variação do tema:

> Esta clara cidade
> me traz à outra
> escura cidade
> de dentro do pensamento.

Parece haver consonância entre as variações de perspectiva, tais como percebidas pelo sujeito poético em relação ao mundo (ora amoroso e lírico, ora sinistro e brutal, ora alheio e conformista), e aquele nosso primeiro tema de perquirição, em torno da permeabilidade das fronteiras entre "dentro" e "fora", que se deslocavam da consciente submissão reificadora até a revelação.

A AMBIVALÊNCIA DO LUGAR-COMUM

Imensa profundeza de pensamento nas locuções vulgares,
buracos cavados por gerações de formigas

Charles Baudelaire, *Fusées*[10]

O terceiro rosto do poeta (sempre imbricado aos outros) foi o melhor estudado, em leituras percucientes às quais, antes de mais nada, remeto.[11]

[10] A frase de Baudelaire foi empregada como epígrafe do livro de Chico Alvim, *O corpo fora*, 1988.

[11] Ver: José Guilherme Merquior, "Sobre o verso de Francisco Alvim", em *A astúcia da mimese*, 1972. Ali já se apontava para os "*flashes* 'objetivos' diretamente importados do capitoso capítulo vícios e costumes do eterno Brasil", assim como para o predomínio da evocação "direta" da experiência sobre a metáfora (pp. 200 e 196). Antonio Carlos de Brito (Cacaso) escreveu o ensaio seminal "O poeta dos outros", publicado postumamente em 1988 (republicado em Vilma Arêas (org.), *Não quero prosa*, 1997), que influenciou múltiplas leituras críticas de Alvim por seus acertos. Nesse ensaio, Cacaso nota o gesto de "ceder a voz", típico da obra do amigo, como forma de dar a ver, através da reprodução de frases feitas, a experiência social cristalizada com a qual nos acostumamos e que se tornou automática, desmascarando sua falsa naturalidade. Ao "desentranhar" do hábito o lugar-comum, o poeta "se despersonaliza para melhor se personalizar", simulando ausência de autoria: "É o poeta dos outros. Cede a palavra". Assim, "tematiza o universo brasileiro, uma burocracia semiparasitária que combina as sutilezas da dependência paternalista com a instabilidade e a dureza da competição moderna" (pp. 323, 327 e 334). Roberto Schwarz, em "Elefante complexo" (Discurso Editorial, *Folha de S. Paulo*, 10 fev. 2001), em texto ampliado posteriormente em "O país do elefante" (Mais!, *Folha de S. Paulo*, 10 mar. 2002) e por fim publicado em livro com o título "Um minimalismo enorme" (*Martinha versus Lucrécia: ensaios e entrevistas*, São Paulo, Companhia das Letras, 2012), aprofunda essas considerações ancorando-se em parte nas teses do clássico ensaio "Dialética da malandragem", de Antonio Candido (1970), e analisando com acuidade os procedimentos formais de Alvim, tendo em vista as relações entre sua poética e os desajustes sociais brasileiros, com a perspicácia de seu olhar sociológico. A partir desses ensaios, a discussão se amplia, com várias contribuições originariamente tributárias dos autores mencionados, como é também o caso do nosso estudo.

Os minipoemas de Chico Alvim destacam, por meio do recorte de frases feitas, aspectos grotescos da sociedade brasileira em que se acoplam camadas arcaicas e modernas, reforçando mandonismo e compadrio. Não evidenciam uma atitude explícita de revolta: antes, expressam resignação que parece conformada, em uma magnificação dos "gestos sociais já sedimentados" (Cacaso, 1997: 311) que, sobretudo, registra a banalidade (ou mesmo, boçalidade) do mal. O poeta é um homem cordial no pós-país do futuro, que enxerga a selvageria e a confirma como parte da engrenagem, naturalizada e eternizada no nosso ambiente: esse é o resultado dos semiepigramas, ou semipiadas por vezes sinistras.

Diferentemente da ironia tal como pensada pelos românticos alemães, na poesia de Alvim falta a crença no significado evolutivo da história, que não progride rumo à síntese libertadora. O tom também diverge do modernista, pois não se discerne a energia positiva para a denúncia, porque o futuro não virá, e a memória do passado fixou-se em caricatura degradada. Advertiu Schwarz que o espírito da alegoria, com seus fragmentos hipnotizantes de ruínas, penetrou os versos do poeta a partir dos anos 1970, mas, conforme se observa, certamente não com a euforia mesclada do tropicalismo, nem muito menos com a interrogação romântica do real pelo ideal. O crítico reitera a constância de traços problemáticos na sociedade brasileira, os quais despontam na forma das falas oblíquas, epigramáticas, dessa nova fase, a comprovar que "O passado não passou, embora já não ajude — como ainda outro dia — a inventar o futuro, que não está à vista" (2012: 136).

Em *Passatempo* (1974), os poemas de Alvim começam a acusar os porões da ditadura, ao insinuar a tortura, o medo e a perseguição, entremostrando corrupção e apadrinhamento, muitas vezes de maneira velada, figurando situações ambíguas que precisam ser decodificadas pelo leitor. A ironia silenciosa percorre esses estranhos porém reconhecíveis diálogos, murmurados nas ruas, nas casas, nas repartições, nas câmaras semiocultas do poder:

Postulando

A primeira providência
é ver se há um cargo
Se tiver, ele há de querer entrevistá-lo
Ao meio-dia o candidato estará aqui
o senhor querendo
ficarei também para recebê-lo
O telegrama dizia porque meu nome não fora aprovado
razões de segurança, denúncia de um amigo
que virou meu inimigo
Foram corretos comigo
deixaram-me ver o telegrama
Não entendi
Dois meses antes me haviam chamado de volta
para responder o inquérito
Saí limpo
Ainda comentaram
passou no exame, meu velho
É bom que você saiba
que tenho de fazer a consulta
Um dia desses por que não saímos?

A cena remete à cordialidade suspeita entre alguém que se oferece para ajudar um "amigo" a arranjar emprego, mas, ao mesmo tempo, alude a algum tipo de "dossiê" ou controle de informações secreto sobre as atividades consideradas subversivas do outro. O misto de suposta amizade e alusões intimidadoras torna impossível discernir, pelo seu visgo pantanoso, até que ponto há transparência nas ações aparentemente francas do outro. Lembra essas conversas grampeadas transcritas pela polícia federal, que não entendemos bem, pois se assemelham a uma linguagem em código e dependem de interditos combinados de antemão. Parece haver, entremeados à conversa, pensamentos que não são expressos em voz alta, apenas compartilhados conosco, leitores. No fundo, mesmo quando o poema parece meramente demonstrar uma situação cristalizada, ele "protesta contra os efeitos desumanos da engrenagem social" (Cacaso, 1997: 309), mas de um modo tal que o leitor precisa especular sobre os bastidores da cena para tentar reconhecê-la.

Não sabemos quantos sujeitos se manifestam, nem mesmo se todos enunciam o que pensam, ou se há momentos diversos justapostos. Assim como nos textos poéticos de Ana Cristina Cesar, os versos são compostos por montagens não lineares em que se quebra a unidade do sujeito, do tom, do significado, transitando-se entre o privado e o público, o íntimo e o coletivo.

Como havíamos verificado, tal confusão entre os lados opostos se coloca desde seu primeiro livro, quando o sujeito e seu interlocutor se mesclavam, sem que sobressaísse confronto. Um outro poema, também de *Passatempo*:

NOSSO TRABALHO

Você tem ideia por que foi chamado?
Não, meu caro, não é nada disso
se ele foi eleito é porque teve sinal verde da presidência
O que a gente pode visitar por perto?
Não sei, não saio nunca daqui
Ouvi dizer que Pirenópolis
É preciso que ela venha
circulamos em meios mais ou menos paralelos
o seu jeito de falar
Passemos agora às torturas
Você acha que o Ministro é capaz de deixar
[desprotegido um seu funcionário?
Você vê, esta cidade é um labirinto
Um corredor comprido e estreito
(um gato atrás de um rato
um prato de jiló sem molho)
É preciso encontrar uma explicação
In dubio contra reo
Microfones

O ambiente é, obviamente, algum prédio público de Brasília. E o tom, de novo tortuoso. Não se consegue discernir se há ameaça latente na interlocução. Tudo é abafado. "Sorria. Você está sendo gravado", subentende-se, por fim. Na esfera da diplomacia, que Alvim conheceu tão bem, deviam ser de "alto nível" as sutis coações com que os colegas brindavam uns aos outros — mas nem por isso menos constrangedoras. Ao final, a inversão do adágio latino reforça a atmosfera de perseguição entredita.

Assim como no poema anterior, também neste não temos certeza sobre quantas pessoas falam, ou se alguém apenas pensa, enquanto o outro (ou os outros) fala. Nem sequer sabemos se os versos todos se referem, em sequência linear, à mesma situação, ou se superpõem-se diversas cenas, de tempos diferentes, para melhor reforçar certo clima. Nesse sentido, há uma exposição dos andaimes da feitura, de efeito brechtiano, uma vez que o leitor perde sua relação contemplativa com o poema, obrigado a participar do que ocorre para deduzir o significado em construção. A partir das análises de Cacaso e Schwarz, Lu Menezes desenvolve o tema:

> Por que supor uma solidariedade *fixa* do sujeito poético alviniano? Com o *tempo*, perde-se em transparência e ganha-se em polissemia. A assombrosa velocidade *giroscópica* do caleidoscópio alviniano é implacavelmente desestabilizadora. Inclusive porque, nessa poética, "irmanar-se" é partilhar a híbrida condição de todos — de vítimas e algozes —, já que a repetição comportamental em escala, como num fractal, promove o intercâmbio de ambas as categorias [...]. (2013: 40)

Haveria ainda outros tantos exemplos de diálogos minimalistas — "lascas e cascas do real"[12] — escutados comumente por todos nós, que entramos no meio da conversa tentando deduzir o

[12] Maria Augusta Fonseca (2002), ao se referir a esses poemas que se assemelham a "fiapos", assinala a incerteza que transmitem quanto ao sentido do pedaço de realidade captada para quem os escuta, inatingível em sua tota-

que veio antes. O poeta se tornou cada vez mais afiado nisso, como se percebe nos melhores exemplos do livro posterior, *Dia sim, dia não* (1978). Eis amostras de minipoemas: "Onde a lei não cria obstáculos/ coloco labirintos" ("Autoridade"); numa sequência, "Nosso negócio é a tortura/ sempre que falarem o nome dele/ invente" ("Conselho"), "Aqui a gente sai/ e não sabe se volta" ("Voltas"), "Vamos viver a era do centauro/ metade cavalo/ metade também" ("Meu filho") e, finalmente, "Seu João/ ô seu João Maria/ tira eu daqui" ("Pedido"). Tudo se passa como se ouvíssemos conversas pela metade, que viessem da rua e do vento, cujo sentido no fundo depreendemos, pois o contexto é bem conhecido. "Aqui a leitura adequada é francamente ativista, a mais livre, instruída e perspicaz possível, complementar da forma elíptica extrema exercitada pelo poeta", propõe Schwarz (2012: 116). Nesses poemas, manifesta-se racismo, opressão, discriminação contra o velho, a mulher, o negro, o pobre, enfim, uma gama de cinismo e menosprezo rotinizada e mascarada pelo verniz da informalidade, numa esfera em que cada um quer acima de tudo garantir o seu quinhão. A voz poética pode colocar-se no lugar do carrasco, do perseguidor, do denunciante ou da vítima.

Nas cenas que nos são apresentadas não parece haver interioridade. O sujeito da enunciação dispõe de um tipo de experiência reiterada, mas é despossuído da sua singularidade. Até o direito à plena individualidade lhe foi arrancado, como se confere no poemeto a seguir, entre o patético e o cômico, pois a "Revolução" do título (referindo-se ao golpe militar de 64) conduziu, na verdade, a uma involução:

> Antes da revolução eu era professor
> Com ela veio a demissão da Universidade
> Passei a cobrar posições, de mim e dos outros
> (meus pais eram marxistas)
> Melhorei nisso —

lidade. Já Cacaso se referia à necessidade do leitor detetive, que segue indícios e pistas para perfazer algum possível sentido desses diálogos incompletos.

hoje já não me maltrato
nem a ninguém

(*Passatempo*)

Certo desalento conformado à impossibilidade de alterações sociais significativas leva-o a um misto de autoironia e autocompaixão. De modo sintético, o poeta exibe as significativas divergências entre os ideais que orientavam o intelectual de esquerda até a ditadura e o que ocorreu com a geração seguinte, que entra na vida adulta por volta do começo da década de 1970 (como foi o caso dos então jovens poetas marginais), adaptado ao novo clima e já se desculpando, diminuído, por não poder (ou mesmo nem querer) "cobrar posições".

A consciência mostra-se complacente, balançando entre assumir as próprias responsabilidades ou se deixar levar pela situação externa:

Traí meu irmão três vezes
E nos momentos em que minha vida me deixa
[contemplá-la
Sinto minha mente se apalpando em três lugares
Como em três partes doentes de um corpo
Às vezes acho que não fui eu que traí
Terei sido instrumento da vontade de trair das
[circunstâncias
Mas que existir têm as circunstâncias?
Como tudo aquilo que me chega de fora num dia
[e lugar determinado
As circunstâncias
Só existem porque existo
Só existem através de mim
Traí sim
E estes três atos me cobrem de vergonha e solidão

(*Passatempo*)

Assim, ainda que estremecido, o semissujeito permanece, remanescente no fundo do poço, mais como sinal de fracasso do que como pulso de uma determinação soberana. Resta-lhe ora ser o veículo diminuído de uma sociedade doentia (sobre quem recai parcialmente a mancha da culpa), ora assumir desesperado a fatalidade que se abateu sobre sua vontade tíbia.

Um dos mais cruéis poemas desse mesmo livro, no sentido de expor o remorso dos "vencedores" em relação aos vencidos, é este, que reencena em ponto diminuto, de forma ainda mais trágica, uma assimétrica relação amorosa em que a culpa da delação, e sua consequência funesta, supera a recompensa material:

> Acabavam de promovê-lo
> e ele deu um tiro no ouvido
> E o outro na prisão
> dizem que perdeu o uso das pernas
> Delação
> expurgo de homossexuais
> Uma profissão sem eles
> mau sinal

Misto de descrição dos fatos e comentário cético, em frases telegráficas recortadas de seu contexto completo, ouvimos aos arranques a terrível sinopse entredita. Traição, discriminação, tortura, cordialidade abstrata — sinais do apodrecimento causado pelo medo de um poder brutalizante.

Ao longo de toda a sua obra, avulta esse tom de testemunho desencantado de situação cronicamente inviável, que apenas pode ser desvendada, mas não tem salvação, pois todos estão mergulhados no mesmo caldo: delator e delatado são vítimas, mesmo quando um tenta afundar o outro para safar-se.

Como ponderou Michel Deguy numa palestra em São Paulo, hoje não vivemos tanto na época do engajamento, e sim, sobretudo, na época do testemunho. *Mutatis mutandis*, parafraseando Lukács (1965), poderíamos dizer que não mais narramos participativamente, como quem acredita no papel transformador das ações do sujeito. Ao contrário, tendemos a apenas descrever o que está diante dos nossos olhos, seja um aspecto da sociedade, seja nossa própria vida, reduzidos a objetos de dissecação e dúvida. A pretensa objetividade desses poemas de Alvim também compreende denúncia, mas evidencia principalmente indícios ou vestígios de uma situação reiterada e imóvel. O presente assiste, impotente, à continuação de um passado que se repropõe inercialmente, transmitindo em cadeia a deterioração social.

Beatriz Vieira constata, em alguns poetas dos anos 1970, com destaque para Chico Alvim, um sentimento de tédio e de "imobilidade traumática" quando se conhecem obstáculos para agir politicamente, de modo que a vida cotidiana é tomada por uma "crescente tendência à espacialização, em virtude da postura de inação contemplativa da paisagem ou uma ação presentificada, voltada para o aqui e agora cotidiano, em que se achata a experiência do tempo, reduzida à imediatez" (2011: 240 ss.).

Muito a propósito, o crítico italiano Roberto Vecchi, ao tratar particularmente de *Elefante*, intitula a sua poética de "modernismo póstumo", exaurido junto ao projeto nunca realizado de país. Agora os gestos tornaram-se inúteis, e o poema é resto ("fragmento-ruína"):

> [...] enquanto o pós-modernismo habita um além, do esgotamento da história, o póstumo mantém parcialmente vivo o passado, reaviva a herança, habita um fim aberto que assim resulta ainda não arquivado. O problema pode ser eventualmente o risco de citar um passado inconcluso, mas de algum modo praticando-o pode também criticá-lo. Na verdade, o passado é contemporaneamente duplo, morto e vivo, aberto e fechado. (2004: 4)

> É assim que o marco modernista é tão forte no *Elefante*: não é porque absorveu a lição da época, mas porque se inscreve em um fim que é continuidade daquela época. Como ser modernista não sendo, uma condição

dual e conflitante, uma incoincidência, que só a condição póstuma proporciona. (2006: 87)

Para reforçar esse argumento, que pressupõe um diálogo torto com o modernismo (contrariando o tom jocoso do poema-piada, por exemplo), leia-se em *Passatempo* mais uma inversão paródica, desta vez possivelmente involuntária, da fundadora "Canção do exílio":

DIGO AO POVO QUE FICO

Este farol no meio da cidade pode bem querer guiar
a mim e a mais de um astronauta distraído
de volta para casa
Já me disseram que lá
as roldanas das ruas emperram dia a dia
e nas praias
não se joga mais tênis de praia
(Por trás de umas poucas treliças
sempre se morre de câncer
e em calçadas intranquilas pedalam
psicanalistas)
Aqui é mais seguro
Na TV — é só ligar — a gente vê
outros peixes outros pássaros
numa revoada mais fantástica
de mordidas e bicadas
Gosto um bocado deste relógio
seu tique-taque
me faz dormir logo

Será este sujeito semelhante aos exilados que não querem voltar, retratados por Ana Cristina Cesar em seu poema "Carta de Paris" (1985)? Ele prefere, então, ficar longe do país, a uma distância segura, proporcionada pela mediação da TV, que permite observar as "mordidas e bicadas" virtuais das aves que aqui gorjeiam sem ser molestado. O relógio induz à hipnose, evitando-se um nada prazeroso cismar sozinho à noite, e propiciando um sono (quase) tranquilo. Lá (no Brasil), os psicanalistas vigilantes fazem a ronda, para garantir a paz dos seus pacientes encarcerados dentro das grades domésticas... agora sem o lazer despreocupado das praias. Em vez de um céu com mais estrelas, o que poderia, em seu lugar, guiar eventualmente o nosso desterrado astronauta é o farol urbano, como lembrança acesa da casa longínqua.

Para não nos alongarmos ao resumir simplificadamente os argumentos da crítica, ressaltamos, em conjunto mais recente, os diversos poemas que se detêm nos temas correlatos da velhice, da doença e do abandono.

Ao tomar a voz do outro, identificando-se e distanciando-se, o poeta, esse sujeito coletivo, permite ao leitor relembrar conversas ouvidas de antemão, emolduradas pelo poema, focalizando a repetição imobilizada de acontecimentos comuns às sucessivas estações da vida de um homem, essa paixão inútil e cansada. Do *Elefante*:

FESTAS

Primeira regata em Santos. Ganhei o primeiro lugar. O dia em que me casei. Os dias de lua de mel no Rio de Janeiro. O dia em que meu patrão me chamou para ser o mestre da fábrica de tecidos. Bairro do Ipiranga. SP. Júlio Bonni.

A minha nora tem sido muito boa para mim. Não tenho palavras para agradecer. Meu filho também. Porque a primeira família, acho que acabou. Ninguém mais me procura. Queria que Deus melhorasse meus rins.

A ironia dolorida finca-se no título, que alude a datas felizes de aniversário, vitória esportiva, casamento e promoção, marcando a oposição dos parágrafos: de um lado, as lembranças esperançosas da juventude em que recorda as primícias da vida; de outro, a dependência e a decadência que antecedem a morte, tocantes mas triviais. O itálico reforça a impressão de depoimento alheio, reproduzido *tout court* com a objetividade descritiva do álbum de fotografias, na primeira parte, e a proximidade patética do presente, na segunda. As mesmas queixas conformadas comparecem em "Cavalo velho", "Te contar", "Eta-ferro", "E agora?", "Sem dentes", "Aparece", "Gemido" (*Elefante*, 2000) — todos sobre dores comezinhas e longas, ressentimento de solidão. Depois que lemos, permanece a impressão de anedota velha e sem graça: um humor tornado obsoleto pelo mesquinho e ridículo papel de homens cujo único horizonte é a espera do fim.[13]

As ilusões perdidas exibem um tempo achatado, em que se reitera a mesquinhez das relações absconsas de poder, sempre cafajestes e ambíguas no aliciamento. Que esperança há se "Aviões partem/ Para que deserto?" ("Espelho", *Elefante*)? Rebaixa-se o ser humano à insignificância, como se nos esmagassem ao nível de objetos com a dimensão mais ínfima:

> [...]
> aqui não tem mar tem céu
> e ficamos claustrófobos
> panos de chão irrisórios
> do cosmo
>
> (final de "Aqui", *Elefante*)

A amplitude infinita, representada pelo mar e pelo céu, mostra-se invertida em Brasília. Confirma-se a banalidade cotidiana, enclausurada sob a tampa opressora desse espaço limitador, nas

[13] Embora nosso recorte não inclua o seu livro mais recente, *O metro nenhum* (2011), não resistimos à tentação de mencionar o seguinte poemeto, que, no seu talhe de conversa habitual, beira o humor negro. Saboreie-se "Um churrasco": "Não foi desmarcado/ Ela já estava muito velhinha/ e muito doentinha". A morte aludida aparece como parte da indiferença cordial, a encobrir a costumeira brutalidade.

inúmeras historinhas patéticas em que a voz poética se apequena para melhor se compadecer ou ironizar.[14] As falas de tantas personagens miúdas demandam um tom de realismo básico, e contrastam — como apontamos — com a poética das inspirações amorosas, do "azulverde" feliz.

Impossível sarcasmo mais cruel do que

> MAS
>
> é limpinha

ou ainda, em sequência, estas "amostras grátis":

> SELAS
>
> Experimentei
> não reagiu
>
> PARQUE
>
> É bom
> mas é muito misturado
>
> ARGUMENTO
>
> Mas se todos fazem
>
> OLHA
>
> Um preto falando

[14] Esse movimento entre a compaixão e a ironia é bastante explorado na obra de Drummond, conforme bem argumentou Ivone Daré Rabello em estudo sobre o poeta. A autora percebe como o "eu lírico se desdobra" e "zomba daquele que sofre", isto é, se divide, ao reconhecer "os impasses históricos da subjetividade", que o fazem hesitar entre a identificação e a dúvida (2002b: 112).

com toda clareza
e simpatia humana

Aparece

Internado várias vezes
Ó Guiomar, faz aquele
cafezinho
que não esqueço
Lê o jornal
Bem vou indo
Vejo que todos estão bem
Até (nunca) mais ver

(de *Elefante*)

Ou mesmo estes dois, de *O corpo fora*:

Mercê

(Você será bem tratado)

Relações

Nos falamos mas
não conversamos

E para finalizar, talvez o mais cruel:

Mãos trêmulas

— Você quer um?
— Não, não adianta

(de *Lago, montanha*)

Cacaso aproximou esse procedimento dramático de certos poemas de Bandeira, o qual desentranhava poesia de tudo. No entanto, seria prudente notar a mudança geral de altura e tom. Talvez fosse o caso de, a acreditar no próprio Alvim, lembrar que ele afirma ser leitor de Dalton Trevisan e que pode ter se identificado com a atenção obcecada pela sordidez minimalista, na qual o *hypocrite lecteur* entrevê no grão mais minúsculo da aparente afabilidade brasileira o vírus que lateja e espreita.

Em mais de uma entrevista, Chico Alvim relativiza a denominação de "poema-piada" herdada do modernismo para esse tipo de verso que pratica:

> [...] o modernismo era uma coisa auroral. O Brasil estava sendo descoberto, havia um otimismo, uma força, uma irradiação de energia. Enquanto os modernistas tardios, como nós, vivemos num país que só teve problemas, só traz problemas. É uma visão crepuscular, não tem otimismo nenhum.[15]

> Porque a piada modernista era uma piada auroral. Era uma beleza! A sensação que tenho com os modernistas é como a sensação que fui encontrar na Grécia: está tudo ali, aquilo é a manhã da humanidade. Depois as coisas vão se repetindo, vão se aprofundando, vão tomando outros caminhos, mas o sentido geral está dado naquele primeiro momento. [...] A minha coisa é doentia, não deu certo, o país é este que a gente vê aí, as sensações que ele desperta são estas que estão aí, então não é algo que me faça rir. Ou, se me faz rir, é com o riso torto.[16]

[15] Excerto da entrevista feita por Heitor Ferraz Mello para sua dissertação de mestrado (2001: 266).

[16] Trecho extraído da entrevista feita por Sérgio Alcides, intitulada "Ela se finge, ela se disfarça, ela é muito sonsa" (agosto de 2002: 201).

Tais declarações apuram a compreensão do caráter de sua poesia, anteriormente expostas por Vecchi, ao distinguir do timbre de Alvim a matriz oswaldiana. No poema-piada modernista, Oswald colava e montava cenas tipicamente brasileiras, as quais expunha ao ridículo, porém sempre tingido de otimismo.[17] Em Alvim, pelo contrário, segundo apontou Schwarz, "trata-se de Oswald revisto à luz de Drummond, ou do encontro com o problema que estava escondido no pitoresco" (2012: 142).

Poderíamos aduzir, para reforçar a conversa com o cânone moderno, a reviravolta na herança cabralina, questionada desde seu primeiro livro. Tendo em mente a *Educação pela pedra* do poeta engenheiro, leia-se "Meu país", que acentua o tom de desânimo em relação ao Brasil que percorre o livro *Sol dos cegos*:

> Sentir a pedra
> como se não fora pedra
> mas um câncer
>
> A árvore o rio
> o sol que cai a pino
> sobre a estrada
>
> A paisagem doente
> consome a
> mente e retina
>
> A consciência em agonia
> desenha a quase visível

[17] No ensaio "A carroça, o bonde e o poeta modernista" (*Que horas são?*, 1987), Schwarz analisa o que chama acertadamente de "ufanismo crítico" de Oswald: sua junção, por um lado, de crença no progresso, ausência de saudosismo, exaltação do presente, inocência e, ao mesmo tempo, por outro, crítica às relações sociais atrozes.

razão da paisagem:
a gente que a contamina

Em contraponto ao sol cabralino, que despertava a socos, aqui o astro cresta os olhos, fura a retina. Se até as rimas toantes seguem o esquema dos versos de Cabral, o seu método de organização é desconstruído na pseudoimitação. A secura da construção nominalizada e impessoal concretiza essa educação pela perda. O humano malsão, como o rio mangue do *Cão sem plumas*, degrada a paisagem, que poderia ser íntegra não fosse o câncer que a corrói. No ambiente parado do sol a pino, há uma pedra no meio do caminho, que "retina" faz retinir na lembrança, como obstáculo entranhado no próprio interior do sujeito — um tumor, um caroço maligno que nos consome.

Tudo apodrece, até mesmo as pedras. No alto, "um céu de rapina". A mente, turva, nada consegue distinguir neste "país cego". A desimportância do sujeito frente à destruição é sua única mirada. Desde o título daquele primeiro livro, já se anunciava que a luz não traria visão ou certeza. Confiram-se os decassílabos drummondianos do final de "Paisagem":

E sobre o casario um astro míope
parece contemplar a sucessão
infinita de enganos que amor move

(de *Sol dos cegos*)

Tal como os cegos de Baudelaire, os homens também olham para cima, mas o que encontram no céu vazio é a réplica da terra irredimida — bem diversa da harmonia das esferas de Dante. Aqui, a luz solar não descobre uma nova aurora. Antes, reitera a má infinitude.

As faces da musa: Dulcineia e Aldonsa

Este é o labirinto
dos ouvintes laboriosos
eco de muitas vozes
procuro minha voz

("Oráculo", *Sol dos cegos*)

A complexidade de Francisco Alvim reside na maneira cada vez mais apurada com que se mantém fiel à pergunta de seu primeiro poema ("O rito"), remoída ao longo de sua obra: "destruí-lo ou reproduzi-lo?". Faces distintas e entremeadas se manifestam: uma que recorta/cola, concentrando-se na anamnese do endurecido clichê; outra que pensa, pena e interroga a si mesma em sua relação com o mundo; e ainda uma terceira que vibra com a visão luminosa, ou mesmo assombrosa, da natureza e da amada.

Análogos ao estilo híbrido de Cervantes, o "real" e o "ideal" se contrapõem como, de um lado, a descrição da salgadora de porcos Aldonsa, prosaica e chocarreira, e, de outro, a elevação para contemplar o que só o olho interno pode apreciar, bálsamo mágico preparado pelas mãos brandas de Dulcineia. Essas vozes, que mergulham no máximo da alienação para compreendê-la, ou buscam a natureza libertada da utopia, emergem da mesma fonte de duas águas: a vertente coletiva, advinda da percepção aguda das contradições sociais, que toma um feitio coloquial; e a vertente lírica, que transita entre o eu e o outro, ou entre o sujeito ínfimo e o enigma, e assume forma por vezes elevada e misteriosa.

Se ele expõe, em muitos poemas, um mundo cru, de prisões baixas, onde homens atados de uma sociedade doente se traem e se corrompem, sua voz é também capaz de respiração desafogada, pois faz ecoar em nós tanto o mal-estar da vida deteriorada quanto o desejo idílico da existência reconciliada.

Fosse o poeta apto apenas para uma das vozes, sua obra perderia consideravelmente o interesse. Enquanto, em um extremo, alguns leitores se ressentiriam da suposta aridez pouco imaginativa de uma poesia submetida ao factual, outros, por sua vez, percorrendo o caminho oposto, julgariam regressiva, talvez, uma obra inteiramente dedicada a esse tipo singular de lirismo. Apenas pela reunião articulada de todos os prismas pode-se avaliar a força simultaneamente crítica e anunciadora do poeta.

Os motivos dessa transformação "vaporizadora" do feitio do sujeito radicam-se, possivelmente, nas profundas alterações sofridas na sociedade do capitalismo tardio, agravadas ainda pelo compasso (e descompasso) experimentado pela nossa história brasileira das últimas décadas.

A ampliação (ou mesmo, dissolução) do âmbito do eu, em suas variadas maneiras, foi a direção que seguimos para abranger compreensivelmente um dos centros nervosos centrais de sua poética.

Por isso elegemos, para terminar, versos intensamente utópicos, quando, vidente, o poeta emerge do túnel, em plena viagem em direção aos "transportes da liberdade":

> A morte existe? A treva existe?
> Não, não existe
> O que existe é a luz alucinada nas árvores e na água
> na pele dela
> dentro da qual ele já viaja
> nas costas de uma prainha
> rolado com um seixo de rio
> verde como a encosta mole dos montes
> azul como a névoa azul do céu azul
> viaja

(de "Coluna", *Lago, montanha*)

Rubens Rodrigues Torres Filho: verso e avesso

Entre a fala e o desespero
a curta canção que nasce...

Rubens Rodrigues Torres Filho,
"arte poética (sic)", *O voo circunflexo*, 1981

Um aspecto que intriga, quando se começa a ler a poesia de Rubens Rodrigues, é seu isolamento em relação aos agrupamentos estéticos aguerridos de sua geração e contexto. Tendo começado a publicar no começo dos anos 1960, nunca se ouviu falar de qualquer aproximação do poeta — morador de São Paulo — com a vanguarda concreta ou práxis. Nem muito menos parece possuir afinidade estética evidente com o neossurrealismo um pouco *beatnik* da hoje chamada "Geração 60" ou "novíssimos", também localizada em São Paulo, centrada, em grande parte, na figura intensa de Roberto Piva. Além disso, não manteve relação com o grupo formado em torno da *Revista Civilização Brasileira*, parente da coleção do *Violão de Rua* — nunca fez poesia explicitamente política. E, apesar do gosto pelo coloquial, não consta que tenha estabelecido qualquer contato maior com os chamados poetas marginais do Rio. Amizade com um ou outro (como se depreende de um poema em que se refere a Leminski — laço este, aliás, que mais ressalta a sua independência), com poetas ligados ao editor Massao Ohno, como Carlos Felipe Moisés e Celso Luiz Paulini, aparecem na forma de sociabilidade intelectual, mas não constituem sinal de linguagem comum. Num sentido mais largo, porém, não está imune a alguns traços peculiares a outros solitários da época.

O isolamento lhe trouxe a vantagem da liberdade, segundo um depoimento em que se declara leitor influenciado por muitos, "de Jorge de Lima a Augusto de Campos". Justamente por não se identificar com grupos, pôde articular-se ao momento cultural de maneira ímpar.

Proponho recortar alguns aspectos da poesia de Rubens Rodrigues Torres Filho com a intenção de associá-lo ao ar do tempo, a partir de certo flanco. Motivou-nos a leitura de *Novolume* (1997) em que toda a sua produção até aquela data foi recolhida. Insisto na falta de ambição desta leitura, que ensaia comentar poucos ângulos de uma obra bastante complexa.

É necessário caracterizá-lo, desde logo, também como filósofo. Embora em entrevistas sobre a obra poética ele pretenda tomar distância em relação aos estudos, tendendo a minimizar sua possível influência nos versos — como se o ranço acadêmico fosse indesejável nesse espaço mais livre e subjetivo —, tal hesitação atesta a profundidade de sua reflexão, que não se quer externa à fatura do poema. Não há transposição de conceitos filosóficos na sua poesia: eles estão lá por intermédio da imagem, do som, da disposição mentada do material. Sua reflexão mais existencial embebe a criação poética, recusando conscientemente, porém, todo pedantismo erudito, a ponto de termos a impressão, lendo os poemas, de que ali ele deseja desmanchar o falso sério que a universidade poderia incorporar à imagem do escritor.

Ao redigir artigo sobre Schelling, Rubens enfatiza quão importante foi o símbolo na arquitetura de pensamento do filósofo — algo que não apenas significa, mas também *é*: a imagem em que ocorre a confluência da ideia e da coisa (o universal concreto), e por isso não pode ser reduzida a uma explicação meramente conceitual. Comenta ainda a utopia idealista de reunir filosofia e poesia em um só corpo, numa convergência em que "a filosofia reencontrará suas origens" alcançando "*fulgurationes* do infinito nas coisas finitas" (Torres Filho, 1978: 91-2 e 96). Enfim, o poeta escolheu, dentre os teóricos, aqueles que primeiro valorizaram a poesia como modo superior de conhecimento, sem que, no entanto, a diferença histórica tivesse sido apagada por anseios românticos de totalidade.[1]

[1] Tendo se dedicado intensamente aos trabalhos acadêmicos, Rubens

Em alguns momentos, o trabalho com a forma é tão fino e finório que o leitor pode acabar por nem percebê-lo. A construção se submete ao escavar do sujeito que, antes de tudo, disfarça suas intenções. Por vezes, algo de brincalhão se insinua no tom aparentemente sério, como nestes versos, cujos cortes e pausas imitam a gagueira da voz poética:

CÁ, ENTRE NÓS

Você me olhou. Só que isso,
você já sabe, me deixa gago,
                                        embaraçado.
Feito a meada de que perco o fio.
Quanto mais encontrar agora a frase certa
e alerta
para tocar-te, sem perder o humor. Como acertar
o gesto, o dito que entre nós estabeleça
aquela transparência de corações
que seria algo tão bom, tão oportuno
neste momento, para algum
dos dois?

(*Poros*, 1989)

As rimas toantes e imperfeitas nem parecem ecoar, dados os obstáculos para o ritmo, tropeçante, impedindo justamente aquela "transparência de corações" almejada, tão rousseauniana. A ironia, também romântica, esta sim comparece no duplo sentido de "embaraçado", retomado pela imagem da "meada de que perco o fio". Será que este poema em forma de cunha faz um gesto em direção ao leitor, buscando achegar-se e nos incluir, mas já antecipando os obstáculos ao desejado encontro íntimo, que a lin-

tematiza, em seus ensaios, questões ligadas à arte — especialmente por tratar, o mais das vezes, das ideias dos pensadores do grupo pré-romântico e romântico alemão.

guagem, sempre falha, nunca alcançará, mas ao menos, cá entre nós, é a melhor chance que temos de comunicação?

O que consideramos a peculiaridade distintiva dos versos — essa autoconsciência que desvela o estreitamento do indivíduo e de seu tempo, mordendo-se no osso — ou atinge a sua expressão cabal em poemas de densidade do pensamento e da imagem (e não menor qualidade na fatura), ou resvala no trocadilho aligeirado, que consome os paradoxos em folguedos de pouco fôlego. Talvez essas oscilações se devam ao próprio horizonte de problemas que a obra propõe, como "defeitos" inerentes à lucidez constrita de seus movimentos.

Seguindo sua trajetória por um fio cronológico, observamos que, aparentemente, Rubens proveio de um lirismo tardomodernista epigonal, praticado em São Paulo nos idos da década de 1960, com influência francesa de suave surrealismo amoroso éluardiano, e enveredou mais tarde pela concisão e pelo humor melancólico.

O modo como se deu o amadurecimento de seu estilo não foi paulatino, gradual, tendo transitado de uma linguagem mais elevada e rarefeita nos anos 1960[2] a outra, frequentemente irônica e elíptica, a partir de 1980. No segundo livro publicado, em 1981, após dezesseis anos de silêncio editorial, os poemas indiciam uma produção realizada em diferentes momentos. Não sabemos quando foram compostos, pois não há datas apostas, mas o fato é que seus diversos tons e modalizações sinalizam uma fratura significativa, que se confirma nos livros posteriores, coincidindo em parte com o tipo de variação sofrida pela tendência anticonvencional dos anos 1970. Talvez todo esse tempo sem publicar tenha sido sintoma de insatisfação com o estilo poético anterior.

Coincidentemente, Cacaso e Chico Alvim, que também estrearam em meados dos anos 1960 com livros afins a um moderno mais convencionalizado, passaram bruscamente para o registro intitulado "marginal" nos livros posteriores, a partir da década seguinte. (Claro que esse rótulo é cheio de imprecisões, e não cor-

[2] *Investigação do olhar* (1963), *Nem tanto ao mar* (1965) e *Poema desmontável* (1965-67) — todos incluídos em *O voo circunflexo* (1981).

responde totalmente ao que cada qual realizou depois, nem mesmo à produção completa daquele período. Mas serviu para definir um sentimento grupal naqueles anos e para esclarecer a atitude de crise mais existencial, embora muitos poemas não confirmem o propagado desprezo à "literatura" nem mesmo prescindam dos tradicionais recursos poéticos.)

Em Rubens, a vertente irônica, típica de alguns poetas da época, o avizinha também a José Paulo Paes, Sebastião Uchoa Leite, às piadas de Leminski e, como assinalado, ao tom coloquial de "marginais" intelectualizados como Cacaso e Chico Alvim. Mas esse não é nem de longe seu único veio, tendo escrito poemas em que a fantasia, o elegíaco, o reflexivo grave se aliam ao refinamento de uma poética que não prescinde do trabalho de ourivesaria sonora. Na maior parte dos poemas, nota-se a bem marcada, muitas vezes sutil, reverberação rítmica e rímica.

O voo circunflexo (livro mais maduro, de 1981) é título que bem prenuncia o seu conteúdo: ora a ironia um tanto chocarreira, ora um alçar de asas discreto, em transfiguração medida e refletida, a alongar-se pouco para logo cair, pesado, sobre si mesmo. "Imitação de Mozart" abre-se assim:

> É bom morrer d'amor mas não
> viver do referido material.
>
> As flores abrem asas de manhã
> à noite pousa um súbito metal.
> [...]

Um lirismo de lampejos, súbito desconsolado pelo entrave, mas que não desiste de existir nem de manter a consciência de que o voo tem de ser curto, sob pena de incorrer em desmesura:

> Um pedaço de síntese,
>   um arco,
> um crescente, se tanto
>   no canto

do olho demora agora
por enquanto
por encanto.

(segunda estrofe de "Elgin Crescent",
O voo circunflexo)

A tematização da insuficiência da construção poética e de seu lugar pouco assegurado não o faz negar a possibilidade do encontro do arco e da lira, ainda que tenso e veloz:

[...] Amor,
feixe de nervos, doce harpa
tangida por rápidas ternuras,
bem sei qual esplendor tu sonhas com empenho
onde pousar, pacificado, teu marulho:

figura clara que na água iguala
o peixe ao voo, lúcido de dor.

(de "Janela da lua", *O voo circunflexo*)

Voar de peixe precisa ser rápido, mas nem por isso menos glorioso em seu momento de desafio, confirmado no breve fulgor pela sonoridade rica do dístico final. Mas a fresta possível para a anulação da gravidade não permite quimeras de eternidade. O que "pede licença para ser pássaro" é uma poesia de restrição: "Meu canto se agrada do agudo e do escasso" ("linguagem"); ou ainda: "O pássaro do poema/ abre as asas, orvalhadas/ ou molhadas de suor?". A pergunta denuncia o esforço em relação ao próprio sobrevoo poético, reconhecendo-se quase sem fôlego, porém sonhador. Como o pássaro de Marianne Moore, "grown taller as he sings", ou o pássaro de Cabral cantando *a palo seco*, a intensidade da busca afia a voz, que esplende e silencia.

A água contida, que flui e sem demora estanca, é outra imagem recorrente para esse instante de abertura de asa que se recolhe tão logo se expande. Calhas, fios, navalhas — são as palavras agudas que balizam o corte e a condução estreita do espaço de liberdade. Mover-se parcimoniosamente é a melhor possibilidade em conjuntura de encolhimento:

> [...]
> (O que vale: o salto
>   dentro
> amadurece.)
>
> (de "pari passu", O *voo circunflexo*)

A seguir, em "cantiga partindo-se", como em diversos poemas desse livro decisivo, uma atitude desiludida em relação aos cumes elevados do lirismo confirma a postura modesta frente à existência:

> [...]
> Deixemos de lado o muito
> que se perdeu nos abismos
> entre a frase e o seu recado
> e se esvaiu nesses vãos.
>
> Um pouco ficou retido
> nas malhas da coerência.
> Dele tiramos paciência,
> levedo de nosso pão.

Novamente, uma poética desenganada que tende ao rés do chão, com ressonâncias cabralinas, reconhece a importância de ater-se ao resíduo — também ele fermento, quem sabe? A alternância necessária entre afirmar a positividade do que restou e perceber o que imensamente se esvaiu vem reverter, a todo momento, em possível acomodação na nostalgia resignada. A partir daí, se finca pé e se continua, sem comiseração pelo parco resultado possível.

N'*A letra descalça* (1985), volume seguinte, Rubens Rodrigues Torres Filho se diverte parodiando formas consagradas num palavra-puxa-palavra e rima-puxa-rima. O humor bobo de piada velha predomina, quando a poesia alia ao mal-estar a verve da "sacada súbita" — como a define Davi Arrigucci Jr. na orelha de *Retrovar* (1993, republicada em 1999). Na própria abertura do livro, há esta epígrafe:

> É tudo — solilóquio fascinado.
> É nada — solidão que se esvazia.
> É isto — pensamento pé na estrada,
> poeira ao sol poente. Pó? Pois ia.

O excesso de paralelismos confere à quadra um ar de sabedoria proverbial. Chistes gastos tratam da desimportância de tudo, revelando a consciência do desejo decepcionado da maior parte de sua "pois ia". Dela bem percebeu Cacaso: "Apesar do jogo lúdico e da gratuidade que percorrem o livro, e que são requisitos da criação artística, o seu virtuosismo parece disfarçar um niilismo mais profundo que vibra como uma sensação de vazio na experiência final do leitor" ("Poesia e universidade", 1997: 258).

Deparamo-nos com um momento forte de relativização de si em "(duplo) resíduo":

> Antigamente eu acreditava nos direitos
> de minha subjetividade soberana.
> Hoje em dia não há mais direitos nem esquerdos:
> um fio apenas, sem espessura,
> marca o limite do mundo.
> As árvores de Montparnasse — que sentem (na cor)
> [o outono —
> têm mais folhagens que a alma.
> Desta, o verso diz: está vazia;
> tem tais ou tais compartimentos;
> tal deles vai pior, tal menos mal.
> Mas o trabalho da calvície

parte de uma problemática diferente
e vai em direção oposta ao da navalha.

(*A letra descalça*)

Aqui se patenteia a consciência autoirônica da reviravolta epistemológica, talvez do existencialismo ao estruturalismo, para quem, como ele, viveu 1968 em Paris e lá foi amigo de Foucault. A descrença em relação a quaisquer projetos utópicos, no amor ou na política, torna-se cada vez mais assídua. A calvície que assola árvores outonais assim como os compartimentos da alma (cômoda com gavetas de objetos fanados e inúteis?) se alastra lenta, enquanto, com violência, outra força concomitante avança...

Esse é, na verdade, um livro alentado, em que se revelam muitas facetas de Rubens. Seria injusto reduzi-lo a apenas poemas mais "humorísticos", quando se apresentam tantos momentos líricos e meditativos — à espera de outro leitor.

A epígrafe a *Poros*, uma citação de Burroughs, resume o anseio de alcançar o que é visceral e liberar-se de discursos alienados, além do âmbito do corpo: "Language is a virus from outer space. Listen to my heartbeat". O importante, o que de fato existe, é esse ritmo do coração, como a voltar ao essencial ("Perto do coração não tem palavra?", diria Ana Cristina Cesar poucos anos antes — e não é casual a aproximação: ambos leram os *beats*, e também desconfiavam dos discursos, da história, das aspirações grandiosas...).

O título remete à tentativa de contato em um espaço restrito, como se a palavra fluísse de corpo a corpo. Sempre descrente em relação às sublimações da arte, rejeita o "inatingível esplendor" literário, do qual "o real se retira humilhado" ("o lamento").

Um poema que sintetiza o desejo de interação plena com o mundo é "Selos", último do volume:

Antes de poder querer pousar
as mãos, selos precários, sobre a pele
difícil desta tarde,

já os olhos multiplicam por si mesma
esta paisagem, que se pôs alerta. O mergulho é tão voo
e tão exato o prumo
que os perfis da folhagem se corrompem
para que sua cor, densa, se assanhe.
Amar, agora, se assemelha a um vento
forte e silencioso como a parte
que se cantasse desacompanhada
de uma canção, em pura voz, sem sequer o socorro
de qualquer som, que lhe desse matéria.

Mãos e olhos aspiram, cuidadosamente, a "poder querer pousar" sua capacidade de apreensão sobre a paisagem — tarefa escusa, posto que ela, de tão delicada, se retrai e se modifica assim que tocada pela atenção da voz lírica. "Mergulho" e "voo" (metáforas já visitadas) figuram a tentativa de captura pela percepção que, por si mesma, altera o ambiente. "Amar" a tarde seria louvá-la sem impor a voz pessoal, abandonando-se ao vento emanado das coisas e fundindo-se a elas, como um selo colado ao papel. O ciciar da aliteração procura alcançar o som invisível dessa música sutil, que não assusta ou eriça sequer a mais mínima folha. Tal é a meta de um eu lírico desapegado de si, que se entrega ao canto, como pleiteava Valéry: "O alvo é criar o tipo de silêncio ao qual o belo responda. Ou a linha pura do verso, ou a ideia luminosa... Então o verso parece pertencer a si mesmo, nascer da necessidade" (1979: 172).[3]

Nesse e nos outros livros, comparecem inúmeras vezes pequenos textos em prosa, de gênero indefinido, com forte marca rimbaudiana. Talvez a ambição do poeta seja, como ele mesmo afirma em alguns versos, ultrapassar a fronteira entre as formas literárias

[3] Citação traduzida a partir do inglês de uma coletânea de ensaios de poetas sobre o ofício da escrita. Ainda dessa antologia, uma frase muito a propósito, de René Char: "Um poema é a realização do amor — desejo que permanece desejo" ("The formal share", 1979: 62).

enrijecidas pelos séculos, nelas introduzindo o amálgama que a modernidade romântica permitiu. Busca, ao menos, ampliar o espaço entre opostos considerados estanques, os tons alto e baixo, por exemplo, como expõe na primeira parte de "sem jeito" (não obstante, com rimas muito jeitosas):

O poema, essa cicatriz
da velha ferida dos gêneros,
entre prosaica e feliz
— indigna, pelo menos —
oscila, pela via-não,
entre a corrosão e o êxtase

Retrovar (1993), volume publicado poucos anos depois, segue direção análoga, intentando desnudar o ritmo do coração e seu pulsar erótico ou solitário, suspeitoso da palavra e de quaisquer sistemas. Um acolhimento amoroso seria a mais alta realização. Mas a consciência da falha precede qualquer veleidade de um possível sucesso. Num mundo exíguo, na medida do umbigo, sua "filosofia" de vida é "o xis da dêixis":

Aqui e agora
o *now* e o *here*
formam meu pícolo *nowhere*.
— Onde é aqui? — implora agora
(ambíguo umbigo) o que é.
Aqui soçobra
este *now* frágil.
E agora, no fundo
do poço, José?

Sem pesar o gosto pelos trocadilhos infames (*now/here* — *nowhere*, *now* — nau, ambíguo-umbigo), o naufrágio acaba sendo fundo e estreito... Esse modo zombeteiro de tratar a dor, seja do fracasso nas relações humanas, seja da perda de horizontes, parece de fato a admissão da derrota que nega toda miragem de felicidade e apenas pela polissemia de sentidos das palavras amplia o espaço à volta, resistindo à angústia.

Assim, evita imagens elevadas, pois o que existe teria de ser sempre vitalmente concreto, uma vez que só o corpo salva (um pouco...). Nisso Rubens se assemelha grandemente ao tom geral de sua geração que, na contramão das esperanças de mudança política dos anos 1950 e 1960, escolheu, naquele momento, ater-se ao desmascaramento geral do senso comum opressivo por meio da ironia esquiva, mantendo-se no lugar privado que lhe restava. Tal posto observatório, de quem preferia envolver-se pelo não envolvimento, afina-se com a reflexão oblíqua de sua poética.

Somos instados a nos defrontar, em muitos poemas, com a estrita aderência à observação empírica. O poeta despede, pelo deboche ou pela amargura, todo descolamento ou fantasia de transcendência. "Nada de novo, sob o sol" poderia ser o mote de parte considerável de sua obra. O aspecto paródico de sua poesia, a qual por vezes apropria-se de formas tradicionais, reforça o esvaziamento da cultura letrada, tornando-a derrisão e *trash*. Se Schiller reputava como fundamental para a qualidade da sátira a distância que estabelece entre real e ideal, aqui houve um encurtamento conformado, a partir do envelhecimento dos tempos (que Hegel consideraria prenúncio do final da poesia, em direção dialética à filosofia...).

Há um despudor moleque aliado tanto à desconfiança em iluminações metafísicas quanto à tentativa da poesia de dizer alguma verdade relevante. Mas, ao arrepio dessa impossibilidade, o poeta atingirá o cerne inapreensível, como em "poros":

Falo
      e
         falho
num só ato, ex-ato
que cabe num silêncio ininterrupto e claro.

(*Retrovar*)

Num átimo, acontece isso mesmo: Rubens apanha a forma exata, ainda que pretendendo estar sempre aquém.

Como contraponto ao humor, um poema sério e belo é "um toque", tentativa contida de expressão que se sabe fadada ao fracasso.[4] Mas poemas assim pungentes são raros.

No geral, dessacralizar é a norma: um humor até escrachado que pretende invalidar ilusões de sublime. (Um parêntesis: a ironia hoje, ainda que descenda do poema-piada modernista ou do ouriço romântico, indicia no tom algo diferente, um contraste menor com o "alto" ou "ideal". No Drummond de *Alguma poesia*, em Oswald e em certo Murilo, o humor ou o chiste apontavam para o desconcerto entre indivíduo e sociedade, mas a água da modernização não era tão poluída quanto a partir de meados dos anos 1960, quando a nova ironia de José Paulo Paes e Sebastião Uchoa Leite se afirmou. Daí para a frente, o horizonte do futuro torna-se cada vez mais apertado e, especialmente com os marginais, desencantado. Cremos que Rubens cultiva o lúdico cético dessa nova onda dos "pós-utópicos".)

Em *Poemas novos (1994-1997)*, livro mais recente e menor, fica nítido o elogio do instante, o exame do aqui e agora que ao menos não se engana com mistificações. Tentativas além são desqualificadas como risíveis, imprecisas. Por outro lado, o lugar do presente é magnificado como possibilidade de irrupção do novo. Não se perdeu de todo a esperança:

ATO PRIMEIRO

É novo, escandaloso, está nascendo.
Ouve bater a pálpebra do instante.
Claro, calcula

a mínima distância, esse exagero

[4] A transcrição e a análise do poema encontram-se no capítulo "O sujeito-pedra: tornar-se coisa".

imperceptível, clássico. Paisagens
anteriormente anônimas recuam.

Assim, em alguns momentos, como esse, dos primeiros poemas do livro, há um clima de entusiasmo. Estaria Rubens batizando um tempo nascente de criação poética? Sim e não, pois logo se manifesta a incredulidade. Já em "elogio do oco", o sujeito prefere a transparência do vazio, suspeitando da virtude do que é cheio:

O oco desfaz as dúvidas
quanto ao vazio do que é:
ninguém fica sem recado.
Todos sabemos direito

o que importa a seu respeito.

O oco é fácil e honesto.
Não digo o mesmo do resto.

Zen irônico que curte o presente possível, o *carpe diem* medíocre de "anjos pedestres". O livro também achincalha com a filosofia, desde os gregos, restando ao final uma declaração nada assertiva sobre a existência imediata como único reduto.

Em "após o sinal do bip", adverte:

Primeiro era melhor (valia mais)
querer o nada que não querer nada.
Sem merecer uma sequer vírgula digna
agora a vida acaba, a vida cabe
em muito, o máximo, de pequenez,
a vida apequenada.
Chegou um tempo em que não se quer nada
e o menor querer levará o prêmio,
o prêmio estímulo do melhor mínimo —
e esse é o máximo. Com isso
estamos, e o estar com isso

é tudo — combinação paupérrima e binária.
Atendo ao telefone disso tudo.
Só posso responder com o ocupado.

Esse "não querer nada" se tornou mais importante do que "querer o nada" nesta "vida apequenada" em que seguimos ocupados em ações desimportantes e sem horizonte, perdendo tempo ao telefone, miudamente esperando uma promessa que não se cumprirá. Há aqui uma recordação esmaecida de Drummond ("Chega um tempo em que não se diz mais: meu Deus./ Tempo de absoluta depuração."), mas sem o mesmo teor de angústia e altura, pois nosso poeta dá de ombros para o mundo... No ritmo da embolada, sem economizar em paronomásias, seu talento exibe certo pendor fútil para tratar desse cotidiano tão banal.

É como se Rubens exultasse até mesmo com a mediocridade das circunstâncias, mas logo corroesse tal fugaz felicidade com a percepção descrente de que, na realidade, só nos sobrou a impossibilidade da busca de sentido. Por isso, seus chistes têm um lado meio tolo, até chato.[5] Pois conformar-se sem sentimentalismos seria o que nos cabe no espaço exíguo. Conclusão paralisante, aporética, sem síntese dialética futura.

Porém, concordam tanto Fernando Paixão quanto Abrahão Costa Andrade que não se trata de desistência ou fraqueza esse recolhimento à existência em seu instante presente, mas problematização irônica do lugar da poesia, fruto de forte autoconsciência. Discorre o primeiro:

[5] Correlatamente, Adorno (1991) enxerga nas piadas de Beckett um tipo de humor que não faz rir, dado o esgotamento da vida e a "dialética da paralisação". É de se notar, no entanto, que algumas das anedotas de Rubens se assemelham àquelas contadas por Korf, o amigo de Christian Morgenstern, retratado neste poema que Rubens traduziu: "Korf inventou uma espécie de piadas/ que só fazem efeito muitas horas passadas./ Todos as ouvem com tédio, enfadados.// Mas é como um rastilho queimando em surdina./ Quando é noite, na cama, repentina euforia/ faz sorrir feito um beato bebê amamentado" ("O invento de Korf", de Christian Morgenstern, incluído na seção "Traduções", em *Novolume*).

> Estamos diante de um poeta vigoroso, em que se revela, desde a primeira vista, uma astuta capacidade de ganhar distância em relação às dobras do mundo. Como? Podemos responder com seus versos:
>
> "Em nome do poema
> estar aqui e rir. Ser pequeno,
> andar aceso: por qual vão
> se consumir? Prezado rio das coisas.
> qual dos dois: fluir, florir?
> [...]"
>
> ("poema sem nome", *Poros*)
>
> São duas perguntas colocadas nestas poucas linhas. Sabe o poeta que, para incandescer a língua, é importante escolher o vão certo por onde correr o poema, voltado para o riso ou para o toque lírico. Escreve, pois, uma peça que interroga a si mesma. Mas, vale a pena alertar, não observemos nesse ato uma vocação narcísica para a metalinguagem. Pelo contrário, aqui a dúvida se enuncia por força de um rigor que não se deixa baratear. Ao enunciar o dilema, o autor zela por um sentido de integridade que também questiona o lugar do poema frente à circunstância ("nem sei se o banal espreita/ com malícia, devagar"), como que fazendo um acerto de contas. (Paixão, 1997: 14)

O "poema sem nome" contou com a sorte de encontrar um segundo leitor interessado, que também lhe dedicou análise, da qual quero extrair o trecho inicial, muito a propósito do que aqui ressaltamos da poesia de Rubens Rodrigues:

> Esse poema se constrói sob uma advertência, a epígrafe de Pedro Morato: "Vê que teu verso não ande aceso/ onde anda a noite", aliás muito eloquente. Pelo con-

> traste entre a clareza ("aceso") e a escuridão ("a noite"), sugere-se que o verso, passível de ser claro, se acautele nos lugares frequentados pela escuridão. Se tomamos essas palavras pelo que elas indicam de presença de luz e de seu contrário e tomamos "luz" como indicadora do que abunda, ao passo que a escuridão seja a ausência ou escassez, a epígrafe então pediria que o poeta fosse avaro quando o tempo fosse, por assim dizer, de vacas magras. (Andrade, 2001: 97)

Dessa forma, a poesia de Rubens recusa-se a abandonar seu posto de vigilância no escuro, que mimetiza para compreender, ao invés de ofuscar-se na luz. E, apesar da compressão do cotidiano, afirma "Estar aqui e rir". Visto que sabe "Ser pequeno", ainda assim se pergunta se a poesia pode "fluir, florir" sem cair no "banal" que "espreita". E conclui adiante no mesmo poema, com disposição persistente:

> Se caio
> é sem sair do lugar.

Por outro lado, seria essa uma constatação de fundo de poço onde não há espaço para mais um fim de túnel? Então, a graça consiste no voo das palavras, que brilham brevemente antes de recair sobre si mesmas, evitando alçar-se falaciosamente além do horizonte possível, e afinal nos oferecendo a outra face, escura.[6]

[6] Este texto contou com a leitura de Ivone Daré Rabello e Fabio Weintraub, aos quais devo o privilégio do diálogo crítico, raro e precioso, e a ambos agradeço a agudez da atenção e os comentários certeiros, que espero haver honrado.

O sujeito-pedra: tornar-se coisa

> A força [...] transforma o homem em pedra. Do poder de transformar um homem em coisa fazendo-o morrer procede um outro poder — prodigioso sob uma outra forma — o de transformar em coisa um homem que continua vivo.
>
> Simone Weil, "A *Ilíada* ou o poema da força", 1941

> De modo que, contrariamente à opinião geral que faz dela aos olhos dos homens um símbolo da duração e da impassibilidade, pode-se dizer que, de fato, como a pedra não se reforma na natureza, ela é na verdade a única coisa que nela morre constantemente.
>
> Francis Ponge, "O seixo", 1942[1]

Proponho-me a ler três poemas mais recentes nos quais se reconhece uma discreta alteração na posição do sujeito. Neles, a voz lírica percebe-se convertida em coisa, negando-se portanto enquanto tal, num tipo de não relação consigo mesma e com o outro: nem se projeta para fora, numa "íntima alteridade" (como intentaram os objetivistas Ponge e Cabral), nem é atravessada pelo externo a si. Embora a fusão ou identificação com o mundo, que tradicionalmente se considera própria do lírico puro, também aconteça em pequena escala, não ocorre como enriquecimento extensivo, porque quase não há intersecção ou tangência entre o eu e o outro. Conquanto a figura poética costume ser antropomorfizadora em relação às coisas do mundo à sua volta, como se o imaginário fos-

[1] As epígrafes foram retiradas, respectivamente de: S. Weil, *A condição operária e outros estudos sobre a opressão*, sel. e apres. Ecléa Bosi, trad. T. G. G. Langlada, Rio de Janeiro, Paz e Terra, 1979; e F. Ponge, *O partido das coisas*, trad. I. A. Neis e M. Peterson, São Paulo, Iluminuras, 2000.

se fruto do desejo de corresponder-se, o típico enlace analógico, nesses poemas, evidencia a consciência do alheamento.

Todos foram escritos por poetas da mesma geração (porém não do mesmo grupo) na década de 1990 do século XX: Rubens Rodrigues Torres Filho, Francisco Alvim e Sebastião Uchoa Leite.[2] Poderíamos ressaltar de comum entre os autores, à guisa de apresentação sumária, haverem adquirido seu estilo maduro, que os acompanha até a obra mais recente, quando da poesia publicada a partir do final dos anos 1960 e começo dos anos 1970, endossando certa tendência de reaparecimento da expressão subjetiva depois do recalque que o concretismo havia lançado como repto à poesia, com seu racionalismo construtivista. Mas, nesse caso, não se tratava de um retorno simples: afirmava-se uma forma de voz poética fortemente desconfiada de sua centralidade.

Habitantes de grandes cidades e trabalhando em ambientes intelectualizados, a produção de cada um desses três poetas, muito diferentes entre si (e aqui não pretendemos compará-los), pode ser definida como altamente meditada em relação à sociedade brasileira urbana contemporânea, representada, nesses poemas, por indivíduos isolados que não conseguem entrar em contato nem com os outros nem, aparentemente, consigo mesmos. Outra característica marcante desses poemas é a sensação da incapacidade para o movimento. Essas vozes manifestam-se, pois, como encapsuladas e empacadas.

Logo se percebeu que essa "nova subjetividade lírica" era traspassada pela "solidão" e "por uma consciência agônica da vulnerabilidade do indivíduo em face da 'paisagem humana', do meio social, do comércio doloroso e imediato com o nosso presente social, com o tempo agressivo do *ethos* urbano moderno", conforme analisa Merquior (1972: 198-9) ao examinar a reintrodução do sujeito na poesia de Francisco Alvim.

[2] Como iremos nos centrar no problema que ora nos ocupa, destaco-os de seu entorno. Para tanto, retomo e desdobro comentários analíticos que fiz em textos anteriores, alguns constantes neste livro, sem me deter no exame específico da obra dos poetas, de seu contexto ou fortuna crítica.

Por outro lado, será que as propostas concretistas infiltraram-se como desafio mesmo em poetas que as refutavam? Os que se diziam antiformalistas, leitores partidários de Drummond e Bandeira, e críticos da interpretação de Cabral disseminada à época, ainda assim teriam incorporado a desconfiança em relação a certa expressão do eu que não era mais possível? "After such knowledge, what forgiveness?" (T. S. Eliot).

Ou ainda, junto à desconfiança acerca da formalização da obra (quando se abandonavam moldura e pedestal, rejeitados vigorosamente pelos artistas e poetas mais radicais daquele momento), teriam acontecido tais alterações na experiência, agora descontínua, do sujeito contemporâneo, num momento em que também a voz autoral entrava em crise — não para ser reprimida e assepsiada, mas para aparecer lanhada, partida em lascas?

Sebastião Uchoa Leite é especialmente interessante, uma vez que se identificou com o experimentalismo vanguardista e seu rigor depurativo da linguagem, mas este foi por ele ruminado como consciência irônica e destrutiva. Embora suas soluções como poeta sejam irredutíveis a generalizações comparativas, não se pode deixar de notar que certo tipo de "eu" bastante autocrítico também paira sobre parte considerável da poesia pós-concreta.

Francisco Alvim expressa, em entrevista concedida ao poeta Heitor Ferraz Mello (2001: 260), sua relação conflituosa com os artigos de Mário Faustino e dos concretos, que lia na juventude no *Jornal do Brasil*. De um lado, concordava que o sujeito lírico estava "gasto"; de outro: "Não concordava com eles de que era preciso eliminar o eu". Como já referido em capítulo anterior, começou a escrever com "vozes", como retalhos de fala costurados por uma "moviola" *unheimlich* — o estranho muito conhecido, o familiar oculto interiorizado, revelando a sociedade que o rodeia e produz.[3] Essa vertente de sua poesia elide a pessoalidade, ainda que empreste voz a supostos sujeitos.

[3] Conforme observou Roberto Schwarz (2012: 120): "As vozes que falam através do poeta não são de ninguém em particular, o que não quer dizer que sejam de todo mundo [...]. Típicas e anônimas, elas têm a polivalência do

Os poetas mencionados, ainda que atuais, não pertencem às mais novas gerações. Tampouco integram o cânone do alto modernismo. Situam-se, de certa forma, numa posição intermediária entre os valores solidificados e os emergentes. Todos desdobraram sua obra em ampla extensão. Embora possam — assim o esperamos — continuá-la,[4] já estabelecemos certa expectativa de leitores em relação ao seu estilo e à sua visão de mundo. Isso os coloca em um lugar um tanto diferente dos poetas que começaram a escrever a partir dos anos 1980, cuja produção não sofreu os embates mais veementes advindos das polêmicas das décadas de 1960 e 1970. Parece-nos que se deve a esse lugar de passagem que ocupam, intermediário entre o moderno e o contemporâneo, o reconhecimento lúcido de que parte de sua voz lírica foi convertida em coisa alheia. Pois foi durante seu período de formação e juventude que se deu a grande urbanização das metrópoles brasileiras, inchadas pela crescente indústria nacional, ocasionada primeiro pelo desenvolvimentismo e, alguns anos depois, pelo milagre econômico. Modos de vida relacionados ao campo, à pequena cidade — mais artesanais e comunitários — foram destruídos em grande parte justamente nesses anos, assim como diversas formas de participação na vida social. Talvez certa fluidez e dispersão de alguns contemporâneos se deva ao fato de que não guardam mais a lembrança da perda — para o bem ou para o mal — que, naqueles poetas, é ainda sensível e problemática (mesmo que colocada de modo objetivo, sem maiores sentimentalismos).

No caso de Rubens Rodrigues Torres Filho, cuja formação não dialoga com o concretismo, e cujo estilo maduro o mais das vezes se aproxima do desmascaramento pela ironia, tão praticado por outros poetas da mesma época, não deixa de surpreender a ocasional semiaparição melancólica do sujeito — como se vê neste poema:

uso corrente, sempre em vias de especificação, com encaixe estrutural em nosso processo coletivo, a cujas posições cardeais respondem alternadamente e cujo padrão de desigualdade veiculam".

[4] Com a exceção de Sebastião Uchoa Leite, falecido em 2003.

UM TOQUE

Estive
algumas vezes só
como um rochedo
batido pelas bestas ondas verdes
do mar adjacente. Só
é como estar ausente
no centro exato. Limita por dentro.
O céu redondo, capa impermeável
ou sobretudo lírico, acrescenta
um toque de ironia
ou de clemência: ave,
algumas vezes chuva,
no mínimo uma estrela.

(*Retrovar*)

Aqui, o ritmo em *staccato* e os cortes drásticos dos versos dificultam a enunciação corrente, reiterando a impossibilidade da comunhão entre sujeito lírico e natureza. As imagens não promovem encontros: o rochedo não se consola com as indelicadas ondas do mar, ironicamente aliterativas, nem com os limites opressivos do horizonte em que até a estrela que ali brilha ilumina apenas a sensação de distância. Tanto por fora como por dentro, o lamento sem refúgio ou consolo reconhece sua impotência. O "*solitude, récif, étoile*" de Mallarmé, ponto de partida, não avista amigos na proa para o brinde nem acredita no lirismo que enfuna velas de viagem. Há uma subtração no tom, pois o isolamento não ocorreu apenas em relação ao outro, mas igualmente em relação a si mesmo. A pedra é ausente de si, matéria que não interage, inalterável e dura. Alcançada pela água ou pela luz, não é permeável a um mundo estrangeiro.

No poema "O ovo de galinha" (*Serial*, 1961), Cabral opunha a pedra ao ovo, pois este, apesar da semelhança aparente, anuncia a vida, uma vez que "seu peso não é o das pedras,/ inanimado, frio, goro;" já que "é vivo e não morto", "não se situa no final:/ está no ponto de partida". Por outro lado, o minério distingue-se do ovo, "Sem possuir um dentro e um fora,/ tal como as pedras, sem miolo:/ e só miolo: o dentro e o fora/ integralmente no contorno". De forma semelhante, este sujeito-pedra de que trataremos, estanque à alteridade do ambiente, pouco revela de uma interioridade que o diferencie.

Ave, chuva, estrela e onda movem-se no céu e no mar, mas não podem alcançar a pedra, "alheia a tudo que na vida é porosidade e comunicação" (Drummond). Justamente as imagens mais costumeiras da lírica romântica que Rubens estudou como professor de filosofia, as quais reúnem homem e cosmos em símbolos (como realizaram Goethe e Schiller), são atualizadas ao revés, no laconismo severo de *enjambements* tristes.

Possíveis rimas são cuidadosamente evitadas, como se nota na coincidência sonora que haveria entre "adjacente" e "ausente", obstruída pelo ponto final e pelo "Só" antecipado, para que maior relevo concentrasse esta repetida palavra. O mesmo acontece a seguir, quando poderia se constatar algum eco toante entre "ironia" e "clemência", logo impedido pelos dois-pontos que antecipam "ave". O metro é em alguns momentos discretamente regular, alternando-se alguns decassílabos a hexassílabos, mas de tal forma tropeçamos na ostensiva pontuação que não se pode observar uniformidade rítmica.

As duas comparações iniciais, que se propõem a explicar por meio de imagens o que é ser só, conectam-se uma à outra como variações do mesmo em ângulos complementares. Localiza-se espacialmente o sujeito no seu entorno: à volta, por dentro e, afinal, por cima. Centralizado sob a brilhante e vívida abóbada celeste, e rodeado pelo mar rítmico, verde e cambiante, o eu lírico, em contraposição — ainda que imóvel e firme — não é nada: está ausente e sem conexão.[5]

[5] Quando analisei "um toque" em sala de aula, o aluno Danilo Monteiro observou que, no sétimo verso desse poema de treze, lemos: "no centro exato. Limita por dentro".

Que a solidez da pedra traduza-se como uma representação da resistência moral a qualquer assédio, como na imagem do penedo que se lança contra o céu, ou como no verso do samba-enredo da União da Ilha, "luta do rochedo com o mar",[6] já o assinalou belamente Bachelard em seus estudos sobre os elementos.[7] Não há, porém, no poema, nenhuma magnificação das suas possíveis qualidades — apenas uma constatação de triste negatividade.

Se o poema abre-se em primeira pessoa, a descrever a atitude existencial do eu lírico na vida, logo a seguir passa-se para a terceira, que permanece até o final, ampliando afirmações agora impessoais de forma assertiva, a enunciar uma verdade mais geral, dissolvendo num sujeito neutro a experiência da segregação radical.

O tema do isolamento frente ao mundo indiferente não é novo. Desde os famosos versos de Safo, paradigma da mais antiga poesia ocidental ("A Lua já se pôs,/ as Plêiades também:/ meia-noite; foge o tempo/ e estou deitada sozinha"),[8] associa-se o conceito mais tradicional de lírica à imagem do sujeito face ao universo, solitário como os astros quando todas as luzes se apagam, mas bem mais efêmero em sua mínima existência. Contudo, aquele "eu" antigo que se colocava sob as estrelas reconhecia no cosmos algum eco dos seus sentimentos, enquanto o poeta contemporâneo não advoga para si nenhuma possibilidade de correspondência.

Já a afinidade com o *spleen* baudelairiano se explicita não apenas na figuração do céu baixo e opressivo como também na comparação ambígua, inesperada, com *capa* e *sobretudo* — vestes que protegem da chuva, acrescentando "um toque de ironia/ ou de clemência" à posição do sujeito-pedra. Dois ângulos opostos da relação com o mundo se colocam. Assim, essa natureza que o rodeia poderia estar ali para melhor realçar a discrepância intransigente (e mesmo crítica) entre sua imobilidade melancólica e o

[6] "É hoje!" (1982), composição de Didi (Gustavo Adolfo de Carvalho Baêta Neves).

[7] Leia-se *A terra e os devaneios da vontade* ([1948] 1991).

[8] *Poesia grega e latina*, trad. Péricles Eugênio da Silva Ramos, São Paulo, Cultrix, 1964.

brilho, a leveza e a dança rítmica do mar, da chuva, da ave e da estrela. Ou quem sabe esses elementos estejam ali para inutilmente consolá-lo, posto que não podem dirimir sua irredutibilidade. O próprio céu apresenta uma forma finita — é redondo e impermeável —, destacando ainda mais os limites do horizonte interno e externo. Também a identificação com um objeto inanimado apresenta-se paradigmática no poema LXXVI do *Spleen*, quando a voz lírica aparenta-se a uma cômoda, um quarto velho, um cemitério e afinal assevera: "— Désormais tu n'es plus, ô matière vivante!/ Qu'un granit entouré d'une vague épouvante".[9] Tornar-se mineral afigura-se como atributo do poeta, inerte, e mesmo levemente contrário ao movimento do mundo, ao qual ele retribui com um desconsolo profundo.

Em Rubens, esse sujeito, além de diminuído, percebe-se clivado em seus possíveis laços com o universo e consigo mesmo — e incerto quanto à possibilidade ou ao desejo de comunicação, seja dele mesmo em relação ao entorno e a si mesmo, seja dos elementos da paisagem à volta — apática, agressiva ou compassiva? — num poema que se chama, afinal, "um toque".

A percepção de estar esvaziado de si e do outro se afigura dolorosa neste outro poema, de Francisco Alvim:

Escolho

Parado

Na plataforma superior

Entre as pernas
no chão
as compras num plástico

[9] "— Daqui em diante não és mais, ó matéria viva!/ Que um granito, cercado por suspeita esquiva", de Charles Baudelaire, *As flores do mal*, tradução de Júlio Castañon Guimarães, São Paulo, Companhia das Letras, 2019.

Longe do verso perto da prosa
Sem ânimo algum
para as sortidas sempre —
enquanto duram —
venturosas da paixão

Longe tão longe
do humor da ironia
das polimorfas vozes
sibilinas
transtornadas no ouvido
da língua

Ali onde o chão é chão
as pernas, pernas
a coisa, coisa
e a palavra, nenhuma
Onde apenas se refrata
a ideia
de um pensamento exaurido
de movimento

Entre dois trajetos
dois portos
(duas lagunas)
duas doenças

Sublimes virtudes do acaso
por que não me tomais
por dentro
e me protegeis do frio de fora
da incessante, intolerável, fuga do enredo?
da escolha?

(*Elefante*, 2000)

O título, já de antemão um trocadilho espelhado no último verso (escolho-escolha), parece aludir à concepção existencialista sartriana da obrigatoriedade da liberdade individual: o sujeito inexoravelmente responsável por seu destino. Mas, aqui, assiste-se a alguém parado de pé numa plataforma com um saco de compras entre as pernas, cansado, como um resto abandonado. Pensamento, ideias, palavras, amores e poemas — exauridos. Só o chão afigura-se sólido, e as pernas, imóveis, nele se apoiam como partes das coisas. Uma experiência comum na grande cidade contemporânea.

A comparação com a ideia de escolho como pedra é mesmo fluvial, porque se imagina entre duas lagunas (de água rasa e parada), dois portos, mas, também, entre duas doenças ou entre duas paixões, breves e exaustivas. Todas as imagens reforçam o foco na estagnação. A plataforma alude a algum modo de locomoção urbano — possivelmente trem, metrô ou ônibus. Remete, portanto, à ideia de trilho ou estrada como os espaços para onde se dirigiria o passageiro — meios de transporte com os quais se relaciona de modo apático, uma vez que preferiria, ao que parece, não se mover.

Desde seu primeiro livro, comparece essa imagem de um sujeito-corpo, transportado em corredor, túnel, ônibus... analogias com um todo vital indiferente ou hostil: "(Teu corpo passeia neutral/ no bojo do túnel de âmbar")" ou "e tomamos o ônibus elétrico onde, num silêncio veloz,/ sofremos nossa lenta agonia" (respectivamente, "Luz amarela" e "Ônibus elétrico", em *Sol dos cegos*, 1968).

Esse sujeito esvaziado de paixões e lances aventurosos, de deslocamentos quaisquer — seja na vida, seja na linguagem —, está fundeado num lugar pouco humano, em que os lances do relacionamento inteligente ou amoroso não chegam. As camonianas "sortidas venturosas da paixão", que tanto o animariam, posto que fugazes, emprestariam intensidade e dinamismo a tal vida (como sugeriu Vinicius de Moraes ao exprimir o paradoxo do lirismo, entre a forma perene e o instante de vibração) — mas nada ocorre nesse não-lugar.

À maneira de um Cabral obsessivo, há, além da redução quase elíptica na linguagem, uma repetição enfática de termos, como se, por vezes, o substantivo fosse o melhor adjetivo para defini-los. Mas, se chão é chão, perna é perna, coisa é coisa, o mesmo não se pode dizer de palavra... Soam "tão longe" as rimas toantes peculiares à cantilena do pernambucano em "ironia/sibilinas/língua", contrastando o elevado poético a esse mundo prosaico.

Talvez os versos "Onde apenas se refrata/ a ideia/ de um pensamento exaurido/ de movimento" sejam uma alusão às "subdivisões prismáticas da Ideia" de Mallarmé, uma vez que, no poema de Alvim, em oposição, quase tudo é desmetaforizado e literal, sem nenhuma possibilidade de que "toda realidade se dissolva" nem de que "todo Pensamento emita um lance de dados".[10] Pelo contrário, o "pensamento exaurido/ de movimento" recusa-se ao deslocamento, no sentido literal ou figurado.[11]

As "polimorfas vozes/ sibilinas", que imaginamos variadas, intensas, sábias — aquelas que comporiam o universo poético "transtornadas no ouvido da língua", não apenas vertidas, entornadas, mas revirando-se entre audição e fala, aqui mescladas —, são o oposto, em seus transtornos e transportes, desse lugar de coisas sem movimento algum.

[10] Assim me foi sugerido pelos colegas do grupo de estudos Laboratório de Poéticas Contemporâneas, quando lhes apresentei uma versão preliminar deste texto.

[11] Bruna de Carvalho, minha aluna de Teoria Literária, escreveu um trabalho original sobre Francisco Alvim para o curso sobre poesia a partir dos anos 1960 no Brasil, no qual analiso esse poema em classe. Ao comentar detidamente "Escolho", observa, com muita acuidade, "a verve metalinguística que percorre o poema", quando o poeta "toma distanciamento crítico de sua poesia, analisando em tom sóbrio o próprio humor e a ironia dos quais se vale em tantos de seus poemas". Notou também o contraste entre o tom prosaico de alguns versos e a "linguagem notavelmente literalizada" de outros, a ecoar a oposição entre o "rasteiro" e o "superior". A reflexão sobre a impossibilidade de comunicação da experiência levou-a a considerar o poema como um discurso "colado ao mundo", petrificado, que é por isso impelido a perguntar-se "sobre o que, então, fazer da poesia (senão transcrever o literal, o já dado)". O artigo foi publicado em 2013 na revista *Cisma*, nº 2: 14-33.

Sinalize-se, nos primeiros versos, o repique aliterativo do /p/, intensificando a impressão de dureza e paralisia, bem destacado em frases isoladas. Já na última estrofe, de estilo bastante diferente, a repetição do /f/ e do "en/in" se faz audível, como possível concretização do destino fluido, que o eu lírico pretende querer evitar.

Quando finalmente se manifesta a voz do sujeito, em atitude de apóstrofe invocando estranhas musas ("Sublimes virtudes do acaso"), ela surge para clamar por sua autodestruição. (Observe-se, aliás, que esta última estrofe destaca-se do resto por um espaço duplo.) O poema conclui com um apelo, como uma prece, num momento de anti-iluminação. Abandona-se a um tipo de providência, não mais divina, mas, nesse instante de parada e exaustão, considerada superior à consciência finita e errada. É como se estivéssemos diante de um Ulisses (ou Vasco da Gama) ao revés, queixando-se da falta de destino da viagem, da indiferenciação entre homem e mundo, com um cansaço que o reduz às mercadorias. Não temos mais aquele sentimento de indivisão épica entre interior e exterior, nem o belo abandonar-se à contemplação da paisagem ao ponto de nela transfigurar-se para mais intimamente exprimi-la. Ocorre, pelo contrário, uma paródia extrema disso. Quem sabe como seria melhor alienar-se e deixar-se levar pelo arbítrio do acaso, que transformaria o escolho do eu na escolha impessoal...

Heitor Ferraz Mello, ao analisar "Escolho", amplia a interpretação observando que, uma vez que as rememorações da natureza, que conduziam o poeta para um estado de felicidade súbita, inexplicável, ligada à infância,[12] se comprimem para dar lugar ao mal-estar da história presente, do mundo dos homens, o eu lírico

[12] Ou ao amor, acrescentaríamos. A poética de Alvim possui uma vertente do mais puro alumbramento lírico. Em contraponto a "Escolho", poderíamos citar "Água": "Falar de ti/ é falar de tudo que passa/ no alto dos ventos/ na luz das acácias/ é esquecer os caminhos/ apagar o enredo/ é pensar as formas do branco/ como teu corpo numa praia/ branda e azul/ Tua pele não retém as horas/ escorres, líquida/ sonora" (*Lago, montanha*, 1981). Imagens relacionadas ao amor e à natureza, promessa de felicidade, parecem transbordar na sua poesia como um momento "ingênuo", e não se misturam com essa outra voz

invoca em prece o acaso para abduzi-lo, quem sabe, da pressão redutora do real hostil, que obriga a (falsas) escolhas.[13]

O poema adota uma aparente configuração descritiva por conta da utilização de termos precisos de localização espacial: *superior*, *entre*, *no chão*, *longe*, *perto*, *ali*, *onde*, *dentro*, *fora*. Porém, ao lado da objetividade com que a cena estática nos é apresentada, logo somos conduzidos à viagem imaginária para destinos almejados pela lembrança e pelo desejo,[14] por um sujeito no entanto resignado à sua impossibilidade e conformado com a mediocridade do trajeto. Talvez haja algum resquício de contraste entre os termos "superior" e "chão" — análogo aos (não) deslocamentos horizontais —, como outro vetor de comparação, que mais enfatiza a imobilidade do sujeito. A própria disposição isolada dos primeiros versos parece ressaltar a verticalidade do poema. De fato, o espaço ocupa lugar preponderante (com perdão da tautologia), uma vez que se trata de um sujeito-coisa comparável à sacola plástica, representado metonimicamente pela perna apoiada no chão. Visto que os movimentos físicos e mentais foram extintos, também o processo do desenrolar da vida — o "enredo", que avançaria no tempo — está enfaticamente "parado".

Na invocação final, a clamar pela autoanulação, quando então as possibilidades sonhadas poderiam ser definitivamente suprimidas, e essa voz tornar-se-ia submissa e indiferente às adversida-

que trata da cidade contemporânea, particularmente brasileira — são como instâncias separadas.

[13] Em sua leitura, em especial da última estrofe, Mello salienta a angústia do eu lírico relativamente à "perda desse espaço da epifania, do alumbramento", pois "esses momentos se restringem às 'sublimes virtudes do acaso'", agora raras e distantes, já que sua inspiração para escrever volta-se principalmente para o "registro de um cotidiano cada vez mais degradado" (2001: 248).

[14] Em "The Waste Land" (T. S. Eliot, 1922), a "obrigação" de mover-se, de precisar nascer e crescer (a que nos impulsiona a primavera) é definida como cruel: memória e desejo causam sofrimento... Lá, a perda da experiência, vinculada à tradição comum de gerações, leva ao encolhimento do sujeito, que corrompeu o objetivo de sua peregrinação e apenas deambula como autômato pela terra estéril.

des do mundo real, a polarização entre *dentro* e *fora* seria apaziguada uma vez abolida a sua contraposição.[15] O indivíduo ainda sofre porque mantém a espessura interior, que a linguagem mais literária, "alta", denuncia, posto que já consciente de ela (assim como ele próprio) consistir em ser um mero "escolho" que será afinal eliminado.

Desde Homero (no episódio de Cila e Caribdes) até Drummond, que "tinha uma pedra no meio do caminho",[16] ou ainda no poema rapsódico de Enzensberger contra o *iceberg* (no *Naufrágio do Titanic*, 1977), as pedras comparecem na poesia ocidental, figurando em geral um obstáculo a ser enfrentado, por vezes intransponível. Também ressurgem como motivo recorrente em Cabral, verdadeiro "paradigma moral e estético" (Escorel, 2001: 22). Mas, em Rubens Rodrigues Torres Filho e Francisco Alvim, a pedra encarna-se na própria voz lírica: ela mesma óbice. Ao identificar-se com ela, na verdade a voz que fala abdica da ilusão de ser sujeito no sentido pleno e se deixa revelar na sua condição de coisa, objeto portanto indiferente a qualquer possibilidade de decisão voluntária.[17]

[15] Notara Augusto Massi que "Desde o início, a poesia de Chico estrutura-se a partir de uma tensão entre o mundo exterior e o latejar da experiência íntima. É impressionante a recorrência de imagens espaciais que giram em torno de 'fora' e 'dentro'" (1999: 23). Outra observação a destacar do crítico refere-se à relevância do ouvido e das vozes — tão reiterada em Francisco Alvim — em contraste com a dominância do olhar em Sebastião Uchoa Leite.

[16] Heitor Ferraz Mello, ao comentar "Escolho", já se referia a "No meio do caminho" (1930) como possível alusão (2001: 220). Um dos versos mais emblemáticos de nosso modernismo, reconhecimento de não identidade e de desconforto entre sujeito e mundo, encontra eco em "Confidência do Itabirano" (1940), em que a identificação com as características do ferro tende a ser uma triste constatação, nesse sentido semelhante aos poemas aqui apresentados, nos quais a voz lírica tornada pedra no meio do caminho empaca como algo que emperra o fluxo, seja das correntezas, seja da multidão em trânsito. Algumas tensões da imagem da pedra em Drummond foram retomadas em novo contexto de discussão por Célia Pedrosa (2002).

[17] Também nos deparamos com afinidades em Beckett, especialmente em textos tardios como *O despovoador*, uma antiutopia em que algumas pes-

Não se poderia evitar a alusão a certo parentesco com a pulsão de morte freudiana ("Além do princípio do prazer", 1920), tendência pré-histórica de retorno à matéria inanimada inorgânica anterior ao impulso sexual de ampliar e reproduzir a vida. Trata-se de memória primitiva que remete a seres unicelulares, quando a humanidade estava ainda próxima da forma mineral e o trajeto da vida terminava na rápida dissolução. Portaríamos, então, um desejo remoto de completo apaziguamento. Regredir a esse estágio seria característico de momentos próximos ao instante terminal, ou encontráveis nas depressões profundas, quando o sujeito, inerte, perdeu as forças vitais:[18]

> Às vezes a vida me faz sentir como um morto
> lançado a um mar deserto em dia escuro
> e que, dentro das paredes da morte,
> ainda provasse o pânico de um náufrago.

soas — na verdade, corpos sem identidade — recusam-se a continuar caminhando inutilmente e param no meio do fluxo atrapalhando o trânsito dos outros: "É curioso notar a presença na pista de um certo número de sedentários sentados ou em pé contra a parede. Praticamente mortos para as escadas e fonte de incômodo tanto para o transporte quanto para a espera eles são no entanto tolerados" (1968-70: 16); e em *Mal visto mal dito*, em que uma velha solitária deseja a morte: "Ali está ela portanto como que transformada em pedra diante da noite [...]. Como se ela tivesse a infelicidade de ainda estar viva". "Se ao menos ela pudesse ser somente sombra." "Paralisada fiel a si mesma parece transformada em pedra" (1979-81: 37-8, 44 e 49).

[18] O complexo estudo de Maria Rita Kehl sobre o aumento da depressão na atualidade contrasta a demanda por produtividade no capitalismo atual e o abatimento dos depressivos, que "sofrem de um sentimento do tempo estagnado", pois, ao desistirem de ser sujeitos desejantes, não mantêm "nenhuma representação esperançosa do devir", tendo perdido o sentido de duração da experiência. Pelo contrário, são tomados por uma "indolência fatalista ante um mundo vazio e a reificação das relações humanas". Conclui, por fim: "A depressão, do ponto de vista da vida social, expressaria a desvalorização da vida que interroga seu sentido diante do espelho, em que não existe nem passado, nem futuro, nem alteridade — e se depreende a inutilidade de realizar qualquer ação" (2009: 17, 58, 87 e 297).

confessa o poeta, na primeira estrofe destes versos de *Passatempo* (1974), no qual o enclausurado morto-vivo não pode mover-se, paralisado pelo pesadelo.

De certo modo, ressoa em "Fraga e sombra" de Drummond (*Claro enigma*, 1951) o sentimento de limiar com o crepúsculo, quando o sujeito lírico, sobre um rochedo, vê a paisagem se desvanecer em "mar ausente e abstrata serra", e recalca "sob o profundo/ instinto de existir, outra mais pura/ vontade de anular a criatura". Entre o desejo de viver e a inclinação a diluir-se no nada, a suavidade contemplativa convida à meditação sobre a efemeridade da passagem humana.[19] Mas a consciência de existir, ainda que brevemente, num intervalo musical, faz diferir a meditação do nosso mais subido viandante noturno do tipo de situação experimentada pela voz lírica em "um toque" e "Escolho", quando não há enlevo algum do sujeito com o mundo — apenas recusa e desânimo.[20]

Os poemas de Rubens e Alvim focam a consciência possível sob o alheamento extremo, ambos retratando o estranhamento do eu voltado a si mesmo como coisa, quando se perderam os laços com o próprio impulso vital. No primeiro, "um toque", a voz lírica quem sabe gostaria de alcançar um possível interlocutor, ro-

[19] Ivone Daré Rabello analisou, em aula de introdução aos estudos literários (FFLCH, Universidade de São Paulo, 2016), esse soneto de Drummond, ressaltando o contraste entre fraga e sombra, luz e crepúsculo, música e silêncio, e, afinal, vida e morte, que se equilibram por meio da sonoridade e da figuração no poema.

[20] Poderíamos lembrar também o poema de Jorge de Lima "O céu jamais me dê a tentação funesta" (Canto I, XXII, *Invenção de Orfeu*, 1952), em que o eu lírico tanto teme quanto deseja abandonar-se à condição mineral. Nele, a pedra é umbigo — regressão ao estágio de desindividuação, quando se volta ao ventre da terra para nascer de novo, sem separação em relação ao mundo —, mito da linguagem órfica, que recria as coisas demiurgicamente: ser um deus, falar-criar — potência total. Isso é o contrário do sujeito-pedra: não há em "Escolho" retorno à gênese como sinal de potência criadora dionisíaca, que em *Invenção de Orfeu* é perigo regressivo mas tentador: apenas o esgotamento do tornar-se corpo morto, minério sem vida.

deada que está pela natureza com a qual não pode se relacionar. Ensimesmada, pressente o mundo à sua volta. Paira certo clima de "romantismo da desilusão". Embora o próprio sujeito também se ausente de si (uma vez que não há contato com a alteridade), ele se vê, ao definir-se como "só" e lamentar o seu isolamento, como uma forma esvaziada de indivíduo. No segundo poema, "Escolho", a consciência do isolamento em relação a tudo é de tal ordem que não sobraram mais esperanças (ainda que permaneçam as lembranças sinalizadas pelo "longe, tão longe"), a não ser aquele anseio ambivalente, talvez resignado, de deixar de ser um sujeito. Observando a si mesmo como objeto, perde a possibilidade de movimento no espaço e no tempo, reduzido ao "presentismo" (na expressão de Hartog, 1996), um regime de historicidade em que o futuro e o passado são recompostos para referir-se apenas ao agora.

No capitalismo, diz Marx, quando "o trabalhador tornou-se uma mercadoria", "corpórea e espiritualmente reduzido à máquina", "a valorização do mundo das coisas aumenta em proporção direta a desvalorização do mundo dos homens": "quanto mais o trabalhador se desgasta trabalhando, tanto mais poderoso se torna o mundo objetivo, alheio, que ele cria diante de si, tanto mais pobre se torna ele mesmo, seu mundo interior, tanto menos pertence a si próprio". A desumanização e a não existência são o quinhão desse homem alienado do processo e do produto de seu trabalho, além, consequentemente, da relação com os outros homens. Conclui Marx: "Em geral, a questão de que o homem está estranhado do seu ser genérico quer dizer que um homem está estranhado do outro, assim como cada um deles [está estranhado] da essência humana" ([1844] 2008: 24, 26, 80, 81 e 86).

Mas, comenta Mészáros, quem sabe a sociedade não seja uma "totalidade inerte de alienação", uma vez que pode ser dinâmica: tem-se a esperança de que não produza apenas "consciência alienada", mas também "consciência de ser alienado", o que implicaria, supõe-se, necessidade de superação. O próprio sistema em parte produz suas contradições como, por exemplo, o incremento da ideia de indivíduo, que se julga soberano (ainda que esta seja uma crença no fundo ilusória), o que poderia conduzir à revolta, sempre latente, contra este regime de exploração. Evocamos rapidamente tais reflexões bem conhecidas para ponderar sobre o movimento duplo do eu lírico dos poemas em tela, que sofrem a inevitável reificação tanto quanto, ao nela imergir, parecem denunciá-la (1981: 162-7).[21]

Pois, em "Escolho", o eu lírico ainda resiste como pedra no caminho. Poema-topada, último suspiro ou resmungo irônico de desconforto antes da "ansiada" submissão do sujeito ao reino dos bens descartáveis. A rememoração do que perdeu ecoa em sua consciência como fragmentos da experiência que uma vez viveu, impedindo-o ainda, malgrado seu, de metamorfosear-se totalmente em coisa.

[21] Em nosso tempo, a indústria do entretenimento vem criando objetos de distração tão completos que evocam o "almejado" esvaziamento da consciência testemunhado pelo poema de Francisco Alvim. Em uma propaganda de televisão, presenciamos a seguinte historieta: um rapaz entra num vagão de metrô no qual se sente deslocado por ser o único que não possui um determinado celular. Todos os outros passageiros, com o aparelho nas mãos, obedecem a um ritmo comandado pela pequena máquina, que simula jogos diversos. Assim, cada feliz portador de um aparelho está alheio ao ambiente do trem, participando de uma competição individual com o seu celular e fazendo movimentos enigmáticos para o recém-chegado, como se fossem estranhos autistas controlados por um ritmo invisível. A cena se repete na rua, onde outros jovens se mexem de modo incompreensível para o rapaz, enquanto olham fixamente para seus celulares. Finalmente, alguém lhe atira um celular igual ao dos outros, e então nosso herói passa a fazer parte da confraria de zumbis. Os espectadores da propaganda podem compartilhar de sua alegria ao também vê-lo jogar, como os outros, numa quadra de tênis ou numa mesa de bilhar virtuais que aparecem na telinha do aparelho. Não há, evidentemente, nenhuma angústia nessa abdicação da autoconsciência e mesmo de toda alteridade à sua volta em prol da distração contínua — à semelhança da distopia de Huxley em *Brave new world* (1932), em que a TV é onipresente até mesmo no momento da morte, quando uma paciente terminal se distrai vendo um campeonato esportivo numa tela ligada ininterruptamente na frente de sua cama no hospital. A escolha do jovem protagonista da propaganda pela anulação de sua diferença e pela integração total ao controle maquinal é um abandonar-se contente.

Lembramos que os anos 1990 correspondem, no Brasil, a um momento de consolidação da democracia neoliberal e de aceleração da economia de mercado. É a era da submissão aos ditames do FMI e das privatizações levadas triunfalmente a cabo pelo governo, quando deixa de existir o horizonte socialista, que ruíra na década anterior. Esses poetas — que haviam testemunhado um momento de desenvolvimentismo e de possíveis reformas de base (em meados dos anos 1950 e início dos 1960), logo seguido pelo trauma da ditadura, do exílio e da morte de amigos, concomitante ao milagre econômico com posterior endividamento do país (nos anos 1960 e 1970), e depois pela retomada "lenta, segura e gradual" do estado de direito, a Constituinte e as acaloradas discussões em torno dos direitos humanos e da Anistia (nos anos 1980)... enfim, todas essas reviravoltas que exigiram posturas pessoais candentes e que poderiam, quiçá, ter desembocado em superação futura das nossas misérias e desigualdades — talvez tenham se ressentido de fortes decepções, como se essa trajetória tivesse, afinal, resultado num tipo de estabilidade que correspondesse, no fundo, ao esfarelamento das grandes esperanças de sua geração. Àquela altura, e simultaneamente à queda do muro (e à crítica ao socialismo real realizada pelo Solidarnosc, por exemplo), não havia mais probabilidade de qualquer guinada transformadora. A crítica ao capitalismo voltava-se, no máximo, para as tentativas cidadãs de inclusão social, com abdicação de um aprofundamento radical, dada a sua completa impossibilidade real e até mesmo imaginária. Mas não pretendemos, a partir dessas observações factuais, conduzir a leitura dos poemas a uma única posição, a qual os comprimiria ou os ancoraria em local reduzido, sendo que sua condição de literatura permite que firam várias camadas existenciais e históricas. Sem descurar de sua situação encravada em um sentimento de mundo específico, movem-se para a frente e para trás, alcançando círculos alargados no tempo e no espaço de nossa condição contemporânea.

Nossa nítida impressão, ao ler "um toque" e "Escolho", é que se trata de paródias melancólicas, como se o sujeito sofresse a percepção muito consciente da agrura de continuar a ser um indivíduo cuja vontade e decisão contassem nessa realidade estagnada: transfigurado em pedra — matéria por excelência morta. Os poemas reforçam os pressupostos hegeliano-marxistas sobre a alienação aparentemente pelo avesso, uma vez que, como adverte Adorno: "O artista deve transformar a si mesmo em instrumento: tornar-se até mesmo coisa, se não quiser sucumbir à maldição do anacronismo em meio ao mundo reificado" (1953: 160).[22]

Desde a frase de Nerval, "eu sou um outro", ou a formulação mais radical de Rimbaud, "eu é um outro" (considerando-se a tradição francesa como um dos paradigmas da modernidade), e tendo em vista seja a "desaparição elocutória do sujeito" em Mallarmé, seja o "*je* maravilhosamente superior ao *moi*", de Valéry (só para citar alguns enunciados elegantes da questão), o eu lírico vem sendo definido como uma voz que se constrói pela relação com a alteridade (ainda quando consigo mesma), pois permeada pela linguagem, instância tão coletiva quanto singular. Nessa linha, são fecundas as definições de Octavio Paz (2012), que divisa no eu lírico uma "outridade constitutiva" e um vir a ser, e a de Emil Staiger (1977), que apresenta a disposição do eu lírico como o "um-no-outro", quando sujeito e objeto se dissolvem e se reconstituem como nova unidade imagético-sonora no poema. Mais recentemente, o estudioso francês Michel Collot (1996) refere-se ao eu lírico como "matéria-emoção" (expressão retirada de René Char), a projetar-se e fundir-se num espaço interiorizado. E, finalmente, Maulpoix (1996) inventou o termo "transpessoa" ("quarta pessoa do verbo") para descrever esse sujeito expandido. Conceber o eu

[22] O filósofo referia-se, no ensaio "O artista como representante" (1953), à paradoxal despersonalização do eu lírico propugnada por Valéry, quando este sugeria uma sublimação do sujeito em nome de uma superação da individuação imediatista e possivelmente alienada na sua falsa partição em relação ao todo humano. Porém, o contexto utópico ali proposto era a possível redenção do homem como ser completo quando, mergulhando na especificidade da linguagem poética de forma obstinada, atingisse um fundo universal, no qual as barreiras de classe e de divisão de trabalho fossem canceladas pela sua expressão como representante (ou, na tradução espanhola, "lugarteniente") da humanidade libertada.

lírico como um tipo de centro anímico coletivo (especialmente quanto mais singular e inapreendido) também implica a fratura e o mascaramento da voz singular, que em muitos poetas modernos aparece como *persona* e heteronomia.

Na tradição moderna brasileira, consciente ou inconscientemente, uma parte importante da inspiração motriz da negação explícita do lirismo (o qual, idealmente, casaria sujeito e objeto em consonância), advém das exigências da educação pela pedra. Para Cabral, o poema parecia derivar de um esforço cognitivo de aproximação gradual em direção aos objetos, o que resultava em maior lucidez para o poeta e para o leitor, ambos compartilhando desse desvendamento progressivo, ainda que sempre desconfiado, em torno da cabra, da bailadora, do canavial.[23]

Entrevê-se, contudo, nos nossos poemas, ao lado de um lamento sobre a coisificação do sujeito e de uma afirmação desse alheamento como inelutável, o encolhimento, no mesmo passo, de si e do mundo. No entanto, esse sujeito que se autodescreve como mônada solitária não o é no momento mesmo em que expressa no poema o seu isolamento.

Ampliando o universo de exemplos, evocamos afinal Sebastião Uchoa Leite, outro poeta crítico tanto da ilusão de um eu lírico soberano quanto da comunicação com outros sujeitos igualmente coisificados — mas que, ao reconhecer essa impossibilidade, perfura a aparente barreira imóvel. Vale a pena transcrever o poema:

DENTRO/FORA: RIO DE JANEIRO

Daqui de dentro
Por trás dos vidros
Vê-se lá fora
A rua pétrea
De pedestres

[23] A respeito da poética de Cabral, sigo, neste passo, as reflexões de Alcides Villaça (1996).

Ao sol incósmico
Deslizam
Por dentro do vidro
Parecem vir
Do outro lado
Desta mesa
Onde o olho
É outro espelho
Pétreo

1994

(*A espreita*, 2000)

Também aqui assoma o sujeito-pedra, em meio a pessoas-coisas-imagens, numa paisagem em que apenas as aparências, vítreas, deslizam, como se olho, sol, vidro fossem telas ou janelas virtuais, sem espessura ou volume. "Daqui de dentro" e "lá fora" deixam de ser opostos quando a luminosidade do "sol incósmico" equaliza os espaços, como se todos — voz que fala e pedestres — flutuassem no mesmo aquário. A falta de pontuação, o corte brusco dos versos e a sonoridade aliterativa acentuam a impressão de espelhamento deslizante entre as partes. Especialmente ao ler alto, revela-se certa dificuldade de trava-línguas, sobretudo pelos encontros consonantais (*tr*, *dr*, *lh*) que acentuam o reflexo do vidro mineralizado.

O próprio olho, sinal da alma, foi esvaziado da potência singular de expressão da interioridade. Sua aparência líquida e brilhante associa-se, no poema, ao vidro, oco de singularidade: "espelho pétreo" refletindo uma "rua pétrea", de modo contraditoriamente impessoal. Assim, "ao movimento adquirido pelo que era pétreo — os pedestres da 'rua pétrea' — corresponde à petrificação do olhar do eu que os via", reflete Luiz Costa Lima, que se deteve sobre esse poema, em meio a vários outros, com vistas à tentativa de compreensão do tipo de eu lírico na obra final de Sebastião Uchoa Leite. Dele observou que "a oposição entre sujeito e objeto se converte em uma transitividade... intransitiva". Conclui então, tendo em vista igualmente outros poemas do livro *A espreita*: "a ironia sustenta a consciência, ao mesmo tempo que ri zombeteira de ela se considerar o centro das coisas. A separação entre o eu e o outro por certo não desaparece, mas tampouco permanece intacta, ao impedir que o eu ainda se tenha por centro" (2002: 234 e 236). Não há propriamente sujeito: tudo se dá como se a voz que enuncia fosse alheia — o olho pétreo espelhado que reflete outros, imagens passageiras, enquanto ele permanece estático, dentro de um espaço visual em que se vê e se é visto da mesma forma limitada e sem possibilidade de interlocução.

A contraposição entre a voz que enuncia e o mundo manifesta-se de modo estranho nesse poema, pois nos anteriores havia um sujeito-coisa que se ressentia de sua imobilidade e isolamento mesmo quando parecia renegar tais recaídas. Já aqui tudo parece equalizado na mesma apatia. Nem sequer se poderia atribuir a essa voz um polo subjetivo denso, uma vez que descreve em terceira pessoa uma situação objetiva. Aparentemente, não subsiste o indivíduo enfeixando um núcleo anímico que imagina e deseja: passivo, o olho reflete e é refletido como se houvesse um achatamento da perspectiva central a comprimir proximidades e distâncias.[24] O

[24] Peter Pál Pelbart amplia a concepção de Agamben em relação à "vida nua" contemporânea: "À vida sem forma do homem comum, nas condições do niilismo, a revista *Tiqqun* deu o nome de Bloom. Inspirado no personagem de Joyce, Bloom seria um tipo humano recentemente aparecido no planeta, e que designa essas existências brancas, presenças indiferentes, sem espessura, o homem ordinário, anônimo, talvez agitado quando tem a ilusão de que com isso pode encobrir o tédio, a solidão, a separação, a incompletude, a contingência — o nada. Bloom designa essa tonalidade afetiva que caracteriza nossa época de decomposição niilista, o momento em que vem à tona, porque se realiza em estado puro, o fato metafísico de nossa estranheza e inoperância, para além ou aquém de todos os problemas sociais de miséria, precariedade, desemprego etc. Bloom é a figura que representa a morte do sujeito e de seu mundo, onde tudo flutua na indiferença sem qualidades, em que ninguém mais se reconhece na trivialidade do mundo de mercadorias infinitamente intercambiáveis e substituíveis. Pouco importam os conteúdos de vida que se alternam e que cada um visita em seu turismo existencial, o Bloom é já incapaz de alegria assim como de sofrimento, analfabeto das emoções de que recolhe ecos difratados" (2008: 10-1).

lugar do sujeito, designado por relações espaciais ("daqui de dentro", "lá fora", "do outro lado", "desta mesa"), é situado e logo anulado pela oposição espelhada, que se torna complementar.

Poder-se-ia associar a situação do poeta a certo tipo de profissão comum entre os literatos brasileiros, muitos deles funcionários públicos. Também Drummond e Cabral escreveram versos sobre escrivaninhas burocráticas que constrangem os impulsos vitais. Cada qual à sua maneira, refletiram sobre esse lugar semiapartado do bulício das ruas, a partir do qual se lamenta inutilmente enquanto predomina o envelhecimento entediante.[25] A originalidade desse breve poema consiste na consciência da similitude entre o dentro e o fora, quando a própria luz solar é encolhida pelo epíteto de "incósmica".

Tanto em "Escolho" quanto em "Dentro/fora: Rio de Janeiro", o ambiente em nada corresponde à descrição das qualidades vibrantes atribuídas às metrópoles pelos modernistas do começo do século XX, que reconheciam uma "ênfase específica e inequívoca na vitalidade, na variedade e na diversidade e mobilidade libertárias da cidade" (Williams, 2011: 18), associadas às então novas tecnologias e às possibilidades revolucionárias (política ou esteticamente) que apontavam para o futuro.

Em outro poema, mais antigo, Rubens Rodrigues também figurava a cristalização mineralizada do olho:

ACIDENTE

O olho, vidro,
voou em cacos. O que resta
deste farol, a órbita vazia
é certa fome irônica

[25] Leia-se, dessa geração, um dos mais impressionantes poemas sobre a separação entre sujeito e mundo por uma vidraça de repartição, através da qual o tempo vai escorrendo e envelhecendo lentamente tanto quem está dentro quanto quem está fora, de Francisco Alvim, "Quase aposentado" (*Passatempo*, 1974).

e algum câncer prolífico que a ataca.
Já mordes no vazio, minha doença,
debaixo do teu dente a polpa é escassa.

(*O voo circunflexo*)

Apesar da magnificência dos decassílabos finais (em contraste com o ritmo irregular do começo) e dos sutis ecos aliterativos e assonantes, o poema assemelha-se a um veneno que consome a si mesmo, pois a substância do eu lírico é o ácido que o desfaz. À fome que tenta devorar o vazio corresponde o câncer que aniquila o próprio sujeito, corroído e corrosivo. A palavra poética é identificada ao dente que (se) morde. Outro matiz tinge essa voz: a constatação do pouco que resta de si mesma durante o processo de autodestruição.[26]

Defendemos que esses poemas não são um referendo para a anulação do sujeito. Pelo contrário, refletem sobre ela: sofrem e denunciam. De modo análogo, mas com ânimo explícito de resistência, Paul Celan, no poema "Esperança" (1959), imagina um olho movente "sob a pálpebra de pedra", cavando com os cílios a rocha a que o mundo (e o próprio corpo estranhado) se reduzira. São as "lágrimas não choradas", guardadas nas pestanas, que furam como "o mais fino dos fusos" a dureza extrema. Essa célula mínima e frágil de sujeito que sobrevive aparentemente só (pois sabe existirem outros como ele, e por isso escreve), sensível a "um toque", tenta, persistente, reverter a morte-em-vida.

[26] Compare-se com o poema "Descoberta", de Drummond, em *Lição de coisas* (1962).

Poesia em risco nos anos 1970[1]

LUCA: ... as pessoas estão assistindo anúncios de televisão, de cinco em cinco minutos passa o mesmo anúncio e as pessoas aceitam repetir a vida todos os dias... [...]

... Já foram encontrados pinguins com inseticida no corpo, a Europa já destruiu todo seu ambiente natural, diversas espécies de animais só existem nos jardins zoológicos, as borboletas estão acabando, vocês vivem no meio de fezes, gás carbônico, asfalto, ataques cardíacos, pílulas, solidão... essa civilização é um fracasso, quem fica nela e se interessa por ela, essas pessoas é que perderam o interesse pela vida... eu é que devia te chamar pra largar tudo isso... é na pele a vida, é dentro da gente, vocês não sabem mais se maravilhar!

[...] não tenho nada pra aprender nas universidades de vocês, nada! Mas nada! Vocês lá, ensinam essa vida que está morta, essa vida de esmagar a natureza, de super-homens neuróticos, lá vocês querem dominar a vida, eu quero que a vida me domine, vocês querem ter o orgulho de saber tudo, eu quero a humildade de não saber, quero que a vida aconteça em mim... não é revolução política, é revolução de tudo, é outro ser!

Oduvaldo Vianna Filho, *Rasga coração*, 1974

FÓSSIL OU MÍSSIL?

Ultimamente, tem havido uma enxurrada de livros sobre os anos 1960 e 1970 (há até mesmo seriado de TV, como se *the seventies* fossem uma entidade mítica) e toda uma fantasia "retrô"

[1] O título alude à crônica "Pessoal intransferível" de Torquato Neto: "Escute, meu chapa: um poeta não se faz com versos. É o risco, é estar sempre a perigo sem medo, é inventar o perigo e estar sempre recriando dificuldades pelo menos maiores, é destruir a linguagem e explodir com ela" (coluna "Geleia Geral", *Última Hora*, 14 jun. 1971). "Poesia é risco" dá nome ao CD de Augusto de Campos junto a Cid Campos (1995).

construída sobre a idealização de um tempo de disposição para a vida comunitária, o amor livre, os protestos coletivos e a experimentação artística. Pelo avesso, encontramos também imagens de vazio cultural, sufoco, falta de projetos. Alguns desses livros parecem fúteis, ao associar sem pudor lembranças de propagandas populares e fatos duros relacionados à repressão na ditadura. Numa página se relembra a calça boca de sino e, a seguir, a morte de Marighella. Mas mesmo essa desierarquização da história é fruto da estética pop que vigorou com força a partir daqueles anos, como se reconhece nas letras de música tão paradoxais do tropicalismo: "brutalidade e jardim". Pois, como afirma o jovem personagem Luca, na peça de teatro de Vianninha que nos serviu de epígrafe, era necessário brigar até para poder usar cabelos compridos, o que tornava mesmo a aparência um tipo de gesto político.

Questionamentos sobre a transformação da arte e da poesia foram empreendidos com radicalidade naqueles anos, em paralelo com a manifestação do desejo de mudança da vida. Hoje, o período virou um produto de moda nostálgico, entre outras razões porque representa um momento seminal para a experiência contemporânea.

Será que as décadas de 1960 e 1970 entraram na moda porque as tensões estéticas, políticas e comportamentais da época foram de tal modo neutralizadas pelo domínio do mercado que não mais se teme que elas venham a desestabilizá-lo? Parece que o lado transgressor, rebelde, daquele momento, foi incorporado como amostra de sua criatividade, mas domesticado na linguagem da indústria cultural. Será que a estridência agressiva que acompanhava as produções artísticas (com seus egos gritantes, proeminência das roupas, cabelos e corpos; onipotência afirmativa do sujeito contra a tradição autoritária) foi completamente assimilada? Disso poderia advir uma leitura puramente celebratória e acrítica daquele período: é a juventude tomando o poder, rompendo as amarras, os desbundados, a curtição; perspectiva que tende a ser consumida como aparência e espetáculo.

Ou será que aqueles anos deixaram filamentos para a cultura contemporânea, desdobrando-se como "os primeiros passos de uma longa jornada", não "fóssil" mas "míssil", conforme os definiu Waly Salomão (em provável referência ao poema "Isto é aquilo", de Drummond), pois nem são ponto final, nem ápice (em Risério *et al.*, 2005: 77 ss.). Do ponto de vista da criação literária, não é um tempo a ser idilizado, pensava ele, pois resultou, no geral, em uma literatura "pobre" e mesmo "rastaquera". Ao desmitificar o passado, o poeta lançava sobre ele um olhar prismatizado, libertando as novas gerações de ilusões nostálgicas. Em depoimento sobre a época (quando, preso por porte de maconha, escreveu grande parte de seu *Me segura qu'eu vou dar um troço*, publicado em 1972), Waly enfatiza ainda que não se deveria heroicizar os suicídios emblemáticos do período, mas enxergar o quanto perdurou de resistência criativa para sopesar o que permaneceu, mesmo através da morte.[2]

As duas possibilidades são concomitantes e atuam juntas hoje, uma vez que aqueles anos significaram um ponto de virada.

Um componente da nostalgia pelas décadas de 1960 e 1970 advém da impressão de projeto coletivo de resistência dos intelectuais e dos artistas, como se houvesse certa concordância de direcionamento. Napolitano, em seu estudo sobre as diversas correntes ideológicas que atuavam nas artes da época, ressalta a centralidade da cultura. Mas, de um lado, observa uma "visão idealizada" de um suposto "tesouro perdido" fabricado pela memória ("uma noção de espaço público de convergência de interesses e vontade de liberdade, que parece ter ficado perdida no tempo"), enquanto,

[2] Ver "Contradiscurso: do cultivo de uma dicção da diferença", em Antonio Risério *et al.*, *Anos 70: trajetórias*, 2005. Ainda sobre as mortes trágicas de jovens artistas e guerrilheiros no período, referimos este trecho do desabafo ácido do suicida Torquato Neto: "As pessoas gostam muito de chorar: choramos principalmente o nascimento de nossos mitos necessários, um dia depois do outro. Um morto depois do outro. O Che Guevara morre apenas para que se cante (chorando) o seu mito. Jimi Hendrix morre também: logo pousamos como urubus sobre o cadáver do bicho e choramos pelo vazio que acabamos de ganhar". E mais adiante, para finalizar: "Quando não estão chorando as pessoas estão reclamando" (1971, "Cadernos", *Torquatália: Do lado de dentro*, 2004: 306).

de outro, não deixa de constatar "a sensação de falta de projeto político comum às correntes progressistas após o processo de abertura, transição política e redemocratização" que de fato se verificou. O historiador, ao perseguir os desdobramentos dos embates entre quatro grupos culturais relevantes de oposição à ditadura (liberais, comunistas, contraculturais, nova esquerda), descreve seus entrecruzamentos ao longo dos "anos de chumbo" assim como a ascensão do mercado cultural que a todos seduz, contamina e altera. Embora houvesse aspectos similares entre esses grupos, ao menos em relação ao inimigo comum, outras articulações entre arte e sociedade podem ser enxergadas hoje que desmentem a impressão de relativa aproximação que se poderia supor (2017: 355).

Entende-se, assim, a ambivalência na recepção contemporânea das produções culturais da época. O exemplo mais gritante, no caso brasileiro, é o movimento tropicalista e seus derivados: diferentemente da MPB "de raiz" dos anos 1960, mais claramente engajada (Geraldo Vandré, Sérgio Ricardo, Théo de Barros), o tropicalismo não se manteve afastado das importações musicais veiculadas pela indústria cultural, que, primeiramente estrangeira, depois aclimatada e mesmo exportadora, tornou-se pervasiva. Recusá-la inteiramente seria, segundo esse ponto de vista, uma forma regressiva de alienação. "Geleia geral" (com letra de Torquato Neto), tão bem analisada por Favaretto, representa justamente o reconhecimento da inevitável "operação de bricolagem" ou canibalização de níveis culturais antes distantes e agora convivendo (bumba meu boi, Frank Sinatra, Gonçalves Dias, Oswald de Andrade etc.) num "contexto em desarticulação, presentificando as indefinições do país" (1996: 55). Aqueles artistas populares intuíam, talvez, uma linha de desenvolvimento social que confluiria, mais tarde, para a globalização (anunciada desde a abertura para o capital estrangeiro no milagre econômico).

Em artigo sobre a relação entre o tropicalismo e a poesia marginal, Ana Cristina Cesar reflete:

> Os novos poetas pregam nos seus textos a necessidade de subverter o comportamento para mudar o sis-

> tema e ao mesmo tempo fazem questão de manifestar em suas vidas o descompromisso com as regras e valores desse sistema. Desta forma, pode-se analisar a produção do momento tanto por meio de textos quanto da própria vivência dos poetas. Trata-se de uma poesia e de uma vivência fragmentária, marcada frequentemente pela loucura, pela utilização intensa de drogas como forma liberatória, pelos desvios sexuais, pela afirmação da marginalidade, pela exasperação com o chamado "sufoco", pela descrença em relação aos mitos da direita e da esquerda. Ao mesmo tempo, verifica-se nesse grupo, de natureza fundamentalmente urbana, um apego às linguagens modernas, à apresentação graficamente trabalhada e aos meios de comunicação de massa, numa relação ambígua com o sistema que pretendem contestar. (1999: 222-3)[3]

Ela identifica, na prática de seu próprio grupo, as mesmas dualidades em relação ao sistema dominante que verificamos na música da Tropicália.

Não é coincidência que Waly Salomão e Torquato Neto, um pouco mais velhos do que a geração de Ana Cristina Cesar, tenham sido considerados os padrinhos dos poetas "marginais" que surgiram nos anos 1970. De fato, são os elos de transição entre os tropicalistas e a nova safra, tendo inclusive reconhecido em primeira mão a poesia de Chacal.[4] A metamorfose do construtivismo e do nacional popular empreendida pelos artistas identificados

[3] "Literatura marginal e o comportamento desviante" (1979), republicado em sua coletânea de ensaios *Crítica e tradução*, 1999.

[4] Em sua coluna "Geleia Geral" para o jornal *Última Hora*, Torquato Neto considera Chacal um legítimo herdeiro de Oswald de Andrade, adicionando aos seus elogios um pequeno texto de apresentação escrito por Waly Salomão para o livrinho de estreia de Chacal, mimeografado, *Muito prazer, Ricardo* (1971) ("Cha-cal", 8 jan. 1972, reproduzido em *Torquatália: Geleia Geral*, 2004: 343-4).

com o momento tropicalista será decisiva para o engajamento diferenciado desses jovens que emergiam na década do chamado "vazio cultural".[5]

Certas formas de luta política iam perdendo a credibilidade (ou a possibilidade efetiva de se realizar): uma parcela da juventude aos poucos foi preferindo (ou sendo empurrada para) uma militância voltada ao cotidiano e às relações pessoais, que procurava subverter. De fato, conforme avaliou Messeder Pereira, a tendência geral daquela geração de artistas não era a atitude de combate direto à sociedade e à política autoritárias, mas "uma postura que não privilegiaria um embate", e sim "atuaria mais à base de um 'correr paralelo', estando de certa forma num 'outro circuito'" (1981: 50).

[5] No Rio de Janeiro, em especial, surgiram, nos anos 1970, diversos agrupamentos de afinidade que escreviam e publicavam poesia, como o Nuvem Cigana (mais contracultural), o Vida de Artista, o Folha de Rosto, a intelectualizada coleção Frenesi (coletivos com personalidades variadas, uma vez que seus componentes pertenciam a grupos de formação diferentes). Esses agrupamentos, que mantinham intercâmbios e amizades entre si, organizavam eventos, editavam almanaques e calendários, manufaturavam livrinhos, promoviam festas com *performances* e, de várias maneiras, exaltavam a vitalidade comunitária. Parte dessa literatura foi apelidada de "marginal", caracterizando-se o mais das vezes por uma declarada rejeição a técnicas literárias, com a linguagem distante dos padrões livrescos de qualidade formal. No seu lugar, havia o apreço pela musicalidade espontânea, o gestual, a realização coletiva, a presença e o processo. Tratava-se de uma produção à margem do mercado editorial, feita de modo artesanal e distribuída pelo próprio autor ou por amigos. Formava-se assim um circuito alternativo. O fato de estar fora dos estabelecimentos convencionais de publicação, divulgação e circulação suscitava, tanto na forma quanto no conteúdo, um modo de ser "descompromissado" — como comenta Cacaso (1997) em vários ensaios seus sobre o tema. Aliás, ele se pergunta: estavam à margem porque foram excluídos ou porque desejavam se excluir? Ambas as coisas. De um lado, possivelmente as editoras não se interessariam por aquele tipo de escrita tão pouco lucrativa, de outro, essa mesma linguagem utilizada para a poesia era consequência da não integração dessa juventude, que não se situava nas instituições tradicionais. Hollanda (2004) destaca a relevância simbólica da subversão das relações estabelecidas pelo mercado e por suas instituições naqueles anos de estrangulamento político.

De acordo com os depoimentos coletados, seja por Messeder Pereira para o seu livro *Retrato de época: poesia marginal* (1981), seja posteriormente por Sérgio Cohn para o livro *Nuvem Cigana* (2007), fica evidente a influência da grande cidade cosmopolita dinamizada pelas informações trazidas da cultura jovem internacional do primeiro mundo (especialmente dos grupos de rock e do cinema), além da informalidade proporcionada pela vivência na praia e, ainda, da proximidade da cultura popular dos morros e de suas manifestações ligadas ao samba e ao futebol (sobretudo, graças à geografia urbana que facilitava os encontros diários). Essa conjunção exclusiva do Rio de Janeiro (tão diferente, naquele momento, da São Paulo industrial, migrante, dispersa, com enorme separação espacial entre as classes) permitiu a troca fecunda de diversos registros: aspectos agremiativos de resistência, vertentes contestatórias da cultura pop, fímbrias experimentais da cultura erudita. Tal caldeirão, característico da vivência *underground* carioca, apresenta especificidades em São Paulo, em que as referências dos jovens de classe média focavam-se muito mais nos estudos universitários e na indústria cultural — sem a mediação da cultura popular e muito menos da paisagem natural.[6] Assim, as deambulações pela cidade dos poetas paulistas tendem ora à introspecção do imaginário surrealista, ora à constatação do chiste, da ironia, ou mesmo à disposição espacializada de palavras com sentido metalinguístico.

Chacal, em depoimento biográfico, relembra a origem dos saraus festivos dos poetas (batizados de Artimanhas), marcados pela incorporação quase inconsciente do clima político: "Vibrava com os comícios relâmpagos. [Eles], quem sabe, deflagraram algum dispositivo que viria a usar mais tarde nos recitais pela vida

[6] Houve, porém, mais de um momento de troca entre os poetas das várias capitais que propiciou aproximações fecundas: veja-se o relato da viagem dos integrantes do Nuvem Cigana a São Paulo para encontrar Willer e Piva em evento no Teatro Municipal, assim como de sua apresentação em Brasília, que influenciará o grupo Cabeças, em que se destacava Nicolas Behr (ver Cohn, 2007).

inteira. A síntese, a urgência e a convicção daquilo que se fala" (2010: 19).

Fernanda Medeiros relata a forma como o poeta chegou à primeira concepção das Artimanhas. Inspirado por um festival de poesia a que assistira em Londres em 1973, no qual Allen Ginsberg comparecera, Chacal pressentiu a necessidade de introduzir a recitação de poesia em situações coletivas, nas quais o ritmo musicalizado e a presença do poeta como personagem teria um efeito de união e de descompressão da atmosfera pesada daquele contexto social:

> [...] o eu encarnado que fala imediatamente se funde ao nós graças ao meio aéreo por onde circula a voz. Isso tem diversas implicações: é graças a esse regime oral — não da posse mas do trânsito — que se pode pensar no processo de coautoria entre poeta e ouvintes [...]. É também em função dele que se pode pensar na criação de uma comunidade em torno à poesia [...]. Finalmente, essa voz que não exclui a escrita, que a complementa e a renova a cada enunciação de poema, produz uma permanente provocação cognitiva em nós, obrigados que ficamos a rever nosso "preconceito literário" (Zumthor) e a aguçar nossos sentidos — e isso também é política. (Medeiros, 2004: 16)

Mas, se a resistência tática por meio das manifestações artísticas energizava o marasmo, entrevê-se, entretanto, através da leitura das coletâneas que então se começava a publicar, como a desesperança vazava. Escolho três amostras de poetas bastante conscientes das questões políticas, dentre os selecionados por Hollanda e Pereira (1982), constantes em sua antologia de poesia jovem dos anos 1970:[7]

[7] Além de organizar a antologia seminal sobre a poesia do período (1976), Heloisa Buarque de Hollanda foi a crítica mais próxima dos grupos. O capítu-

Agenda

Noite profunda. Sono profundo.
Esperança rasa

(Cacaso)

Poeta e realidade (O desistente)

Vou tentar a desistência
vou sentar aqui
ficar sem ir
e esperar por mim que vem atrás
os frutos caem
o carro corre
o poeta morre
o mundo marcha para sua manhã
e a sinfonia não para

— sendo fatalidade, fico aqui —
se em tudo existe a própria máquina
pouco acrescenta ir ou não ir
[...]

(José Carlos Capinan)

lo 3 de seu livro *Impressões de viagem* (1980, republicado em 2004) expõe de modo lúcido e vivaz as inquietações da época. Junto a Cacaso, ela foi a primeira leitora simpática à poesia marginal. Remeto também para o estudo fundamental de Carlos Alberto Messeder Pereira, especialmente quando ele faz considerações sobre o antitecnicismo da "mercadoria artesanal" que promoveria uma "ironização do progresso", assim como sobre a "politização do cotidiano" e o anti-intelectualismo (1981: 75 e 92), características básicas da produção cultural daqueles anos. Mais recentemente, um ensaio de Frederico Coelho (em Ferraz, 2013) desenvolve boa apresentação e reflexão crítica a respeito da poesia marginal.

papel: o campo branco
aberto a todos os riscos
muro acidental de uma guerrilha de rabiscos
e grafitos
cara de papel
osso exposto à dureza do meio-dia
o coração virando relevo na parede
        uma falha na relva
campo de outras tantas batalhas perdidas
folha irrecuperável: o risco que a borracha não apaga
impune   mente

(Eudoro Augusto)

O poeta não se considera o anunciador do amanhã: descrê da sua importância, desinfla a retórica e se coloca ao lado do grafito e da clandestinidade. Sujeito autoirônico, sem grandes projetos, que se sabe tanto literatura quanto presente fugaz — ambas as coisas ao mesmo tempo: poesia é (apenas) risco, nos dois sentidos da palavra.

Ao que tudo indica, é como se as esperanças projetadas pela poesia engajada e pela poesia concreta houvessem de tal modo ruído, dado o contexto de opressão, que agora manifestava-se o seu oposto, quase como caricatura: o desbunde no lugar da participação política; o sufoco no lugar do projeto futuro; o apequenamento da vida e do sujeito, expressos através do cotidiano miúdo, no lugar dos planos de expansão; o coletivo festivo no lugar do planejamento; o artesanal no lugar do industrial geométrico.

Tendências divergentes da crítica problematizaram certa "alegria compulsiva" (na expressão de Simon e Dantas, 1985), traço proeminente de parte da produção artística do período. Beatriz Vieira dedica um estudo às várias abordagens de tal inusitada reação ao endurecimento da ditadura entre o final dos anos 1960 e início dos 1970. De acordo com sua apuração, tal fenômeno pode ser constatado em distintos momentos da história, como se verificou, por exemplo, na França pós-1848 (segundo Oehler) ou na

Áustria do fim do século XIX (segundo Schorske), quando os jovens, "Decepcionados com a geração anterior e com a sua própria, foram tomados de desilusão, o que os conduziu a situações de deriva existencial, despolitização ou recolhimento na vida psíquica" (2011: 267). Porém, é difícil decidir se essa jovialidade, ou "excesso lúdico", dever-se-ia à "recusa de endossar a imposição de um mundo triste", segundo a conclusão de Silviano Santiago, ou a uma autoilusão irresponsável que se negava a qualquer compromisso, como se tal reação fosse um mágico "mecanismo de fuga" ainda mais alienante, segundo a posição de Luiz Costa Lima (ambos citados por Vieira, 2011: 270).

A instabilidade social é ressentida com intensidade pela juventude de classe média, ainda que obviamente de modo diferente dos mais desprivilegiados. Mesmo quando não se buscaram pontes com a cultura popular (como fizeram, entre outros, Hélio Oiticica e Waly Salomão), a reverberação afetou, de uma forma ou de outra, aquela geração, que, descrente de ideários progressistas, procurou alimento no "primitivo" e "irracional" da contracultura. Comunidades urbanas que se reuniam à volta de projetos artísticos, como a Nuvem Cigana e os Novos Baianos, acabavam criando laços fortes com os sambistas dos morros ou com a meninada de rua, que eram então agregados a suas realizações.[8]

No caso dos poetas, ao tentarem a experiência da vida na fazenda do amigo Luís Olavo Fontes (onde passavam longas temporadas Cacaso, Ana Cristina, Charles, Chacal e outros), nas viagens

[8] "[...] a novidade que eu encontrei no Charme [da Simpatia, bloco de carnaval de rua da Nuvem Cigana] foi frequentar pela primeira vez um ambiente radicalmente democrático e fraternal, onde conviviam a rapaziada do asfalto e a turma da favela, brancos e pretos, arquitetos e operários, literatos e semianalfabetos, gente com sobrenome distinto e gente que praticamente só apelido tinha. Eu nunca tinha presenciado uma mistura social tão efetiva e natural", declara Claudia Neiva de Matos em depoimento para o livro de memórias de Chacal (2010: 82). — Também testemunhei esse aspecto ao assistir a um dos *CEP 20000*, espetáculo promovido por Chacal, no qual se nota a presença ativa de jovens tanto da Zona Sul quanto provenientes das diversas favelas do Rio, que ali se reúnem para cantar, atuar, tocar e recitar.

pelo rio São Francisco, na frequentação da casa comunitária de Santa Teresa (núcleo da Nuvem Cigana), ou ainda ao agruparem-se no píer de Ipanema (um istmo exilado do continente), isolam-se da sociedade autoritária para abrir as portas da percepção a ilhas ou paraísos tribais, mas fechando-os e estreitando-os em relação ao mundo lá fora. Resta saber se essa foi a melhor (e talvez única) estratégia interessante naquele momento, uma vez que tanto nas associações políticas de esquerda quanto nas reuniões de artistas o pequeno grupo constituiu-se como possibilidade de troca de ideias e de experimentação de projetos de criação.

Em sua relevante pesquisa sobre a poesia dos anos 1970, em que se propõe a escrever uma história cultural da época sob o prisma da (perda da) experiência e do testemunho de uma geração de poetas, Vieira destaca, entre outros traços daquele momento,

> [...] a fratura do pertencimento e o paroxismo da vivência subjetiva, com a inclinação simultânea dos sujeitos ao narcisismo e à dissolução, e o decorrente processo de "intimidação" da voz lírica, que se torna tímida ante a esfera pública e se volta para o universo privado, gerando crescente desinteresse pela história e pela memória social. (2011: 37)

Ao retomar os depoimentos de diversos poetas ligados ao grupo marginal coletados por Messeder Pereira (1981), aos quais ela mesma acrescentou outros, Vieira enfatiza a precariedade como resultado de "um processo de transformações tão profundas e recentes que não se pode vê-las em seu acabamento", fruto de condições históricas em que se manifesta um bloqueio da expressão. Tal processo conduziria a "uma *poética intervalar*, *lacunar*, em que a voz alternadamente se elide e se positiva, sendo esta uma forma específica de reação à crise da linguagem". O anti-intelectualismo predominante derivaria, segundo a historiadora, da rejeição dos artistas ao autoritarismo sociopolítico e ao formalismo institucional, contra os quais procuravam válvulas de escape, contestando-os fosse nas formas de vida, fosse na criação artística. Muitas vezes, porém, furtando-se à reflexão mais densa, recaíam em grande ingenuidade ideológica, com soluções artísticas primárias. O corte com a "experiência acumulada" e com a "memória histórica" conduziu à superficialidade que encontramos em parte considerável da poesia da época, a qual parece elidir as tensões em nome da "curtição" do presente e da ação imediata (2011: 118 ss.).

Já Silviano Santiago percebera a afinidade entre a rejeição dos poetas dos anos 1970 às "formas *bibliotecáveis* de literatura" e as propostas "subterrâneas" de Oiticica, de Antonio Manuel, assim como dos cineastas *underground* que trabalhavam com o super-8 naquele momento. Ao mesmo tempo, adverte quanto ao simplismo de sua "ideologia rudimentar e juvenil", que se comprazia em fazer do poema mera "anotação de experiências vivenciais" (1978: 184, 188 e 185).

Ao se referir à leitura que estava fazendo de fragmentos do futuro livro de Waly Salomão, *Me segura qu'eu vou dar um troço*, Hélio Oiticica, numa de suas cartas, descreve-os como "compartimentos do dia a dia, como se fossem lixos que você deposita [...] como se fosse a biblioteca do dia a dia, não, uma euxistênciateca do real" (Heliotapes, 1971).[9]

Tanto na poesia quanto em outras artes, deparamos ora a aderência ao discurso contingente recortado dos acontecimentos ínfimos e banais da vida, ora a consciência das barreiras à comunicação aparentemente imediata. Uma parte da produção poética dos anos 1970 oscila entre, de um lado, a reprodução do cotidiano e, de outro, a elipse, o corte quase louco, que se distingue nos escritos de Torquato Neto, Ana Cristina Cesar, Francisco Alvim, Cacaso, Waly Salomão, Eudoro Augusto... poetas muito diferentes

[9] Citado por Florencia Garramuño, que o retirou da reedição de 2003 de *Me segura qu'eu vou dar um troço*. Acerca do neologismo "euxistênciateca", ela comenta que "pode servir não apenas para pensar a poesia de Waly Salomão, mas também toda uma miríade de práticas artísticas que cruzaram a paisagem cultural das décadas de 1970 e 1980 no Brasil e na Argentina e que estabeleceram uma série de relações problemáticas entre a noção de obra e seu lado de fora ou exterioridade" (2009: 16 e 18).

entre si que questionam, naquele momento, a ideia de obra acabada, orgânica.

Messeder Pereira, ao interrogar a experiência artística daquela geração, especula se a não especialização defendida pelos poetas seria uma recusa, consciente ou não, à divisão social do trabalho no capitalismo avançado. Reduzindo a distância entre trabalho intelectual e manual, à medida que se envolviam na produção e na distribuição dos próprios livros, os poetas resistiam à alienação imposta pela sociedade industrial. Ao contestar o circuito do mercado editorial, o livro podia assumir formas mais livres, personalizadas, lúdicas. Além disso, o poeta endereçava-se a um público também ele menos direcionado. Tal "desconfiança frente à tecnologia e seus corolários (modernidade, progresso, etc.)" e à "racionalidade tecnocrática" se relacionaria com as contradições sociais brasileiras anteriormente explicitadas pela Tropicália (1981: 88, 78-9).

No livro *Nuvem Cigana* (Cohn, 2007), a maioria dos depoimentos dos poetas do grupo opõe ao clima de repressão o desejo de uma vida "alternativa", livre das injunções sociais autoritárias. Mais do que realização formal, a poesia é por eles considerada uma atitude "subversiva". Constantemente comparece esse mesmo ímpeto de engajar-se politicamente sem ter de ir para a luta armada (na prática, única opção que se oferecia naquele momento). Queriam "agitar", resistir ao "sufoco", através da arte. Conforme verificou Fernanda Medeiros (2004), suas Artimanhas (mistura de lançamento de livro e recital literomusical que ocorria no Rio entre 1975 e 1979, com bloco de carnaval e artistas de várias tendências), constituíam, naquele momento de impossibilidade de participação, uma forma inventiva de resistência ao sentimento geral de desânimo. Em vez de combater diretamente o poder, faziam-no de modo "afirmativo-reativo", por meio da interação coletiva de espectadores próximos aos poetas, cujos versos só se realizavam em sua vocalização presencial, ao entretecer a palavra à práxis vital, propondo assim uma forma de utopia possível.

Em consonância com as noções artísticas então em voga, pregava-se a criação imediata, como se pontifica no artigo "Consciência marginal", de Bernardo Vilhena: "Procuramos a poesia que salta da consciência do poeta pra um papel qualquer", numa atitude jovial e transgressiva em relação às leis sociais: "instantâneo revelado às pressas, do cigarro a varejo e tantas coisas mais, desfrutadas em comum", a colocar-se ao lado da rebeldia irônica contra o sistema dominante:

> [...] a poesia que não cabe em estantes programadas, que não foi incorporada ao comércio do livro e à cotação periódica dos artefatos consumíveis, que não se abriga num rótulo aceito nem se defende numa escola reconhecida. Já sabemos que a civilização está em boas mãos, que a economia está em boas mãos, que o poder passa de boas em boas mãos. E a poesia, está em boas mãos? Esperamos que não. (*Malasartes*, nº 1, 1975, em Litron, 2007: 40)

A relação entre arte e política, ambas alheadas das estruturas sociais, torna-se evidente. Há um ar clandestino nessa maneira de se referir à poesia como algo que lembra a cola do colégio ou o baseado, passando sub-repticiamente de mão em mão — como um gesto de desafio apenas realizável por meio da interação do grupo.[10]

Se, por um lado, a censura podava as artes do espetáculo (teatro, cinema, música popular) e os meios de divulgação de massa (TV, jornais, revistas, editoras), por outro, o Estado fomentava leis de cultura e proporcionava incentivos àqueles que compusessem obras de acordo com o espírito reinante. Quando todos os discursos e instituições estavam em "boas mãos", não sobrava, portan-

[10] Acompanha o "manifesto" uma antologia de poetas, entre os quais comparecem Chacal, Afonso Henriques Neto, Charles, Ana Cristina Cesar, Ronaldo Bastos, Angela Melim, João Carlos Pádua, Francisco Alvim, Roberto Schwarz, Luís Olavo Fontes, Cacaso, Eudoro Augusto, Leomar Fróes e o próprio Bernardo. A dissertação de Fernanda Félix Litron (2007) traz a transcrição completa do texto, seguida de comentários críticos.

to, muita margem de manobra para "ocupar espaços" (como exigia Torquato) em meio à opressão. A necessidade de ser marginal para respirar livremente se impunha.

A véspera do trapezista[11]

Agora não se fala mais
toda palavra guarda uma cilada
e qualquer gesto é o fim
do seu início;
agora não se fala nada
e tudo é transparente em cada forma
qualquer palavra é um gesto
e em sua orla
os pássaros de sempre cantam assim,
do precipício:

(Torquato Neto, "Literato Cantabile", 1971)[12]

As fotografias dos anos 70 envelheceram muito depressa. Havia um excesso de atualidade nas pessoas e nos acontecimentos que deixava cair uma cinza de efemeridade sobre as imagens.

Inês Pedrosa, *Nas tuas mãos*, 1997

Nos seus melhores momentos, a poesia marginal, por desconfiar do "todo postiço" ou da "má totalidade" estabelecida, a falsear a dinâmica da realidade em suas contradições, repele tanto o didatismo chão, típico da maior parte da poesia engajada dos anos 1960, quanto a ausência de ferrugem subjetiva da vertente concretista ortodoxa.

No livro bastante completo de Teresa Cabañas, a pesquisadora ressalta a necessidade, naquele momento, de marcar presen-

[11] Verso de Cacaso em que declara sua atitude poética: "Preciso/ da palavra que me vista não/ da memória do susto/ mas da véspera do trapezista" ("Cartilha", *Grupo escolar*, 1974).

[12] Primeira estrofe do poema, que foi reescrito em diversas versões e republicado em *Torquatália: Do lado de dentro*, 2004.

ça ativamente, abrindo brechas, de modo a "não dissimular a existência desse cotidiano sufocante", considerando-se a "situação de perecibilidade" que acompanhava o sentimento de irrelevância do poeta. Conforme sugerido em exemplos de poemas e manifestos mencionados por ela, a "consciência plena da finitude" deriva da "ofuscante constatação do presente", sem esperanças, sem idealizações, por um sujeito que se reconhece insignificante, um "eu exacerbado, voluntarioso e vitalista, mas ao mesmo tempo achincalhado" (2009: 38, 61, 93 e 96). Assim, os poetas intentavam representar a vida diária em tom menor, com desajeitamento da forma, para transmitir uma existência inútil e falida, como mostra o verso de Cacaso, "Toda coisa que vive é um relâmpago", ou o "instantâneo revelado às pressas", na expressão de Bernardo Vilhena (em Cabañas, 2009: 72 e 74).[13] A "recusa à operação transfiguradora", ou ainda, na expressão da estudiosa, a palavra "desluzida" (2009: 115), advém da consciência de que "A vida é sempre igual a si mesma" (verso final de "1974", de João Carlos Pádua).[14] Segundo Heloisa Buarque de Hollanda, "É a arte de captar situações no momento em que estão acontecendo, sentimentos que estão sendo vividos e experimentados e fazer com que o pró-

[13] Referindo-se a essa definição, nota Armando Freitas Filho: "A poesia brasileira que no Modernismo apelou para a Kodak para descobrir os instantâneos da vida, hoje realiza o poema-polaroide, de revelação instantânea e 'elabora' um estilo e uma estética do inacabado, do 'surpreendido' pelo acaso da interferência do poeta" (1979: 113). Não à toa o poema de Cacaso se chama "Natureza morta", pois tanto nesse caso como no texto de Vilhena a referência é a arte "*still alive*", que se manifesta no instante presente, como uma brusca iluminação, imediata, breve.

[14] O verso de "1974", escrito antes por Drummond (em *Boitempo*, 1968), é mencionado na epígrafe do poema, na qual se adverte: "desentranhado do poema 1914 de Carlos Drummond de Andrade". O poema de Pádua retoma o clima de guerra em surdina, que não se vê mas se pressente, tal como o menino Drummond vivenciara as notícias longínquas da Primeira Guerra Mundial, no interior de Minas. E, aqui, o clima é acrescido pela sugestão à censura ("Não vem nada no jornal").

prio processo de elaboração do poema reforce esse caráter de momentaneidade" (1980: 112).

Essa autoderrisão, concomitante à depreciação da obra de arte, conduziu a um limite extremo, que recaiu ora na banalização, ora na pungência quase distraída da anotação honesta a captar até mesmo o que não percebe, como se adverte neste despretensioso poemeto de Guilherme Mandaro, para o qual cairia como uma luva a pecha de "instantâneo", "anotação" e "polaroide":

> a área interna é um lugar muito frio
> onde as roupas secam
> o sucesso toca
> uma criança chora
> a empregada
> um passarinho uma gaiola um cachorro
> o sol fica lá no alto
>
> (*Hotel de Deus*, 1976)

Se "o sol fica lá no alto", distante e acima dessa "área interna", que é "um lugar muito frio", onde pessoas e bichos confinados são igualmente justapostos como desimportantes, a precariedade ronda o tema assim como a forma de representá-lo. As frases diretas e curtas de verbos no presente descrevem a cena como instante flagrado e como algo melancolicamente fixo: um desenho sem perspectiva, com todos os elementos lado a lado. A experiência não transfigurada, em ambiente restrito, pode alcançar profundidade, mesmo insciente.

Sem querer atribuir aos poetas da geração marginal reflexões filosóficas que não comportam, nem por isso deixamos de lembrar que, nesse mesmo período, os artistas minimalistas norte-americanos se propunham a ser o mais literais possível, expondo em sequência materiais comuns, prosaicos, para negar qualquer transcendência ou sentido metafórico fosse à arte, fosse à vida. Em que pesem as muitas diferenças, citamos a propósito este comentário de Rosalind Krauss acerca de Donald Judd:

> Por outro lado, "uma coisa depois da outra" parece o transcurso dos dias, que simplesmente se sucedem um ao outro sem que nada lhes tenha conferido uma forma ou uma direção, sem que sejam habitados, vividos ou imbuídos de significado. Com esse pensamento, poderíamos ser levados a indagar se Judd estaria propondo, com essa fileira de caixas idênticas, uma analogia com a matéria inerte — com coisas intocadas pelo pensamento ou não mediadas pela personalidade. (1998: 298)

Há um certo dar de ombros em relação ao futuro, que se traduz nesse ajuntamento de partes de um ambiente. O tempo refluía para um horizonte estreito.

Em vista disso, penso que se deva discernir, na poesia dita marginal dos anos 1970, uma produção no geral eufórica e acintosamente direta e outra dúbia, cuja negação do literário se deveu ao sufocamento do espaço social, conduzindo à descrença em relação à própria configuração do poema.

Tal percepção se experimenta, por exemplo, na leitura deste poema de Charles — muito significativo para identificar o outro lado do "desbunde" e captar a autoironia perplexa daquele momento:

> o operário não tem nada com a minha dor
> bebemos a mesma cachaça por uma questão de gosto
> ri do meu cabelo
> minha cara estúpida de vagabundo
> dopado de manhã no meio do trânsito
> torrando o dinheirinho miudinho a tomar cachaça
> pelo que aconteceu
> pelo que não aconteceu
> por uma agulha gelada furando o peito
>
> (*Perpétuo socorro*, 1976)

O arranjo quase paralelístico das frases confere um tipo de ritmo enumerativo, de arranque a cada verso, como um desabafo no meio da rua, o mais pedestre e literal possível, até o desenlace, que perfura o poema do fim ao começo, costurando agulha e dor.

O fato de o poeta não se identificar com a subjetividade do operário e afirmar a própria marginalidade, a sua "alienação" deliberada, parece uma provocação aos valores, expostos como filistinos, de poetas com tom grandiloquente e conteúdo *soi-disant* revolucionário.[15] Situa-se a diferença do jovem universitário em relação ao operário e ao mesmo tempo insinua-se certa afinidade comum na desvalorização. Deve-se creditar a ele a lucidez de não tentar fingir um lugar de classe que não é o seu, esquivando-se do sentimento de solidariedade populista. Já que estavam cortados os laços ideológicos que aliaram em frentes amplas os intelectuais e as massas, agora o estranhamento e a degradação mútuos são denunciados sem disfarce.

Há uma apologia desaforada da inutilidade da ação que retoma as considerações de Silviano Santiago (1989a) a respeito das *performances* de Oiticica e dos espetáculos musicais de Caetano Veloso, quando observava a alegria descompromissada da época, aliada ao impulso de chamar o espectador a interagir, como forma de resistência à constrição social — dois lados da mesma moeda.

[15] Adorno e Horkheimer, percucientes no que tange aos impasses da ideologia, analisam na *Dialética do esclarecimento*: "É característico de uma situação sem saída que até mesmo o mais honesto dos reformadores, ao usar uma linguagem desgastada para recomendar a inovação, adota também o aparelho categorial inculcado e a má filosofia que se esconde por trás dele, e assim reforça o poder da ordem existente que ele gostaria de romper. A falsa clareza é apenas uma outra expressão do mito" (1985: 14). Mas deve-se levar em conta que o timbre inflamado e propositadamente simplista (supostamente popular) de tantos poetas que participaram dos fascículos de poesia *Violão de Rua* do CPC (1962-63), depois incorporados às revistas de esquerda dos anos posteriores, pode ser apreciado como tentativa de resistência ao despotismo da ditadura da época. Se a linguagem de alguns daqueles poetas envelheceu, isso também reflete, em parte, o ceticismo de nossa sensibilidade atual.

É o mesmo Charles que escreverá versos nos quais faz papel de palhaço ou vira-lata:

> a poesia alimenta revoluções
> é o vira-lata esperto na mira da caça
> a poesia é a criação mais barata
> a situação mais delicada
> o tombo mais alto
> porque os palhaços pensam que têm a cabeça
> [de borracha
>
> (*Coração de cavalo*, 1979)

O poemeto retrata-se, a princípio, na posição de vanguarda profética, mas logo se ironiza, descrevendo o poeta como um sujeito sem prumo nem rumo, inconsequente, ameaçando se autodestruir, mas sem densidade, feito um personagem de desenho animado, que pode ser achatado e logo se recompõe.

Medeiros refere-se ao traçado acidentado desses versos: "No pico mais elevado, a utopia máxima da poesia — alimentar revoluções. Em seguida, uma queda vertiginosa" (2002: 117). Pois o poeta é exposto como figura ridícula, ainda que simpática, no seu quixotismo.

Em sua crise de esperanças finalistas, a poesia alimenta a desistência em relação à transformação social, acoplada à perda das certezas fundamentais, o que induz a algum tipo de identificação com as minorias e os marginalizados. Tal perspectiva também podia levar a um sentimento de desintegração.

A percepção do exílio social, da incomunicabilidade e até de certa paranoia permeia muitos escritos desse período, em autores como Ana Cristina, Torquato, Cacaso, Chico Alvim, Armando Freitas Filho, Sebastião Uchoa Leite e Lygia Clark. A oposição às explicações supostamente abrangentes da realidade conduziu, algumas vezes, a um tipo de fragmentação da linguagem que resultou em poesia acidental ou solipsista (como nos últimos escritos de Torquato e de Ana Cristina). A ironia, agressiva em relação até mesmo ao próprio sujeito, acaba por atingir a concepção da forma literária, produzindo-se então material bruto, que se apresenta contingente e reduzido ao pré-estético.

Ou, ainda, o sentimento difuso de não pertencimento desemboca num rechaço a qualquer compromisso que possa parecer submissão a formas culturais impostas. A esse respeito, Cacaso comenta, acerca da poesia de Chacal, o quanto ela busca a "plenitude da gratuidade" como decorrência de sua "alergia visceral relativamente à situação e ao clima de autoritarismo reinante de alto a baixo no país, dentro e fora da vida literária" (1997: 43).

Outra ressalva feita aos poetas dessa geração é o enfraquecimento do estilo pessoal em prol de uma escrita comum — como se todos estivessem compondo um poema a muitas mãos, conforme sintetizou o mesmo Cacaso. Há, de fato, uma desindividualização perceptível na recorrência a temas do cotidiano miúdo e na reiteração dos mesmos procedimentos construtivos. Paradoxalmente, o que sinalizaria o debacle da qualidade, pode, em alguns momentos, mostrar-se consequência de uma escolha.

O fato de Francisco Alvim ter recebido a alcunha de "poeta dos outros", aquele que ouve as vozes à sua volta para magnificá-las, parodiando suas particularidades e fraquezas, situa-o como sujeito deslocado da própria interioridade para captar as contradições sociais. De forma análoga, a questão se repropunha para o próprio Cacaso, assim como para poetas mais velhos, como José Paulo Paes, Sebastião Uchoa Leite e Rubens Rodrigues Torres Filho, por exemplo, que, pertencendo a diferentes gerações e divergindo estilisticamente, privilegiam em comum o tom satírico como modo de superar uma subjetividade viciada pelas circunscrições do lugar social. Já Ana Cristina Cesar, ao preferir a forma da correspondência e do diário, mas de modo elíptico e muito mediado, sem revelar de fato a intimidade — "singular e anônimo" (conforme a precisa expressão de Silviano Santiago, 1989b) —, também desnuda a inconsistência de falsa mônada. Embora a expressão do instante possa ser considerada o traço mais óbvio da dita "poesia marginal", frequentemente soma-se a isso uma imagem que demanda reflexão sobre a posição do sujeito.

Iumna Simon e Vinicius Dantas, em texto crítico vigoroso sobre a poesia marginal, nela desaprovam a coincidência entre sujeito lírico e empírico ao lado do encurtamento do trabalho formal, disso decorrendo um estilo descompromissado que resulta na expressão banalizada do cotidiano e na desqualificação da linguagem literária. É necessário reconhecer a justeza desse diagnóstico, que denuncia, igualmente, a crise de quaisquer esperanças utópicas e, ao mesmo tempo, o apequenamento da vida, reduzida ao corriqueiro.

Segundo Simon e Dantas, "a expressão poética hoje não toma qualquer distância da experiência e da linguagem cotidianas" (1985: 48). Eles avaliam que tal aproximação com a língua comum pode derivar para uma aderência acrítica às novidades do mercado. A fisionomia pop e desliteratizada da poesia marginal tenderia, muitas vezes, para um "sentido regressivo", saliente da cultura de massas, voltando-se ao público adolescente. Se, originalmente, essas produções possuíam intenção inconformista e rebelde, esta teria sido rapidamente apropriada com vantagem pela indústria cultural, dada a facilidade comunicativa do seu estilo. E, se o aspecto mais interessante residia na produção artesanal e na distribuição personalizada, quando estas cessaram no final da década de 1970 e os poetas passaram a ser publicados pelas editoras comerciais, reduziu-se o encanto da resistência contracultural, restando evidente apenas o conteúdo pobre. Compunha a proposta inicial o pressuposto da contingência, que induziu parte daquela geração tanto à extremada valorização contemporânea da arte efêmera da *performance* quanto a poemas propositadamente imediatistas. Mais tarde, uma parcela dessa produção foi absorvida pelo mercado cultural, quando na sua origem dirigia-se a um grupo de pessoas diretamente envolvidas com sua realização, através da fatura de livros coletivos ou por meio de "não-objetos" artísticos.

A própria Hollanda, madrinha dos poetas, na apresentação que fez à antologia *26 poetas hoje*, advertiu que "o *flash* cotidiano e o corriqueiro muitas vezes irrompem no poema quase em estado bruto e parecem predominar sobre a elaboração literária da matéria vivenciada", e o mesmo se dá com "aspectos de diluição e de modismo, onde a problematização séria do cotidiano ou a mescla de estilos perde sua força de elemento transformador e formativo" sem no entanto deixar de ressaltar a potência reveladora dessa "psicografia do absurdo cotidiano" (1998: 11 e 13).

Contudo, apesar da fragilidade formal em muitas obras de artistas plásticos como Oiticica, Clark, Pape, Antonio Manuel, Artur Barrio e vários outros, a crítica considera-os os pioneiros da arte contemporânea. Uma das diferenças em relação ao juízo de valor da poesia da época reside em que as artes visuais realizaram um movimento radical de autorreflexão, com muita consequência hoje. Também por isso, receberam antes da poesia atenção mais generosa, hoje ressalvando-se dois ou três autores (Ana Cristina e Cacaso, entre outros), mais conscientes quanto aos problemas de formalização e alcance de sua escrita.[16] Não obstante, as aproximações entre os projetos de ambos os universos artísticos são cabíveis.

Rodrigo Naves, porém, relativiza a importância desses "desconstrutores" das artes plásticas ao ponderar que não se pode considerá-los a única linha de força influente para o conjunto da produção atual. Também reduz o alcance de suas realizações, fazendo objeções ao caráter excessivamente intimista e sensorial dessas obras. Além disso, a indeterminação entre arte e vida parece-lhe uma proposta que tende a dissolver a obra na linguagem da vida comum, minimizando por vezes seu possível impacto.[17]

[16] Caberia acrescentar outro aspecto fundamental: há uma evidente discrepância temporal entre o reconhecimento crítico do valor da poesia brasileira moderna, que atingiu um elevadíssimo nível, e o reconhecimento do valor das artes plásticas nacionais que, apesar de contar com nomes de alto calibre, não logrou alcançar o mesmo grau de exploração crítica sistemática, ao menos até os anos 1950. Devo esta reflexão a Alberto Martins.

[17] Acrescentaríamos a essas observações críticas um reforço ao sentido regressivo que se atribui à poesia marginal dos anos 1970: nela constata-se, além do mais, um encolhimento do espaço público, como imputado pelo crítico de artes Rodrigo Naves às últimas realizações de Oiticica e Clark. Ao preconizar a dissolução das fronteiras entre arte e vida, pressupondo assim con-

De forma semelhante, Simon e Dantas (1985) lamentam a ausência de projeto renovador ou utópico na poesia marginal, que tende a sugerir tão somente as relações afetivas do cotidiano, indicando um tempo e um espaço encurtados.

Um poema que ecoa e mesmo menciona sugestões "performativas" (na expressão de Roberto Zular, 2005), tal como nas ar-

quistar a interação entre obra e espectadores, os artistas não caminharam na direção de "uma exteriorização das formas, e sim a um ensimesmamento problemático". Cito ainda: "Nos trabalhos desses dois artistas a tentativa de promover experiências que fossem além de uma relação contemplativa entre observador e obra termina por desembocar numa exploração da intimidade do mundo ou do corpo, em lugar de abrir a forma para a criação de um espaço público, com tudo que ele envolve de exterioridade e estranhamento". Isto é, "o esforço para romper com a separação arte-vida levou, paradoxalmente, à supressão de toda alteridade, por meio de uma identificação da experiência estética — convertida quase em experimentações sensoriais — com a criação de mundos altamente intensos e sem fissuras" (1996: 243-6). Tal atitude é contrastada com a postura estética de Amilcar de Castro que, segundo o crítico, não teria abandonado a realização da obra autônoma e por isso alcançaria maior dimensão histórica. Na trajetória paradigmática de Oiticica, Naves identifica sintomas da ambiguidade de nossa situação social. Quando elegeu a escola de samba e o morro da Mangueira como "uma espécie de suma da sociedade brasileira, oscilando entre uma utopia salvadora e uma precariedade violenta e dolorosa", o artista decidiu incluir materiais mambembes nas suas obras, de forma a incorporar simbolicamente contradições da modernização desigual. Mas reflete Naves: "A nossa vida social pouco estruturada, carente de instituições fortes e organizações civis representativas, faz com que a face coletiva de nossa existência guarde traços das relações familiares e afetivas. E essa característica irá marcar suas obras com a dificuldade de promover experiências que se afastem decididamente do campo da intimidade e do afeto" (2007: 87). E ainda: "O fato de até um trabalho dilacerado e ambicioso como o de Hélio Oiticica reiterar alguns dos dilemas mencionados revela a profundidade dessa nossa experiência social. Na ausência de uma força social poderosa que fizesse vislumbrar novas possibilidades, parece restar apenas essa utopia rememorativa e docemente anticapitalista, a única a fornecer indícios reais de um novo tipo de sociabilidade" (1996: 22). Para o teórico, tal postura fomenta distorções na avaliação do trabalho de Oiticica e Clark. Dentre elas, ressalta a nostalgia de um mundo dionisíaco e primitivo que imprimiria, entre europeus e norte-americanos, valor agregado à obra de ambos.

tes plásticas, ao mesmo tempo que deixa entrever a falta de projeto, é este, retirado do livrinho semiartesanal e ilustrado de Luís Olavo Fontes:

HOMENAGEM A YOKO ONO

Saia às ruas na noite.

Fixe o olhar num poste de mercúrio
e deixe que os carros, como tiros
matem por um segundo
a luz que dele emana.

(*Prato feito*, 1974)[18]

Apresenta-se a sugestão de uma ação "inútil", ao remeter ao aspecto instantâneo do poema somado à gratuidade da própria vida (seja do artista, seja do leitor). A rapidez dos carros mimetiza a violência da passagem do tempo associada à intercambialidade do sujeito e de seu destino arbitrário. Parece-nos, portanto, que a propalada imediaticidade pode, em alguns momentos, ser intencional e similar às intervenções artísticas dos grupos atuantes naquela década, como o Fluxus, do qual participava Yoko Ono.[19]

[18] Sobre esse poema e o performativo que não se completa, conferir, de Roberto Zular, "O que fazer com o que fazer? Algumas questões sobre o *Me segura qu'eu vou dar um troço* de Waly Salomão", 2005.

[19] Não apenas no Brasil, mas no mundo, observa-se a formação de coletivos de artistas que teorizavam sobre a necessidade de evitar a lógica da mercadoria, criando objetos lúdicos ou críticos, com a aspiração de "desmontar o falso espetáculo do cotidiano" (segundo palavras que parecem evocar Debord). Um dos grupos mais influentes no cenário das artes plásticas dos anos 1960 e 1970, o Fluxus representou com magnitude o espírito da época, apregoando uma produção comunitária, apoiando a arte política, a *performance*, a superação do objeto a ser vendido. Dele participaram John Cage, Joseph Beuys, Nam June Paik, entre outros, principalmente na Alemanha e nos Estados Unidos.

Seu livro *Grapefruit (a book of instruction and drawings)*, republicado em edição comercial em 1970, deve ter chegado às mãos de Luís Olavo Fontes. As propostas da artista vão na direção de gestos sem finalidade prática, cujo intento seria ressaltar algum estranhamento intensificador das experiências vitais. Mas o poema brasileiro apresenta uma nuance trágica e violenta, ausente nas sugestões de Ono.

Destacamos, a esse respeito, os comentários de Medeiros:

> No regime dos próprios dias vividos, descartáveis, dos instantes que se seguem e se substituem, cada "anotação" rodada nos mimeógrafos transforma-se em bilhete que se lê e joga fora, num movimento de perdas e ganhos, pois logo a seguir virá outro bilhete, e logo outro. Nesse sentido, a expressão usada por Heloisa Buarque para se referir à poesia marginal é uma das mais felizes e precisas que encontrei: "psicografia do absurdo cotidiano" parece traduzir melhor a situação trágica (?) de produzir poemas em massa, atestando não só a pressa sincopada contra a inexorabilidade do tempo mas uma condição de artista eternamente *in progress*, que não encontra outro espaço para a sua arte que não o estar muito próximo da vida, e longe da biblioteca. (1998: 61)

Assim, o que foi avaliado como pioneiro e altamente valorizado no reino das artes plásticas (como o questionamento das fronteiras da autonomia e da perenidade da arte, por meio da encarnação em uma experiência sensorial, a fim de despertar ou ampliar a consciência do espectador) parece de fato bem mais problemático quando proposto no reino da poesia.

Nas revistas que publicavam, lado a lado, poemas e manifestos de artistas plásticos (como *GAM*, *Navilouca*, *Malasartes*, *Beijo*, entre outras), promovia-se a apologia da transfiguração do objeto artístico em algo que pressupunha antes uma atitude vital do que propriamente uma obra. Além de muitos poemas do grupo chamado "marginal", há textos que se equiparam aos projetos radicais da arte em crise, tal como o de Chacal, "Artimanha: ardil, artifício, astúcia" (*Malasartes*, nº 3, abr.-jun. 1976).[20]

Mas, reiteramos, o que nas artes plásticas alcançou um alto grau de prestígio, como o *happening* (ou *performance*), o qual recebeu atenção positiva da crítica especializada, na poesia resultou em realização considerada por vezes inconsistente, quando convertida em vocalização permeável à vivência do cotidiano em que importava antes a situação enunciativa do que o resultado na página. Ambas caminhavam pelo mesmo momento de crise e buscavam soluções similares, entretanto parecia mais grave a presunção do escritor que ignora o intervalo entre vida e palavra do que a *performance* do artista visual que imagina compartilhar vivências com os "participadores". Simplesmente porque a palavra não pode ser a coisa, julgava-se como engodo a transposição bruta que havia por exemplo num *ready-made* verbal — a não ser quando permanecia a tensão entre o imediato (que, no fundo, nunca pode sê-lo) e a elaboração, intuída ou meditada. Nas artes plásticas, o dilema deve ser provavelmente o mesmo — com a diferença, talvez, de que os objetos podem ser de fato transpostos para a obra ou esta pode ser colocada ou construída em locais inesperados, fora do âmbito propriamente artístico, no que foi identificado como "campo estendido".[21] De certa forma, o impulso para fora da literatura dos poetas dessa geração pode evocar semelhanças com esse inconformismo artístico geral.

Será que, apesar da irregularidade desses poetas, essas "saídas" extremas do campo considerado artístico teriam contribuído,

[20] Desenvolvo outros comentários sobre ele no próximo capítulo, sobre revistas.

[21] Expressão cunhada por Rosalind Krauss (1986) para nomear criações artísticas que se tornaram mais comuns no final da década de 1960 e interferiam na paisagem sem serem propriamente esculturas, tais como as *site-constructions*. Krauss menciona, entre outras, a "Spiral Jetty" (1969-70), de Robert Smithson, e o "Observatory" (1970), de Robert Morris. Os projetos de labirintos de Hélio Oiticica guardam muita afinidade com essas propostas.

ainda que de forma ingênua, para repensar o atrito entre o literário e o corriqueiro, tal como hoje se concebe?

Por tudo isso, propomo-nos a identificar alguns traços dessa poesia sob aspectos que julgamos fecundos, na forma das notas a seguir.

Dessublimação: "presente veloz"

Consideremos a proposição de Rosalind Krauss, crítica de arte norte-americana, que examina a recusa, na produção cultural dos anos 1970, do "modelo de sublimação", o qual atribui à arte a tarefa de "sublimar ou transfigurar a experiência, elevando-a do ordinário para o extraordinário, do lugar-comum para o único" (em Perloff, 1998: 10) e até, acrescentaríamos, da mortalidade da existência concreta para a imortalidade do objeto com aura. A obra artística, anteriormente problematizada pelas vanguardas, sofrerá ataque ainda mais contundente nos anos 1960 e 1970. Se, pelo menos desde Baudelaire, o lugar da poesia na sociedade capitalista é conscientemente ambíguo, tal angústia provoca movimentos contrários de atração ou repulsa em relação à reconfiguração estética da vida. Para pensadores como Habermas, seguido por Jameson, a dessublimação conduziria à queda ao nível da indústria cultural e ao abalo do contraforte formal, que permitia a autonomia. Mas Krauss e Perloff não pretendem opor-se totalmente ao modelo de sublimação nem minimizar os efeitos vulgarizadores da indústria cultural — apenas ressalvam alguns intercâmbios entre arte e sociedade de mercado que possam ser interessantes, de modo a não opor ou separar completamente a arte do "resto". Esse é, aliás, um dos pomos da discórdia entre aqueles que defendiam a autonomia da arte contra o sistema capitalista, como Clement Greenberg e Michael Fried, e entre os que consideram a arte contemporânea como necessariamente imersa na cultura pop, criticamente ou não, sem manter divisórias estritas em relação à influência dos *mass media*, como é o caso de Andreas Huyssen, Hal Foster e outros.

Em trabalho que se tornou referência para a crítica da cultura da época, Marcuse (1967) condenava a tendência à dessublimação da arte, a qual perderia o valor de rejeição do *status quo* em nome de um pluralismo indiferente e de uma redução da necessidade de aperfeiçoamento de si e da sociedade: acreditava-se, ilusoriamente, que a "consciência feliz" e a "sexualidade desinibida" poderiam resolver os impasses sociais.[22] Ao mitigar a tensão entre alta cultura e cultura de massa, poderia ocorrer uma supressão do intervalo reflexivo entre obra e mundo resultante da falta de distância.

Porém, faz-se necessário distinguir, nos anos 1960 e 1970, ao lado de uma literatura aderente ao imediato factual de fachada, seja a poesia do "desejo decepcionado" (na expressão de Favaretto), seja alguma poesia da *performance*, que convocava, pela energia coletiva, forças criativas. Assim, havia artistas que afiavam um gume ainda mais radical, incorporando a antítese do literário sem ali permanecer.

Apesar de o quadro geral anunciar perspectivas catastróficas, ressalvamos a originalidade tanto do criador particular quanto dos grupos articulados à volta de projetos artísticos contraculturais. Poetas como Armando Freitas Filho, Ana Cristina Cesar, Francis-

[22] Segundo a interpretação de Carlos Nelson Coutinho (em "Marcuse e a contracultura tupiniquim", 2005), Marcuse foi lido apressadamente naquele período no Brasil como um apologista da rejeição a todo legado cultural que pudesse ser confundido com alguma herança burguesa, considerada repressora, instrumental, totalitária. Apesar da disposição favorável do frankfurtiano em participar de debates com estudantes e em simplificar a teoria crítica para torná-la acessível, em suas intervenções sobre arte, Marcuse defendia a necessidade do trabalho formal e da relativa distância do artista em face da realidade presente, a fim de manter o intervalo crítico. Embora rejeitasse o seu "anti-intelectualismo", não era antipático à contracultura, elogiando em vários momentos cantores de protesto como Bob Dylan e alguns grupos de teatro performático, pois, além de acreditar na necessidade de transformar a estrutura econômica e política, propunha, igualmente, uma "nova sensibilidade", como se verifica, por exemplo, na coletânea *Art and liberation* (2007), que reúne seus ensaios sobre o tema.

co Alvim, Cacaso, Chacal, Eudoro Augusto, entre outros, foram capazes de enfrentar o dilema de acercar-se o mais possível da experiência vital em estado bruto, desequilibrando o esteticismo das formas buriladas: formam todos um grande "poema sujo".

Como já referido, justamente Ferreira Gullar, no "Manifesto neoconcreto", uma década antes, antecipara o "não-objeto" a ser desvelado pelo leitor, exigindo sua intervenção: se a realidade é inconclusa, afirmava ele, também a obra deve fluir, modificar-se:

> [...] eu não podia mais me ater a normas prontas, eu tinha de descobrir no processo a forma do poema e esta é, enfim, a essência do livro *A luta corporal*, numa intensidade de procura que passa pela destruição, até chegar aos escombros do som e à "sabedoria do corpo", à "fala brotando em silêncio". (1989: 28)[23]

Sua reivindicação, radical, ia ao encontro do sentimento compartilhado por uma geração: a percepção de que qualquer forma ou tradição anterior ou exterior ao momento da criação poética havia se tornado enrijecida, portanto reificada, e precisava ser renovada. Pois a exigência da "morte da arte", pretendida desde Rimbaud, atualiza-se agudamente em momentos como os das vanguardas e se prolonga, com picos, ao longo do século XX.

Apesar disso, seria uma violência aproximar a poesia de Gullar da negação do projeto de futuro aliada à rejeição da obra pe-

[23] Desde *A luta corporal*, o poeta vinha experimentando formas radicais de crise da linguagem poética. No momento neoconcreto, a teorização sobre a necessidade de transformação da arte atinge um alto grau de consciência. O debate desencadeado por seus manifestos e textos será o último suspiro do construtivismo (segundo Ronaldo Brito), uma vez que estes se encaminham decididamente para a antiarte, ao propor o rompimento da moldura e a consequente fusão entre arte e mundo. Certamente, toda a reflexão de Hélio Oiticica sobre "transobjeto", "arte ambiental", "participação do espectador" deve muito às proposições de Gullar sobre o sentido ético da arte, enraizado nas manifestações sociais.

rene que reconhecemos nos "marginais", uma vez que sua poesia não prescindia de sonhos políticos e existenciais de longo alcance. Se, como aquela geração, partilha a afirmação intensa do presente, entretanto não abandona um tipo de fatura poética mais próxima dos modelos modernos.

Também a poesia de Armando Freitas Filho — que se quer em parte seguidora das questões levantadas por Gullar — brota do impulso tenso de superar a expressão pronta sem cair no cerebralismo assubjetivista, nem no pseudoengajamento, nem no espontaneísmo. Há nele o acicate, contraditório embora, de reclamar uma poesia imediata, na carne das coisas e na experimentação da luta corporal em que se rejeita a identidade prévia, fixada antes do poema. A sensação de contundência de sua poética advém do mal-estar de quem se sabe afrontando as paredes do mundo, todo o tempo chocando-se, muitas vezes com raiva e impotência, para extrair alguma faísca desse embate com a palavra.[24]

Sem talvez ter lido Adorno, quando este considerava os perigos da adesão mimética ao mundo (em detrimento da recusa que o eu precisa opor tanto ao irracionalismo regressivo quanto à subjetividade superficial dita espontânea, em geral subordinada à estereotipia social),[25] Ana Cristina Cesar escrevia:

[24] Tanto Gullar quanto Freitas Filho devem muito a Cabral, que, no "Cão sem plumas" e em tantos outros poemas, mergulha no mangue opaco das coisas para extrair ritmos e imagens. Dele não herdaram a geometria construtiva, mas o espírito metonímico e obsessivamente serial de aproximar-se em camadas até desnudar o cerne. É consensual notar a presença do estilo cabralino no final do *Poema sujo*, em sua forma gradual e reiterada de apresentação dos objetos, mas creio que desde o princípio do poema já há uma "desconstrução" desse método de conhecimento do mundo. Armando Freitas Filho expõe esses antagonismos, que claramente se apresentam em sua poesia de discípulo e contendor.

[25] Tema recorrente em seus estudos estéticos. Aqui me refiro especificamente ao conhecido ensaio "Ulisses ou mito e esclarecimento", em Adorno e Horkheimer, *Dialética do esclarecimento*, 1985.

NADA, ESTA ESPUMA

Por afrontamento do desejo
insisto na maldade de escrever
mas não sei se a deusa sobe à superfície
ou apenas me castiga com seus uivos.
Da amurada deste barco
quero tanto os seios da sereia.

(*Cenas de abril*, 1979,
republicado em *A teus pés*)

O poema alude à situação dilemática de Ulisses, que anseia ouvir o canto das sereias sem ser por elas destruído. Superar a atração do mito e substituir o instinto pela astúcia é seu desafio. A poesia, se "ingênua", deveria aderir e imitar a canção da natureza. Mas, nesse período "sentimental", um retorcimento se coloca, para o mal-estar da civilização.[26] O poema inspirado pelas musas é agora castigo para quem as escuta. A possibilidade de mergulho nesse mar inconsciente é perigosa, mas sempre tentadora: se fosse possível ultrapassar a amurada do barco e ir simplesmente ao encontro dos seios da sereia sem dissolver-se em espuma e nada pós-mallarmaico...

No entanto, o eu lírico hesita: resolve, como o herói racional, afrontar o desejo e não ir até as sereias: mantém-se no navio, a escrever. Por isso, é castigado. A "deusa", possível sinônimo de musa, parece aqui apenas uivar desagradavelmente em vez de cantar para o poeta, que tanto a quer — tal o grau de divisão malsã entre homem e mundo. Sua resistência ao mergulho, difícil renúncia,

[26] Por coincidência (ou não), Freud, em *O mal-estar da civilização* (de 1931), nomeia o êxtase da comunhão com a natureza (com o outro, com o mundo), que pode em alguns momentos inspirados acometer um adulto, de "sentimento oceânico" — para ele, trata-se da possível lembrança de um estágio muito primitivo do desenvolvimento (quando a criança vivia a ilusão de continuidade com o seio materno).

permite a existência do poema (e do poeta). Os "pânicos felinos debruçados na amurada" ("Último adeus II", *Cenas de abril*) evocam o medo contumaz que o gato (com o qual Ana Cristina se identifica em mais de um poema) tem da água. Coloca-se em crise o hiato entre sujeito e objeto, e a poeta se situa nessa posição desconfortável.

Parece haver no canto das sereias uma atração regressiva fatal, que seduz e hipnotiza irremediavelmente o ouvinte, quem sabe prometendo toda delícia e conforto possíveis. Provavelmente, era uma melodia entre o sussurro animal e a potência maior da música — primitiva como a voz da mãe que embala o bebê e como a voz da amante que suspira. Pois, como refletia Barthes (n'*O prazer do texto*, 1973), um dos motivos de *jouissance* na leitura literária encontra-se na fenda entre a linguagem dita "normal" e a sua transgressão pela "significância".

Maria Lúcia de Barros Camargo, ao analisar minuciosamente esse poema,[27] relaciona-o a vários outros, na obra de Ana Cristina Cesar, que tematizam o navio no mar e o limiar dos parapeitos ou do cais. Sem apresentar aqui todas as direções de sua leitura, recolho a antinomia explorada pelo "Bateau ivre" de Rimbaud, fluindo secretamente para Mallarmé, a colocar em dúvida o feito autoenrijecedor de Ulisses, numa hesitação entre o impulso de lançar-se ao mar, abandonando-se, e a aspiração de preservar-se. Tendo lido outros poemas de Ana Cristina que hesitam entre a amurada, os bastidores, o lugar seguro (de um lado) e o mar, a plateia, o telhado dos gatos (de outro), assinalamos esse giro tenso entre a vida e a arte, ou o sujeito e a obra.

Já o núcleo duro dos marginais chega ao ponto de propor a poesia como uma forma de vida, radicalizando as afirmações de Gullar na "Arte poética" (e em tantos outros poemas e textos teó-

[27] Refiro-me ao capítulo "Configuração do espaço" de seu livro *Atrás dos olhos pardos: uma leitura da poesia de Ana Cristina Cesar*, 2003. Há outras interpretações do poema, a partir de diferentes referências teóricas. Ver também os ensaios de Roberto Zular e Maurício Salles Vasconcelos em Faleiros, Zular e Bosi, 2015.

ricos) a um ponto que ele apenas sugerira: "Latente em quase todos nós, desperta aos poucos uma atitude que o Cacaso define numa frase convicta: 'a vida não está aí para ser escrita, mas a poesia sim está aí para ser vivida'" (Bernardo Vilhena, *Malasartes*, nº 1, 1975). A despeito de os versos de Cacaso relativos a essa afirmação terem sido muito citados e mais do que trivializados, sua transcrição aqui enfatiza a semelhança entre os anseios dos artistas plásticos e os dos poetas, pois ambos tencionavam produzir uma arte *still alive* (como queria Waly, contrariando a expressão "*still life*"): "Poesia/ eu não te escrevo/ Eu te/ vivo/ E viva nós!" (*Na corda bamba*, 1977). O problema reside em que toda aproximação entre arte e vida, se desejável para manter a dinâmica vibrante da obra, é paradoxal, por ameaçar sua concretização formal e seu potencial reflexivo, quando o poeta se lança da amurada mediadora, dissolvendo-se então.

De acordo com Hollanda, "o instante não é mais procurado como efeito inesperado, tal como o apreendia o modernismo, mas é aquele instante diluído no cotidiano, que se passa a toda e qualquer hora" (1980: 123). Charles, por exemplo, defendia uma poesia das sensações imediatas, preferindo se ater à descrição de cenas cotidianas, sem grandes retóricas, fazendo o gênero desencanado e irreverente. Embora pareça meramente mimética, tal abordagem acaba por obter um efeito crítico, seja pelo aspecto desencantado da cena, seja pelo ar de piada. Confira-se:

ando menos preguiçoso
lavo o fogão com grande ardor
canto como uma maria louca
esse tango é demais
ângela maria parece insuperável
o pentelho da vida não me preocupa

(*Perpétuo socorro*, 1976)

Esse poemeto valeria bem como epígrafe de um ensaio sociológico que se propusesse a comprovar o bom humor com que a geração do "vazio cultural" se dispunha a enfrentar o estreitamento das possibilidades de participação na vida civil. Seria uma adesão resoluta ou irrefletida ao marasmo reinante, traduzindo-o fielmente, ou haveria certo grau de ironia, mesmo quase inconsciente?

A afirmação calorosa da superioridade do tango e de Ângela Maria, ícones musicais cuja empostação dramática parece se coadunar com o "grande ardor" para gestos de heroísmo em escala doméstica, reforça o efeito de contraposição às ações políticas, consideradas, sob esse olhar desmistificador, irrisórias. Poderia ser um comentário cômico sobre as canções e os poemas engajados dos anos 1960. Tudo é parodicamente exagerado ("grande ardor", "maria louca", "é demais", "insuperável"), mas a cena descrita restringe-se ao mais ínfimo do cotidiano. Talvez seja o único poema do mundo que se refira à limpeza da cozinha com tanto entusiasmo. O seu desenlace desconsidera, com um dar de ombros, qualquer reflexão de maior alcance sobre a "vida", tratada como ninharia insignificante e aborrecida. A enumeração das ações do sujeito (ando, lavo, canto...) no presente iterativo é uma constante na poesia marginal, referendando a impressão de um tempo apequenado. O tom, de aparência leviana, não suprime inteiramente a ansiedade da falta de saídas.

Beatriz Vieira (2011), retomando os depoimentos coletados por Messeder Pereira (1981) dentre os poetas da geração marginal, constata a discrepância que eles mesmos exprimiam entre dois tipos de atitude frente à vida. Assim, no começo da revista *Almanaque Biotônico Vitalidade*, nº 1 (1976), como autojustificativa é reproduzido este texto de Van Gogh:

> Porque há dois tipos de vagabundagem, e entre elas há um grande contraste. Existe o homem que é vagabundo por preguiça, por falta de caráter, por sua natureza vil. Você pode, se quiser, me tomar por um desses. Mas há outra espécie de vagabundo, que é vagabundo apesar de si mesmo, que é consumido internamente por uma grande ânsia de ação e apesar disso não faz nada, por-

> que para ele é impossível fazer alguma coisa, porque parece estar aprisionado, numa gaiola, porque não possui o que precisa para se tornar produtivo, porque a fatalidade das circunstâncias o levou a isso. Não é sempre que um homem como esse sabe o que fazer, mas ele sente, por instinto, que apesar de tudo poderia ser um homem bastante diferente. Como poderia ser útil? Existe alguma coisa dentro de mim, o que pode ser?[28]

Essa "decisão" de restringir os seus esforços ora ao âmbito do quarto, sala e cozinha, ora à perambulação sem rumo foi avaliada como limitadora por seus primeiros críticos, desde o surgimento da geração marginal. Parecia-lhes um tipo de sintoma reativo à expulsão do espaço público, que obrigava o poeta a desligar o seu cotidiano da formação social maior. O estreitamento compulsório é celebrado ironicamente, como se o universo vital restrito fosse uma vitória, já que as condições da realidade lá fora pareciam insuportáveis.

A energia para esfregar o fogão, a escolha musical e a "chave de ouro" do final comentam o estreitamento da "vida" ao dia a dia doméstico, ilustrando, pela negativa irônica, o que ainda se podia almejar. "A única coisa a fazer é tocar um tango argentino"... mas rindo.

Descuido ou premeditação: "displicência estudada"

Essa produção poética contém aspectos hiperexcitados decorrentes da transitoriedade das cenas urbanas e do desejo de co-

[28] Em Messeder Pereira (1981: 279), reproduzido a partir do livro de Beatriz Vieira (2011: 162). Trata-se de trecho adaptado de uma carta do pintor ao seu irmão Théo (julho de 1880). Ver Van Gogh, *Cartas a Théo*, trad. Pierre Ruprecht, Porto Alegre, L&PM, 1986.

municá-las superficial e prontamente (como numa conversa entre amigos), ao lado de remansos para a reflexão e para o devaneio digressivo.

Evocando o título de um poema de Ana Cristina, "Ameno amargo", associamos aos melhores momentos da poesia marginal uma fina percepção das tensões existenciais daqueles anos, expressa de forma elíptica e propositadamente displicente. De Guilherme Mandaro:

> meu amigo de infância continua emagrecendo
> fala depressa
> diz que a vida tá difícil
> que mário continua exagerando
> que ele vai à praia ali mesmo
> enquanto a cerveja sobra no copo
> alguma coisa sobra no papo
> a noite apenas começa
>
> (*Hotel de Deus*, 1976)

Na despretensão pedestre da conversa de praia, em que há personagens conhecidos apenas pelo grupo pequeno ao qual se destina o poema, insinua-se a melancolia. De fato, concordamos que há uma "desqualificação" do sujeito e da técnica literária: o poema recorta uma cena do cotidiano, imersa em sua fugacidade. Esse informe informal, em que pessoas e coisas "sobram" ou "faltam", "emagrecem" ou "exageram", em que não se atinge o alvo, reforça a impressão de desajuste e negligência também na própria vida. Não sabemos quem é esse amigo que emagrece e fala depressa, nem o porquê disso (imaginamos...), nem o motivo de o amigo de infância achar a vida difícil. Fica ali, não sai dali, o papo — inútil, excessivo, projetando a sombra do entredito, apenas esboçado: algo de um prognóstico pessimista paira, mas o poema termina em suspenso.

Atestam ainda os críticos: "não há projeto comum de linguagem a ser executado, nem utopia programada como meta" (Simon e Dantas, 1985: 56), com o que concordaria certamente o mesmo Mandaro, o qual, depois de começar um poema anunciando que "logo de manhã escrevi uns textos ruins" (que rasgou), termina dizendo:

> qualquer ônibus
> qualquer destino
> qualquer transação
> não existe nenhum teatro da vida
>
> (*Hotel de Deus*)

Não há dúvida de que tal tipo de produção "indica que o que está sendo socializado é uma experiência de poesia afetada no mais íntimo de sua capacidade de formular e revelar ao mundo as promessas do novo" (Simon e Dantas, 1985: 60). A pergunta a ser colocada é se a desconfiança em relação à elaboração formal resultante de uma escolha do minguado cotidiano para matéria do poema não revelaria um nível de consciência em certos momentos bastante alerta às contradições de seu tempo. Adverte Hollanda, generalizando a partir da leitura desses versos de Mandaro: "Identificada como um dos gestos comuns do dia a dia, a 'obra' é desmistificada junto com todos os 'teatros da vida'" (1980: 126). A contestação de qualquer modelo ou sentido que transcendam o instante frágil da comunicação sugere a procura de uma expressão artística quase sem suporte formal.

Manifesta-se uma completa falta de projeto e de esperanças nesses textos, cujos autores nem sequer procuram dar a impressão de "passar a limpo", pois não acreditam em nada para além da contingência mais aleatória. O que se encontra para além da espontaneidade imediata do indivíduo e de seu pequeno grupo é menosprezado, como se um corte profundo houvesse se operado entre ele e a sociedade. Aquilo que se consideraria como próprio da arte, a transposição do particular a certo grau de universalização, através do trabalho formalizador da expressão com a língua (e que incluiria uma memória da tradição literária, mesmo que transformada ou negada), parece submetido à derrisão e ao aparente "não-meimportismo".

Por isso aceitamos a análise, sublinhada por Hollanda, de que: "Se algum programa for exigido, ele deve ser buscado na própria ausência de programa do grupo, vista como recusa a perspectivas finalistas que incorporem a dinâmica da história e, consequentemente, a utopia". E continua: "E é natural que essa nova postura rejeite sistemas coerentes. Ela é resultado de um estado de coisas mais elementar: a descrença e o mal-estar (2004: 113 e 119).

Alternando o tédio com a festa, a geração marginal apronta suas artimanhas, seus livrinhos coloridos, com capricho e frenesi, na vida de artista, equilibrando-se (e desequilibrando-se) na corda bamba.

Agressivo ou irônico: "sangra e ri"

> Todas as famílias felizes se parecem entre si; as infelizes são infelizes cada uma à sua maneira.
>
> Lev Tolstói, *Anna Kariênina*, 1877

> *quem teve a mão decepada*
> *levante o dedo*
>
> Nicolas Behr, *Caroço de goiaba*, 1978

A ironia, em seus vários matizes, modo de interrogação que desde a *pólis* corrói as certezas dogmáticas do poder, foi uma das tônicas do estilo poético à volta dos anos 1970 e 1980. Recurso reflexivo de desmascaramento, assumiu inflexões específicas em diferentes poetas (brincadeira, sarcasmo, humor negro).[29] Terá si-

[29] A ironia na produção poética da época é especialmente destacada por Wilberth Claython Ferreira Salgueiro em "Indo, rindo: por que não? (o humor como estratégia)" (*Forças & formas*, 2002). Depois, o estudo de Teresa Cabañas (2009) igualmente se debruça sobre essa vertente da poesia dos anos 1970.

do aquele um período de inflação retórica de tal maneira estereotipada que os poetas se pungiram com a claustrofobia do palavreado pronto, confinados à prisão ou ao exílio da linguagem oficial? Ou, como aventou Silviano Santiago, o "grito de alegria" do artista após o golpe de 64 era uma forma de "afirmação do indivíduo" em meio a uma sociedade repressora (1989a)?

No Rio de Janeiro, Sebastião Uchoa Leite (1935) e Francisco Alvim (1938), assim como Cacaso (mais moço, de 1944), praticam, nessa época, a ironia como forma autoparódica e socialmente desveladora. Em São Paulo, José Paulo Paes (1926) e Rubens Rodrigues Torres Filho (1942), e em alguns momentos também Roberto Piva (1937), são seus principais expoentes. Não esqueçamos outro então jovem, Paulo Leminski (1944), voz do Sul integrada a esse circuito cultural. (Haveria ainda, para mencionar, Sebastião Nunes e Zuca Sardan — pseudônimo de Carlos Saldanha — que continuam firmes a prestar o serviço de desmantelamento dos clichês reacionários.)

Um eu desconfiado de si e dos outros, voltando-se obliquamente contra a realidade, configura-se em poetas de variadas proveniências: nos epigramas de José Paulo Paes, nos pacotes de veneno de Sebastião Uchoa Leite, no grotesco mesclado de Hilda Hilst, nos ataques satíricos de Sebastião Nunes e no pastiche geralmente escatológico de Glauco Mattoso, assim como na ludicidade mais ou menos pesada de Cacaso, nos diálogos paródicos de Alvim, em alguns haicais bem bolados de Leminski, nos poemetos de Eudoro Augusto, satirizando a história do Brasil, no humor anárquico de Zuca Sardan e no absurdo engraçado do personagem Quampérios, de Chacal.

A inquietação advinda da impossibilidade de atuar desemboca nessa consciência crítica que, percebendo a incongruência entre a harmonia aparente e a aspiração de desvelamento social, tenta produzir algum movimento na realidade insatisfatória.[30] Mas só

[30] O estudo que me informou acerca do conceito de ironia ao longo da história cultural foi o abrangente livro de Muecke (1995), do qual extraí as definições constantes nos próximos parágrafos.

de forma alusiva ganha força a expressão polêmica, liberando da opressão pelo riso (posto que amarelo...). Certo é que o humor desses poetas por vezes adquire tons agressivos, especialmente quando se impõe tal assimetria entre o sujeito e as forças do poder que a ironia reponta como compensação da inteligência à humilhação proveniente do autoritarismo. Assim, a denúncia da ditadura e do conservadorismo, no plano político e na moral familiar, leva à configuração de uma poesia em tom menor que valoriza o trocadilho e a dissimulação. E, ao apontar as contradições do país, a aporia e o estreitamento ocupam o lugar da negatividade dialética. A paralisação alegórica que revela a impotência substituiu o mais das vezes um humor didático porque esperançoso.

Seria interessante identificar as formas como se manifesta a ironia na produção desses (quase) contemporâneos e depois procurar situar a sua singularidade no contexto de uma geração. O espectro do tema abrangeria um volume, mas aqui vou apenas me referir brevemente a alguns poetas que compuseram versos de laivos irônicos ou sarcásticos.

Sebastião, Leminski e Paes aproximaram-se da vanguarda concreta e depois seguiram cada qual trilha independente, com maior ou menor inflexão. Dela derivaram a desconfiança em relação ao tom altissonante, aos versos longos, a certa elevação de estilo — característica de 1945 e sempre reiterada no tardo modernismo —, além de, principalmente, a consciência mais aguçada do impacto sonoro e visual da palavra. Já Chico Alvim, Cacaso e Rubens distinguem-se, notadamente, como refratários às propostas concretas, pois em nenhum momento repelem, como programa, os resíduos de subjetividade e duração temporal/sintática (embora os transformem).

Apesar de tão diversos entre si, é estimulante notar como reagem ao espírito do tempo em ritmo paralelo: finos praticantes do humor, contrapõem-se tanto à grandiloquência do pseudossublime esmaecido pós-45 quanto à retórica didática de alguns "engajados". Procuram encontrar um tom que se afine com tempos de expansão pequena, seja por conta do encolhimento do espaço público, seja devido à retração num mundo subjetivo também açodado pela dúvida. Esses contemporâneos não se colocam longe da definição de Friedrich Schlegel, em 1797, para quem a "espirituosidade [*Witz*] é uma explosão de espírito agrilhoado" (1994, frag. L 90).

Nesse local apertado, de pouca manobra, que foi a década de 1970, buscarão uma linguagem que se inscreva como marca e ferida: brevidade e economia, a serviço da descompressão psíquica (para lembrar os estudos freudianos sobre o chiste).

Sebastião Uchoa Leite, em entrevista à revista *34 Letras*, confirma: "Eu procuro — senão vou terminar amargurado demais — ver as coisas sob um prisma de humor, ver as coisas por outro lado que não é só aquele que se apresenta, que às vezes é um lado perverso da realidade, que me choca" (1990: 37). Na verdade, a ironia, comenta ainda, é uma forma de alterar a visão das coisas, revelando algum outro ângulo que possa ampliar a bitola do real opressor.

Mas um traço comum é que quase todos os que começaram a escrever antes dos anos 1970 publicaram primeiramente livros "sérios", de estilo elevado. Dos mais velhos aos mais jovens, perpetraram os "sonetões recheados dos ingredientes marítimos em voga, hipocampos, medusas e que sei lá mais; felizmente, naufragaram para sempre nas revistas e suplementos dos anos 40-50" (como descreveu José Paulo Paes seus poemas iniciais, 1991: 187-8), ou ao menos a imitação de um estilo moderno mais "reclassicizado". Porém, ao longo dos anos 1960, a concepção de poesia de cada um começa a mudar.

No caso de Cacaso (cacófato irresistível...), Chico Alvim e Rubens Rodrigues, há um salto entre os primeiros e os segundos livros, de entremeio a um relativo silêncio que bem prenuncia a ruptura. Isso já se dera anteriormente com José Paulo Paes e Sebastião Uchoa Leite, que também haviam descido da metafísica para o rés do chão, passando em alguns anos dos cantos da inocência (relativa...) para os cantos da experiência.

Embora devamos sempre ressaltar as significativas diferenças entre os poetas citados, temos em mente, em síntese, que todos foram marcados por três fortes incisões em suas personalidades poéticas: 1) a leitura intensa dos modernos (que em todos deixou marcas maneiristas de aprendizes, especialmente em seus primeiros livros); 2) a guinada concretista (à qual reagiram fortemente contra ou a favor, mas que certamente inscreveu-se — conscientemente ou não — em suas poéticas); 3) o contato com o "coloquialismo antiliterário", que irrompeu como onda tanto nos poetas ditos pós-tropicalistas quanto na geração da poesia marginal *lato sensu* (e aqui, com muitas aspas, porque nos poetas da geração anterior exprime-se um eu cindido e reflexionante — sempre se olhando meio de fora — contrário a qualquer imediatismo espontâneo da linguagem).

Sejam os mais conscientemente construtivistas, de linha cabralino-concreta, sejam os *soi-disant* subjetivistas, de linha bandeiriana, todos eles se voltaram contra e enferrujaram de propósito seus instrumentos. Conforme observou Rodrigo Naves (1996), Amilcar de Castro criou esculturas que exprimiam certa desconfiança em relação ao otimismo construtivista, ou porque eram feitas de matéria enferrujável e opaca, ou porque, muito pesadas, revelavam a inflexibilidade de cada dobra e corte, constituindo-se mais em relevo da duração dificultosa e em exposição do trabalho duro do que mero libelo a favor da técnica e do progresso desencarnados de sua origem (característico do leve e brilhante alumínio utilizado pela geração anterior). Também pode-se dizer que esses poetas corroeram a própria crença na representação autoconfiante sem lastro, não recaindo nem na ilusão da expressão direta de si mesmos nem numa fórmula impessoal, uma vez que o veneno mental se infiltrava como ressentimento no poema. Desse modo, manifestavam consciência crítica ao modernismo reformista e desenvolvimentista, revelando a origem social e pessoal de suas ferramentas.

Esse eu que suspeita de si e volta-se ironicamente para sua aparência alheia, "signo do dilaceramento da consciência" (Suzuki, 1998: 163), ressurge no "espelho" *gauche* esquivo e autoparódico de Paes ("eu/ ue// mas a barba/ feita/ a máscara/ refeita/ mais um dia/ aceita"), nos pacotes de veneno ácido de Leite ("eu não sou eu/ nem o meu reflexo"), na dúvida ciumenta sobre si mesmo em

"Aquele no espelho a quem me assemelho", de Rubens Rodrigues Torres Filho, nas indecisões brincalhonas de Cacaso sobre seus fracassos amorosos, em versos malandros de Leminski... Enfim, o tema da autoironia vai ressoar em todos, filhos assumidos ou não do Drummond de "O retrato malsim": "O inimigo maduro a cada manhã se vai formando/ No espelho de onde deserta a mocidade" (*Lição de coisas*, 1962).

Alguns poemas são jogos de palavras, brincadeiras, e outros, bem sinistras considerações sobre o fim, variando do chiste leve ao sarcasmo do humor negro. Se, no entanto, descendem do *esprit* dos salões iluministas ou do *Witz* alemão dos jovens românticos, deles se distinguem por não dependerem de um constante amparo da amizade civilizada — a "sinfilosofia", a que se referia Novalis —, e de uma crença na propagação das ideias que a urbanidade mais refinada supõe ser o apanágio da fé na futura democracia ou na revolução. Tanto a formação goethiana quanto a educação rousseauísta eram ambas generosas ao acreditar na possibilidade do amadurecimento integral do homem, em contraste com uma sociedade por vezes hostil, mas com vias possíveis para a transformação. Por mais críticos que possam ser alguns dos escritos dos poetas-teóricos românticos, eles não deixaram de confiar na importância da tentativa de diálogo, e a ironia participa, assim, das estratégias retóricas de disputa pelas ideias. Uma das diferenças de grau entre a ironia dos românticos e essa, mais contemporânea, é que se atingiu um ponto de pesadume que nunca antes havíamos encontrado tão descrente. Se a ironia, desde Sócrates, queria acordar o senso de justiça dos jovens, convicta da função pedagógica do seu caráter dialógico, Schlegel, por sua vez, defendia que, se não existe público, cabe ao poeta filósofo criá-lo, agindo pelo repúdio aos males presentes e assim incitando à reflexão. Hegel, igualmente, tratará a ironia como o momento de negatividade no processo dialético. Num caso e no outro, a ironia conserva um emprego educativo para fazer-se antítese de ideais postiços ou ilusórios tendo em vista uma melhoria adiante. Ainda, a fé no aspecto redentor da história se expressa, no caso romântico, no elogio do fragmento, forma em si mesma agressiva ao todo falso, cujo intuito é fustigar o sistema para desmascarar suas contradições, sempre mantendo a esperança de completar-se num futuro ideal. No entanto, a raiz comum entre as formas de ironia perdura na autoparódia, no espírito de contradição e no paradoxo zombeteiro das pseudototalidades dogmáticas.

Peter Szondi (1975) distinguiu nos irmãos Schlegel a projeção de uma filosofia da história em que se daria uma evolução por etapas. Embora a modernidade fosse um tempo de sofrimento, sabia-se intermediária na busca do "universal progressivo". O fator crítico embutido na ironia serviria como acicate — exercício preparatório — para o projeto do futuro. Assim, o fragmento romântico não era tão somente resíduo e ruína (como parecem muitos poemas de Alvim e de Uchoa Leite), mas, sobretudo, pergunta, antecipação e promessa, manifestação da crise passageira, transitória e necessária na dissipação das ilusões.[31]

Resiste, em Friedrich Schlegel, a crença na natureza infinita em contraste com a finitude do ser humano que, devido a esse desequilíbrio, torna-se irônico, mas, também graças ao desequilíbrio, confere dinamismo a suas criações. Ater-se a um eixo que se movimente entre o entusiasmo e a crítica: tal o gesto paradoxal exigido do artista, que por vezes eleva-se ao sublime e por outras sucumbe ao relativismo ou mesmo ao niilismo.[32]

Por isso — volto a insistir — a significativa diferença de grau dos românticos em relação aos nossos poetas é que estes se esquivam de enxergar além do instante a que a vida se reduziu, em que não há espaço para uma transfiguração redentora. Desconfiando

[31] É verdade que a insistência na cisão interior e no inacabamento da forma pode prenunciar uma impossibilidade de objetivação. Lukács (2000: 92) reflete sobre a constante oscilação entre condicionamento e alheamento mútuos de subjetividade problemática e mundo externo contingente: uma luta constitutiva das formas românticas de literatura que não pode ser superada, pois "a ironia do escritor é a mística negativa dos tempos sem deus" e, a partir de seu movimento de escavação constante, desvela-se tanto a ausência de sentido quanto o sentido a se fazer.

[32] Ver o "Capítulo 2" de Muecke, 1995.

do que está engessado e esvaziado na cultura, nem sempre encontram algum valor que resista à corrosão de seu ácido depurador.

Mas, a princípio, gostaria de considerar, entre eles, duas tendências aparentes, que podem conviver no mesmo poeta, em momentos diversos de sua obra:

1) Alguns praticam a ironia como forma de contradição dialética, que parece mais "cidadã", isto é, escatológica e utópica — acreditando numa direção transformadora para a história, portanto mantendo no fundo um tom pedagógico dramático, típico do *eiron* instruidor/destruidor.

2) E outros, cuja ironia parece descrer do futuro, de si mesmos e de qualquer explicação salvífica, elegem a reiteração da má infinitude e o ceticismo como tom. Para nomear essa segunda vertente, escolhemos o termo "modernismo póstumo".[33]

Discernimos acima, nesse movimento de mudança de orientação existencial, duas águas que se misturam por vezes: de um lado, obras em que reencontramos ecos do espírito galhofeiro do modernismo, o poema-piada, cuja intenção é geralmente apontar-nos um disparate aceito como lugar-comum, demonstrando seus aspectos grotescos, deformados, incongruentes[34] — e nisso ainda reconhecemos certa feição didática, posto que moleque —, e, de outro lado, obras em que a graça é mais soturna. As inversões típicas do humor são, nesse segundo caso, melancólicas ou agressivas. Se há riso, este tende à anedota gasta e rançosa, como assina-

[33] Locução cunhada por Roberto Vecchi (2006) para substituir o termo "pós-modernismo", enfatizando a conotação de duplicidade do atual momento: aproveitamento de uma herança, resto que persiste culturalmente, fim que é continuidade de uma época — como o filho que, em lugar-tenência, se responsabiliza pela transmissão da memória do pai morto antes de seu nascimento. Refiro-me às suas ideias no capítulo sobre Francisco Alvim.

[34] Remeto ao ensaio de Roberto Schwarz, "A carroça, o bonde e o poeta modernista" (1987), no qual o crítico examina o tipo de humor particular do poema-piada de Oswald de Andrade.

lou Chico Alvim mais de uma vez ao diferenciar-se da "piada auroral" dos modernistas.[35]

Os mais velhos, Paes e Sebastião, ao mergulharem na crise do verso e do antilirismo, distinguem-se por constantemente tematizar a falta de relevância da arte no mundo. Embora seus temperamentos fossem muito diferentes, pode-se dizer que o procedimento ligado à entropia e à desconfiança lhes é comum. Mas, acredito, a ironia de José Paulo Paes inclina-se geralmente para o primeiro tipo, como um acicate zombeteiro das instituições autoritárias (família, religião, política, consumo), voltada para a desmistificação certeira. Nesse sentido, retém laivos da utopia romântica de um tempo futuro que supere a negatividade antitética desse presente passageiro: fase de reflexão crítica com vistas à construção de um mundo mais justo e livre. Mantém-se, em Paes, fortemente, a presença do chiste, do humor descompressor, do trocadilho evidente, da magnificação oswaldiana das contradições (ao lado da redução minimalista da forma), e, por vezes, surpreendemos o choque entre melancolia compassiva e acidez irônica drummondianas, embora o tom de sua piada possa soar bastante desiludido. Como se o poeta exercitasse essas duas direções, praticando ambas as formas de ler seu lugar histórico impotente e, por isso, sarcástico.[36]

Anatomias (1967), *Meia palavra* (1973) e *Resíduo* (1980) formam um conjunto de livros em que o epigrama, o chiste e o trocadilho predominam, sempre com concisão extrema, como se lê nesse "Lembrete cívico":

[35] Expressão utilizada tanto em entrevista feita por Heitor Ferraz de Mello (2001: 266) quanto em entrevista realizada por Sérgio Alcides (2002: 201), ambas reproduzidas parcialmente no capítulo sobre Francisco Alvim.

[36] Em relação à ironia em José Paulo Paes, recomendo, de Davi Arrigucci Jr., "Agora é tudo história", *Outros achados e perdidos*, São Paulo, Companhia das Letras, 1999; de João Carlos Biella, *Um ironismo como outro qualquer*, São Paulo, Unesp, 2006; e, de Sérgio Guilherme Cabral Bento, *Sob escombros fumegantes: humor e memória como modos de utopia na poesia de José Paulo Paes*, tese de doutorado, FFLCH-USP, 2015.

homem público
mulher pública

(*Resíduo*, 1980)

Pode ser lido de baixo para cima, circular, contaminando ambas as partes com os sentidos oblíquos dos preconceitos.

Por sua vez, a esquivança e a espreita dos jogos de linguagem de Sebastião Uchoa Leite não suscitam no geral a menor vontade de rir — uma "lucidez amarela", diz ele. A partir de *Antilogia* (publicada em 1979, mas cobrindo a produção do autor desde 1972), quando a marca de seu estilo destaca-se mais claramente, até seu último livro, *A regra secreta* (2002), o sarcasmo agressivo e autoderrisivo paira sobre praticamente toda a sua poesia.[37] "A minha consciência é o verme/ e eu sou o cria cuervos". A sombra de um mundo monstruoso, de crimes e seres aberrantes, dá a medida da história como perda, desgosto e tédio. O pó do tempo é companheiro constante, a poesia "é a máquina do nada". O infra-herói que "é todo coação" (em vez de coração) e "resíduo de varredura" lembra diretamente a definição do modo irônico, para Frye, em que olhamos de cima para baixo para enxergar o (anti) herói: "ao vencedor as baratas"... O pus e o dejeto são o alimento do poeta-vampiro, que se dirige a nós com hostilidade: leitor, "meu não-semelhante". O próprio sujeito poético divide-se contra si mesmo de forma sádica, como um Dr. Jekyll que persegue Mr. Hyde.

[37] A trajetória poética de Sebastião Uchoa Leite está bem representada em estudos de Flora Süssekind, João Alexandre Barbosa, Davi Arrigucci Jr., Paulo Andrade, Franklin Alves Dassie e Duda Machado. Ressaltamos os diversos ensaios analítico-interpretativos percucientes de Luiz Costa Lima, sendo o mais recente *Sebastião Uchoa Leite: resposta ao agora* (São Paulo, Dobra Editorial, 2012). Destaca-se, por primorosa, a leitura de Duda Machado, "Antilírica, incógnita, vertigem", no volume coletivo organizado por Flora Süssekind e Julio Castañon Guimarães, *Sobre Sebastião Uchoa Leite* (Rio de Janeiro: Fundação Casa de Rui Barbosa, 2014). Nele, também colaborei com o ensaio "As 'ideias-dente' de Sebastião Uchoa Leite". Analiso o seu poema "Spiritus ubi vult spirat" (*A espreita*, 2000) no artigo "Poesia auto-móvel" (*Teresa*, nº 10-11, 2009-2010).

Há uma afirmação reiterada de imagens sinistras, que se repetem com variações numa perspectiva fixada no mal sem saída, evocando um presente estático como aqueles mecanismos autodestrutivos de Tinguely que ficam se batendo até virarem poeira: a antiobra. O chiste "ranzinza", como o adjetiva Luiz Costa Lima (1991), é desconfiado em relação ao próprio poema: não pretende agradar, mas antes provocar desprazer, agredindo e agredindo-se. Por sinal, assim caracteriza Freud o humor negro (1927). O leitor é interpelado e nocauteado por uma voz poética "assassina", que quer anular a si mesmo, ao seu discurso e, mais ainda, à sua "vítima".

Dentre os poetas da geração mais nova, destaca-se a figura de Cacaso, que, de variadas formas, alude de maneira sarcástica ou humorística ao "sufoco" do período. Um dos seus poemas que considero mais expressivo é "Logia e mitologia",[38] cujo título manifesta o contraste entre o Brasil real e o imaginário:

> Meu coração
> de mil novecentos e setenta e dois
> já não palpita fagueiro
> sabe que há morcegos de pesadas olheiras
> que há cabras malignas que há
> cardumes de hienas infiltradas
> no vão da unha na alma
> um porco belicoso de radar
> e que sangra e ri
> e que sangra e ri
> a vida anoitece provisória
>   centuriões sentinelas
> do Oiapoque ao Chuí
>
> (*Grupo escolar*, 1974)

[38] O poema me foi apresentado por Carlos F. Barrère Martin, que o analisou cerradamente em seu mestrado sobre a poesia de Cacaso, *A véspera do trapezista (leitura da poesia de Antonio Carlos de Brito)*, 2008: 81-4.

Em meio aos animais grotescos que espreitam e invadem a escura paisagem interior, vigiando-a por dentro e por fora, sem escapatória, há "um porco belicoso de radar/ e que sangra e ri/ e que sangra e ri" — refrão que grita o dilaceramento dos sentimentos do poeta. São bichos diabólicos e policiais estes que abrangem do vão da alma, da unha, até todo o território do país. Ao situar o *locus* infernal em seu tempo, marcando a data em que a vida, provisória, anoitece, contrasta-o com um possível paraíso ufanista perdido, sonhado pelo nacionalismo de extração romântica.

A violência, nesse poema, também se instala dentro do sujeito, que se torna seu próprio carrasco. A crescente autoagressão comparece de forma bem explícita nestes versos de humor negro de Nicolas Behr:

> cortei as unhas com tesoura
> cortei os dedos com faca
> cortei as mãos com machado
>
> e a gilete de um canto reclamou:
> "quando é que eu vou
> entrar nessa brincadeira?"
>
> (*Bagaço*, 1979)[39]

Enquanto estes poemas primam pela fratura extrema do sujeito, tingidos pela mais funesta ironia, um matiz diferente pode ser conferido na graça que raia o absurdo e o ilógico. É o que se nota em *Quampérios* (Nuvem Cigana, 1977), de Chacal, que narra, em pequenos textos, as aventuras imaginárias e inconsequentes de seu *alter ego*.

O humor algo oswaldiano[40] é fundamental para a poesia da época, assim como o elemento por vezes surreal, psicodélico. Mas,

[39] Em 1979, o poeta respondeu a inquérito policial por seus escritos, considerados pornográficos e politicamente subversivos. É bem possível que os poemas escritos logo depois respondessem ao clima de intimidação.

[40] Essa geração pôde ler o poeta na segunda edição de suas *Poesias reu-*

mesmo num livro quase todo constituído por episódios divertidos, o clima pesado comparece travestido de piada, como neste trecho de "Baralho", no qual o mirabolante Quampérios, depois de inúmeras confusões, sonha que vai parar na delegacia com três amigas:

> [...]
>
> na minha hora, o coranel falou:
>
> — quer dizer que você é um poeta, imbecil.
>
> — é verdade.
>
> — fique sabendo que eu prefiro esse verso e me mostrou um papel com o nome e endereço de 3 mulheres: margot, brigite y suzette — nomes de guerra de mulheres da vida.
>
> — a vida é uma guerra. a poesia minha terra. coronol, esse verso é ruim de verdade, mais que essas mulheres, eu prezo minha liberdade.
>
> o caronel mandou que me levassem à sala de tortura dizendo com ar de superioridade: — vamos ver se ele não vai falar.
>
> fui amarrado a uma mesa com uma lâmpada de dois mil volts a menos de um metro da cabeça. um pqd espalhou sal grosso na minha testa retalhada a frio com um caco de vidro. tava com o cérebro saindo pelos cabelos quando os pqds voltaram, me desamarraram y me levaram por um corredor até um pátio. em uma das portas que dava para o corredor via diana com um filete de sangue a correr pelo canto da boca. me fez um sinal de ok.
>
> no pátio me deixaram nu e me amarraram a um poste. fiquei sozinho horas sem que nada acontecesse.

nidas, publicada em 1966, com prefácio ensaístico de Haroldo de Campos, "Uma poética da radicalidade". Essa edição, ao lado da antologia *Trechos escolhidos* da Coleção Agir (1967), influenciou Torquato, Caetano, Leminski, Alvim, Cacaso, Chacal e muitos outros.

então abriram uma porta e jogaram dentro do pátio um bicho indescritível que veio correndo em minha direção, me cumprimentou e começou a me lamber com sua língua de penas. então comecei a rir e ria ria ria um riso nervoso e tenso um riso imenso e prestes a desacordar...

acordei a chica que dormia a meu lado...

[...]

É sinistro ou cômico o sonho?

A instabilidade da personagem, que toda hora muda inclusive de nome, lembra certa malandragem carioca, que age como se fosse possível brincar com tudo, inclusive com a própria vida. Estudiosos como Celso Favaretto constatam, a partir da estética tropicalista, uma "relativização alegre dos valores em conflito e uma degradação contínua da informação" (1996: 94-5).

Fernanda Medeiros confere ao poeta Chacal atributos de personagem cômica, que, ao contrário da trágica, "escapa ao sacrifício de mudar o mundo; sabe que não pode fazê-lo e sequer o cogita. [...] Para o personagem cômico, a alegria é antes estratégia de sobrevivência e negociação com a engrenagem pesada das regras sociais que celebração" (2010: 93).

O absurdo da cena alivia o peso de uma descrição, digamos, mais realista da tortura. Por ser um sonho com aspectos risíveis e impossíveis, a violência resulta ficcionalizada. Mesmo o título do "coronel" é ridicularizado e relativizado pela metamorfose ortográfica, de modo que se lê como literatura quase fantástica, sem o sofrimento ou o *voyeurismo* sôfrego com que se acompanhavam os relatos documentais publicados na época ou logo depois.

Ao lado da geração marginal (especialmente, nesse caso, Chacal, Charles, Nicolas Behr, Cacaso e Eudoro Augusto), outros poetas mantêm esse estilo paradoxal e debochado. Vamos reconhecê-lo também nos mais velhos, como Sebastião Nunes e Zuca Sardan, que começaram bem antes, mas se identificaram tanto com seus "sucessores" que o segundo, amigo e colega de Francisco Alvim, integrou a antologia *26 poetas hoje* e o *Almanaque Biotônico Vitalidade*. Sem dúvida, o tipo de humor que encontramos nos jovens em parte inspirava-se na sátira desses marginais *avant la lettre* que há muito faziam seus livrinhos semiartesanais, distribuídos entre amigos, com desenhos e colagens.[41]

No caso de Zuca Sardan, aforismos satíricos sobre os desmandos do poder constituem um dos aspectos de *Ás de colete* (1979), do qual extraímos alguns trechos:

Uma opinião
apoiada em baionetas
degenera em bobagem
se a gente deixar
a barriga na frente.

(de "Vademecum")

Dizia o Pequeno Caporal:
"Em revolução não se pensa
na hora do café."

"Pessoal, vamos deixar
pr'amanhã..."

Dizia o Pequeno Peludo:
"A Revolução chega quando
basta desfazer-se
de apenas um homem."

[41] Nos anos 1970, tornou-se mais factível a edição "customizada" devido à popularização do *off-set* e à maior facilidade de aquisição de papel de boa qualidade, que permitiu imprimir com mais flexibilidade os caprichos gráficos e visuais dos autores, com barateamento dos custos. Isso se refletiu imediatamente na produção juvenil, que se apropriou das novas possibilidades. Assim me informou Flávio Aguiar, integrante da antologia *26 poetas hoje* (Hollanda, 1976), além de crítico militante da imprensa alternativa desde aquela época.

Pelo menos,
assim é mais fácil.

(de "Baderna geral")

Só existem duas classes
os que resguardamos privilégios
e os descontentes.
Mas deixemos que reclamem:
o choro é livre
e tristezas não pagam dívidas.

Mais a mais
multidão que brada não faz motim.
A não ser que ande armada
o que convém verificar antes
de se providenciar qualquer
daquelas opções tradicionais
seja uma grosa de boas pauladas
seja então o anúncio
de umas reformas de base...

(de "O dilema do Príncipe")

Seu livro anterior, *Aqueles papéis* (1975), também se distingue pela chacota de todos os assuntos ditos sérios: a filosofia, a política, a ciência.

Teresa Cabañas define o tom desses poetas como de um "niilismo burlão a trucidar a crença na prosperidade de um inexistente amanhã", de um tipo "zombeteiro que ameniza a possível gravidade do enunciado" (2009: 135 e 146), tal como nestes versos paródicos de Cacaso: "não chore meu amor, não chore/ que amanhã não será outro dia" ("Sinistros resíduos de um samba", *Beijo na boca*, 1975). A crítica destaca ainda a poesia autoirônica de Nicolas Behr, que ri de si mesmo, do que escreve e de Brasília: segundo ele, antes de ser uma cidade, nossa capital é sobretudo uma lição de geometria, com seus blocos, eixos, quadras (símbolos do planejamento urbano desumano: "SQS ou SOS?/ eis a questão"). Desde seu primeiro livrinho mimeografado, *Iogurte com farinha (leia antes que azede)*, de 1977, conclui que poemas e poetas estão sendo encaminhados para a lata de lixo, contra todos os desenvolvimentos modernos.

Nessa toada, eis uma amostra de trovinha de José Paulo Paes, publicada pela primeira vez, por sinal, numa típica edição semiartesanal:[42]

> quando lhe veio à lembrança
> que bicho é pai de bicho
> o pai de Gregório Samsa
> juntou-se ao filho no lixo
>
> ("Metamorfose 2", *Poesia livre*)

No gênero epigramático, o poeta alega vingar a memória de Kafka, oprimido pelo vulto do pai, igualando por baixo as gerações, troçando da importância das origens, ceticamente invertendo o sinal e reduzindo tudo a "pó de varredura" (para citar outro aficionado da relação entre história e baratas, Sebastião Uchoa Leite). Poderíamos considerar esses versinhos de Paes como mote do tipo de ironia da época e deduzir que algumas alterações fundamentais estavam ocorrendo na concepção de arte: a profanação da herança modernista ao lado da autodesqualificação.

[42] Tratava-se de um folheto manufaturado, *Poesia livre*, de Ouro Preto (editado por Guilherme Mansur), distribuído no começo da década de 1980, no qual comparecem, entre outros, Aristides Klafke, do grupo Pindaíba (São Paulo), Leila Míccolis, mais ligada à geração marginal (Rio de Janeiro), Sebastião Nunes, humorista velho de guerra (Cataguases, Minas Gerais), Max Martins (Belém do Pará) e outros, como Zuca Sardan, José Almino, Chico Alvim, Gramiro de Matos, José Paulo Paes, Moacy Cirne e Glauco Mattoso, numa saudável anarquia de tendências e lugares. Assim, concretos, marginais diversos, humoristas, engajados, se reuniam. O poema foi republicado no livro *Calendário perplexo* (1983), com a referência "8 de agosto, dia dos pais".

Em todos os poetas, reconhecemos a mesma desconfiança em relação ao estilo alto, assim como o ânimo de denúncia e a tendência ao alegórico que Merquior descrevera como o perfil característico da "nova musa".[43]

Presentificação e agrupamento

Deparamo-nos com os próprios autores e seus amigos posando, ao lado de textos ou segurando faixas, nas capas de livros, revistas e discos do período, como na revista *Navilouca* (1974), no livro *Me segura qu'eu vou dar um troço*, de Waly Salomão (1972), nos diversos números do *Almanaque Biotônico Vitalidade* (1976-77), no disco *Panis et circenses* dos tropicalistas (1968). Livros em dupla sem a assinatura de cada poeta ao pé do seu poema, como *Misterioso ladrão de Tenerife*, de Afonso Henriques Neto e Eudoro Augusto (1972), *Dia sim dia não*, de Francisco Alvim e Eudoro Augusto (1978), *Segunda classe*, de Antonio Carlos de Brito, o Cacaso, e Luís Olavo Fontes (1975), e publicações com desenhos, fotos, montagens etc. são típicos daquele momento. Embora pareçam situações diferentes entre si, relaciona-as a tendência ao fortalecimento do grupo.[44]

Nunca antes o jovem se singularizara tanto como categoria específica: roupas, cabelos, expressão — a rebeldia era um valor transmitido também pela aparência. Assim, as fotos proliferam nas

[43] Em seus dois ensaios seminais, "Capinan e a nova lírica" (1972) e, principalmente, "Musa morena moça: notas sobre a nova poesia brasileira" (1974), nos quais se refere ao estilo dos poetas emergentes como "mesclado", de acordo com o termo consagrado por Erich Auerbach para referir-se a Charles Baudelaire.

[44] Com outro espírito, o grupo concreto e seus descendentes mais jovens continuam a tradição do trabalho em equipe inaugurado por *Invenção*, contribuindo com revistas de poesia e cultura, como *Polem*, *Muda*, *Qorpo Estranho*, *Artéria* e *Código* (esta na Bahia). Recomenda-se a leitura do livro de Omar Khouri (2004) e das pesquisas de Renan Nuernberger (2014).

revistas alternativas e nos livrinhos marginais. Em todas, elas são igualmente texto.[45] Figuram o protesto possível, a partir de alterações que afetam o cotidiano, o corpo, a intimidade. Essas imagens exprimem a frase de Rimbaud popularizada em maio de 1968: "Não queremos unicamente *transformar o mundo*, também queremos '*mudar a vida*'" (citada por Luciano Martins, 2004: 133).

Confira-se as publicações atuais da poesia reunida de Chacal nos volumes *Belvedere* (2007) e *Tudo (e mais um pouco)* (2016), nas quais apenas os textos foram reproduzidos, que seguem a linha sóbria antes escolhida para a edição da obra de Cacaso (*Lero-lero*, 2002) e de Chico Alvim (*Poemas*, 2004). Essa estandardização, mais de acordo com o padrão contemporâneo, atenuou bastante o impacto da leitura daqueles poemas, uma vez que, separados dos desenhos e fotos que integravam as edições marginais, alterou-se mesmo parte de seu sentido.[46]

[45] Leia-se a observação de Heloisa Buarque de Hollanda a respeito da relação entre poesia e ilustração na obra de Cacaso: "Imagens com valor-texto, claramente produzidas e estruturadas no contexto de cada livro" ("O poemão de todos nós", Jornal de Resenhas, *Folha de S. Paulo*, 12 abr. 2003). Na coletânea *Poesia marginal: palavra e livro* (Eucanaã Ferraz, 2013) encontram-se reproduzidos poemas, capas, fotografias dos poetas, ilustrações dos livros e das *performances* da geração marginal, assim como entrevistas da época e de hoje, além de ensaio de Frederico Coelho sobre o movimento.

[46] Tal exposição da aparência do poeta diminuiu nas publicações de agora, no geral mais discretas, às vezes com uma foto pequena e *low profile*. O rosto, a postura, a roupa do autor não contam pontos para a apreciação de seus poemas, nem a diagramação pessoalizada e artesanal faz parte da expectativa do leitor. Embora essa sobriedade possibilite leitura mais isenta dos poemas, por vezes reduz a compreensão do universo do projeto estético daquela época. Atualizou-se, na maioria dos casos, o padrão tradicional do livro de poesia, retornando-se à forma gráfica usual. Talvez porque o poeta contemporâneo saiba que "tudo o que era vivido diretamente tornou-se uma representação" (Debord, 1994: 13) e que não há mais inocência para a exposição do eu empírico, tragado pela ilusória imagem midiática, em que até a "espontaneidade" pode ser cooptada como valor de mercado.

Chacal comenta essas distinções ao contrastar a edição recente de seus poemas reunidos com a anterior:

> Gozado é que são duas qualidades diferentes. O *Quampérius* para se ler na estrada. O *Belvedere* para se ler na poltrona. Ambos retratos de sua época. Uma utópica, antimercantilista, experimental, on the road. Outra assumidamente de mercado, competitiva, exigente, wall street. (2010: 229)

Não à toa, os lançamentos de livros e revistas com recitações teatralizadas eram considerados essenciais para a atualização plena dos poemas, pois a voz, o corpo, a atitude do poeta completariam seu texto de forma eficaz.

Rosalind Krauss e Hal Foster avaliam a necessidade da presença do artista, ou a exposição de sua intimidade, como um tipo de reação contra a reificação social. Há uma transformação nas artes plásticas, que passam a ser não apenas processuais, mas também se fazem acompanhar muitas vezes por escritos, como se, mesmo na ausência do artista, ainda assim fosse necessário dar-lhe voz. Na verdade, esses dois estudiosos (bastante diferentes entre si) estão reagindo à pecha negativa, ocasionada pela concepção difundida nas décadas de 1960 e 1970, de uma arte que não se expressa mais pela composição de obras formalmente construídas para serem perenes. Críticos importantes, como Clement Greenberg e depois seu discípulo Michael Fried, vão questionar o que julgam ser (com certa razão) o fim da arte moderna, quando tiveram que se confrontar com essa desconfiança do objeto. Num famoso ensaio, Fried (1992) sustentava a necessidade do trabalho formal para a composição artística, chamando depreciativamente de "literalistas" os que seguiam um caminho diverso. Condenava aqueles que transpunham para o terreno da arte fosse a matéria em estado bruto, fossem objetos sólidos e simples (que pareciam dispensar qualquer composição). Também condenava notadamente aqueles que a teatralizavam, atuando em *happenings* de confronto com o espectador, e cujo tempo de realização coincidia com sua duração

— um único instante a consumir-se em si mesmo, sem nenhuma transcendência além da memória dos envolvidos —, bastante diverso do presente praticamente eterno de uma obra artística "autônoma". Em nenhum momento ele se pergunta, em seu texto, as razões que teriam conduzido a essa refutação extrema do "objeto" formalizado e transfigurado, substituído por objetos "literais" e "experiências com duração", que atenuam as fronteiras entre as artes "teatrais" e "plásticas".

Adverte Jameson (1997) que há um evento irreparável a interromper de um golpe a ilusão de sucessividade estática: "a morte e a passagem das gerações". O jovem emblemático daqueles anos morreu rápido, no auge de sua energia, e depois sucedeu-se sua canonização como rebelde máximo (Che Guevara, Janis Joplin, Jim Morrison, Jimi Hendrix, assim como os brasileiros Torquato Neto, Hélio Oiticica, Cacaso, Leminski, Ana Cristina Cesar, e outros menos conhecidos, como o poeta Guilherme Mandaro e o compositor da MPB Sidney Miller). Ele representou a medida do tempo urgente e curto. Sua presença foi mitificada, porque se constituiu em símbolo da revolta intensa, como uma combustão de vitalidade inconformista.[47] As figuras dos poetas que morreram jovens, como Ana Cristina, Leminski e Torquato, continuam a ser reproduzidas abundantemente em fotos que acompanham seus livros de poemas, como se sua aparência empírica devesse ser iconizada na sociedade do espetáculo.[48]

[47] Em depoimento, a psicanalista Maria Rita Kehl rememora o engajamento político e a mudança comportamental de sua geração. Ao final, lembra de uma propaganda de calças jeans cujo *slogan* era "Liberdade é uma calça velha, azul e desbotada", em que aparecia um jovem cabeludo tocando gaita num vagão de carga de trem. E comenta então: "O que eu não sabia era que aquela propaganda, dirigida aos consumidores da minha geração, marcava — acho que o ano era 1981 — o fim da nossa década de 1970". Maria Rita Kehl, "As duas décadas de 70", vários autores, *Anos 70: trajetórias*, 2005: 23.

[48] Ver a esse respeito as agudas observações de Flora Süssekind em seu texto "Hagiografias. Paulo Leminski", no qual faz um levantamento inicial sobre o martiriológio ou santificação dos autores e músicos que morreram jovens na década de 1970. Na obra de Cacaso, examina as imagens angelicais e, nos

Conforme assinala sombriamente Debord:

> Onde se instalou o consumo abundante, aparece entre os papéis ilusórios, em primeiro plano, uma oposição espetacular entre a juventude e os adultos: porque não existe nenhum adulto, dono da própria vida, e a juventude, a mudança daquilo que existe, não é de modo algum propriedade desses homens que agora são jovens, mas sim do sistema econômico, o dinamismo do capitalismo. São as coisas que reinam e que são jovens; que se excluem e se substituem sozinhas. (1994: 42)

Esse poderia ser o epitáfio da Nuvem Cigana e dos poetas marginais. Eles representam, no imaginário derivado da contracultura brasileira, o epítome da juventude, com todas as características de rebeldia, deboche, liberdade, espírito tribal, irreverência, descompromisso, onipotência, destemor, pela capacidade de ação grupal, sem parar de pensar, experimentar.

Quando a democracia chegou, após o milagre econômico e a abertura política, o grupo, reintegrado à sociedade, se desmobilizou. Sua criatividade passou a ser vendida para a sociedade afluente, sua energia foi sugada, pasteurizada — e cada um seguiu seu caminho, na TV, nos teatrões, na propaganda, em grupos de rock...[49]

escritos de Ana Cristina, algumas referências religiosas ou de destruição. Registra também o uso da fotografia que acompanha seus livros, e que transmite, especialmente em Cacaso, uma aparência típica daqueles anos. Já Ana Cristina varia bastante em sua representação icônica. O ensaio de Süssekind concentra-se na análise da inclinação religiosa que acompanhou sempre a obra de Leminski e conclui que, mesmo quando autoirônico, o "modelo hagiográfico" "pode parecer, à primeira vista, recurso atemporalizador", mas que, "talvez, diante do contexto brasileiro dos anos 1960 e 1970, esse aparente anacronismo tenha se mostrado particularmente apto a captar impasses estético-ideológicos do período" (2007: 74).

[49] Ao ler a biografia de Chacal, *Uma história à margem* (2010), relativizei em parte essa constatação, pois ele relata muitas experiências recentes de

É bem verdade que, no caso da poesia, literalismo e presença não precisam ser realizados fisicamente, mas podem ser indicados no texto, de várias maneiras. Tanto o recurso à elipse quanto os apelos veementes, nos escritos de Ana Cristina Cesar, demandam do leitor uma interlocução atenta a cada movimento da frase, capaz de deduzir as entrelinhas e responder às interpelações insistentes do eu lírico. Um dos motivos da sedução de seus escritos encontra-se nessa sensação de que o sentido depende do preenchimento conjunto das lacunas, como se o poema fosse um "objeto transicional"[50] que se completasse através da colaboração do leitor, em íntima conversação. Enquanto a sobreposição de camadas e certa dispersão ou intermitência nas sequências obrigam a essa atitude alerta, numa obra como a de Francisco Alvim são os ecos dos interditos sociais que nos fazem escutar com as orelhas coladas à parede, atrás da porta, para adivinhar as conotações por vezes perversas do que foi abafado. Ou o aspecto entre jocoso e patético dos piores preconceitos nas conversas que entreouvimos *en passant*, cujo sentido deduz-se pela convivência (ou conivência) com o contexto social que as sustenta. Nos dois casos, não são mais obras "plenas", mas um tipo de composição que desvela falhas e recortes internos como se apenas retalhos nos fossem con-

resistência à mercantilização da cultura protagonizadas por ele, por artistas valorosos de sua geração, assim como pelos mais jovens, contaminados pelo seu espírito rebelde.

[50] Esse conceito de Winnicott, aplicado a alguns brinquedos e objetos de criança na primeira infância, é referido à palavra poética no ensaio inspirador de Nick Piombino, "The Aural Ellipsis and the Nature of Listening in Contemporary Poetry". Publicado no mesmo livro, o ensaio de Ron Silliman "Who Speaks: Ventriloquism and the Self in the Poetry Reading" trata das implicações dos recitais performativos de poesia, populares nos EUA, em suas diferentes vertentes. Propõe que a leitura em voz alta não se interponha de modo tal entre escritor e leitor que chegue ao ponto de destruir a "opacidade irredutível de um texto", impedindo a constituição de uma presença intersubjetiva, pois no poema já estaria implícita a voz de alguém, intensificada pelos recursos específicos da linguagem poética. Cf. Charles Bernstein (org.), *Close Listening: Poetry and Performed Word*, 1998.

cedidos, a partir dos quais precisamos reconstituir o todo com a imaginação. "Cacos" é uma palavra repetida ao longo do mais recente volume de Alvim (*O metro nenhum*, 2011). Menos pretensiosa que a banalizada "fragmento", exprime bem a dimensão desses versos interrompidos que aludem a situações diárias de forma minimalista, que perturbam e não se resolvem: ficam pairando, para insinuar o deslocamento do que foi naturalizado como normal, e deixam a estranheza tomar conta do leitor, incomodado pelas sugestões irônicas de submissão ou modéstia.

Cada um a seu modo, Waly Salomão e Torquato Neto também se exprimem muitas vezes numa disposição interativa, tentando restituir a presença direta: desnudam-se veementemente reforçando um lugar ambíguo, estetizando aspectos de sua própria biografia ou, ainda, buscando converter a distância em um processo de interlocução.

Assim, nestes e noutros poetas, observa-se por vezes uma interiorização da oralidade que convoca a presença no próprio texto. Sem necessidade de vocalizar o poema numa situação coletiva, o apelo à participação se realiza na estrutura mesma da composição.

Irritação nas artes (excurso)

É comum que as constantes provocações da arte dos anos 1970 espantem o leitor. Ou tais obras não parecem alcançar um patamar estético aceitável, mesmo segundo os parâmetros mais contemporâneos, ou, algumas vezes, esses "não objetos" (conforme Ferreira Gullar) ou "probjetos" (de acordo com Rogério Duarte e Hélio Oiticica) são híbridos em que se mesclam várias esferas da vida e de formas de arte.

Em amostra bem característica da época, Ana Cristina Cesar publicou o artigo "Um rito de passagem" (*Opinião*, 14 nov. 1975: 23) no qual descreve detalhadamente a apresentação de piano intitulada "Fragmentos de uma solidão", de Vera Terra (professora de estética da PUC-RJ), em que a concertista, em vez de simplesmente tocar músicas de Erik Satie conforme constava do programa, aparece no palco vestida como menina prodígio, de laço de fita na cabeça e uma rosa nas mãos. Enquanto se dirige lentamente para o piano, um ruído surdo se inicia e prossegue ao fundo. A articulista comenta: "O trabalho de Vera [...] não se esgota numa discussão conceitual, mas, ao romper com a 'moldura' do concerto, assinala o aparecimento do artista com a sua força e o seu suor".

Durante a música que a pianista tocava, palmas gravadas a interrompiam, filmes de festinhas familiares eram projetados... enfim, uma série de interferências era capitalizada para exibir "uma ruptura com a noção tradicional do concerto e do concertista". A autora ainda descreve os movimentos da pianista, que arrasta o banco pela sala ruidosamente, faz barulho com as mãos e corre em volta do palco emitindo "gritos de cansaço" e um "ofegar cada vez mais forte", o que "torna presente o corpo da artista". Não há, assim, o distanciamento do público, "que gostaria, por sua vez, de recuperar a confortável posição de assistente de um concerto e evitar a proximidade da não representação e o contato direto, sem a mediação de um código conhecido". Nas palavras da pianista, tratava-se de iniciação a uma experiência nova, em busca da transição para outro estágio, o que pressupunha a "destruição dos olhares antigos", através de "uma géstica não representada, simplesmente vivida". Seu propósito, segundo a interpretação de Ana Cristina, seria refletir criticamente sobre o universo estereotipado da música clássica, com suas regras de etiqueta.

Conclui a poeta: "Os ritos de passagem supõem uma experiência de morte que torna possível o renascimento".

Que esse espetáculo tenha ocorrido naqueles anos é sintomático da descrença nos procedimentos tradicionais da arte e da necessidade de sinalizar a presença corpórea do indivíduo, e de sua pessoa incômoda, sem distância ou transfiguração simbólica. Não foi casual a escolha de composições de Erik Satie, músico de vanguarda que ali estava sendo revivido e radicalizado.

Erigida sob dilemas semelhantes, a obra poética de Ana Cristina Cesar, assim como a de alguns de seus contemporâneos, assemelha-se ao esforço da pianista. A trajetória de vários artistas plásticos brasileiros mantém pontos de contato com as interrogações obcecadas de poetas como ela ou Armando Freitas Filho, que não abandonaram a inclinação formalizante, mas, por afinidade com o desejo de sensorialidade da antiarte, criaram uma poética de intervalo, entre construção artística, exposição do processo de criação e impressão de presença, ao recusar a "máscara mortuária" (na expressão de Oiticica) que congelaria de vez a concepção primeira ou ocultaria os bastidores do trabalho de composição.

Estudioso da ressurreição da voz na cultura ocidental, Paul Zumthor (2007) credita a necessidade de recuperar a presença corporal, em parte perdida, à frieza do mundo virtual dos *media*. Aquilo que poderíamos considerar mera repetição das propostas das vanguardas históricas adquire, nesse contexto, uma significação de outra ordem. No caso brasileiro, o momento repressivo também acentuou a resistência crítica, o impulso experimental de abrir as manifestações artísticas para a interlocução participativa de artista e plateia.

Mas, conforme apontamos, enquanto alguns incorporaram à própria composição dos poemas esses hiatos que solicitam a intervenção do leitor, outros requeriam um contexto de enunciação performático para explicitar a necessidade de construção coletiva de algum sentido. Neste segundo caso, os poemas, quando transcritos para o livro, parecem perder potência, pois seu foco nunca foi constituir uma obra perene, e sim interagir e provocar. O momento de enunciação — o presente — era o seu horizonte.

Engulo o mar, que me engole

Este malandro evitou o molde social.
Ele se verte em si mesmo.
Os outros, semelhantes, partilham com ele o anti-mar.
Ele é perfeito.

Marcel Broodthaers, "O marisco"

Ela é perfeita
Nenhum molde
Nada além do corpo

Marcel Broodthaers, "A medusa"[51]

Poderíamos sintetizar os diversos matizes da perspectiva do eu poético característico dos anos 1970 em duas direções relacionadas: a de uma subjetividade problemática, em que os limites entre o dentro e o fora são porosos e por vezes conflitantes; e a do impulso de participar da vida coletiva.

Comecemos com a primeira. Vários críticos abordam o estilhaçamento, a desestabilização do eu nessa geração de poetas. Ao mesmo tempo que se prenunciava a "volta" do sujeito no poema, após o concretismo e a perspectiva antilírica de Cabral, ficava evidente que não se tratava mais do mesmo tipo de voz da poesia anterior. Moriconi aponta, com precisão, que

> O subjetivismo dos poetas brasileiros pós-68 não pode ser reificado como um bloco homogêneo ou ingênuo. Pois na civilização hedonista, é da ferida narcísica que a poesia fala. Em boa parte dos melhores casos (como Ana Cristina Cesar, Chico Alvim, Torquato Neto, e ainda outros como Ronaldo Brito, Sebastião Uchoa Leite, Armando Freitas Filho) há na verdade distanciamento em relação à posição de um sujeito plenificado e presente em si. (em Pedrosa, 1998: 15)

[51] No original, respectivamente: "Cette roublarde a évité le moule de la société./ Elle s'est coulée dans le sien propre./ D'autres, ressemblantes, partagent avec elle l'anti-mer./ Elle est parfaite" ("La moule") e "Elle est parfaite/ Pas de moule/ Rien que le corps" ("La méduse"), ambos do livro *Pense-Bête*, publicado por Marcel Broodthaers em 1964. Os dois poemas apresentam versões opostas sobre o trabalho da forma. O jogo de palavra entre "la moule" e "le moule" é intraduzível em português ("marisco" ou "molde", "forma", "modelo"). Tanto o marisco quanto a medusa (ou água-viva) são femininos em francês. Poemas citados em "Selections from *Pense-Bête*", sel. e trad. Paul Schmidt e Michael Compton, em *October*, nº 42, 1987.

Talvez a alienação acelerada pela sociedade cada vez mais industrial tenha deflagrado a necessidade da aposta neorromântica numa aparente confissão, ou em alguma visceralidade, como defesa contra o formalismo impessoal. Pode ser também que o sujeito, acachapado pela sociedade do espetáculo que esconde sob sua fachada o fundo verdadeiro, tenha se sentido impotente frente ao real. Não obstante o aparente retorno, o poeta conhece a impossibilidade da representação desse suposto núcleo de subjetividade.

Esses poemas centram-se ora nas divisões internas do eu lírico, ora no trânsito entre interioridade e mundo, como pode ser conferido nos seguintes versos de João Carlos Pádua:

> Teus sonhos são tuas tardes imóveis
> são o quadrado dos teus olhos
> o cavalo dos teus olhos
> são bocas dentro da tarde
> janelas para o outro lado
> — de dentro de fora —
> são mundo
>
> (*Motor*, 1974)[52]

O sonho abre espaços no real, como uma janela que guarnece o olhar, desde o fundo do sujeito até a busca pelo lá fora, confundindo-se com a própria realidade de forma bilateral. Supõe-se um impulso de fusão entre subjetividade e vida exterior que, idealmente, poderia anular a separação entre devaneio e realidade. (Já vimos algo similar tanto em Sebastião Uchoa Leite quanto em Francisco Alvim.)

[52] O livro, publicado na coleção Frenesi, é composto de folhas soltas colocadas em sequência dentro de um envelope-capa. Produzido em parceria com o fotógrafo Bita, em muitos momentos acopla palavra e imagem. Algumas páginas com montagens de poemas e figuras estão reproduzidas no livro organizado por Eucanaã Ferraz, 2013.

Como se infere, a pecha da "ressubjetivação" encerra aspectos conturbados, variando-se as tentativas de empostação do sujeito lírico de poeta para poeta, cada qual apresentando o seu desajustamento peculiar para habitar-se, quer de modo sério quer de modo irônico (por vezes resvalando para o grotesco e o escrachado).

A desconfiança em relação ao "ocularcentrismo"[53] na teoria e nas artes plásticas mantém similitude com essa atitude de problematização da distância representativa, quando o sujeito se aproxima tanto do seu objeto que este parece permeável, poroso (como vimos em Francisco Alvim).

Em Ana Cristina Cesar, essa é igualmente uma questão fundadora: onde o sujeito, onde o mundo, onde a palavra? Segue-se este poema, escrito na adolescência, que procura estabelecer alguma barreira entre o fora e o dentro, antecipando inquietações desdobradas posteriormente em sua obra:

> Neste interlúnio
> Sou um dilúvio ou me afogo.
> E entre espectros que se comprimem,
> Nada se cumpre,
> O destino esfarela.
> De querela e farinha se ergue um olho.
> As vozes despetalam,
> Os períodos se abrandam,
> Orações inteiras lentas se consomem,
> Em poços há sumiço de palavras moucas.
> Neste interlúnio
> Sou fagulha ou hulha inerte.

[53] Referimo-nos à reflexão de Martin Jay (1994), que constata como, nos anos 1960 e 1970, o pensamento francês se volta contra a contemplação visual, com seus aspectos sobretudo mentais e distanciados, condenando seja traços análogos à vigilância panóptica (estudada por Foucault), seja a "sociedade do espetáculo", falsificadora da experiência ao nos apresentar o mundo da mercadoria como fachada do real.

Enorme berne entra corpo adentro,
Entre os dentes, carne.
Arde o ente e cospe,
Cuspe inútil invadindo espaço.
Moléculas moles coleando,
Víboras vagas se rimando,
Poetas quietos entreolhando
Coisas coisas que falecem.
Neste interlúnio,
Sou coisa ou poeta.

agosto/68

("Neste interlúnio", *Inéditos e dispersos*, 1985)

O título anuncia a ideia de intervalo, uma vez que interlúnio é o momento em que a lua desaparece do céu, no espaço temporal entre a lua minguante e a nova. Escuridão total na qual não mais se distinguem sujeito e objetos, anterior ao nascimento da luz. A "coisa" entra na boca do poeta, desliza entre os dentes como parasita invasivo, em cena próxima à da personagem clariciana engolindo a barata na *Paixão segundo G. H.* (1964). Mas aqui, repugnada, a voz lírica tenta resistir com os dentes e cuspi-la, na noite em que as palavras mergulharam num poço fundo e sumiram. A relação entre sujeito e mundo, indeterminada pelo interlúnio, torna-se tão direta que anula a diferença entre ser dilúvio ou se afogar, ser fagulha ou hulha inerte, magma primordial anterior à mediação pelas palavras, pois "as vozes despetalam" e os poetas estão quietos. A angústia (ou, por vezes, o alívio) de não reconhecer o seu lugar de sujeito da língua frente às coisas a serem nomeadas será um dos motivos recorrentes da poesia de Ana Cristina.

O procedimento de construção, ainda bastante juvenil, de palavra puxa palavra, como se o verso seguinte nascesse do eco sonoro do anterior, acaba por compor um texto de amarras quase involuntárias, em que o quarto estado da matéria — o magma ou mole invertebrado — predomina. Moléculas, víboras e carne de berne preenchem o pesadelo, figurando o recalcado do corpo que ainda não se distinguiu como forma identitária na claridade diferenciadora da linguagem. Poderíamos pensar no temor aflitivo (ou no desejo?) de uma regressão a um estágio anterior à constituição do sujeito, quando, sem palavras e sem separação, a consciência do eu se mesclasse às coisas à volta dele.[54]

Tal como os poetas anteriormente mencionados, Ana Cristina Cesar também compartilha a incerteza quanto ao que está fora e o que está dentro, mas o anseio de focalizar esse impasse é particularmente atormentado, como se deduz sobretudo na longa sequência dos chamados "poemas gatográficos", em que se evidenciam, ao mesmo tempo, medo e desejo da autoanulação do sujeito, uma vez transformado em animal, inconsciente de si e do mundo, puro corpo.

Se considerarmos que este simulacro de "*noche oscura*" praticamente inverte a tradicional busca da alma pela união mística, quando a dissolução do sujeito propiciaria um encontro amoroso com algo que o transcende, intuímos o ponto de contato pelo avesso entre o sublime e o abjeto ao evocarmos a irrepresentabilidade comum de ambos. A voz que aqui fala se interroga sobre a sua indiferenciação. A categoria do "informe", defendida por Bataille para contrapor-se à ordem que distingue cada sujeito particular de modo organizado (e assim o controla e submete), também é uma tendência poderosa a tensionar a arte moderna e a contemporânea (Jay, 2003).

Mas há a segunda vertente que também define o eu poético característico dos anos 1970: o impulso de participar da vida coletiva. No seu interior, duas nuances: a festiva e a melancólica (frequentemente, com tinturas irônicas). O aspecto discursivo pode ser até simplório, revelando o mais das vezes pouco trabalho com a linguagem poética. Muitos desses poemas só ganham relevância na recitação oral, quando o poeta combina a sua personalidade

54 Para não nos alongarmos, remetemos ao capítulo sobre Ana Cristina Cesar, no qual nos detivemos sobre o estágio do espelho e a constituição do indivíduo (segundo Lacan).

com a atuação, situando-se num lugar entre um e outro "papel". Medeiros (2002) destaca, a partir de entrevistas com os participantes das Artimanhas, os efeitos da sonoridade, do ritmo (os "*best-saids*", na expressão de Chacal) e a consciência política de contestação e participação.

Do tipo "festivo", este trecho do poema de Bernardo Vilhena no qual comparece a força do grupo, e que lembra letra de samba-enredo, pelo tamanho e pelo estilo agregativo:

> a brincadeira sereia
> é rolar
> rolar feito um livrinho rola
> na mão da rapaziada
> o dia hoje sereia
> é de todo o povo do mar
> é de todo o povo amar
> prazer e felicidade
> as promessas todas
> serão cumpridas
> hoje é dia de festa
> [...]
> eu peço por todos os nomes
> ronaldo pedro simone
> charles guilherme chacal
> bidinho georgete dionísio
> martha rita lúcia julião
> peço por claudinho paulinho rogerinho
> tôtô lulu e ivan (o loro e o scatibraim)
> peninha cezar e fernando
> helena júlio e andré
> hulk jorge hertz rezende
> dick vera valmiro e valdir
> peço por todos os santos
> por todo o charme da simpatia
> por toda a nuvem cigana
> e mesmo por quem não falei o nome

como cláudio silvana e stael
peço e ofereço meu destino
os meus sonhos de menino
muito sal e muito mel

("atlântico romântico",
em Cohn, *Nuvem Cigana*, 2007)

O motivo deriva da festa de Iemanjá e dos pedidos encomendados nesse dia (uma lista imensa) pelas pessoas queridas com quem o poeta quer partilhar seu destino. Embora o poema seja simples, sem nenhum artifício mais rebuscado, o desejo de realização coletiva, que nos interessa, é claramente exposto.

Se a elaboração artística vinculava-se então a uma forma de vida comunitária, em que as decisões eram discutidas intensamente e toda criação incluía contribuições as mais variadas, "atlântico romântico" manifesta "literalmente e em todos os sentidos" o que transcorreu também com a coleção de livrinhos de poesia editados pela Nuvem Cigana, pela coleção Capricho e pela coleção Frenesi, por exemplo.

No espectro da projeção entre afirmativa e derrotista, Guilherme Mandaro, integrante eventual do grupo, balança entre a vontade de realização imediata do "reino da liberdade" — agora e de forma irrevogável — e o reconhecimento de sua impossibilidade, recaindo numa "perda melancólica do futuro" (em expressão de Zular, 2005: 48). Do primeiro tipo, eis um trecho de poema bastante direto, com jeito de manifesto:

fica abolida a morte
como preocupação futura
terão os versos com a vida
o compromisso cotidiano das imagens
[...]

(*Hotel de Deus*)

Um segundo exemplo, elucidativo das constrições da época:

há coisas que não se pode dizer
há coisas que ficarão muito tempo caladas
caladas e presentes
como um calafrio num corpo só

distante do movimento vivo
às vezes as coisas permanecem
como o fogo morto de alguma necessidade
precário o tempo do silêncio necessário
perpétuo o tempo de uma ausência imposta

(*Hotel de Deus*)

Ao ler esses poemas, assinalamos nuances misturadas: a alegria, tematizada como energia para a ação, e o reconhecimento dos obstáculos (em tom de desânimo ou zombaria). A imagem do "fogo morto" figura a saudade e o desejo encobertos por cinza e silêncio.

À guisa de amostra do padrão de anelo utópico que se reconhece vencido, veja-se este lamento em relação ao fracasso, do poema singelo mas afinal comovente de Alex Polari (que esteve preso de 1971 a 1980):

Idílica estudantil — III

Nossa geração teve pouco tempo
começou pelo fim
mas foi bela nossa procura
ah! moça, como foi bela nossa procura
mesmo com tanta ilusão perdida
quebrada,
mesmo com tanto caco de sonho

onde até hoje
a gente se corta

(*Inventário de cicatrizes*, 1978)

Mais uma vez, presenciamos o apelo coletivo, permeado pelo temor da desintegração, em uma sociedade em que a imaginação não está no poder, e onde se caminha e se escreve de forma provisória e arriscada.[55]

Na chave do desencanto lúcido, um dos textos que melhor procura sintetizar as diferenças entre as décadas, de um ponto de vista pessoal, parece-nos este, de Ana Cristina, cujo título remete ao universo do jornal, como se fosse um tipo de reportagem (ou resenha) comentando o clima relativo àqueles tempos:

AINDA FAÇO PAUTA

o recolhimento
caipira sem assunto, como o filósofo da linguagem
cada vez mais muda ou emitindo apenas o óbvio: boa
tarde, faça um cozido, o passarinho, meu jardim, onde
sento para ler Rosemberg e penso na década de 80 que

[55] Destaco dois dos poucos estudos que conheço sobre o poeta cujo nome completo, menos conhecido, é Alex Polari de Alverga: o ensaio "Alex Polari, uma questão de riso ou morte — análise de 'Trilogia macabra' (1978)", de Wilberth Salgueiro (2017), no qual o autor aponta traços de humor em poemas escritos na prisão como forma de resistência à dor e à opressão; e o ensaio "O interregno de Alex Polari (1970-1979)", capítulo do livro de Beatriz Vieira (2011) no qual a autora reproduz estes versos do mesmo livro escrito na prisão, *Inventário de cicatrizes*, quando Polari testemunhou da janela de sua cela a tortura que levou à morte Stuart Angel: "[...] Então houve o percurso sem volta/ houve a chuva que não molhou/ e a noite que não era escura/ o tempo que não era tempo/ o amor que não era mais amor/ a coisa que não era mais coisa nenhuma.// Entregue a perplexidades como estas,/ meus cabelos foram embranquecendo/ e os dias foram se passando" ("Canção para 'Paulo' [A Stuart Angel]").

não é mais 70, quando andávamos mais aflitos mas também mais articulados, identidade ou impressão de identidade em projetos de grupo, e até havia a última mohicana pertencente a 60 que agregava e pensava a juventude e que devia lançar o alerta do sonho acabou, o sonho de 70, a juventude ainda tinha uma inteligência que produzia projetos, e em 80 a última mohicana não está nem aí, não vai ao circo, espera um filho e estuda os mais velhos, como se estivesse entrando na maioridade. À noite a teoria não se aguenta, Rosemberg dá lugar a Joyce, e entrementes sou uma dona de casa caprichosa, envelhecendo, que depois do serviço se senta na poltroninha para ler romances ingleses ou rever cartões-postais de uma viagem à Itália ou cartas que recebia periodicamente do Brasil e de vez em quando pensar em móveis caros e na liberação do discurso e da sua inteligência (wit) fluente como único ato de amor possível neste espaço.

a propósito de Glauber: *O século do cinema*
23.1.81

(*Inéditos e dispersos*, 1985)

O encolhimento do espaço público, o isolamento, a impossibilidade de projetos coletivos, as especificidades de cada década: os anos 1960, agregadores; os anos 1970, quando a juventude ainda produzia alguns projetos; os anos 1980, de recolhimento e estudo mais individualista... tudo o que vínhamos comentando aqui se patenteia tão incontestável que o texto poderia ser a síntese do capítulo. O jardim de *Candide* parece condizer com o refúgio final para as peripécias desastrosas dos ideais daquela geração.

Ferreira Gullar, numa entrevista em que revisita sua trajetória, detecta um "fenômeno de saturação política" concomitante à transição da ditadura para a democracia, portanto correspondendo ao momento da "abertura". De acordo com sua percepção, os intelectuais e artistas haviam passado por um período em que tudo era político, de forma que naquele momento desejavam descomprimir-se desse foco único e tratar de outros temas, recolhendo-se em um universo privado (em Gaspari, Hollanda e Ventura, 2000: 180-1).

Avaliamos que, ao menos em alguns casos, a poesia haja conseguido, com visada irônica e apenas aparentemente descompromissada, enunciar um sujeito representativo de seu tempo. Embora cientes de habitar uma história provisória em que não se sentiam a cavaleiro, os poetas, em seus melhores momentos, tomaram suficiente distância para apreender as contradições nas quais se encontravam imersos, posto que delas não pudessem escapar.

Como incorporar a negação da arte e procurar vias (tensas, contraditórias) de superação criativa, "sobrevoando a própria impossibilidade" (conforme se refere Adorno à lírica)?

Alguns poetas, curtidos por esses embates, prismatizam de forma própria tal dilema, como se pode constatar de diversas maneiras nas vozes de Ana Cristina Cesar, Cacaso, Chacal, Charles, Eudoro Augusto, Afonso Henriques Neto, Nicolas Behr, entre tantos, e de companheiros de viagem, como Francisco Alvim e Armando Freitas Filho, ou mesmo de poetas distantes daquela conversa, como Ferreira Gullar ou até Sebastião Uchoa Leite, Paulo Leminski, e ainda outras que nos alcançam, embora nem sempre conscientemente percebidas. Entre as características que seriam consideradas inerentes à poesia marginal, a capacidade para a comunicação imediata com o leitor, através do trabalho rítmico que apela para a oralidade e muitas vezes para o humor, continua muito viva no trabalho desses e de outros poetas.

Foi forçoso passar pela porta da crise para produzir uma poesia que carregasse, em sua linguagem, as cicatrizes de embates.[56] Mesmo quando não explicitada, a marca do desafio pode ser entrevista. Evitar essas provocações teria enfraquecido o "teor de

[56] Segundo Marcos Siscar, a poesia moderna se constitui a partir e em torno do sentimento de crise, pois "É pela via do discurso da crise que se justifica ou se torna necessária a reinvenção ou refundação da subjetividade e da comunidade" (2010: 175). O trecho faz parte do ensaio "As desilusões da crítica de poesia". Veja-se, em seu livro, este e outros ensaios que abordam a questão.

verdade" (na esteira de Benjamin) que, em fagulhas, aquelas obras ainda transmitem para acender a chama da arte hoje.

O poema — ainda que na forma de publicações precárias de papel "amarrotado" — continua a "Visita", gaguejante por necessidade (Gullar, *Muitas vozes*, 1999). Pois "o poeta autêntico escolhe perder a ponto de morrer para ganhar", "ele é o homem que se empenha em perder", inclusive porque apenas desse modo pode resgatar do fracasso a linguagem, sugerindo o incomunicável (Sartre, 1989: 31-2).

Esperamos ter apreendido um pouco os modos como a poesia persistiu em anos duros, confiando, como Drummond em "Campo de flores", que

> onde não há jardim
> as flores nascem de um
> secreto investimento em formas improváveis.

Revistas revistas

A construção da vida, no momento, está muito mais no poder dos fatos que de convicções. E aliás de fatos tais, como quase nunca e em parte nenhuma se tornaram fundamento de convicções. Nessas circunstâncias, a verdadeira atividade literária não pode ter a pretensão de desenrolar-se dentro de molduras literárias — isto, pelo contrário, é a expressão usual de sua infertilidade. A atuação literária significativa só pode instituir-se em rigorosa alternância de agir e escrever; tem de cultivar as formas modestas, que correspondem melhor a sua influência em comunidades ativas que o pretensioso gesto universal do livro, em folhas volantes, brochuras, artigos de jornal e cartazes. Só essa linguagem de prontidão mostra-se atuante à altura do momento. As opiniões, para o aparelho gigante da vida social, são o que o óleo é para as máquinas; ninguém se posta diante de uma turbina e a irriga com óleo de máquina. Borrifa-se um pouco em rebites e juntas ocultos, que é preciso conhecer.

Walter Benjamin, "Posto de gasolina", 1928[1]

A importância dos periódicos

Quem se debruça sobre a poesia produzida nos anos 1970, especialmente no Rio de Janeiro e em São Paulo, tanto pelo grupo concreto quanto pelos chamados marginais, ou pelos pós-tropicalistas, *lato sensu* (os "batismos" nesse caso são um pouco problemáticos), constata logo o quão fundamental é conhecer as revistas em que a maior parte dos poemas foi pela primeira vez pu-

[1] Em *Rua de mão única*, tradução de Rubens Rodrigues Torres Filho.

blicada para compreender a fermentação de ideias que permeava essas produções.

Como já discutido no capítulo anterior, seja porque a ditadura não permitia que as pessoas se organizassem politicamente, seja porque as "frentes amplas" andassem desacreditadas num momento em que se debatiam as teias do poder no cotidiano, a agremiação em pequenos círculos de afinidade representou por vezes o sucedâneo da participação pública quando as pessoas não encontravam condições de vida verdadeiramente coletiva. Daí a importância das cooperativas de artistas, ao lado da proliferação dos periódicos, que debatiam cada aspecto da realidade em seus tópicos mais candentes, buscando juntos um híbrido de convivência e realizações artísticas. É como se a esfera estética se encaminhasse para um tipo de fricção com outras esferas da vida e avançasse, em nível existencial, na direção de um real mais real.

Editar esses livrinhos, revistas, jornais (muito caprichados, desenhados, com papel especial — e com incursões pelas artes plásticas em ilustrações, fotos, desenhos, gravuras) era uma via de realização com finalidade ampla. Uma vez que aqueles jovens talentosos não conseguiam inserção social para produzir de outro modo, a capacidade de invenção e organização foi canalizada para criações individuais ou grupais que buscavam, na poesia (por conta de sua natural confluência com a visualidade ou com a música) recompor o mundo de forma prazerosa e fazer da vida uma experiência estimulante.

Paulo Leminski, em seus ensaios sobre a poesia dos anos 1970, foi dos primeiros a ressaltar a importância das revistas, que ele celebra como "alternativas-quixote para o sanchopança do jornalismo oficial, acadêmico e rotineiro, conformado e autossatisfeito" — sendo ele mesmo um ativo participante dessas publicações:

> Os maiores poetas (escritos) dos anos 1970 não são gente. São revistas.
>
> Que obras semicompletas para ombrear com o veneno e o charme policromático de uma *Navilouca*? A

força construtivista de uma *Polem*, *Muda* ou de um *Código*? O safado pique juvenil de um *Almanaque Biotônico Vitalidade*? A radicalidade de um *Polo Cultural/Inventiva*, de Curitiba? A fúria pornô de um *Jornal Dobrabil*? E toda uma revoada de publicações (*Flor do Mal*, *Gandaia*, *Quac*, *Arjuna*), onde a melhor poesia 1970 se acotovelou em apinhados ônibus com direção ao Parnaso, à Vida, ao Sucesso ou ao Nada.

[...]

Jorraram nanicas na Idade das Trevas, sob a sombra do AI-5. Foi a idade da imprensa pobre, "povera", precária, aquém dos padrões empresariais da banana-maçã (ou ouro) da imprensa vigente. E muito além dela quanto independência de opiniões, contato com as bases, contundência crítica e originalidade criativa. (2011: 202)

As revistas cumpriam o papel de catalisadores para que artistas e intelectuais em geral se reunissem a fim de debater seus projetos. Críticos, poetas, cineastas, dramaturgos — todos enfrentavam as mesmas controvérsias e se "polinizavam" mutuamente (como sugeriu Waly Salomão). Os periódicos culturais não constituíam apenas espaços ecléticos de divulgação ou de discussões pontuais, mas assumiam posições de combate.

Quando folheamos as principais publicações culturais dos anos 1960 e 1970 (*Revista Civilização Brasileira*, *Vozes*, *Tempo Brasileiro*, *Debate e Crítica*, *Movimento*, *Opinião*, *Argumento*, *Escrita*, *Versus* etc.), cujas comissões editoriais eram compostas pelos maiores intelectuais do país (Antonio Candido, Paulo Emílio, Celso Furtado, Antonio Callado, Florestan Fernandes, Anatol Rosenfeld, Caio Prado Jr., entre outros), e atentamos para os temas e a profundidade das matérias (geralmente versando sobre a situação política na América Latina, ao lado de assuntos como reforma agrária, déficit habitacional urbano, sistema público de saúde, ou trazendo entrevistas com nomes de peso da *intelligentsia* mundial, como Foucault, Castoriadis, Octavio Paz, García Márquez) imediatamente depreendemos o evidente papel de resistência desses veículos de comunicação.[2]

Hoje, as revistas culturais de grande circulação adquiriram uma sofisticação gráfica por vezes maior, mas a forma de tratar os conteúdos parece menos comprometida com a reflexão sobre os aspectos mais difíceis de nossa realidade.[3] Em primeiro lugar, os periódicos se especializaram, pois cristalizou-se a divisão entre tópicos políticos e sociais, de um lado, e temas literários ou artísticos, de outro. Publicações literárias não costumam difundir outros assuntos, pois a cultura não é necessariamente considerada como um todo interagente. Publicações mais gerais trazem uma página ou duas de resenhas, mas raramente debates mais polpudos. As exceções destinam-se a públicos mais cultos, quando então as análises pedem um nível de leitura mais detida. Pouco, porém, se infere, ao ler os periódicos contemporâneos, sobre as discussões que

[2] Remeto à reflexão percuciente sobre a trajetória da *Revista Civilização Brasileira* (1965-1968) realizada por Carlos Guilherme Mota (1977: 205 ss.), que a considera, com razão, "um dos marcos fundamentais na história da cultura e do pensamento político progressista no Brasil no século XX". O crítico acompanha, em seu estudo, a passagem de um nacionalismo ainda marcado pela crença na aliança entre burguesia nacional e setores progressistas dos trabalhadores, para uma percepção política mais lúcida e radical, até o fechamento da revista pela ditadura. Maria Lucia de Barros Camargo (2010) também faz uma análise comentada da revista, definindo esses importantes veículos dos anos 1960 e 1970 como bastiões de resistência. Em artigo mais recente (2013), a pesquisadora reflete sobre as características mais comuns das revistas literárias: a efemeridade, a pequena circulação, a veiculação de propostas de comunidades de ideias de grupos ou redes. O Núcleo de Estudos Literários e Culturais (NELIC), sediado em Florianópolis, na UFSC, reúne, sob sua supervisão, vários pesquisadores que trabalham com periódicos culturais. Todos os artigos podem ser lidos on-line no *Boletim de Pesquisa NELIC* (https://periodicos.ufsc.br/index.php/nelic).

[3] Não estamos muito longe da "disneylandização da cultura" (na expressão de Baudrillard), que a tudo infantiliza e comercializa como entretenimento descompromissado, atingindo desde os programas de TV para as massas até as revistas sofisticadas de cultura que tratam todos os assuntos com um tom de *glamour cool*, sempre com um pé no ceticismo elegante.

nortearam a constituição do grupo de redatores: se há reuniões para decisão democrática dos artigos a serem aceitos, se existe hierarquia, se há uma linha política ou projeto estético alvo de questionamento interno, por quais crivos passaram a linguagem, a pauta, o tipo de colaborador — como se pode averiguar na formação das publicações dos anos 1960 e 1970.

Ao investigar a longevidade das revistas de resistência e inovação daquele período, descobrimos que poucas ultrapassaram o limiar da fase de redemocratização, tendo então perdido sua razão de ser.[4]

A partir do contato direto com essas publicações, inclinamo-nos a deixar de lado revistas culturais de maior importância e circulação dos anos 1960 e selecionar publicações menores, especialmente aquelas que de alguma forma partilhavam concepções próximas à contracultura. Assim, não examinamos periódicos muito relevantes como *Revista Civilização Brasileira*, *Vozes*, *Paz e Terra*,

[4] O pesquisador Bernardo Kucinski traça um panorama muito informativo sobre a história dos periódicos nos anos 1960 e 1970. É bastante impressionante sua conclusão: "Como se tivesse ocorrido um cataclisma, quase todos os jornais alternativos que circulavam entre 1977 e 1981 deixaram de existir a partir de 1980-1981. Desde os grandes alternativos nacionais surgidos ainda em 1975, até os basistas, da última geração, voltados aos movimentos populares e à reportagem. Desapareceram, independentemente da natureza de sua articulação, da qualidade do projeto, do acerto ou do insucesso de suas propostas editoriais e soluções operacionais" (2003: 173). O autor credita tal fenômeno à mudança sociopolítica da época, que tornou menos necessária a criação e a manutenção dessas revistas e jornais. Subitamente, as equipes que os produziam tomaram outros rumos ao mesmo tempo que a demanda do público esmorecia (sempre há gloriosas exceções, como é o caso da revista *Vozes*, que começou a circular nos anos 1950 e continua firme). Na mesma direção, segue Cláudio Novaes Pinto Coelho, observando que, após o ciclo de ditadura e de redemocratização, "O autoritarismo estatal foi substituído, devido à hegemonia neoliberal, pelo autoritarismo de mercado (o sujeito social da realidade contemporânea). Trata-se de um autoritarismo muito mais sutil e provavelmente mais eficaz: o Estado deixou de ser visto como o agente modernizador, cedendo espaço ao mercado" ("A contracultura: o outro lado da modernização autoritária", em Risério *et al.*, 2005: 44).

Opinião, *Movimento*, *Argumento*, *Tempo Brasileiro*, *O Pasquim*, nem revistas literárias mais amplamente conhecidas, vinculadas diretamente às vanguardas, como *Invenção*, *Tendência*, *Práxis*. Igualmente, não abordamos periódicos cuja tendência preponderante não comportasse debates sobre a poesia então emergente, tampouco jornais e revistas predominantemente políticos. Preferimos nos ater a pequenas e médias publicações que manifestassem afinidade com a literatura e a cultura chamadas de "marginal", "pós-tropicalista" ou relacionadas a grupos menores.[5]

Por força de manusear as revistas dedicadas mais especificamente às artes plásticas, muitas de formato artesanal e produção coletiva, prevaleceu a perspectiva de que a relação entre escrita poética e artes visuais era impossível de ignorar, dada a força da integração de ambas as linguagens, assim como o laço estreito entre as preocupações políticas e a expressão artística. Enfim, tornou-se evidente a procura de uma visão abrangente de toda a cultura, pois apenas uma única forma de expressão seria insuficiente para abarcá-la. Muitas das transformações ocorridas nas artes brasileiras gestaram-se nessas publicações e podem nelas ser aferidas.

Para melhor avaliar o lugar da produção pós-concreta, marginal e contracultural, era necessário penetrar nos sonhos que as

[5] Desde 1992, uma preciosa coleção de imprensa alternativa, bastante completa, encontra-se no Arquivo Geral da Cidade do Rio de Janeiro. Foi doada por Maria Amélia Mello para a Fundação Rioarte, que por sua vez a repassou ao Arquivo Geral, com exemplares de *Bondinho*, *Flor do Mal*, *Beijo*, *Ex-*, *Código* e centenas de outros itens. Seria simplesmente impossível não se debruçar longamente sobre tantos jornais e revistas, por horas a fio, quase perdendo nosso objetivo inicial de estudar somente a publicação de poesia nesses periódicos em seus momentos significativos. Sente-se relutância em parar de olhar esse material, tão abundante, ali representando uma época em toda a sua vivacidade, enterrada em caixas empoeiradas. A coleção foi catalogada pela pesquisadora Sandra Horta e pela estagiária Yama Arruda. Também consultamos as bibliotecas particulares de Ana Cristina Cesar, no Instituto Moreira Salles, e a de Armando Freitas Filho, em sua casa, os quais, como poetas envolvidos na produção cultural, acumularam um acervo significativo de publicações de seus contemporâneos.

fundavam, tendo em vista a forma de vida que desejavam instaurar, passando pela comunitarização das relações de produção e por um rechaço (por vezes ambíguo) dos modos industriais.[6]

Finalmente, ao ver aqueles livrinhos e jornais e revistas de todo o Brasil, é possível compreender a poesia da época de maneira especial: os textos adquirem um colorido novo, diferente do que encontramos em boa parte das reedições encampadas pelas editoras. Conhecer sua diagramação original e atentar para os agradecimentos calorosos à equipe de produção abre a porta para perceber, de modo mais concreto, a motivação grupal que impulsionava os poetas, os quais incluíam nos créditos o artista gráfico, o fotógrafo, o ilustrador, o amigo que emprestara o mimeógrafo etc. — pois todo o processo de editoração era pessoalizado e composto para leitores próximos. O centro dessa produção se situava mesmo no Rio de Janeiro e em São Paulo, mas também houve iniciativas no Rio Grande do Sul, no Paraná, em Minas, na Bahia, no Ceará. Os mesmos escritores circulavam em diferentes estados colaborando em várias revistas. Embora haja linhagens de poetas provenientes de formações culturais diversas, por vezes antagônicas, nessas publicações verificamos as vertentes finalmente se aproximando (no geral de modo inconsciente e a despeito de si mesmas), sobretudo nos anos 1980.

Logo outra percepção se acrescenta: ao longo da década de 1970, conforme os concretos se envolviam com os músicos tropicalistas e deles se acercavam outros jovens artistas (Waly Salomão, Duda Machado, Rogério Duarte, Paulo Leminski, Erthos Albino de Souza, Aldo Fortes, Régis Bonvicino), a "medula" foi se mesclando à "geleia geral" e, por diferentes vias, a ortodoxia concreta também recebia influxos da estética contracultural. Assim, nas revistas *Polem*, *Código*, *Muda*, *Navilouca*, *Qorpo Estranho*, deparamo-nos com textos de várias tendências. Ainda que continuassem a digladiar, havia uma tentativa de convergência entre linhagens poéticas que se julgavam opostas.

[6] Esses fenômenos foram descritos e comentados por Carlos Alberto Messeder Pereira (1981) e por Heloisa Buarque de Hollanda (1980).

A metamorfose, ou até a negação, do construtivismo soberano nos anos 1950 se impôs. Mesmo artistas afetivamente próximos aos concretos, como Hélio Oiticica e Paulo Leminski, cultivam uma estética que se avizinha dos seus "antípodas", pois os ventos da cultura simplesmente haviam mudado de lado — e todos, mais ou menos no mesmo passo, se transformaram.

Armando Freitas Filho (1979) já notara como os poetas, a partir do tropicalismo, parecem ir se tornando "mutantes", ao se libertar de ascendências programáticas rígidas. Confirma a tendência ao encontro "ecumênico" em Torquato e Waly, que localiza como pontos de virada.

Independentemente da rivalidade das "panelinhas" e das diferenças de credo que acreditavam pregar, o tempo e a distância atestam certa semelhança dos dilemas com que os diferentes poetas e artistas se defrontaram e as respostas que a eles ofereceram.

Assim, o contato com os periódicos da imprensa alternativa à volta dos anos 1960 e 1970 conduziu a essas duas suposições: 1) os artistas tinham uma forte vontade de ultrapassar as fronteiras da autonomia da obra, experimentada tanto pelas artes plásticas quanto pela poesia (mantendo-se em vista as diferenças entre ambas), mais ou menos conscientes da tensão que esse movimento encerra; 2) delineava-se algum relacionamento estético entre a nova geração concretista e os marginais, ou contraculturais, sob a égide de uma constelação política e cultural que os colocava em contato malgrado eles mesmos, apesar da manutenção de polêmicas e de certas diferenças importantes.

Primeiro exemplo: *Beijo*

Acompanhamos o envolvimento de Ana Cristina Cesar na fundação de um jornal cultural e, por meio de suas anotações, podemos depreender o significado desse tipo de publicação para ela e para os seus contemporâneos que nele colaboraram.

Dissidentes do *Opinião* se reuniram para lançar o tabloide *Beijo*, que durou sete números, saindo mensalmente entre 1977 e

1978.[7] O comitê editorial era enorme e discutia em assembleia todas as decisões relativas ao jornal. Não havia hierarquia, portanto as tarefas eram divididas por igual (supõe-se o mesmo para os gastos...). Como os outros jornais alternativos, este também trazia ilustrações e fotos grandes, que dialogavam de forma livre com os artigos. Os assuntos variavam: resenhas de livros recém-publicados, o cinema novo e marginal, a questão agrária, a influência da TV, a MPB (especialmente o tropicalismo), ressalvas à psiquiatria tradicional (isso era recorrente), a renovação da Igreja, oposição ao stalinismo, direitos dos homossexuais, críticas ao sistema penal e à ditadura militar, textos da Escola de Frankfurt, de Michaux, Foucault, Baudrillard, Octavio Paz, Castoriadis, Guattari, Glucksmann...

Segundo depoimento de Moriconi, "o *Beijo* tentou realizar o sonho de autogestão dos jornalistas revolucionários dos anos 1970. E tentou fazê-lo de maneira informal, ao largo de qualquer suporte das organizações da esquerda clandestina" (1996: 42).

O grosso dos colaboradores era constituído por jovens egressos recentemente da universidade, como a própria Ana Cristina Cesar, ao lado de Rodrigo Naves, Cacaso, José Resende, Ronaldo Brito, Paulo Venancio Filho, Gilberto Vasconcellos, Olgária Matos, Francisco Foot Hardman, Carlos Zilio e outros, sob a batuta anárquica de Julio César Montenegro.

De acordo com o documento de fundação, provavelmente discutido pelo grupo todo e redigido por Ana Cristina, segue um resumo das principais propostas do novo jornal, que consistiam em:

— Dessacralização: descompromisso com nomes ou figuras consagradas, consideradas "alinhadas" a um mesmo espectro ideológico e importantes nos círculos intelectuais.

— Desrecalque: trazer à tona temas pouco debatidos (principalmente pela "esquerda encastelada").

[7] No primeiro capítulo do perfil biográfico realizado por Italo Moriconi sobre Ana Cristina (1996), há um relato interessantíssimo sobre as discussões ideológicas que levaram à formação do jornal, da qual ele participou.

— Descentralização: desconcentrar a estrutura de poder, com espaço para o leitor se tornar colaborador.

— Emergência de contradições: desmontagem da frente ampla,[8] descentralização opinativa.

— Linguagem alternativa: diferente do texto típico da imprensa e/ou das publicações universitárias e constante questionamento e explicitação do autoritarismo das articulações discursivas.

— Engajamento: atenção para a distância entre as propostas que norteavam a prática política e as relações cotidianas.

Segue-se o seguinte comentário: "seria possível fazer um jornal que pensasse e atuasse criticamente sobre as relações que estabelece: entre texto e leitor, entre texto e texto, texto e ilustração, com outros veículos? Que refletisse sobre sua prática".[9]

Em consonância com as orientações ideológicas típicas da esquerda da época, a ata de lançamento adverte:

> Reconhecemos que o produtor é parte interessada e comprometida com o que produz. Por isso a nossa proposta é autogestão. Fazer um jornal independente. Decidir coletivamente qual matéria sai ou não [...] a que

[8] A expressão "frente ampla" origina-se da tentativa feita entre 1966 e 1968 de reunir Carlos Lacerda, Juscelino Kubitschek e João Goulart à frente de um movimento de redemocratização do país. Estes, que provinham de vertentes políticas muito divergentes, ainda assim tentavam costurar uma união possível à volta desse propósito. Representavam, porém, liderança acomodatícia, que não era aceita pelo emergente movimento estudantil nem pelos novos representantes sindicais, desconfiados de um arco de aliança de tal modo aberto que diluía diferenças importantes e, assim, perdia o gume radical. O AI-5 enterrou de vez suas propostas, mas a expressão ainda ecoava, seja como esperança possível, seja de forma desconfiada. Ver, a esse respeito, Márcio Moreira Alves (1993) e Zuenir Ventura (1988).

[9] O documento faz parte do Arquivo de Ana Cristina Cesar do Instituto Moreira Salles do Rio de Janeiro. Sua reprodução comentada pode ser conferida em Moriconi (1996) e no estudo de Camargo (2012).

práxis queremos ligar o nosso produto final. [...] O produto diz da sua própria estrutura, significa as relações que propõe.

No manifesto publicado pelo jornal em seu primeiro número, a comissão editorial declara: "Não somos apenas produtores, mas também leitores", de forma a manifestar sua intenção de debate contínuo, seja entre os redatores, seja em troca permanente com o seu público, do qual se esperava intervenção crítica.

Tal recomendação era levada ao pé da letra. Contou-nos Francisco Foot Hardman que, tendo realizado uma viagem marcante a Praga e pretendendo relatar o que vira, escreveu um artigo sobre sua experiência para o *Beijo*, nº 6 ("Mulher de Praha", 1978).[10] Foi então convidado a ir ao Rio participar da assembleia que decidiria sobre a publicação dos artigos para o número seguinte, com direito a voto e veto. Viajou de ônibus partindo de São Paulo especialmente para o evento, que ocorreu de maneira informal mas acirrada, no qual todos manifestavam assiduamente suas opiniões. Segundo Moriconi, a prática decisória realizava-se via democracia direta, com discussões longas entre os quarenta "diretores proprietários" (1996: 42 ss.).

Há correspondências entre as intenções manifestadas pela equipe redatora do jornal e os discursos dos artistas plásticos. Ambos remetem à concepção da micropolítica descendente de 1968. Na linha da Internacional Situacionista, o jornal mantinha-se atento ao fato de que "a organização revolucionária deve ter aprendido que já não pode *combater a alienação sob formas alienadas*" (Debord, 1994: 85). O fundamental era que a prática da vida diária fosse pensada e expressa de forma *revolucionária*:

[10] Texto posteriormente republicado em seu livro *Os víveres de maio* (Kairós, 1980), cuja diagramação (com ilustrações) e conteúdo (conjunto de poemas, prosa de ficção e pequenos ensaios) evocam o tipo de edição alternativa dos anos 1970.

Página de créditos do jornal *Beijo*, nº 1, 1977.

BEIJO-2

beijo

3
Constituinte – O jogo da múltipla escolha

10
Música: Uma reticência entre parênteses

21
Televisão: Um produto nacional Culto

4
Beijo e a ambigüidade da sedução

11
Cinema Novo: "Força total para a EMBRAFILME, Ordem e Progresso"

24
Gilberto Gil: "O ideal tem que ser cada vez menos ideológico"

5
Sem falar, sem calar, mostrar

27
Malditos, Marginais, Hereges

14
O capitalista não é mais aquele...

6
Desiludir e elucidar

29
Em torno da Burritzia

9
Se a música fosse uma banana

16
Domingos Moreira da Silva: A Questão Agrária no Brasil

30
Designológico: O projeto crítico de um crítico projeto

BEIJO É UMA PUBLICAÇÃO DA EDITORA BOCA LTDA.

Diretores:

Alfredo Herkenhoff
Ana Cristina Cesar
Antonio Carlos de Brito
Caio Tulio Vieira Costa
Carlos Henrique Escobar
Demétrio de Oliveira Gomes
Diter Stein
Genilson Cezar
Gilberto Vasconcelos
Henrique Antoun
Italo Moriconi Júnior
Joatan Vilela Barbel
Julio Carlos de Figueiredo Mariano
Julio Cesar Montenegro
Julio Menezes Rocha
Luiz Costa Lima
Luiz Renato Martins
Luiz dos Santos Mermelstein
Maria Leny Cordeiro
Maria Beatriz de Medeiros
Marcos Maffei Jordan
Marcos Augusto Machado Gonçalves
Mauro Costa
Mateus Sampaio Soares de Azevedo
Matinas Suzuki Júnior
Paulo Chaves Fernandes
Paulo Tarcisio Campos de Andrade
Paulo Venâncio Filho
Ronaldo Brito
Roberto Ainbinder
Reinaldo Leitão Paes
Ricardo Arnt
Ricardo Lins
Roberto Ventura
Rodrigo F. Naves
Silvia Bregman
Silviano Santiago
Vera Sayão
Vinicius de Ávila Dantas
Waltércio Caldas Júnior

Colaboraram neste número:
Andreas Hauser, Arno Vogel, Victória Mussi, Regina Rebollo, Marianna Monteiro, Ricardo Bueno, Dermeval Coutinho, Maurício Villela, Tintin, Andre Klotzel, Marcos Vinicio, Fernando Mesquita, Delfim Afonso Junior, Willy Correa de Oliveira, Hermeto Pascoal, e José Castello Branco.

Diretor Responsável:
Genilson Cezar

Administração:
Julio Cesar Montenegro

Redação: Rua Conselheiro Josino, 29/205 - Bairro de Fátima, Rio de Janeiro-RJ. Composto e impresso na Arca Editora e Gráfica SA, rua Equador, 702, - RJ. Distribuição: Fernando Chinaglia Distribuidora SA, rua Teodoro da Silva, 907 - RJ.
CGC n.º 29740834/0001-15

> Esse vivido individual da vida cotidiana separada fica sem linguagem, sem conceito, sem acesso crítico a seu próprio passado, não registrado em lugar algum. Ele não se comunica. É incompreendido e esquecido em proveito da falsa memória espetacular do não memorável. (Debord, 1994: 107-8)

Havia, igualmente, uma preocupação constante em não aderir automaticamente a posições de frente ampla que poderiam mascarar contradições mais fundas. Anota Ana Cristina: "As divisões

BEIJO 13

MAMÃE
BELAS-ARTES

TUNGA
1975

O meio de arte brasileiro resiste à produção contemporânea e à sua mais grave exigência: a liquidação definitiva do sistema das Belas-Artes. Pode parecer incrível a simples menção desse sistema dado como morto desde o início do século, quando aparecem as vanguardas construtivas, Dada e Surrealismo, mas é inevitável. Trata-se de um conjunto de regras estatutárias que, embora em crise, segue em vigência e sobredetermina a presença social do trabalho de arte, sua espécie de circulação e os efeitos culturais que produz. Contra as aparências, ainda estamos às voltas com o processo de falência do sistema de Belas-Artes, com a resistência (no sentido psicanalítico do termo) do meio de arte local em romper com essa tradição.

Este texto pretende ser uma análise, seguindo metaforicamente a lógica freudiana, dos compromissos e sintomas que o meio de arte local vai apresentar em seu processo de resistência à arte contemporânea e seu desejo de romper com o estatuto de Belas-Artes. Compromissos formados para ajustar o incontornável sentimento da falência com a pressão das forças transformadoras e destinadas, é óbvio a manter a situação. Sintomas, depressivos ou histéricos, que vão repor à superfície a seu modo desviado a questão que se procura recalcar: a crise da arte, o lugar contraditório de seu lugar e de sua função cultural.

Para fixar um limite, digamos que desde Cézanne as chamadas artes plásticas encontram-se em estado de crise. Não se trata de uma simples crise de valores estéticos, bem entendido. O rompimento na tela do espaço renascentista, do espaço clássico de representação, tem como inevitável conseqüência o questionamento do *lugar social* da arte. O que passa a estar em questão é não apenas o código perceptivo, a organização visual imposta pelo humanismo clássico, mas o próprio estatuto das Belas-Artes que a classe burguesa ascendente reservara para o trabalho de arte. E nenhum lance Dada, nenhuma manobra Duchampiana e muito menos nenhum projeto construtivo, diferentes tentativas de abortar, romper ou solucionar a crise, pôde por si só resolver a contradição. Essa crise, essa contradição, permanece o solo da produção contemporânea.

A questão da transformação das linguagens cruza portanto com a questão da presença social da arte. Existe aí uma inextricável solidariedade que não pode ser rompida sob pena de se cair no formalismo ou no sociologismo baratais. O processo de produção das linguagens contemporâneas é indissociável do seu choque com o ambiente cultural e, mais adiante, com o sistema social onde opera. Pode-se ir mais longe e afirmar que os seus problemas, o que seria sua *demarche* interna, só podem ser localizados a partir de uma leitura da crise objetiva em que se situa. Não há essa região escatológica da *criação pura*, mas também não há o *problema social* "objetivo" da circulação da arte fora de estratégias de linguagem.

É precisamente este estado de crise, essa indefinição relativa ao seu valor social, que transforma o objeto de arte no oposto daquilo que significava tradicionalmente: de representante do Belo puro e eterno, depositário dos cânones sublimes da proporcionalidade perfeita, esse objeto passou à condição de *signo cultural*, sem bases fixas ou estáveis, em sucessivas e surpreendentes mutações. Antigo fruto da sábia habilidade manual que consagrava o *Belo Ideal* tornou-se agora resultado de uma espécie de vagabundagem intelectual sem demarcações epistemológicas possíveis. Mas, aí o paradoxo, ainda assim cumpre o percurso previamente fixado para o objeto tradicional de arte, está guardado e protegido pela mesma ideologia. Ninguém parece notar o ridículo, a inadequação empírica entre os museus e galerias e as coisas que cada vez mais estão sendo exibidas ou colecionadas ali.

Repetimos, não há solução para essa crise fora de uma transformação social em ampla escala. Um novo estatuto para o trabalho de arte, para o processo cultural em geral, está a

Artigo de Ronaldo Brito e José Resende em *Beijo*, nº 2, 1977.

de classe se apagam quando entram na 'cultura brasileira'". E ainda: "O pânico das divisões come solto; dividir enfraquece. Mas unir pode esmagar". Tal inquietação se reflete na crítica à ideologia nacional-popular, buscando-se um "desrecalque" de temas e pontos de vista pouco tratados pela imprensa.

Ela pondera ainda que o *Beijo* dirigia-se ao mesmo leitor de *Movimento* ou *Opinião*, mas queria justamente evitar a armadilha dos outros, onde o público "lê colunas do bom-senso, lugares-comuns a reiterar o próprio esquerdismo, gratificantes, enchendo a pança e os ouvidos — exatamente o que eu esperava ouvir!", posição que ressoava a estratégia do Teatro Oficina de provocar os espectadores na expectativa de desestabilizar suas certezas e boa consciência.

Ao comentar a lápis artigo de André Glucksmann publicado no *Beijo* nº 5 (1978), Ana Cristina critica a atitude do intelectual ao qual "falta consciência de classe", uma vez "que se acredita mais uma vez porta-voz dos oprimidos, setor neutro e transparente que reflete as imagens e os gritos ocultos banguelas e desbocados". O intelectual, segundo ela, tende a não perceber "a sua função de controle" como jornalista, professor, escritor, além de ignorar os seus "limites de classe". E termina com o oportuno comentário: "êta onipotência".

O nome do jornal também foi aceradamente discutido: queria-se evitar que englobasse totalidades abstratas ilusórias, como "povo, brasil, rosa dos ventos, nação, outros espaços". Também se rejeitavam os "títulos acadêmicos, referências eruditas. Nem pretensões literárias. Nem panamericanismos". Assim, a intenção marota de que o comprador fosse à banca de jornal e pedisse "me dá um beijo" venceu, especialmente quando a própria editora passou a chamar-se Boca.

Sobre literatura, Ana Cristina registrou as seguintes considerações: nas relações entre real e texto, cabia desmontar a impressão de reflexo. Mais especificamente, ter cuidado com a "representação do popular (que pode ocultar narrador autoritário ou paternalista; ou que pressupõe que as palavras refletem o real, basta boa vontade" e ter "uma determinada atenção aos processos que usa sem 'naturalizá-los'". (Aliás, essa consciência do texto como construção será constante em sua poesia, entremeada à impressão de espontaneidade ou transcrição imediata — como se ela exercesse um jogo ambivalente entre dois polos.)

Acerca das mesmas questões, um artigo da própria Ana Cristina no *Beijo* nº 1 (1977), "Malditos marginais hereges", ironiza a suposta identificação entre escritor e povo preponderante em contistas da época, que tratam o primeiro como se fosse um explorado heroico, perseguido pela polícia, mas sempre destemido e, apesar dos pesares, empenhado em desvendar a realidade nua e crua. O texto também renega o intelectual de esquerda que, demagogicamente, diz identificar-se com o oprimido e utiliza a escrita para "denunciar e conscientizar", porém o faz de forma autoritária e manipuladora, como se fosse possível mudar a condição de classe apenas pela vontade retórica, ignorando contradições e má consciência. O artigo censura especialmente o chamariz comercial disfarçado de marginal de uma coletânea de contos popularesca (em sua opinião), que assim pretendia assegurar um nicho de vendas nas bancas.[11]

Apesar do empenho, Ana Cristina decepcionou-se com a experiência, rompendo com os companheiros de redação na altura do número 6 da revista, pois sentia que, a despeito de tudo, como no jornal *Opinião*, do qual divergiam, "entramos na velha ordem": "em momento algum [se] questionava... a própria posição [...] o pedestal de onde [se] falava". Tal como nos pequenos grupos de esquerda que se dividiam continuamente, também aqui a busca de radicalidade era insaciável.[12]

Todavia, a postura radicalmente democrática que Ana Cristina imaginava realizar como jornalista emerge em sua prática poética: a desconfiança da autoridade de um sujeito coeso que mantém hierarquia e distância em relação ao leitor, convertida em interlocução constante e apelo dialógico.

[11] Ana Cristina resenha o número 4 da coleção, denominado "Malditos escritores!", que traz na quarta capa a seguinte assertiva de João Antônio: "Literatura não existe. O que há é a vida, de que a política e a arte participam". Nas margens do exemplar de sua biblioteca, ela replica, a lápis: "por que ler então? Abra a porta e saia na rua"... (Mas não se deve fiar literalmente nas palavras de João Antônio, na verdade um escritor refinado.) De forma bastante radical, seus colegas de redação Ronaldo Brito e José Resende propugnam, no texto "Mamãe Belas-Artes" (*Beijo*, nº 2, 1977), a liquidação do sistema artístico, propondo novas formas de criação para o presente.

[12] Flávio Aguiar (1997) relata, como observador participante, os sucessivos "rachas" que acometiam a imprensa independente nos anos 1970. Por exemplo, de um grupo dissidente de *Opinião* surge *Movimento*, e, por sua vez, deste descende *Em Tempo*.

Revistas de poesia e artes plásticas

Do ponto de vista da ousadia gráfica, a revista que melhor transitou entre linguagens, conjugando fotografia, texto e desenho, é, sem dúvida, o número único da *Navilouca* (1974), editada por Waly Salomão e Torquato Neto, com projeto gráfico de Luciano Figueiredo e Óscar Ramos.

Na capa, as fotografias dos participantes seguem duas tendências concomitantes. Do lado de fora, representações eufóricas que mostram um grupo de jovens na praia vestindo roupas coloridas e segurando letras grandes que compõem a palavra "Alfavela" (trocadilho abrasileirado com o filme de Godard, *Alphaville*, pois na quarta capa os jovens seguram também a palavra "ville"). Embora o *design* da capa guarde afinidade com a diagramação construtivista-concreta, não se trata mais, apenas, de formas geométricas abstratizantes ou isomórficas, uma vez que o centro da atenção é atraído pelas fotos dos artistas participantes que, como já referido, possuem valor-texto (na expressão de Heloisa Buarque de Hollanda). Isto é, a figura, a atitude, a roupa, o corpo — tudo isso fala. A palavra-valise "alfavela", polissêmica, está sendo literalmente montada por jovens festivos, numa *performance* coletiva, e deles depende para sustentar-se no ar, sem existência totalmente autônoma numa página de livro.

No interior da revista, representações perturbadoras, como uma colagem elaborada por Torquato Neto em que se vê, quadruplicada, a foto de um homem caído no chão de um barraco (aparentemente morto), ao lado de latas de querosene e manchas de sangue. Palavras soltas se sobrepõem à imagem, dispostas em formato de cruz ("aqui ali/ aqui ali// vir ver/ ou vir"). Elas lembram a configuração do poema concreto e aludem ao número quatro (como um tipo de assinatura referente a Torquato, cuja foto aparece na página seguinte, marcada com o número quatro dentro de um círculo que se assemelha a uma mira, tudo desenhado com linha vermelha). Em outra página mais adiante, fileiras e curvas repetindo as palavras "sol" e "nada", em vermelho, cobrem figuras de pessoas caídas, com o corpo emborcado no capim, possivelmente mortas, sendo contempladas por crianças e por uma multidão de aparência humilde, testemunhas silenciosas e espantadas.[13]

Se muito da composição da revista descende dos procedimentos concretistas, inclusive com a participação do trio fundador, tanto nos poemas como nas fotomontagens, o espírito geral contraria em tudo a antiga assepsia. Nos materiais que constituem textos e fotos, os resquícios do construtivismo aparecem em um tipo de estaqueamento alusivo aliado a uma poderosa irrupção da presença corporal, festiva na capa, mas violenta e lutuosa nesses trabalhos. A linguagem deriva para a associação livre, explosiva e surreal.

Analisa certeiramente Mario Cámara:

> A presença da retícula na capa de *Navilouca* declara, a princípio, a vontade antimimética e antirreal, tão própria da arte moderna e cultivada pelos poetas concretos na sua fase matemática. No entanto, a forma reticular de *Navilouca* está perturbada pelas fotografias — uma forma indicial e mimética contrária à lógica da retícula — e pela cor vermelha predominante que se espalha sobre algumas dessas imagens. O vermelho, como tentarei postular e demonstrar a partir da análise da contracapa, introduz um elemento orgânico e permite dar conta dos laços estabelecidos entre esse presente e a vanguarda concreta brasileira. (2014: 140)

[13] Essa fotomontagem parece ser de Luiz Otávio Pimentel, pelo que se deduz da ordem um tanto errática das autorias. Seu nome reaparece como coorganizador do evento *Orgramurbana*, de 1970 (junto a outros artistas, como Hélio Oiticica, Flammarion, Lygia Clark e participantes vários). Em texto publicado por Torquato Neto em sua coluna "Geleia Geral", Luiz Otávio propõe a criação de "poemas não-objetos", "palavra-parangolé", que gerariam ações, danças, vivências (carta para Luciano e Oscar de Lop, 28 jan. 1972, reproduzida em Torquato Neto, 2004: 362-4).

Capa do número único de *Navilouca*, 1974.

Na exposição formal predomina a heterogeneidade estética, e o tom do material revela uma estranha superposição, na qual se entremeiam desde retratos celebratórios, em que jovens dançam ou fazem teatro, até as mais macabras associações, como o texto de Torquato Neto sobre a gélida gilete ("gelete"), com Luciano Figueiredo, Óscar Ramos e Ivan Cardoso, ou fotogramas de Zé do Caixão e Ivan Cardoso com aspectos vampirescos e aterrorizantes (mas de modo paródico).

Na análise que Hollanda realiza da revista, ela comenta o lugar relevante da marginalidade que os textos e fotomontagens evi-

Verso da capa de *Navilouca*, 1974.

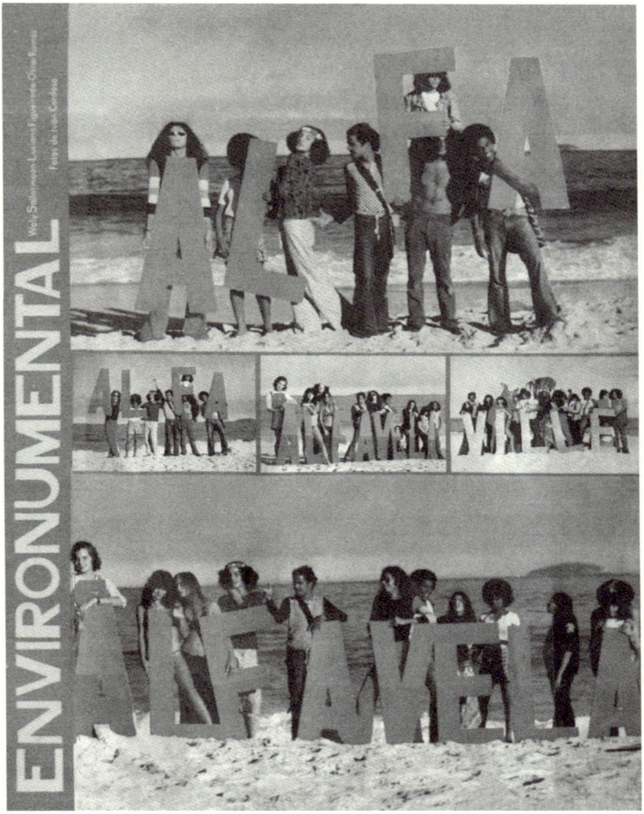

denciam "no sentido agressivo e de 'navalha na mão' que o pós-Tropicalismo o compreende", em que a "intervenção guerrilheira" dá o tom. Também observa o ataque à ideia de poesia como, digamos, literatura oficial, sem consequências para sacudir as estruturas (2004: 80-8).

Torquato, em um dos textos que publica na revista, afirma, em letras maiúsculas, que "NÃO ME POVOA MAIS/ O FANTASMA DA POESIA". Waly renega os poetas com "LLAAAUURREEAASS", além de ridicularizar as famílias bem-comportadas que leem romances canônicos.

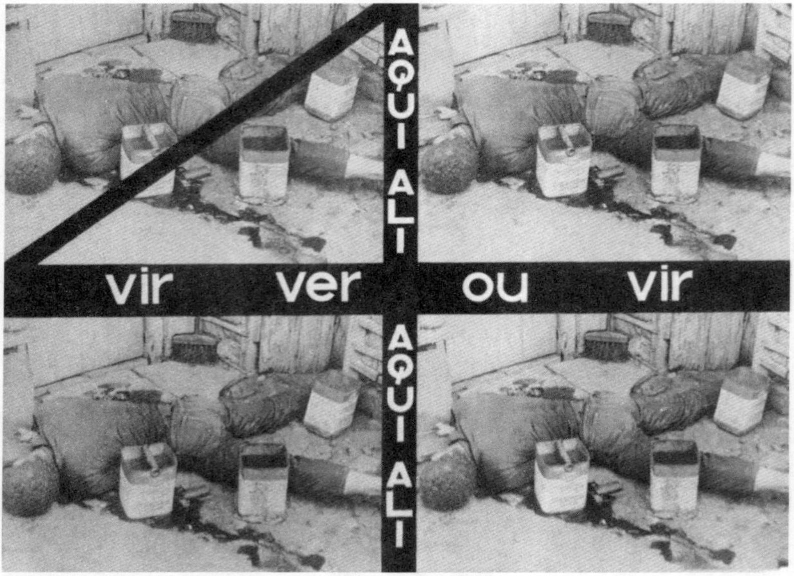

Fotomontagem de Torquato Neto, *Navilouca*, 1974.

Waly Salomão, no excerto reproduzido de seu livro *Me segura qu'eu vou dar um troço* (1972), afirma estar possuído por uma "energia terrível", propondo um "alargamento não-fictional da escritura" e um desejo mutante de ser outro e tornar-se múltiplo. Percebe-se, aqui e em tantos exemplos, que não se trata de uma exacerbação da subjetividade em si mesma, mas de um expandir-se que comporta diluição de fronteiras em vários níveis, inclusive aspectos de autodestruição.[14]

[14] Cabe apontar que a revista, embora publicada em 1974, foi organizada em 1971, portanto em data anterior à publicação do livro. Em um de seus ensaios, Roberto Zular (2005) contrasta, na produção de Waly Salomão, o aspecto performativo do desejo e a exasperada percepção de sua impossibilidade, que obstrui a realização da obra, deixando-a sempre na posição de projeto inacabado. Ao mesmo tempo, observa, o sujeito poético é atravessado pelo outro,

Foto-
montagem
de Luiz
Otávio
Pimentel,
Navilouca,
1974.

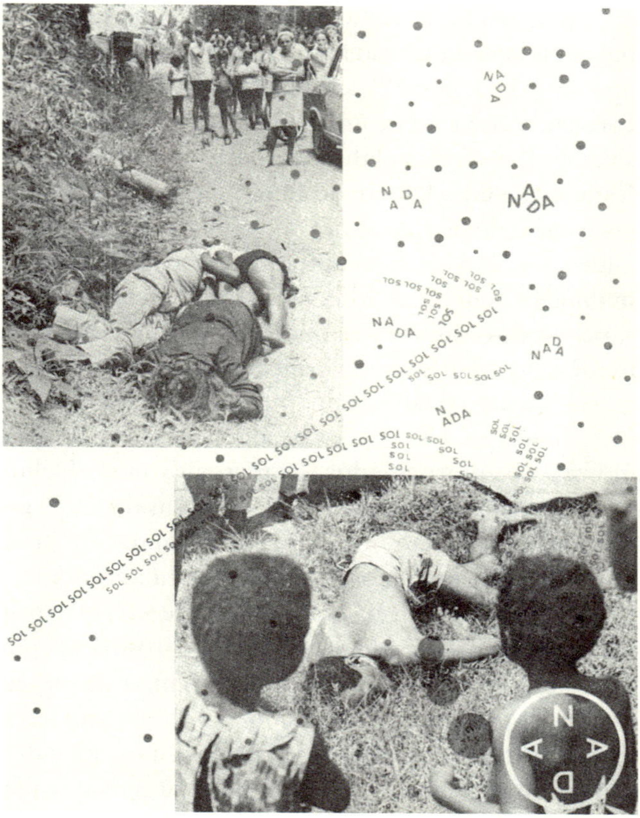

Há, assim, nuances difíceis de definir na revista, entre a energia liberadora do experimento radical e o ímpeto agressivo, autodestrutivo. Um dos exemplos mais ilustrativos talvez seja a foto do verso da quarta capa, na qual se distingue uma mão segurando uma gilete que traça uma incisão diagonal sobre um círculo negro. Do talhe resultante escorre um líquido vermelho que semelha sangue.

seu inimigo e invasor, tensionando a fronteira da interioridade, que se torna plural e contraditória.

O gesto funde crítica ao autoritarismo político e ataque à estética formalista consagrada. Seria um comentário violento sobre a obra "Ovo" (1959), da fase neoconcreta de Lygia Clark, que consiste na pintura de um círculo negro sobre fundo branco? Nesse caso, já que ela colaborou com a *Navilouca*, trata-se da manifestação de algo latente no fundo das experimentações construtivistas anteriores que agora se revela?[15] A intenção seria desafiar a ideia de obra artística autônoma, privilegiando o corpo e a intimidade do sujeito criador, como se fosse uma provocação necessária expor o sangue que corre nas veias de um quadro ou de um livro? E ao mesmo tempo evidenciar estéticas opostas (construtivas e expressivas), criando um objeto dissonante?

Tendo em vista o teor de alguns textos (dos quais realço, como mais bem articulados, os textos-carta de Hélio Oiticica, em "Experimentar o experimental", e o ensaio de Lygia Clark, "Da supressão do objeto"), é clara, no conjunto da produção, a proposta de desconstruir a arte como esfera autônoma.

Lygia Clark afirma que se fazia necessário exprimir-se diretamente. Seria através da exposição do próprio corpo? Embora alguns artistas tenham concluído que sim, a ela parecia regressivo usar-se, transformar a si mesmo em objeto (agredir-se, estar presente, cortar a tela, dispor do corpo como suporte). A crise geral de expressão, segundo a artista, poderia ser superada por uma integração com a natureza e com os outros seres humanos. Lygia propunha, então, um "caminhar" (metafórico?) em que o eu se dissolveria no coletivo, pois os atos particulares se integrariam na existência de todos e a autoria individual não mais importaria:

[15] Ressaltamos a relação indireta e tensa com o suprematismo de Malevitch e, possivelmente, com o quadro-cartaz "Vence os brancos com a cunha vermelha" (1919), de El Lissitsky. Mas, como se trata de um fotograma do filme *Nosferato no Brasil* (1971), de Ivan Cardoso, feito de forma paródica, no gênero "terrir", talvez a referência seja totalmente inconsciente. Torquato Neto é o protagonista do filme, no papel de vampiro que vem de Budapeste para visitar o Rio de Janeiro. Em uma página anterior da *Navilouca*, há a reprodução em pequena escala de vários fotogramas de seus filmes e, entre eles, aparece em versão reduzida a mesma figura.

Fotograma de Ivan Cardoso, *Navilouca*, 1974.

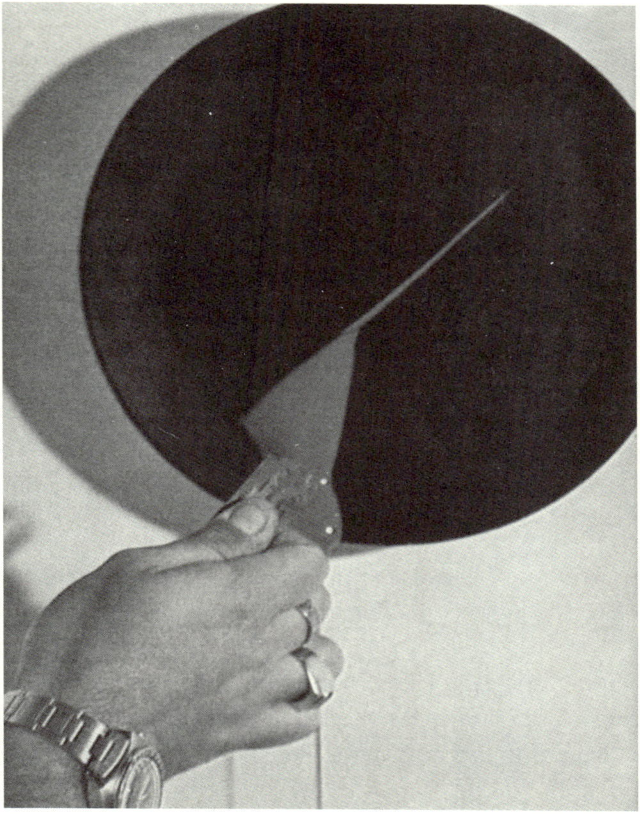

"Sinto a multidão que cria em cima do meu corpo, minha boca tem gosto de terra". Erotismo panteísta que pressupõe a atitude de estar colada ao fluxo da experiência: "receber as percepções em bruto sem passar por qualquer processo intermediário".

Esse ensaio é bastante fiel ao que a artista estava realizando naqueles anos, quando foi paulatinamente abandonando a produção de objetos "visuais" para experimentar, cada vez mais, com os "objetos relacionais", a serem vivenciados de forma terapêutica, como propostas muitas vezes grupais, cujo objetivo era a tentativa de despertar a consciência de si e do outro.

Chega-se a um ponto de indeterminação e estranheza: o termo composto que abre a revista, "alfavela", teria intenção utópica, paródica ou crítica? E qual o sentido de "gelete", que funde gélida, gelatina e gilete, no texto de Torquato Neto?[16]

Um excerto dos pseudodiários de Ana Cristina, em que ela se refere ao parto da escrita e seus bloqueios, talvez nos indique um dentre os muitos climas da *Navilouca*:

> Tonta de pescoço, pedaços apavorantes nos quartos: mortos, duplos, monstros, mãos. Batmacumba. O lado do terror do tropicalismo. Terno, térmico, terror-tropicalismo. Meus pedaços trabalham detachados, olho pra mão, pra letra, pra perna, pros dentes escovados. (13 set. 1977, *Pasta rosa*, Arquivo do Instituto Moreira Salles, Rio de Janeiro)

O trecho ecoa de muito perto os últimos textos de Torquato Neto (do começo da década de 1970), pelo teor de dilaceramento do sujeito e de sua relação com a própria linguagem. O uso de fragmentos alegóricos, que costuma ser atribuído ao estilo tropicalista, se continua a acontecer nesse momento subsequente, adquire então um tom mais incisivamente grotesco do que antes,

[16] O fato de a edição ter ocorrido num momento disfórico do tropicalismo, quando seus principais mentores haviam se exilado do país, por conta do endurecimento da ditadura, infiltra-se na atmosfera híbrida da revista. O próprio lançamento foi marcado pelo luto da morte de um de seus editores, Torquato Neto. Além disso, o apuro gráfico "luxuoso" contrariava a ética de recusa ao sistema característico da época, marcando ainda mais a virada para novos tempos. Conforme depoimento de Chacal: "De um lado era o suicídio do Torquato, do outro porque a *Navilouca* acabou sendo bancada pela Philips [na época, a gravadora da Gal, que tinha contato forte com Waly], então perdeu aquela virulência que tinha. Aquela coisa do Torquato, de que 'poesia é atitude'. [...] No lugar de ficar feliz, achei que a revista tinha se vendido, que estavam querendo se promover à nossa custa, que tinha perdido a sua independência. Era um pensamento muito radical, típico daquela época..." (em Cohn, 2007: 38-9).

quando no apogeu de sua eclosão, em que, pesadas as contradições todas, a energia criativa carreava um entusiasmo libertador. A "alegria, alegria" de 1967 continua a afirmar-se em seu aspecto insolente, mas o conteúdo vai se mesclar a matizes mais sombrios, aludindo ao contexto de nossa miséria e repressão política.

Embora nos chame a atenção o misto de traços distintivos da poesia concreta (como a disposição espacial das palavras na página, a concisão, a fusão de termos) e a apropriação desses procedimentos em um contexto bem diferente, em que as vozes são babélicas, essa superposição de tons transmite, hoje, a impressão de certa unidade à volta de dilemas centrais que reencontramos em outras revistas. Haveria afinidade relativamente àquelas produzidas pelos artistas associados aos concretos, dado o seu cuidado gráfico e as alusões à alta cultura, mas, ao mesmo tempo, observa-se todo o tempo a descrença e a ironia quanto aos ideais construtivos de racionalidade, limpeza, autonomia artística. A "energia terrível" e destruidora de que fala Waly Salomão em seu texto publicado na *Navilouca* revela sobretudo o desejo de matar os seus "pais culturais". Acerca dessas revistas, Hollanda acentua "a energia anárquica explodindo o construtivismo" (2004: 99). Conclui ainda Omar Khouri:

> Poderíamos até falar num "Concretismo pós-tropicália", onde sub e superjaz o riso oswaldiano. [...]
>
> *Navilouca* foi um encontro de águas: de um rigor geométrico a um informalismo aparentemente descuidado, do marginal e do que estava à margem da margem, luxo e lixo, macumba em palácio de cristal. Esse espírito e essa gráfica comparecem, em parte, em publicações posteriores, ou seja, *Navilouca* foi uma espécie de matriz. (2004: 24-5)

O ataque aos discursos lógicos ressoa o desejo de subverter "*your useless and pointless knowledge*" (como cantou Bob Dylan em "Tombstone blues"), então um atrativo hipnótico para uma juventude que preferia "*forget about today until tomorrow*" e que, como o compositor, apelava para Mr. Tambourine man: "*Take me on a trip upon your magic swirlin' ship*".

Dentre os periódicos voltados especialmente para as artes plásticas, mas que faziam trânsito com a poesia, destacamos, como exemplo significativo, a *Malasartes* (1975-1976). De vida curta como a maioria, surge no Rio, editada por um grupo de artistas e críticos de arte (Carlos Vergara, Carlos Zilio, José Resende, Cildo Meireles, Ronaldo Brito, Rubens Gerchman, Waltercio Caldas, Luiz Paulo Baravelli) e um poeta marginal (Bernardo Vilhena). Sua direção teórica foca-se na "crítica ao mercado" e "ao objeto-fetiche", isto é, endossa a proposta de "questionar a natureza da arte e sua relação com o espectador" (de acordo com texto traduzido de Joseph Kosuth no primeiro número). Essa será a tônica de todos os artigos.

Nela, logo de início, reencontramos o manifesto inaugural das artes do período, o ensaio "Teoria do não-objeto", de Ferreira Gullar (republicado do Suplemento do *Jornal do Brasil*, 1959) em que o poeta sugere que a pintura abandone "radicalmente a representação".

Para Gullar, as neovanguardas que imitam os dadaístas colocando materiais brutos do mundo dentro do quadro fazem pouco, pois apenas "denunciam o fim da convenção mas não anunciam o futuro". A crítica ao objeto artístico, tornado bem de consumo, deveria ocupar o centro, de modo a gerar intervenções que alterassem a percepção e, principalmente, modificassem o espaço em que vivemos.

No mesmo passo que outras revistas culturais, também a *Malasartes* questiona as fronteiras estabelecidas pela autonomia da arte e propõe que esta seja uma experiência que amplie a consciência do espectador, com consequências transformadoras em sua vida cotidiana.

Um texto de Bernardo Vilhena, "Consciência marginal" (nº 1, 1975), seguido de significativa antologia de poetas do grupo, confirma a afinidade da poesia com a direção teórica da revista. Depois de asseverar que não há opção para a poesia a não ser a marginalidade, já que as editoras e livrarias não a divulgam mais, ele expõe como possibilidade o livro "experimental" e distribuído de mão em mão:

> O pacote pouco importa: um livro para ler no ônibus, um livro entre dois cigarros, envelope de bilhetes inesperados, caderno de notas, piadas, surpresas, indicações: o leitor o recebe como uma cola de colégio. Pode usá-lo pra conferir suas próprias respostas, ou rasgá-lo, se não estivesse interessado na pergunta. Latente em quase todos nós, desperta aos poucos uma atitude que o Cacaso define numa frase convicta: "a vida não está aí para ser escrita, mas a poesia sim está aí para ser vivida".

A famigerada desqualificação da poesia, ou rebaixamento estético, acompanhada pela ideia do poemão (ou poeminha...) coletivo, espontâneo e despersonalizado, culminando com o tom um pouco transgressivo (com essas referências adolescentes à cola no colégio), poderia ser comprovada nesse minimanifesto, o qual devia cair bem junto ao espírito dessacralizador da antiarte propugnado pela revista.

No número 3 da *Malasartes* (1976: 32), ao lado de poemas do mesmo grupo, o texto de Chacal "Artimanha: ardil, artifício, astúcia" propõe *happenings* multiartísticos. Chacal comenta os eventos de que tomara parte à época como soma de algo que "não era poesia, música, teatro, cinema, apenasmente". Refere-se a eles como um tipo de festa teatral, com várias interferências (por vezes violentas) do público que dança, recita, briga, grita... enfim, em suas palavras, "artimanha é comício na cinelândia na central", "Artimanha se faz na rua, mais precisamente, no meio dela", e ressalta a necessidade de "interferir", "votar", "criar democracia", "denúncia", "ocupar espaço"... [17]

[17] A expressão "ocupar espaço" foi popularizada por Torquato Neto,

Suas alusões à política são alegóricas, por meio do relato dos eventos performáticos ocorridos durante o evento do grupo. Por sinal, conta como aconteceu a saída dos participantes do MAM-RJ, no final da Artimanha, em forma de bloco de carnaval, desconcertando assim a repressão policial que se enfileirava na porta, muito de acordo com a própria concepção de "ardil, artifício, astúcia" descrita na apresentação.[18]

Guilherme Mandaro, cujos poemas costumam versar sobre o quarto solitário, a noite que cai e outros temas melancólicos, publica alguns versos, citados em texto curto de Bernardo Vilhena no mesmo número da revista, que seguem na direção apontada por Chacal (nuançada, entretanto, pela percepção da dificuldade):

uma incerta dor
na ansiedade de ocupar
com a palavra certa
os espaços que vão aparecendo

(*Hotel de Deus*)

Os jovens poetas demandam emular o lema de Torquato de "ocupar espaço" — com palavras, ao menos...

que a repetia feito um bordão em sua coluna "Geleia Geral", no jornal *Última Hora*. Da mesma fonte veio o nome "Artimanhas" para os eventos performáticos do grupo Nuvem Cigana, inspirado num seu poema visual ("poeta/ mãeda/ sartes/ manha/ sdarm/ asdho/ jedha/ manhã"). Ver Torquato Neto, 2004b. A influência do piauiense também se faz sentir quando Chacal publica *Nariz aniz* (Nuvem Cigana, 1979), que inclui um poema cujo título é o verso de Torquato Neto em "Pessoal transferível": "um poeta não se faz com versos". Em tom de manifesto político-estético, ele afirma ser o poeta "de real utilidade pública/ no cumprimento de sua missão sobre a terra".

[18] Apesar de tanta artimanha para eludir a repressão, inclusive a censura prévia, os exemplares do segundo número da revista *Almanaque Biotônico Vitalidade* foram apreendidos pela polícia na livraria Muro, e os editores principais precisaram se esconder, assim como o resto da edição (tal como relatado em Cohn, 2007).

Destaca-se, igualmente, um jornal cultural em que transitam correntes diversas em termos poéticos: o *GAM* (*Galeria de Arte Moderna*). Com duas fases, de 1966 a 1970 e de 1976 a 1977, foi coordenado, na segunda fase, por Hélio R. S. Silva e pelo poeta baiano Duda Machado, o qual, como os outros conterrâneos, associava-se tanto ao grupo concreto quanto ao tropicalismo, confluência forte naquele momento. Como já mencionado, essa aproximação metamorfoseou por dentro o projeto dos concretistas, acercando-os de um novo viés da cultura brasileira, liquefazendo ossos do plano-piloto e adicionando os temperos do barroco, do contracultural, do pop. Waly Salomão, o próprio Duda Machado, Torquato Neto, Rogério Duarte, Paulo Leminski, Jorge Mautner, Antonio Risério, todos letristas do grupo tropicalista e admiradores da poesia e do paideuma concreto, acabam por ampliar suas fronteiras, transmitindo aos jovens poetas cariocas, que os tinham como ícones, sua influência inquieta.

Nesse jornal, cujo eixo de interesse girava à volta das artes plásticas, serão reproduzidos também poemas de João Carlos Pádua, assim como um texto de Torquato Neto. Haverá ainda um artigo sobre a recém-lançada *Anima* (revista de Capinan e Abel Silva), escrito por Geraldo Eduardo Carneiro (poeta próximo ao grupo marginal).

O que de fato norteia o debate promovido pelo *GAM*, e que se constituirá no pano de fundo comum, é a necessidade utópica de "quebrar a inércia das plateias, liquidar com a figura do fruidor, passivamente contemplativo", conforme formula o editor Duda Machado. No artigo "Lygia Clark, do objeto ao corpo" (nº 28, jun. 1976: 4-5), ele complementa:

> Enfrentada a questão do participador, dissolvida a autoria, a obra perde seu sentido, dilui-se. A negação do artista como demiurgo conduz a um novo tipo de proposta. Uma criatividade compartilhada e expressa no viver. A forma mais adequada e radical desta configuração é o lúdico. E o corpo é o lúdico por excelência [...]
>
> O corpo é a casa. [...]

Redescobrir o corpo, reinventar a vida. Lygia Clark inclui-se entre aqueles que se propõem, através de sua ação, o cumprimento historicamente possível deste projeto libertário.

A relação entre arte e liberdade reaparece continuamente como bandeira. O fato de comentarem-se esses pensamentos de Lygia Clark e, no mesmo número da revista, tratarem do lançamento do *Almanaque Biotônico Vitalidade* (1976-1979), organizado

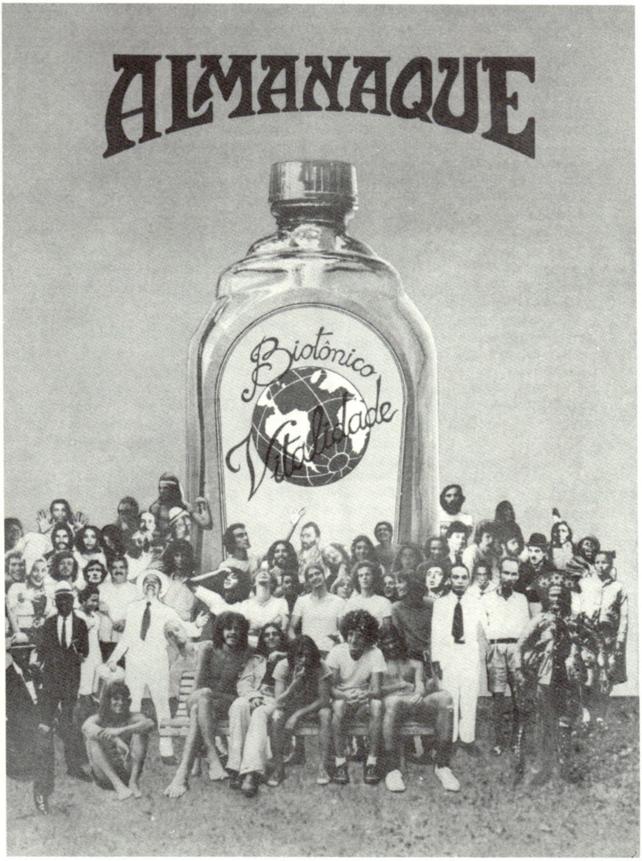

Contracapa e capa do *Almanaque Biotônico Vitalidade*, nº 1, 1976.

pelo coletivo Nuvem Cigana (com a colaboração de Ronaldo Bastos e Chacal, entre outros), não é gratuito. Duda Machado abrirá, assim, espaço para a divulgação do grupo marginal, convidando diversos artistas para ocupar o espaço da revista.

Por sinal, quando se olha a capa do *Almanaque Biotônico Vitalidade*, em que pelo menos trinta jovens se encontram juntos, de pé, em atitude celebratória, como uma trupe de circo, cada qual expressando sua alegria de estar ali, evoca-se a atitude proposta pelos artistas plásticos em seus manifestos.

Página de créditos do *Almanaque Biotônico Vitalidade*, nº 1, 1976.

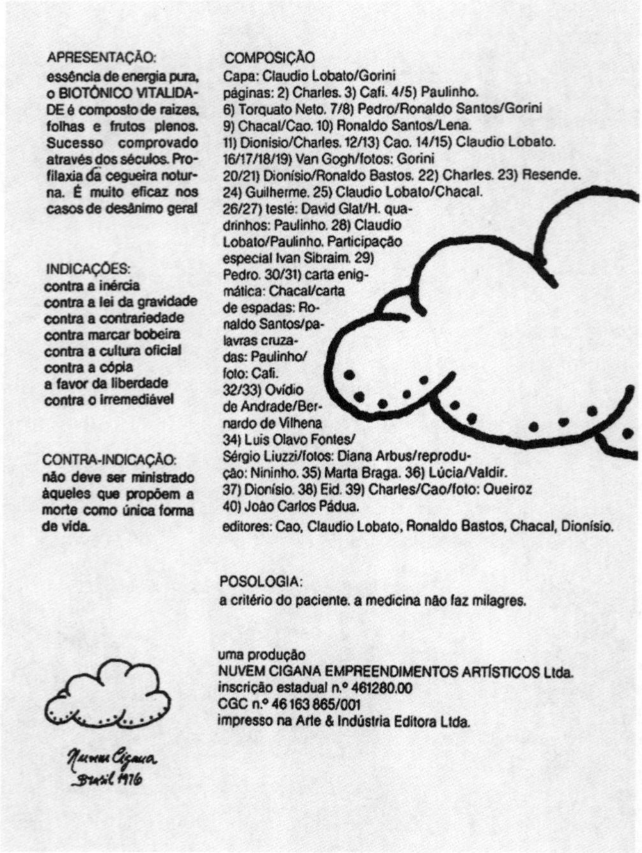

APRESENTAÇÃO:
essência de energia pura, o BIOTÔNICO VITALIDADE é composto de raizes, folhas e frutos plenos. Sucesso comprovado através dos séculos. Profilaxia da cegueira noturna. É muito eficaz nos casos de desânimo geral

INDICAÇÕES:
contra a inércia
contra a lei da gravidade
contra a contrariedade
contra marcar bobeira
contra a cultura oficial
contra a cópia
a favor da liberdade
contra o irremediável

CONTRA-INDICAÇÃO:
não deve ser ministrado àqueles que propõem a morte como única forma de vida.

COMPOSIÇÃO
Capa: Claudio Lobato/Gorini
páginas: 2) Charles. 3) Cafi. 4/5) Paulinho.
6) Torquato Neto. 7/8) Pedro/Ronaldo Santos/Gorini
9) Chacal/Cao. 10) Ronaldo Santos/Lena.
11) Dionisio/Charles. 12/13) Cao. 14/15) Claudio Lobato.
16/17/18/19) Van Gogh/fotos: Gorini
20/21) Dionísio/Ronaldo Bastos. 22) Charles. 23) Resende.
24) Guilherme. 25) Claudio Lobato/Chacal.
26/27) teste: David Glat/H. quadrinhos: Paulinho. 28) Claudio Lobato/Paulinho. Participação especial Ivan Sibraim. 29) Pedro. 30/31) carta enigmática: Chacal/carta de espadas: Ronaldo Santos/palavras cruzadas: Paulinho/foto: Cafi. 32/33) Ovídio de Andrade/Bernardo de Vilhena 34) Luis Olavo Fontes/Sérgio Liuzzi/fotos: Diana Arbus/reprodução: Nininho. 35) Marta Braga. 36) Lúcia/Valdir.
37) Dionísio. 38) Eid. 39) Charles/Cao/foto: Queiroz
40) João Carlos Pádua.
editores: Cao, Claudio Lobato, Ronaldo Bastos, Chacal, Dionísio.

POSOLOGIA:
a critério do paciente. a medicina não faz milagres.

uma produção
NUVEM CIGANA EMPREENDIMENTOS ARTÍSTICOS Ltda.
inscrição estadual n.º 461280.00
CGC n.º 46 163 865/001
impresso na Arte & Indústria Editora Ltda.

Nuvem Cigana
Brasil 1976

As edições dessa revista trazem ar anárquico, como um elogio do espontâneo. Se predominam as montagens com fotos e desenhos integrados aos textos, muito de acordo com o espírito da época, faz-se necessário, no entanto, distinguir suas propostas das manifestas por publicações como a *Navilouca*, pois está entranhado na forma de ser do *Almanaque* o aspecto artesanal — diferente de um acabamento mais formalizado, cujo aparato literário e teórico, proveniente do contato com o paideuma concreto, aparenta maior elaboração. O primeiro número abre-se com um poe-

Texto de Charles no *Almanaque Biotônico Vitalidade*, nº 1, 1976.

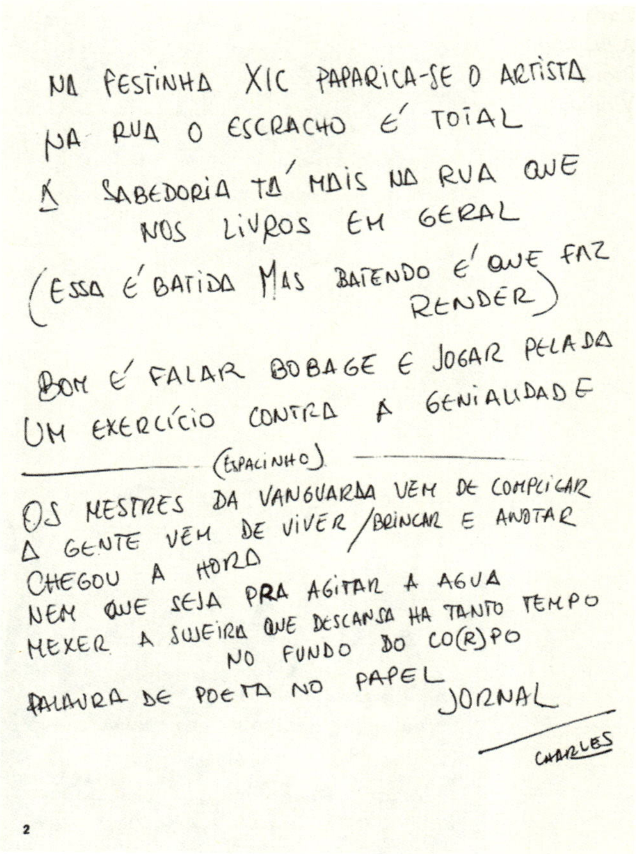
NA FESTINHA XIC PAPARICA-SE O ARTISTA
NA RUA O ESCRACHO É TOTAL
A SABEDORIA TÁ MAIS NA RUA QUE
NOS LIVROS EM GERAL
(ESSA É BATIDA MAS BATENDO É QUE FAZ
RENDER)

BOM É FALAR BOBAGE E JOGAR PELADA
UM EXERCÍCIO CONTRA A GENIALIDADE
(ESPACINHO)
OS MESTRES DA VANGUARDA VEM DE COMPLICAR
A GENTE VEM DE VIVER/BRINCAR E ANOTAR
CHEGOU A HORA
NEM QUE SEJA PRA AGITAR A AGUA
MEXER A SUJEIRA QUE DESCANSA HA TANTO TEMPO
NO FUNDO DO CO(R)PO
PALAVRA DE POETA NO PAPEL
JORNAL
CHARLES

2

meto de Charles que justamente deseja contradizer a geração anterior: "os mestres da vanguarda vêm de complicar/ a gente vem de viver/ brincar e anotar". Ainda assim, entreveem-se alguns traços comuns, na intenção e no resultado, como logo se nota ao comparar ambas as publicações.

À semelhança de algumas outras, nessa revista também os trabalhos são praticamente anônimos: poucos trazem assinaturas, vários foram realizados por mais de uma pessoa e para se ter certeza da autoria assim relativizada, precisa-se recorrer a um índice

Capa do *Almanaque Biotônico Vitalidade*, nº 2, 1977.

pouco informativo. Dessa forma, a impressão de poema redigido a muitas mãos, na fórmula de Cacaso, se materializa.[19]

No segundo e último número do *Almanaque Biotônico Vitalidade* (Nuvem Cigana, 1977), distinguem-se marcas da crítica so-

[19] Por sinal, tivemos ocasião de folhear, no arquivo de Cacaso, na Biblioteca da Casa de Rui Barbosa, um caderno batizado de "200 milhas", com poemas, desenhos e fotos entrelaçados, no qual as diferentes caligrafias e estilos sugerem a criação grupal e anônima.

Desenho de Sérgio Liuzzi no *Almanaque Biotônico Vitalidade*, nº 2, 1977.

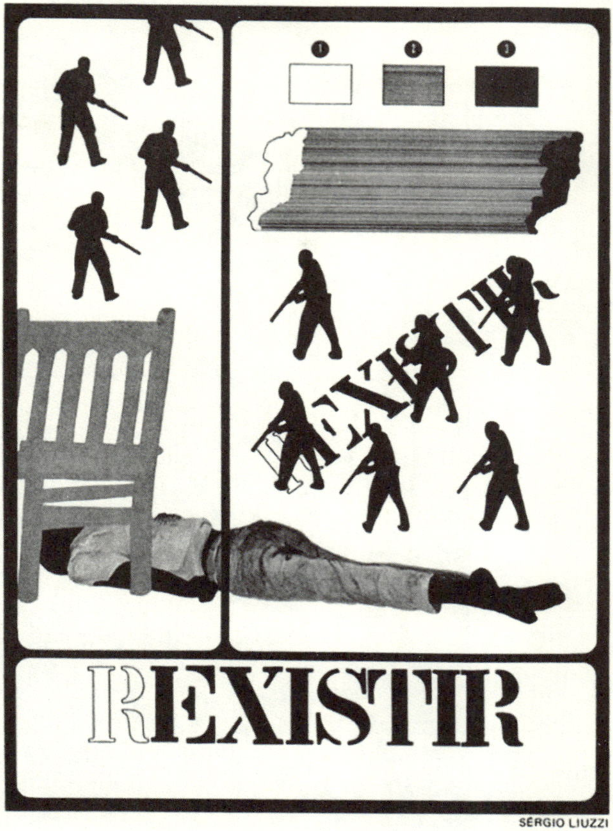

cial que não supúnhamos existir numa publicação aparentemente "festiva". Ao lado das páginas mais lúdicas, há uma quantidade expressiva de representações de violência e pobreza. Ao contrário do que a capa parece sugerir, a revista revela tanto o aspecto carnavalesco quanto um tom de denúncia incisivo.

Um depoimento de Chacal sobre o *Almanaque* ressalta exatamente essa estranha combinação. Depois de afirmar que a revista tinha um "ar folgazão, com a cara da Nuvem", o poeta segue dizendo: "Poemas, fotos e desenhos ali estampados mostravam um

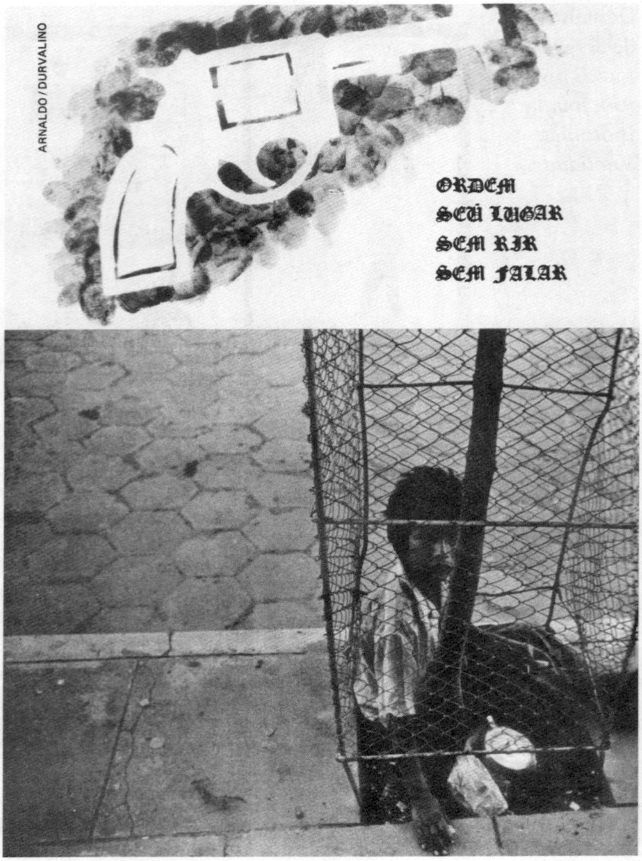

painel pânico do tempo policial que se vivia, com muito humor e ironia" (2010: 64).

Naquele momento, as propostas concretas ainda precisavam ser defendidas, especialmente porque os artistas que se diziam contraculturais tendiam a se afastar de suas concepções programáticas. Não se pode dizer isso de todos, já que Hélio Oiticica, por exemplo, estava próximo de Haroldo de Campos, enquanto Waly, Torquato e Mautner, entre outros, produziam obras que poderiam

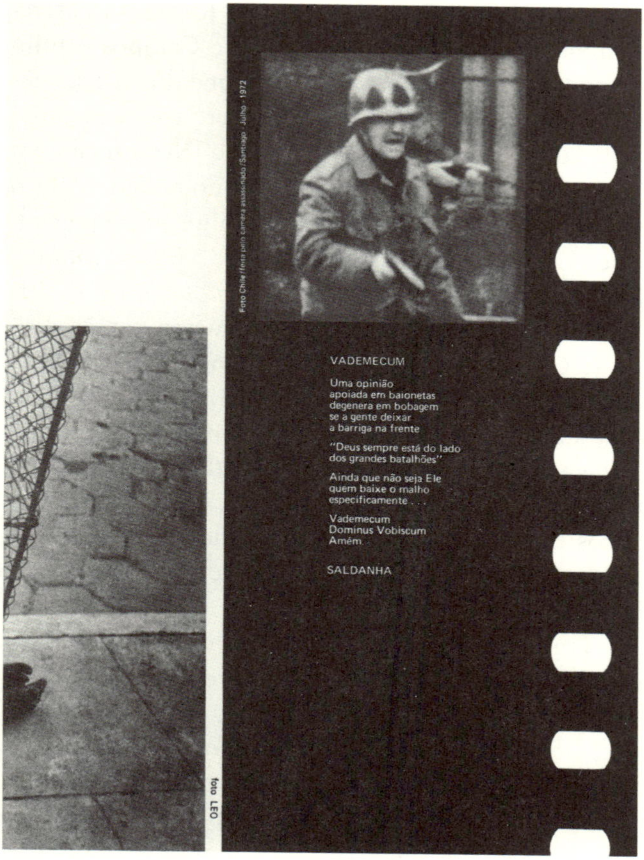

Página dupla interna do *Almanaque Biotônico Vitalidade*, nº 2, 1977, com fotomontagens de Arnaldo e Durvalino (à esquerda) e Carlos Saldanha (Zuca Sardan) (à direita).

ter afinidade com o tom marginal, mas mantiveram-se sempre fascinados pelo círculo concretista. Há um misto de censura e atração em relação àquela produção considerada antiliterária. Enfim, a cisão é mais sutil e cheia de meandros do que se suporia.[20]

[20] Sobre as hesitações e questionamentos desse período, ver a correspondência entre Paulo Leminski e Régis Bonvicino (1999), comentada por Paulo Ferraz (2004) em sua dissertação de mestrado, na qual o pesquisador procura analisar as sutilezas da transição entre diferentes estéticas. Nos ensaios de Le-

Voltando ao *GAM*, por exemplo, Antonio Risério, ao escrever sobre a "Caixa preta", obra de Augusto de Campos e Julio Plaza de 1975, explica que se trata de um experimento gráfico, entre o verbal e o visual: "Aqui o poema é um objeto tridimensional que o consumidor deve montar". As palavras no livro funcionam como ícones para o leitor armar e dispor, de modo lúdico. Risério aproveita o ensejo para criticar os "tempos de diluição e de revanchismo anticoncretista, ressentido e retardatário" (*idem*, *ibidem*: 16), mas elogia *Catatau*, de Leminski, e *Cantaria barroca*, de Affonso Ávila — sobretudo porque ambos se afinavam com os poetas concretos... Já Geraldo Eduardo Carneiro, no artigo "A poesia marginal e seus meios" (nº 29, jul. 1976: 13) também conclui que "há uma clara articulação entre o texto propriamente dito da poesia marginal e as formas gráficas de apresentá-lo ao público", pois a intenção seria a "necessidade de destruição dos limites — literários, gráficos e, por que não dizer, biográficos", de forma a alimentar a tensão entre "vida literária" e "literatura da vida", sem substituir uma pela outra.

Ao cotejar o produto final das publicações do grupo concreto e/ou tropicalista, de um lado, e marginal, do outro, nota-se diferença na qualidade gráfica e no espírito que os norteia: enquanto os primeiros pelejam para veicular um produto bem-acabado, os segundos, muitas vezes, apreciam a "sujeira", o que inclui o uso de papel descartável, em produções baratas. Nem sempre, porém, é assim: algumas edições, posto que de aspecto artesanal, são caprichadíssimas. Os desenhos, as fotos, a diagramação, traduzem o empenho formal.

Em outro número do *GAM*, Carneiro volta a enaltecer a importância da ilustração para a nova poesia, pois, ao aproximar as

minski (2011), observa-se uma admiração e um alinhamento com os procedimentos de "rigor", "invenção" e "construção" ao lado de uma relativa simpatia pela liberdade e concisão dos marginais (especialmente em "O boom da poesia fácil", "Tudo, de novo" e "Bonsai", nos quais ele se aproxima dos *beatniks* e até dos surrealistas — a princípio em tudo contrários à vertente estética construtivista).

linguagens, aponta-se para o limiar entre arte e vida, buscando-se "o lugar onde as duas vacilam" (nº 31, set. 1976: 7).

Risério, porém, não admitia semelhanças entre concretos e marginais. Em artigo subsequente ("A crítica e a 'nova musa'", nº 30, ago. 1976: 12), desanca Silviano Santiago porque este creditava à geração marginal originalidade em relação ao que havia sido produzido anteriormente. Se Waly Salomão é coloquial, argumenta, por que seria Cacaso ainda mais? Chacal representaria melhor a "vanguarda" do que Torquato, Caetano, Duda ou Affonso Ávila? Para que, afinal, deveria esse novo grupo desligar-se do concretismo, quando nem este se mantinha mais o mesmo? Ironizando o texto de Ana Cristina sobre a poesia recente, "Nove bocas da nova musa" (*Opinião*, 25 jun. 1976), quando ela afirmava que nem tudo que é "última novidade" é "verdadeiramente novo em linguagem", recomenda ironicamente que a autora use essa lição para si mesma: o fato de Ana Cristina saudar os "anticabralinos novíssimos", desvinculados dos movimentos vanguardistas, constituiria, segundo Risério, o seu grande mal, pois tal posição não condiz com o realmente experimental. Voltando a criticar Santiago, ridiculariza sua mania de inventar movimentos, tais como uma suposta "estética da curtição", na qual situaria Waly Salomão e Gramiro de Matos, o que, para ele, não fazia sentido.

Curioso atentar, em sua argumentação, para o desejo de arrebanhar para o concretismo todas as inovações, sem admitir que o impacto que o tropicalismo e a contracultura tiveram sobre o grupo concreto também havia articulado a abertura deste a outros sons e realidades. E sem admitir o quanto, de fato, Waly e outros nordestinos radicados no Rio naquele momento estavam influenciando uma atitude libertária contracultural entre os poetas jovens, para os quais ele e Torquato eram figuras de grande inspiração, pois, em mais de um depoimento de Ana Cristina, Chacal e seus companheiros da Nuvem Cigana, a ascendência tropicalista se faz sentir.[21] Risério acerta, afinal, ao recusar, para aquele momento, a

[21] Carlos Alberto Messeder Pereira assinalara, em sua pesquisa fundadora sobre a poesia marginal, que Waly Salomão e Torquato Neto eram "con-

divisão estrita entre poesia e música, pois sem dúvida talentos poéticos estavam se projetando na MPB.

De todo modo, era sinal raro de democracia interna o fato de o mesmo jornal abrigar polêmicas entre grupos que se declaravam antagônicos.

Em número posterior (nº 33, nov. 1976), o *GAM* publica artigo de André Lázaro sobre uma antologia esteticamente semelhante às publicações marginais, o livro coletivo *Folha de rosto* (Rio de Janeiro, 1976), que reunia oito poetas e um contista e cuja distribuição fazia-se, como era o costume, de mão em mão. O articulista salienta traços análogos aos descritos por Heloisa Buarque de Hollanda na introdução a *26 poetas hoje* (do mesmo ano). De novo, a "negação das tendências vanguardistas das décadas passadas" e a "volta ao discursivo, ao coloquial", com os defeitos inerentes à falta de mediação simbolizante que a "simples transcrição do momento vivido" e da "experiência direta" acarretam. Lázaro aponta, de um lado, a "atualidade e força" dessa produção e, de outro, a "uniformidade de linguagem quase excessiva" a que conduz tal informalismo, a vacilar entre a expressão do "sufoco" e a "alegria inconsequente e irreverente". Conclui com a observação interessante de que, se a vanguarda concreta pecava pelo universalismo generalizante, aqui se recaía no defeito oposto ao restringir-se excessivamente à experiência individual.

Se a proposta concretista havia correspondido a uma crença na expansão democrática e esperançosa da sociedade brasileira característica da década de 1950, a arte marginal dos anos 1970, interativa e inacabada, refletia outra forma de realização possível. Reencontramos tais argumentos bem desenvolvidos em mais de um texto crítico de Cacaso, o qual, se de um lado reconhece o valor tático do "poemão" (como forma de atualizar a expressão da experiência), de outro distingue, em meio à desqualificação literária que a suposta falta de autoria produz, os poetas cujo estilo

siderados [...], por alguns de meus informantes, como o passado mais imediato da 'poesia marginal'" (1981: 80).

"desindividualizado" mais reforça uma voz inconfundível (referindo-se ao caso exemplar de Chico Alvim).

Reproduzimos algumas expressões típicas do período, tais como postuladas em entrevista do artista Flammarion na mesma revista: "trabalho de fronteira", "o corpo é o instrumento", "envolvimento coletivo", "energias bloqueadas". São palavras de ordem que ecoam as propostas dos poetas, como se coubesse sempre à arte ser um lugar de resistência e transformação.

Jovens candidatos a artista são convocados a emitir sua opinião sobre o destino das artes: "A cidade é a tela. Vamos tirar a pintura dos museus e galerias e esparramá-las pelas ruas onde todos possam participar", disse Maurício Fridman, que pintou a rua onde morava. E, como em outros veículos alternativos, o próprio jornal é motivo de questionamento.

Nos anos 1990, quando o MAM havia perdido a centralidade cultural que mantivera no período anterior e já não atraía a juventude efervescente para sua cinemateca e exposições polêmicas, um diretor mais animado, Marcos Lontra, resolveu reavivar o espírito do local criando oficinas de arte e convidou Chacal para editar o jornal do museu. Chacal confessou não ter grande intimidade com as discussões das artes plásticas, mas disse ter perfeito entrosamento com a realização de *performances*, "essa linguagem trânsfuga de linhagem esquiva", que ele e todo o grupo à volta da poesia marginal praticaram, de diferentes maneiras (2010: 161). A confluência de música, poesia, teatro e artes visuais, proveniente dos anos 1970, tentava então continuar o seu curso.

Intersemióticas[22]

Nas publicações derivadas das pioneiras *Noigandres* (1952-1962) e *Invenção* (1962-1967), encontra-se a duradoura revista

[22] São muitas as revistas que trabalharam com diferentes mídias nas décadas de 1960 e 1970. Embora não esteja dentro do âmbito desta pesquisa tratar dos livros de artistas, cremos que os trabalhos conjuntos de Augusto de

Código (1974-1990), editada na Bahia por Erthos Albino de Souza, na qual os poemas se alternam ou interagem com fotos, montagens, desenhos, pois a visualidade estrutura e integra os textos. Na capa do número 1, o famoso logotipo criado por Augusto de Campos desenrola-se em vários sentidos superpostos e convive com a foto de um livro aberto, cujo conteúdo, em vez de páginas, é composto por pregos. Na sofisticação do *design* perfeito, entremeia-se a sugestão do perigo que a literatura e, por extensão, a arte, poderiam conter ao romper o pacto amistoso e comunicativo com o leitor-espectador, repelindo qualquer falsa conciliação.

À parte o maior refinamento cultural e o capricho gráfico, sempre presentes nas edições vinculadas aos concretos, as escritas delirantes de Waly Salomão e Antonio Risério reforçam o psicodelismo então em voga. E, como era característico, as referências a ícones da cultura pop (Mick Jagger, Yoko Ono, Caetano) convivem com referências à cultura letrada ou à música erudita (Mallarmé, Webern, Duchamp).

Leminski, Régis Bonvicino e Duda Machado "pessoalizavam" a linguagem de seus textos tanto quanto os marginais (embora os criticassem): ao traduzir Ginsberg, lançam o texto do *beatnik* como desafio para "os marginais daqui, tão bem alinhados no verbo da vida fácil". Em outro artigo, também Augusto de Campos irá desqualificá-los como escritores triviais.

Mas, quanto aos valores estéticos veiculados pela revista, deparamo-nos com confluências advindas do clima contracultural que permeava diferentes grupos. Por exemplo, em entrevista, o compositor erudito Rufo Herrera enfatiza a necessidade de se "criar um trabalho paralelo, marginal", "questionar a validez da instituição" e da "experimentação" com as "artes integradas", propiciando "entrosamento com o público", no qual este "participasse".

Embora fossem outras pessoas, as doutrinas parecem análogas. John Cage defende o *happening*, próximo do teatro, postulando que a música serve para "mudar a mente das pessoas". Diz

Campos e Julio Plaza, como *Poemóbiles* (1974) e *Caixa preta* (1975), tiveram bastante influência nessas publicações.

Capa da revista *Código*, nº 1, 1974.

ainda: "nós poderíamos ter uma música que não fosse como um objeto, mas como um processo". Elogia a poesia concreta porque, segundo ele, proporciona liberdade ao leitor para se tornar poeta também, completando a obra de arte, como propunha Marcel Duchamp. Daí a afinidade com Augusto de Campos, seja pela inter-relação de linguagens, entre poesia e objeto visual, seja pela admiração pelos *ready-mades*.

Os jovens que começavam a publicar nos anos 1980 pelas mãos dos veículos concretistas eram os talentosos Nelson Ascher, Alice Ruiz, Péricles Cavalcanti e Vinicius Dantas, cuja principal diferença em relação aos marginais residia sem dúvida no maior espectro cultural e nos interesses literários, em geral mais amplos. Por isso, ao lado da atitude contestadora, admiravam os caminhos propostos pelos irmãos Campos: de um lado, Haroldo, recuperando o poder da palavra culta sem abrir mão da experimentação por meio de sua "proesia"; de outro, Augusto, divulgando novas informações sobre arte e música.

Nessa época, em 1980, morre Hélio Oiticica. Décio Pignatari escreve sobre ele belo texto (*Código*, nº 4) chamando-o de "artista do precário e do fazer". Elogia seu "pique luminoso", em que "parecia abrir novos caminhos para além da arte", promovendo uma "revolução anticultural", em que o aqui e o agora eram fundamentais. E conclui: "Os parangolés são voos em estado de pouso". Enfim, o que especialmente destaca na produção de Oiticica é a efemeridade do movimento e a inquietude criadora.

Transparece na revista amplitude de horizontes quando *beatniks* e concretos comparecem juntos. Assim, os baianos acrescentaram outras dimensões ao antigo plano-piloto, ao mesmo tempo que o contexto histórico motivava a recepção de novas influências culturais.

Duda Machado traduz um poema de Cummings que poderia ser um tipo de manifesto da poesia dos anos 1970 (embora publicado pela primeira vez em 1935, no volume *No thanks*). A tradução foi adaptada à gíria brasileira, o que tornava o poema ainda mais próximo e atual:

o quente é uma revista

que se foda a literatura
tem que ser uma transa com tesão

crua de tão pura
fedendo pra cachorro
obscena e imprevista

mas realmente limpa
uma coisa que não minta
vamos fazer um esporro
algo que se adiante

autêntico e delirante
uma coisa genuína
na latrina

agraciada com garra e agarrada
com graça

segure a barra e mande brasa[23]

Polem (1974), revista de um só número editada por Duda Machado e Hélio Silva, radicaliza a proposta de não colocar a assinatura dos poetas sob seus textos (só pelo índice se descobre quem é quem). Reconhecemos a marca dos concretos na capa: paisagem urbana paulistana onde, em meio aos prédios, entrevemos os nomes dos colaboradores em retângulos coloridos. Mas do lado de dentro, afora as referências culturais altas, verifica-se o mesmo "*mélange adultère de tout*" com música pop e *underground*. Do seu conteúdo, selecionamos uma carta-poema-reflexão de Hélio Oiticica para Waly Salomão, que se estende de 23 de janeiro a 24 de fevereiro de 1974, com alusões a acontecimentos e pensamentos relativos ao período em que o artista morava em Nova York, acrescidos de reproduções de conversas com Haroldo e Augusto de Campos, lembranças da morte de Torquato Neto, palavras de Silviano Santiago e citações de Artaud, Rimbaud, Melville, Nietzsche, além de comentários sobre Yoko Ono, Mick Jagger, Keith Richards, Hendrix e outros. Ao final da carta, uma foto do amigo Romero vestindo um parangolé, descrito como "chuchulhante de carícias, de imponência romana e brotar feminino". Ao mesmo

[23] No original: "let's start a magazine// to hell with literature/ we want something redblooded// lousy with pure/ reeking with stark/ and fearlessly obscene// but really clean/ get what I mean/ let's not spoil it/ let's make it serious// something authentic and delirious/ you know something genuine like a mark/ in a toilet// graced with guts and gutted/ with grace// squeeze your nuts and open your face".

tempo, Oiticica refere-se à sua cama-ninho-tenda, local de vivência, quase como uma obra de arte, construção da fantasia.

A relação entre texto e imagem, poema e visualidade, ocupa quase todas as páginas da revista, que conta com a participação de Duda Machado, Iole de Freitas, Caetano Veloso, Rubens Gerchman, Erthos Albino de Souza, Ivan Cardoso, Antonio Dias, Haroldo de Campos, Moacy Cirne, Rogério Duarte e outros mais.

Waly Salomão colabora com páginas de seu caderno de "Babilaques", entre poema e grafismo. Augusto de Campos brinca de

Contracapa e capa do número único da revista *Polem*, 1974.

ready-made com anúncios de lojas de um jornal mineiro, assinando Augusto Du Champs. Chacal publica "Dois ponto três Lisboa" — mais marginal, impossível:

> tô sem ideia. sem vontade descrever. de nada. não tenho a mínima ideia do que virá a seguir. inércia é meu sobrenome. ando tão feio. tão sem assunto. me assusto. ninguém mais há em minha volta. tô cansado da minha companhia. só falo besteira. não digo nada com nada.

Texto de Rogério Duarte, *Polem*, 1974.

como é que é meu caro ezra pound? vou acender um cigarro daqueles para ver se consigo lhe dizer isto. andei fazendo um pouco de tudo aquilo que você aconselhou para desenvolver a capacidade de bem escrever. estudei Homero; li o livro de Fenollosa sobre o ideograma chinês, tornei-me capaz de dedilhar um alaúde; todos os meus amigos agora são pessoas que têm o hábito de fazer boa música; pratiquei diversos exercícios de melopéia, fanopéia e logopéia, analisei criações de vários dos integrantes do seu paideuma.
continuo, no entanto, a sentir a mesma dificuldade do início. uma grande confusão na cabeça tão infinitamente grande confusão um vasto emaranhado de pensamentos misturados com as possíveis variantes que se completam antiteticamente.

rogério duarte

92

preciso exercitar a pena. se ela se move que seja na minha mão. trêmula e bolorenta. mesmo que seja para ser mais um papel sujo. se isso fosse uma folha em branco, você podia desenhar, descansar a vista. ou escrever um bilhete suicida. mas eu passei primeiro e... se você não se importa, rabisque por cima. por mim tanto faz.

E por aí vai seguindo o texto, como um ensejo para "matar o tempo pra não me matar". Ao reler hoje, percebe-se a influência

Babilaque de Waly Salomão, *Polem*, 1974.

dos últimos escritos de Torquato Neto, no compartilhamento dos mesmos sentimentos de falta de horizonte e de impotência — mascarados embora por uma aparente *nonchalance*.

Já a revista *Artéria* (cuja publicação começou em 1975), editada, a princípio, em Pirajuí, no interior de São Paulo, por Omar Khouri e Paulo Miranda, pela Nomuque Edições, estava antenada com a experimentação verbovocovisual, tendo sido publicada nos mais ousados formatos e suportes (sacola, caixa de fósforos, fita

cassete, fita métrica, adesivo...), sempre de modo apurado.[24] A tendência, em alguns casos, a elidir a autoria e a participação dos artistas na edição reforçava o aspecto de trabalho coletivo.

Em meados dos anos 1970, a *Qorpo Estranho* (1976-1982)

[24] A história e os propósitos desta revista de experimentação ousada, que, salvo engano, contou até agora com doze números, podem ser conferidos em Khouri (2004). Ver ainda Eduardo Akio Shoji (2014), que examina acuradamente cada número.

(ho nyk NTBK 4/73 pags 20 a 37) cont

ANEXO p.2

ROMERO veste CAPA 25 P 32 de HÉLIO OITICICA no roof
da 81 2nd AVE. na ILHA DE MANHATTAN em NOV. 72
foto original: HÉLIO OITICICA

estão sendo impressos cartões de 19 x 24,4 cm. dessa
foto-record em número limitado assinados por HÉLIO
OITICICA: são parte da 1.ª série de cartões-únicos e
q deverão se tornar raríssimos e não-reproduzíveis
editados por HO em NEW YORK

24 fev. 74
11 AM/11:30 AM

entróculos

feuillicular

chão-vol

q tão bel disvol

voltaria

capafoguear

ROMÉTER

éternel

91

Parangolé e texto de Hélio Oiticica, *Polem*, 1974.

é editada pelos pós-concretos (Régis Bonvicino, Julio Plaza e Pedro Tavares de Lima encontram-se entre os principais responsáveis).[25] Nela, a contradição entre as estéticas concretista e marginal (ou contracultural) transparece de forma indireta. No editorial

[25] Há um número zero dessa revista intitulado *Poesia em G* (1975) — cujo estranho nome se refere, veladamente, a "greve". A letra "é, na verdade, apenas uma forma geométrica (um círculo sem uma fatia)", de modo a aludir à censura e à repressão política então vigentes (Shoji, 2014: 97).

do número 3 (de 1982, quando a revista muda a grafia do título para *Corpo Extranho*), lê-se:

> qorpo estranho, agora, corpo extranho (para
> bom entendedor duas letras) RESSURGE.
> em seu palco, sob os spots, A CRIAÇÃO
> ARTÍSTICA em todas as áreas.
> e a reflexão de preferência, dos próprios
> criadores sobre a criação (sua e alheia).
> noutras palavras, crítica de oficina,
> [...]
> em vez de geleia, MEDULA GERAL.
> alguém usou a expressão mais sofisticada,
> "ecumenismo de qualidade"
> is it possible?
> e mais: pensar, inclusive graficamente, A
> MISTURA (e o confronto, por que não?) de
> fatos artísticos diversos, em especificidade e
> origem.
> um veículo ao avesso, ônibus voador, p. ex.,
> em plena década de 80.

Embora possamos inferir a tendência a algum tipo de diálogo (mesmo que tenso) entre os grupos, na mesma revista há um artigo de Nelson Ascher, "Marginalia marginal", que contrasta "duas tendências distintas": de um lado, os marginais, cujo padrão seria a "expressão imediata e direta dos sentimentos, emoções e desejos", e, de outro, os concretos, cuja poesia teria "caráter construtivo" e que se dedicariam sobretudo à "criação intersemiótica". Apesar de tal distinção ser evidente, a atitude, naquele momento, parecia pender para a aproximação inevitável e para o intercâmbio "ecumênico" (na expressão do próprio editorial). A sublinhar, porém, o desejo de evitar a diluição em geleia, ressalvando-se a "qualidade", sinônimo possível para mediação estética.

Um pouco posterior, a revista *Muda* (1977, número único, editada por Antonio Risério e Régis Bonvicino) contém os mesmos colaboradores da geração mais jovem, acrescidos de alguns outros (Duda Machado, Waly Salomão, Aldo Fortes, Rogério Duarte, Paulo Leminski, Carlos Ávila, Alice Ruiz, Erthos Albino de Souza, Omar Khouri, o ubíquo Chacal — sempre transitando entre grupos). Conforme relata Omar Khouri: "Os editores e boa parte dos colaboradores acharam por bem cortar um possível cordão umbilical com a Poesia Concreta, tanto que, propositadamente, os mestres, que naturalmente participavam de outras revistas, não foram convidados" (2004: 36). De cara, tem-se um texto de Antonio Risério, à guisa de editorial-manifesto, no qual afirma, entre outras acepções do termo, que "MUDA quer dizer/ mudança de peles pelos penas/ MUDA quer dizer/ cavalos ou muares folgados/ colocados de distância a distância/ para substituir os animais cansados/ ao longo de longas jornadas", ou ainda "planta que sai do viveiro/ para se plantar além": o laço edipiano a ser rompido fica mais do que evidente.

Em *Muda*, observa-se o germinar da metamorfose e da canibalização entre concretos e marginais, seja na forma e no conteúdo dos poemas, seja no aspecto visual (com fotos e desenhos que lembram o artesanal-manual, como os "Babilaques" de Waly Salomão). Por exemplo:

> e não sei se
> me caso e mato
> a poesia
> tapando a bocadela
> com a vida
>
> (Aldo Fortes)

Ou Leminski em "depondo":

> ninguém sabe o que é poesia: é a liberdade da minha linguagem.
> o que é que você sabe da minha liberdade?
>
> originalidade. radicalidade. marginalidade.

Mais adiante, o poeta curitibano declara: "a classe dominante zela pelas suas linguagens que nós, poetas, dinamitamos".

Nos versos de Régis Bonvicino, poesia rima com utopia e alegria. Enquanto isso, afirma Carlos Ávila em "Não quero ser o poeta":

> ouso pronunciar rouco
> duas sílabas:
>   VI-DA
> e basta

Até Antonio Risério, no texto "Papo de anjo", ao criticar novamente a "garotada carioca dourada bancando o bandido no palco", ressalva que o esquema artesanal utilizado para produzir seus livros é mais moderno, descolado do "museu-livraria", um tipo de "action-writing" do "poeta caixeiro-viajante", "de mão alegre em mão alegre", vendendo na praça.

Ao examinar as revistas literárias que contaram com a participação de Paulo Leminski (especialmente *Muda* e *Qorpo Estranho*), Renan Nuernberger conclui que não se tratava, propriamente, de eliminar a influência do projeto concreto propugnado pela geração anterior, mas de

> [...] mantê-lo como um modelo ambíguo que é celebrado à medida mesmo que se intenta superá-lo. Ou melhor, este repertório, mormente a poesia concreta, é deslocado de seu contexto original e, entrando em contato com o presente, assume uma nova feição que é, ao mesmo tempo, o desrecalque de suas próprias contradições internas e a deformação das principais premissas que o sustentavam. (2014: 84)

O pesquisador, em seu aturado estudo, distingue a postura dos poetas então jovens, afinados com a plataforma, da atitude da geração marginal: observa que, embora eles desejassem bastante se aproximar do ideário contracultural, propondo quase uma "síntese" entre ambos os grupos, como no "projeto de uma 'vanguarda vulgar'" (na expressão de Leminski, em Nuernberger, 2014: 114), o conflito não se resolve inteiramente, pois não abandonam certos princípios, ao menos em suas contraditórias declarações, em que tanto querem expressar a "vida" quanto transformá-la em "signos".

Em meio a tanto ardor revolucionário, vanguardista e coletivista, outro tipo de contrapartida surge: o escracho cético e cínico. Editados por Glauco Mattoso, que se autoparodia e não se peja de plagiar e brincar com as citações, o *Jornal Dobrabil* (1977-1981) e seu sucedâneo, a *Revista Dedo Mingo* (1982), debocham de várias propostas e manifestos, tomando a direção contrária. Neles, publicam poetas de verve satírica de diferentes grupos e filiações, tais como José Paulo Paes, Roberto Piva, Luiz Roberto Guedes, Rubens Rodrigues Torres Filho, Paulo Leminski, Millôr Fernandes, Braulio Tavares, Sebastião Nunes, Sebastião Uchoa Leite, além do próprio Glauco, com vários pseudônimos. Aceitando colaborações de todo o Brasil (e até do exterior, como atesta a presença do poeta português Alberto Pimenta), distribuindo o jornal pelo correio de acordo com sua veneta, Glauco propõe-se a ironizar as metas utópicas de seus contemporâneos engajados e/ou experimentalistas, "avacalhando" seu ar assertivo e bem-intencionado. Conforme comenta Cacaso: "Glauco Mattoso satiriza tanto a falta de seriedade quanto a falsa seriedade: aí entram as vanguardas, o homossexualismo, as contribuições alheias, as ideologias, seu próprio trabalho" (1997: 233).[26]

[26] O artigo de Cacaso foi publicado originalmente com o título "Poesia de cabo a rabo II — Vinte pras duas" no jornal *Leia Livros*, nº 53, dezembro de 1982-janeiro de 1983, e posteriormente incluído na coletânea *Não quero prosa* (1997). Glauco Mattoso publica também o livro *Línguas na papa* um pouco depois (Pindaíba, 1982), como se fosse um concreto esculhambado — de novo reunindo, de forma inusitada, experimentalismo vanguardista e liberdade marginal.

Seriados puramente literários

Revistas mais vinculadas ao *mainstream* literário, como a *Escrita* (São Paulo, 1975-1982, com boa divulgação, vida relativamente longa, posto que interrompida mais de uma vez, e tiragem elevada para os padrões da época), editada pelo incansável Wladyr Nader, propiciavam uma literatura mais voltada ao testemunho, que emulava a linguagem jornalística de modo realista. Assuntos como exílio e repressão na América Latina eram centrais.[27] A poesia também comparece na revista, abrangendo amplo espectro. Ali são publicados velhos e jovens, sem grandes discriminações. Poetas como Mário Chamie, Renata Pallottini, Carlos Nejar, Affonso Romano Sant'Anna e, principalmente, Carlos Drummond de Andrade, terão espaço, assim como novíssimos ainda desconhecidos.[28]

Disseminava-se a tendência a promover, na literatura, os autores que mais explicitamente tratassem de temas considerados populares. Ao lado de denúncias sobre o esquadrão da morte e críticas à Coca-Cola, deparamo-nos, por exemplo, tanto na *Escrita* quanto num jornal nanico de São Paulo, o *Mais Um* (1976), com homenagem a Solano Trindade na sua luta pela negritude e poema de Capinan sobre as injustiças no mundo agrário, dentre dezenas de exemplos.[29]

[27] Ao lado da revista propriamente literária, *Escrita* (e a subsidiária *Escrita Livro*) lançava outro periódico, intitulado *Escrita Ensaio*, cujo objetivo era divulgar um ideário de esquerda e que se dedicava a tratar de assuntos como os sindicatos, os movimentos operários, as greves, a discriminação racial, além de reproduzir textos de Marx, Lênin, Lukács e outros teóricos. Nela colaboravam Maurício Tragtenberg, Octavio Ianni, Florestan Fernandes, Edgard Carone, Caio Prado Júnior e outros.

[28] Confira-se, pela internet, o *Boletim de Pesquisa NELIC* (UFSC), onde se encontram os artigos de Nilcéia Valdati (1998 e 1999), pesquisadora que estudou essa publicação de forma organizada e completa.

[29] Reforçando a ideia de marginal, a literatura que tratava de assuntos ligados à vida dos excluídos é valorizada nesse momento. Não à toa, o livro *Quarto de despejo* (1960), de Carolina Maria de Jesus, negra e favelada, tor-

A revista *Escrita* abrigava praticamente todas as vertentes literárias, proporcionando espaço para escritores que começavam (como Caio Fernando Abreu e Márcia Denser) e, algumas vezes, realizando debates. Em um fascículo, apresenta depoimentos e poemas dos jovens cariocas ("A vez dos marginais", nº 19, 1977) no qual vários poetas do grupo Nuvem Cigana e do Folha de Rosto se manifestam. Mas tal destaque deu-se apenas uma vez. No geral, outra linguagem predominava ali.

Uma revista bastante viva, de diagramação sóbria, *José* (1976-1978) foi editada por um grupo majoritariamente pernambucano radicado no Rio (Gastão de Holanda, com a colaboração assídua de Sebastião Uchoa Leite, Luiz Costa Lima, Jorge Wanderley e outros). A princípio, privilegiava autores e críticos consagrados, como Carpeaux e Drummond. Mas já no nº 2 (agosto de 1976), promoveu um bate-papo importante entre a equipe editorial e membros do grupo marginal a respeito da publicação então recente da antologia *26 poetas hoje*. Tomam parte da conversa a organizadora, Heloisa Buarque de Hollanda, e alguns jovens poetas, como Ana Cristina Cesar, Geraldo Eduardo Carneiro e Eudoro Augusto. Representando a revista, Luiz Costa Lima, Sebastião Uchoa Leite, Jorge Wanderley. O poeta Sebastião logo adverte que "não existe proposta estética comum, mas sim uma proposta existencial comum" naquela geração "anarquista", no que é secundado por Heloisa, que defende o "impulso apaixonado e vitalista" dos marginais, mas também assinala o "momento sem futuro", cuja realização poética "se cumpre na sua precariedade". Geraldo Carneiro abraça a ideia de que a poesia se origina na brecha existente entre a vida e a arte (aludindo à concepção do artista norte-americano Robert Rauschenberg), procurando matizar o antiformalismo reinante. Luiz Costa Lima cobra do grupo um programa estético como forma de reflexão sobre a prática artística, o que

na-se um *best-seller* na época (conforme comentário da pesquisadora Germana de Sousa, da Universidade de Brasília, em palestra sobre a representação da favela na literatura brasileira na Universidade de Rennes, França, em 16 nov. 2007).

provoca reação contrária de Ana Cristina que, escaldada, retruca: "Discordo em que a inexistência de programa tenha a ver com a falta de reflexão crítica". Ao final, a discussão se polariza amigavelmente, expondo as diferenças entre uma geração marcada pela influência da vanguarda concreta e das leituras de Cabral e outra que se rebelava.

Por último, uma revista de outro espectro é *Alguma poesia* (Rio de Janeiro, 1978), publicada por uma cooperativa de escritores um pouco mais velhos, nem concretos, nem marginais (Fernando Py, Octavio Mora, Elizabeth Veiga), em que, além dos poemas brasileiros contemporâneos, saem traduções de Auden, Dylan Thomas e outros. Mas já no número 2 (1979: 55) um artigo de Heloisa Buarque de Hollanda, "A poesia vai à luta", apresenta com acuidade o ideário que então se firmava:

> [...] sua novidade não é apenas no âmbito da linguagem poética, mas basicamente se revela como uma nova postura frente à poesia. Parece que o que está importando não é tanto a subversão dos padrões literários, mas a subversão da ordem mesma do cotidiano. A feição fundamentalmente vitalista da nova poesia — onde inclusive a utopia parece estar ausente — privilegia a transcrição da "vida imediata", constituindo quase um enorme grafite poético.

Outros jornais e revistas alternativos: facetas

Embora a relação entre a poesia e as artes plásticas remonte às vanguardas modernistas (e mesmo antes), tal tendência é renovada nos anos 1960 e 1970 (também na Europa, nos Estados Unidos e em diversos países da América Latina), por meio tanto da impressão de publicações quase artesanais muito caprichadas, "transadas", quanto da interação entre poema e ilustrações, ou, enfim, de um tipo de livro ou revista múltipla, que transita entre esses dois mundos. Vale a pena mencionar algumas que não se debruçam especialmente sobre poesia, dada a afinidade com o clima cultural que nelas ressoa.

No geral, essas revistas se pautavam pela informalidade de tom, que conferia a elas um aspecto tribal, de cumplicidade entre leitores e autores dos textos, como se todos integrassem a "patota". Gírias como "sufoco", "papos", "transas", "desbunde" e "curtição" são abundantemente empregadas. Esse ar de intimidade guarda analogia com o desmonte da distância entre a linguagem intelectualizada e a popular.

Como havíamos observado anteriormente, até revistas e jornais que não tratam especificamente de literatura acabam se voltando para tópicos similares de discussão, dada a interação dos níveis culturais.

Um exemplo marcante dessa tendência é o jornal alternativo *Bondinho* (São Paulo, 1970-1972),[30] que se propunha a ser um guia cultural da cidade, sempre com uma grande comissão edito-

[30] De acordo com informações coletadas por Bernardo Kucinski, quando começou, a proposta editorial do *Bondinho* era focada na classe média, uma vez que a revista seria distribuída para os clientes da rede de supermercados Pão de Açúcar. Mas, depois de um ano, a equipe se cansou dos limites bem-comportados que tal público requeria e, em 1972, cortou os vínculos com os anunciantes, libertando-se dos "compromissos assumidos ou convenções" para fortalecer sua "vocação alternativa" e sua identificação com a contracultura: "A redação foi viver em comuna, numa casa do bairro da Lapa, como uma grande família, onde praticavam o amor livre, tomavam muito ácido, discutiam Wilhelm Reich e a nova filosofia de Roberto Freire, procuravam a vida integral; discutiam muito e trabalhavam muito" (entrevista com Nelson Blecher, em Kucinski, 2003: 240-1). Remeto ao capítulo "*Bondinho*: o jornalismo existencial", no qual o autor narra as vicissitudes desse coletivo de jornalistas advindos da revista *Realidade* que fundaram sucessivamente (após o *Bondinho*) os *Jornalivro*, *Ex-*, *Mais Um* e *Extra — Realidade Brasileira*, sempre tentando driblar a censura e os apuros econômicos ocasionados, em parte, pelo bloqueio das grandes editoras ao seu perfil ideológico. Certos temas que vimos tratados em outros veículos da época também são abordados por esse grupo, como a poluição industrial, a anistia, os tratamentos psiquiátricos, os quadrinhos do Fradim, a renovação da Igreja, a guerra do Vietnã, o Teatro Oficina, o tropicalismo, a repressão policial...

rial (composta, entre outros, por Roberto Freire, Bernardo Kucinski, Hamilton Almeida, Claudia Andujar e Carlito Maia). Os temas concentravam-se na vertente da micropolítica, das identidades e grupos: a discriminação dos homossexuais, o racismo, a violência policial, o feminismo, terapias, a vida dos *hippies* em Arembepe, a comunidade dos Novos Baianos, a libertação do jovem em relação às pressões da família (por sinal, discussões como sexo antes do casamento e separações ocupavam parte considerável das reportagens, demonstrando a novidade desses assuntos na época). Cinema, teatro e música pop ocupam o cenário. Na verdade, a "crise existencial" — o anseio de mudar urgentemente a família, o trabalho, a vida cotidiana — mantém lugar central. As artes participam desse turbilhão.

Os exemplos parecem simplórios hoje: entrevista-se um rapaz, Sérgio Prado, que fez uma grande cobra de pano para "descobrir jeitos novos de sentar, deitar, amar, não fazer nada", inventando um espaço diferente. Ou Yoko Ono, que diz: "Como uma artista, aprecio combater o sistema usando métodos que são tão afastados do modo de pensar do sistema que o sistema não consegue reagir". Janis Joplin "vivia a música", "cantava com o corpo todo". Ou, quando toca, "Hermeto é um instrumento e o som parece sair de dentro de seu corpo". Enfim, o indivíduo ou o grupo, como heróis que vão inovar tudo de forma simbólica, são a tônica.

Leem-se manchetes como "Walmor [Chagas] tenta encontrar o homem novo" ou frases como "o *underground* [ou subterrâneo, na versão vernácula de Hélio Oiticica] é a consciência crítica radical da sociedade" — e esta pertence ao marginalizado (segundo Luiz Carlos Maciel). Tudo isso e mais as reportagens sobre comunidades, caronas, drogas... dão a medida do desejo de transformação que se experimentava.

A importância da música como expressão tribal, seja o rock, seja a MPB (especialmente o movimento tropicalista, incluindo Tom Zé, Mautner, Capinan, Macalé), e da moda como forma de pertencer ao grupo (cabelo comprido e barba) é marca fundamental da rebeldia.

No teatro, o ideal de criação coletiva advindo dos grupos engajados e/ou contraculturais do começo da década de 1970 prevalecia e se firmava. O texto de "Gracias Señor", do Teatro Oficina, foi inteiramente reproduzido no *Bondinho* para propiciar a intervenção dos leitores.[31]

Rogério Duprat, bastante presente em várias publicações do período, comparece com um texto diagramado de forma a combinar cores e desenhos, fotos e colagens. Segue um excerto (nº 32, 6 a 9 jan. 1972: 16):

> Nossa geração
> liquidou
> com a ideia de arte,
> mas seguiu sendo artista,
> triste e nostálgica,
> voltada pro consumo de massa
> mas marginalizada por que o
> TAMANDU-LUHAN
> tem esse modus operandi

A difícil relação entre arte e indústria cultural (que para alguns parecia resolver-se pela total oposição, ou por uma inoculação calculada, por vezes paródica) aparece como um nó de problemas: como terminar com a proposta tradicional de obra e continuar sendo artista? Como ser, ao mesmo tempo, "voltada pro

[31] Segundo a transcrição de Flora Süssekind, o "convite-manifesto" da peça trazia uma "formulação bastante característica": "O único papel do teatro/ é levar as pessoas pra fora dos teatros/ Destruir teatro onde houver teatro/ Construir teatro onde não houver teatro/ Chegar na frente da televisão/ Quebrar o vídeo e dizer: qual é?/ — Eu tô vivo/ Eu estou vivo, bandeira é estar vivo! BANDEIRA É ESTAR VIVO!" (2007c: 51). Também Carlos Basualdo, na introdução ao livro *Tropicália*, refere-se às palavras de José Celso Martinez Corrêa no "Manifesto do Oficina": "Para exprimir uma realidade nova e complexa era preciso reinventar formas que captassem essa nova realidade". E, ainda, era necessário buscar uma "superteatralidade": "uma arte teatral síntese de todas as artes e não artes" (2007c: 13).

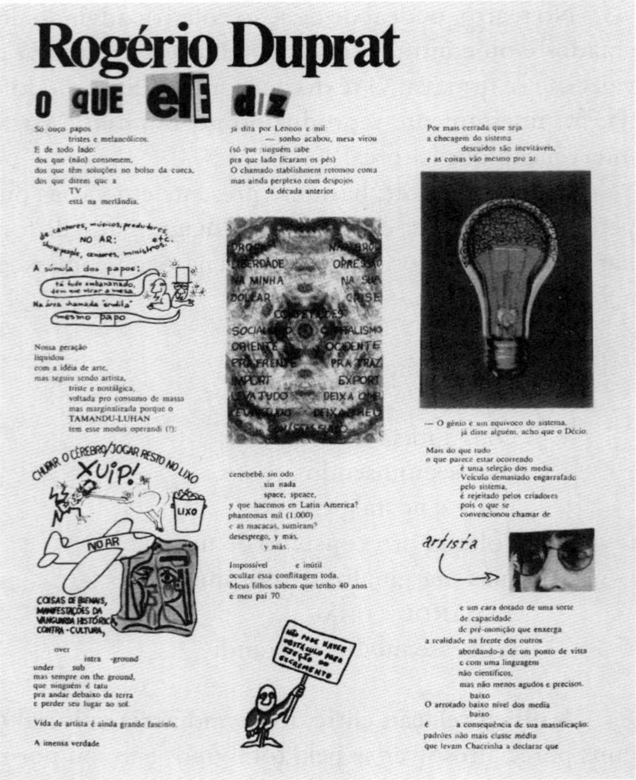

Rogério Duprat

O QUE ELE DIZ

Só ouço papos
tristes e melancólicos.
E de todo lado:
dos que (não) consomem,
dos que têm soluções no bolso da cueca,
dos que dizem que a
TV
está na merlândia.

de cantores, músicos, produtores,
NO AR: etc.
show-people, censores, ministros.

A súmula dos papos:
tá tudo embananado,
tem que virar a mesa.
Na área chamada "erudita"
mesmo papo

Nossa geração
liquidou
com a idéia de arte,
mas seguiu sendo artista,
triste e nostálgica,
voltada pro consumo de massa
mas marginalizada porque o
TAMANDU-LUHAN
tem esse modus operandi (!):

CHUPAR O CÉREBRO/JOGAR RESTO NO LIXO
XUIP!
LIXO
NO AR
COISAS DE BIENAIS,
MANIFESTAÇÕES DA
VANGUARDA HISTÓRICA,
CONTRA-CULTURA,

over
intra -ground
under sub
mas sempre on the ground,
que ninguém é tatu
pra andar debaixo da terra
e perder seu lugar ao sol.

Vida de artista é ainda grande fascínio.

A imensa verdade

já dita por Lennon e mil:
— sonho acabou, mesa virou
(só que ninguém sabe
pra que lado ficaram os pés)
O chamado stablishment retomou conta
mas ainda perplexo com despojos
da década anterior.

cenebebê, sin odo
sin nada
space, speace,
y que hacemos en Latin America?
phantomas mil (1.000)
e as macacas, sumiram?
desesprego, y más,
y más.

Impossível e inútil
ocultar essa conflitagem toda.
Meus filhos sabem que tenho 40 anos
e meu pai 70.

NÃO PODE HAVER
OBSTÁCULO PARA
EJEÇÃO DO
EXCREMENTO

Por mais cerrada que seja
a checagem do sistema
descuidos são inevitáveis,
e as coisas vão mesmo pro ar

— O gênio é um equívoco do sistema,
já disse alguém, acho que o Décio.

Mais do que tudo
o que parece estar ocorrendo
é uma seleção dos media.
Veículo demasiado engarrafado
pelo sistema,
é rejeitado pelos criadores
pois o que se
convencionou chamar de

artista

é um cara dotado de uma sorte
de capacidade
de pré-monição que enxerga
a realidade na frente dos outros
abordando-a de um ponto de vista
e com uma linguagem
não científicos,
mas não menos agudos e precisos.
baixo
O arrotado baixo nível dos media
baixo
é a consequência de sua massificação:
padrões não mais classe média
que levam Chacrinha a declarar que

consumo de massa" e "marginalizada", "triste e nostálgica"? Todas essas posições eram ocupadas simultaneamente: os artistas ativamente destroem uma concepção agora impossível de arte, sentindo saudade do passado e sendo engolidos pelo grande tamanduá da sociedade do espetáculo (ambivalência que atormenta artistas e críticos desde pelo menos os anos 1930 — como percebeu Benjamin em sua reflexão sobre a obra de arte na era da reprodutibilidade técnica (1985b) — e que volta a atualizar-se em vários contextos...).

Um estilo mais sisudo (*ma non troppo*) predomina em *Almanaque — Cadernos de Literatura e Ensaio* (1976-1982), editada

por não estarem interessados num
tipo de criação
estreitamente vigiada.

Quando 12 caras badaladíssimos
da música popular
se negam a participar
de um não menos badalado festival,
mesmo num momento
crítico
do show-business,
é porque algo está errado.

Não é solução
tentar enquadrá-los em leis
de segurança
ou responsabilizá-los individualmente:
— somos todos culpados
como coletividade e como sistema.
Não adianta lamentar má qualidade.
Qualidade não é
uma idéia na cabeça dos estetas.
É um treco que cresce
como mato
quando tem estrume
(já viu o que devia ser
o 1.º relógio suíço)
tirou

o pé
da merséria
abrindo-se às idéias mais
"contestativas"
que, virando sistema, se salvaram,
salvando o cinema economicamente.

O que quero (ou não quero) dizer é que
— a rolha deixa de integrar uma temática ético-estética para se constituir num seriíssimo dilema econômico-financeiro: sem idéias novas, nada feito, niente tutu, no market (lei de Hans von Zappa).
Mil galhos urgentes
pra resolver
Uso indébito de play-backs, filmes,
tapes, discos, comerciais,
tudo importado,
crises incríveis
no mercado interno de trabalho,

tutu que sai do país todo dia.
usw.
— e ficamos preocupados
com besteiras
definindo conceitos
absurdos
como bom mau errado certo moral
imoral, por aí
E com que critério?
Até mamãe, que eu respeito muito,
dá caneladas incríveis!
Nossa malfadada geração dos valores
(da bolsa, philosóphicos, estétchicos, étchicos
ainda quer decidir o que é bom pra todos:
— isso é burritzia,
— aquilo é inteligentzia,
— este é quadrado,
— outro é quente,
— careta
— devagar
Não importa qual a tendência desses
"oráculos":
esse trecho de dedagem cultural
por conceitinhos pré-moldados
a garotada não vai topar mesmo.
Os equívocos do sistema
são cada vez mais numerosos
no mundo todo
só é preciso deixar
que eles apareçam.
Chega de lamentar "nostalgias":
— a saudade e o horóscopo
são duas formas autorizadas
de rejeição do
presente
(se não há per-specção
restam retro-specção
e pro-specção)
Em lugar de nos aborrecermos
porque qualquer undegrauzinho entra pelo
kitsch-cafono-chacrino-neo
TROPICALISMO
e fatura tudo
vamos tratar de deixar mais abertura
pelo menos pra ver
o que é
que
os caras andam fazendo, né?

Rogério Duprat
7/12/71

Texto ilustrado de Rogério Duprat, *Bondinho*, nº 32, 1972.

por Bento Prado Júnior e Walnice Nogueira Galvão, professores universitários de São Paulo vinculados à Faculdade de Filosofia, Ciências e Letras da USP. O que a diferencia das revistas acadêmicas contemporâneas é o ar de autoironia com relação à postura pedante dos meios intelectuais, o que costuma ser um tom muito raro numa publicação do gênero. Nomes de peso como Paulo Arantes e Rubens Rodrigues Torres Filho colaboram com ensaios sobre os dilemas da cultura. Na revista, entremeiam-se paródias a artigos sérios, e são introduzidas reflexões sobre temas mais populares, como a MPB. Cacaso, Heloisa Buarque de Hollanda e Ana Cristina Cesar participam com textos sobre poesia marginal e produção feminina. A literatura mantém espaço de relevo em todos os números, em meio aos assuntos preferidos da época. Como na maioria dos casos, os escritores publicados tendem a ser os próprios editores e seus amigos, uma vez que tais revistas desejavam ser o espaço de divulgação de ideias de um determinado grupo. No caso, os escritores que colaboravam mais assiduamente eram o próprio Rubens, Orides Fontela, Zulmira Ribeiro Tavares, Roberto Schwarz e Modesto Carone.

Outro jornal cultural importante, com tiragem expressiva, foi o bimestral *Versus* (São Paulo, 1975-1979) protagonizado por Marcos Faerman, um apaixonado pela cultura latino-americana. Propunha-se a realizar uma "fusão de elementos usados livremente: jornalismo, fotografia, desenho, histórias em quadrinho, literatura, poesia", uma vez que sua diagramação visava o "choque estético" (em Kucinski, 2003: 250).[32] Para realçar a impressão da opressão política dos países do Cone Sul, o jornal utilizava recursos gráficos que reforçavam o conteúdo dos textos de intelectuais como Galeano e Arguedas. Os exilados, as minorias, os trabalhadores braçais, migrantes, índios, os injustiçados e oprimidos constituíam o núcleo principal dos interesses do *Versus*. O assunto dos hospitais psiquiátricos e das prisões surge várias vezes como metáfora do confinamento repressivo.

Uma quantia expressiva de escritores participa das páginas dessa publicação (Antonio Callado, João Antonio, Antônio Torres, Affonso Ávila, Claudio Willer, Roberto Piva e outros). A poesia comparece em praticamente todos os números. Gullar, então

[32] Depoimento reproduzido no capítulo "*Versus*: a política como metáfora". Nessa seção, Kucinski relata toda a história do surgimento, apogeu e dissolução do jornal, que "chegou a vender mais de 35 mil exemplares por edição, graças, sobretudo, à originalidade e beleza de cada edição" (2003: 250). Recentemente, deparamo-nos com artigos interessantes de Jeferson Candido (2003 e 2006), do grupo de pesquisadores do NELIC, em que ele faz um levantamento de todas as contribuições de poesia ou sobre poesia no primeiro ano da revista, observando sua tendência militante. Ver também a antologia de reportagens e entrevistas organizada por Omar L. de Barros Filho, *Versus: páginas da utopia*, Rio de Janeiro, Azougue, 2007.

exilado, é entrevistado, e são reproduzidos trechos do *Poema sujo*. Poetas de cordel ganham destaque, assim como "eruditos" (Zulmira Ribeiro Tavares e Modesto Carone). Divulgam-se não apenas escritores brasileiros, mas sobretudo latino-americanos e africanos. Sobre a poesia marginal, há um texto bastante certeiro de Modesto Carone comentando a proeminência da figura do poeta maldito na modernidade desde Baudelaire ("À margem dos poetas marginais", em *Versus*, nº 12, agosto de 1977: 7). Advertia o crítico: "aqui a terapia de grupo precede a análise individual". Observava ainda que o anseio de aproximar-se da vida, embora desejável, atropelava a falta de condições históricas do presente. E terminava brincando com a evocação ao grande poeta feita no final de um poema de Isabel Câmara publicado na antologia *26 poetas hoje* (em Hollanda, 1998): "Ninguém me ama/ ninguém me quer/ ninguém me chama de Baudelaire".

Posteriormente, divergências políticas acabaram por dividir os colaboradores, e muitos dos principais jornalistas saíram. Além disso, a sede foi invadida e pichada, alguns redatores interrogados e presos. Tudo isso foi conduzindo a seu fim.

Já uma equipe bem diferente produziu a revista de curta duração *Flor do Mal* (1970-1971) no Rio de Janeiro, patrocinada pelo *Pasquim*[33] e editada por Luiz Carlos Maciel, Tite de Lemos, Torquato Mendonça e Rogério Duarte. Contava, na sua equipe editorial, com Waly Salomão, Torquato Neto (animador entusiasta), Capinan, Ana Maria Duarte, entre outros — toda uma patota de escritores ligados à contracultura. Não demonstram de jeito nenhum o antiamericanismo hegemônico de outros grupos. Pelo contrário, eram fascinados por aspectos do mundo pop, encontrando ali as sementes da revolta. Isso não significava aderência ao

[33] Entre o fim da década de 1960 e início da de 1970, publicações como *O Pasquim* (1969) fazem um enorme sucesso, anunciando uma mudança de mentalidade — como se o humor debochado fosse necessário para denunciar a caretice social, além da própria ilusão de engajamento transformador. Porém, a geração propriamente contracultural, tropicalista e marginal vai procurar produzir outras publicações, mais "alternativas".

universo de toda a indústria cultural, mas uma atração por seus ícones desviantes.

Uma entrevista com Alice Cooper, traduzida por José Simão, procura evidenciar o lado contestador do artista — alguém que quer chocar o *establishment*. Assim, o protótipo de revolução é principalmente comportamental.

Hélio Oiticica frequenta o jornal com suas cartas-diários intituladas "Heliotapes" ou "Babylonests", em homenagem a Nova York, nas quais adiciona notícias sobre os brasileiros que lá encontra, como Gilberto Gil e Haroldo de Campos, além de artistas dos Estados Unidos. Compara Gil a Hendrix, citando verso de Yeats: "Só consigo ouvir o cantor que canta como se a fala se incendiasse".[34] Defende o vitalismo imediato, em que a técnica estaria subsumida à emoção e a arte conduziria a um tipo de expressão intensa e apaixonada.

Muitos trechos do jornal são desenhados e redigidos à mão, inclusive a capa, na qual a escrita ladeia fotos anônimas de meninas (uma delas achada no lixo e recortada). O aspecto artesanal foi uma escolha consciente dos editores como resistência à era industrial.

Como sempre, o assunto loucura e antipsiquiatria ocupa posição central. A figura de Artaud não poderia faltar, assim como os experimentos liderados por terapeutas dispostos a mudar o mundo a partir de comunidades alternativas. Teóricos como Ronald Laing e David Cooper, que acreditam poder inspirar o modo de vida contemporâneo, ganham a palavra: "a única coisa que se pode fazer numa situação pré-revolucionária é estabelecer um protótipo do que poderia existir depois da revolução".

Em lugar do discurso marxista, algo mais afim ao utopismo de Fourier ganha relevo, mas não como projeção futura e sim como tentativa a ser ensaiada agora. Os fundamentos, em vez de econômicos, tendem ao místico, com argumentos embasados na as-

[34] Segundo Hélio Oiticica, a frase fora extraída do livro *Ideograma* (1977), de Haroldo de Campos, em que o poeta apresenta as ideias de Fenollosa e Pound.

Capa da revista *Flor do Mal*, nº 1, 1970.

trologia (era de Aquário), em filosofias orientais, como o budismo e o tao, ou em formas de exoterismo como a teosofia ou a cabala. A proposta consiste em alterar a vida a partir de conversões individuais. Assim, destaca-se a comunidade dos Novos Baianos, o hippismo, a cena *underground*.

Caetano, Mautner, Waly e Duarte publicam partes do que depois comporão seus livros numa prosa delirante, que lembra os *beatniks*.

Chacal, que transita entre baianos e cariocas, tropicalistas e marginais, divulga o poema "Reclame" — um tipo de advertência simplista e direta:

Se o mundo não vai bem
use lentes
ou transforme o mundo.

ótica olho vivo
agradece a preferência.

Nota-se que, como na maior parte dos periódicos culturais dos anos 1970, não há compartimentação entre os gêneros ou formas de expressão artística: a prosa poética une-se à música, o desenho e a foto se imbricam no texto. O jornal faz questão de parecer o que é: personalizado e evidenciando sinais do processo de compor. Sobre o diário-reportagem dos Novos Baianos redigido por Galvão ("Uma nova raça"), recortamos o excerto seguinte, em que ele descreve a forma como dividiam o espaço no apartamento onde moravam:

> A minha casa foi presente da Baby. Eu também dei a minha. Baby fez outra pra ela. É linda, pendurada no teto e toda rendada. Uma casa de aranha. Eu não lhe conto, a casa é uma cama. Minha cama é um circo. É linda, a empanada. É um cinema. O lençol é uma tela. Minha cama fica dentro de um ex-guarda-roupa embutido.

Há algo de onírico no relato, que não se afasta muito da descrição que Hélio Oiticica fez do seu "Babylonest", no apartamento em Nova York nos anos 1970 onde ficava ouvindo música, desenhando, pensando em projetos, conversando com amigos. O ambiente era estruturado como pequenas cabines superpostas em andares, com cortinas, colchões, tecidos vários e tudo o mais que acumulava, como uma pega no ninho (conforme a descrição do crítico de arte Guy Brett, 2005: 20).[35]

[35] Materiais precários e transitórios participam do projeto artístico de Oiticica, ao ponto de chegar ao que Nuno Ramos considera como um tipo de "coincidência alucinada entre modelo e realidade", quando "sujeito e objeto

Flor durou cinco números, só terminando quando a equipe do *Pasquim* tomou a decisão de não editá-la mais. Teria sido por razões de censura interna ou por prejuízo econômico?[36]

mutuamente se fundam e misturam" e a obra passa a integrar ou mesmo desejar ser a vida, mas na verdade cria-se um "refúgio" de passividade e lazer, como se fosse um "caroço" ou "dobra" — um oco, que instaura no mundo um ambiente protegido de satisfação meio solipsista (2007: 128-9). De acordo com Ramos, haveria na obra de Oiticica uma tensão paroxística entre o movimento de fusão com o "lá fora" e o fato incontornável de que a sociedade moderna planejada é desagradável e contraditória. Por isso mesmo, a linha de costura entre obra e realidade precisava ser adiada (não à toa, o título *Aspiro ao grande labirinto*, retirado de uma frase dos escritos de Oiticica, é muito apropriado para o livro póstumo que colige seus escritos). Não há molduras ou pedestais que marquem a distância, ou um recorte delimitador, mas o desconforto de situar um "penetrável" no espaço do museu (hostil ou indiferente) é contornado pela tentativa do artista de circundar a obra com véus de tule e plástico que, na sua quase transparência e leveza, sobrepõem-se em camadas tênues que tanto protegem quanto desvelam: "Entrar num trabalho de Oiticica é acessar uma região fisicamente difusa, que parece escorregar por toda parte. Algo ali se nega a prender o corpo ou a luz que o percorre — idealmente as paredes de seu labirinto seriam feitas de gás" (*idem*: 140). Mas, se a intenção da antiarte é desmistificar a atitude de contemplação, possibilitando atividades para o "espectador", ocorre, no entanto, uma indeterminação quanto a essa ação, pois na obra não há nada de claramente didático ou político, como se reconhece, por exemplo, nas proposições da mesma época do alemão Joseph Beuys. Pelo contrário, as instalações sugerem boa margem de liberdade quanto ao tipo de envolvimento do espectador, que pode ou não embarcar naquela situação. Parece perpassar o ensaio de Nuno Ramos a insinuação nunca explicitada de uma potência vital que não divisa estruturas sociais que a poderiam acolher — como se a cultura do país à sua volta fosse maleável e sem muita resistência ou ordenamento. O que, se permitiria uma expansão fundadora energética, ao mesmo tempo poderia induzir ao anelo por um tipo de "migração interior" (na expressão de Antonio Candido) ou, segundo Ramos, ao adormecimento.

[36] Em carta a Hélio Oiticica, queixa-se Torquato: "a flor do mal acabou de acabar: ordem dos homens, claro. é terrível, esses últimos dias por aqui não estão fáceis. transas incríveis nos altos-escalões da república, sabe como é, estão se digladiando de novo por lá e nessas horas a coisa só cai na cabeça da gente. a tensão está terrível, há duas semanas. oficialmente, como sempre, não há nada e os jornais ignoram tudo, claro, senão fecham na mesma hora" (29 nov. 1971, em Torquato Neto, 2004a: 264).

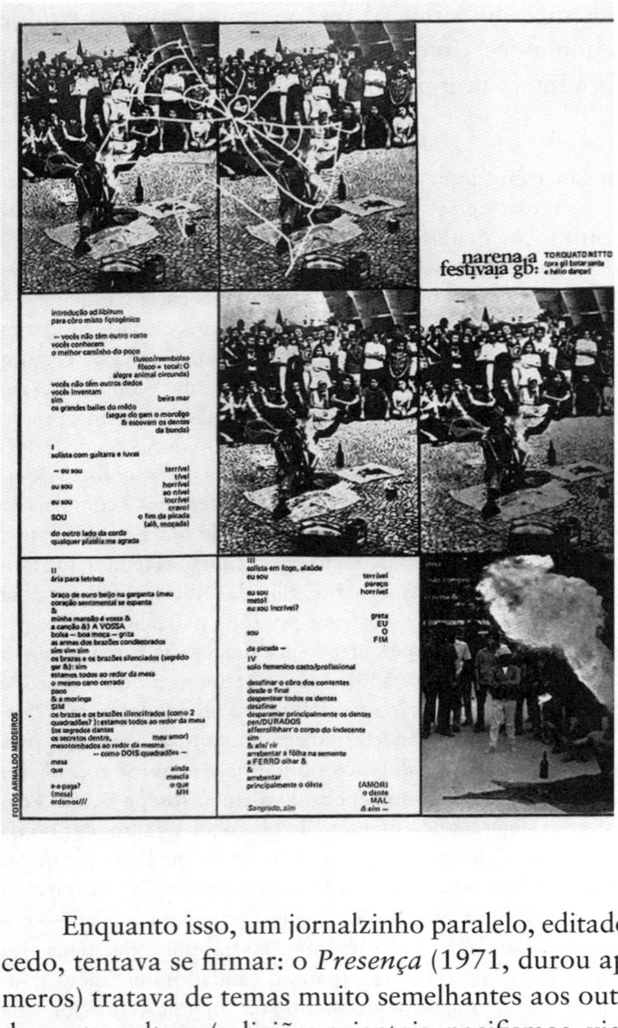

Foto-montagem com poema de Torquato Neto, jornal *Presença*, nº 2, 1971.

Enquanto isso, um jornalzinho paralelo, editado por Joel Macedo, tentava se firmar: o *Presença* (1971, durou apenas dois números) tratava de temas muito semelhantes aos outros periódicos da contracultura (religiões orientais, pacifismos, viagens exóticas, era de Aquário, músicos como Zappa, Hendrix etc.). A diagramação se assemelha à dos outros periódicos, com fotos e desenhos interagindo com os textos. O que nos interessa aqui é que dele também tomaram parte Oiticica e Torquato, onipresentes. Chamou-nos a atenção, no número 2, um poema deste último acompanhado de uma sequência de fotos e encimado por instruções de leitura que lembram uma rubrica. Os versos fragmentados, de difícil compreensão se lidos apenas como texto, tal como se encontram transcritos nas edições posteriores de sua obra, tornam-se subitamente decodificáveis se pensarmos neles como um tipo de monólogo teatral, cuja realização depende da interação com as fotos e as indicações de *performance*.

Em uma revista da mesma década, a *Biscoitos Finos* (s/d), encontramos artigo de Hélio Oiticica colocando em xeque o conceito de obra e propondo a fusão de todas as artes. Afirma que, assim como o samba originou a ideia do parangolé, no qual dança e música interagem com a forma plástica, o rock (especialmente de Hendrix, Dylan e Stones) converteu-se em referência mais importante para a sua criação artística do que qualquer pintor após Pollock.

Na mesma toada radical, Waly Salomão publica o texto "Percussões da pedra q ronca",[37] que vem precedido do seguinte aviso:

> Para ser lido alto. Para ser lido
> bem alta voz para ser lido para
> dentro. Para ser um incêndio
>
> *LUZ FOGO CALOR*
>
> q se acenda através de todos os órgãos
>
> *ALASTRAR*
>
> Ou não quer?????
> Ou não quer?????
> Ou não quer?????
>
> *PARA SER LIDO ALTO. AFÃ*

[37] Republicado em *Gigolô de bibelôs* (1983), agora incluído em *Poesia total/ Waly Salomão* (2014).

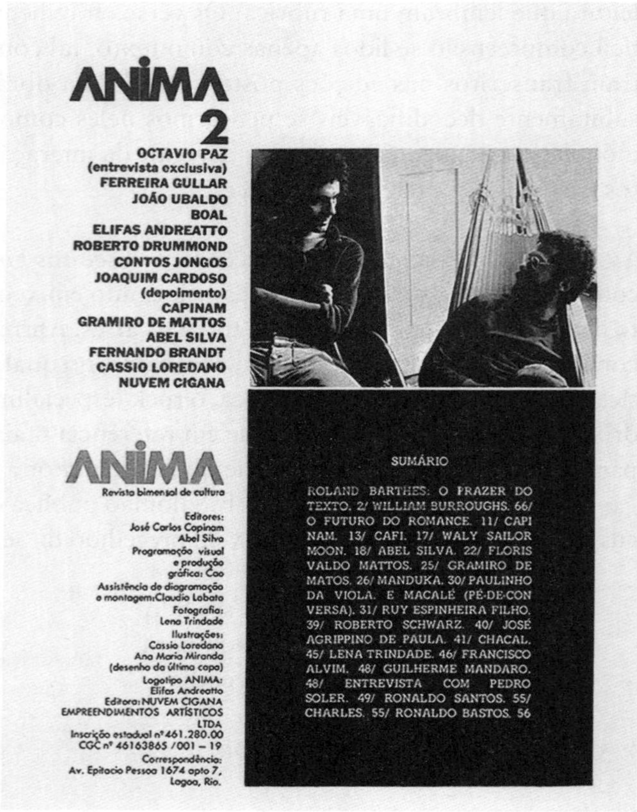

ANIMA
2

OCTAVIO PAZ
(entrevista exclusiva)
FERREIRA GULLAR
JOÃO UBALDO
BOAL
ELIFAS ANDREATTO
ROBERTO DRUMMOND
CONTOS JONGOS
JOAQUIM CARDOSO
(depoimento)
CAPINAM
GRAMIRO DE MATTOS
ABEL SILVA
FERNANDO BRANDT
CASSIO LOREDANO
NUVEM CIGANA

ANIMA
Revista bimensal de cultura

Editores:
José Carlos Capinam
Abel Silva
Programação visual
e produção
gráfica: Cao
Assistência de diagramação
e montagem: Claudio Lobato
Fotografia:
Lena Trindade
Ilustrações:
Cassio Loredano
Ana Maria Miranda
(desenho da última capa)
Logotipo ANIMA:
Elifas Andreatto
Editora: NUVEM CIGANA
EMPREENDIMENTOS ARTÍSTICOS
LTDA
Inscrição estadual nº 461.280.00
CGC nº 46163865 /001 – 19
Correspondência:
Av. Epitacio Pessoa 1674 apto 7,
Lagoa, Rio.

SUMÁRIO

ROLAND BARTHES: O PRAZER DO TEXTO. 2/ WILLIAM BURROUGHS. 66/ O FUTURO DO ROMANCE. 11/ CAPI NAM. 13/ CAFI. 17/ WALY SAILOR MOON. 18/ ABEL SILVA. 22/ FLORIS VALDO MATTOS. 25/ GRAMIRO DE MATOS. 26/ MANDUKA. 30/ PAULINHO DA VIOLA. E MACALÉ (PÉ-DE-CON VERSA). 31/ RUY ESPINHEIRA FILHO. 39/ ROBERTO SCHWARZ. 40/ JOSÉ AGRIPPINO DE PAULA. 41/ CHACAL. 45/ LENA TRINDADE. 46/ FRANCISCO ALVIM. 48/ GUILHERME MANDARO. 48/ ENTREVISTA COM PEDRO SOLER. 49/ RONALDO SANTOS. 55/ CHARLES. 55/ RONALDO BASTOS. 56

Página de créditos da revista *Anima*, nº 2, 1976.

O anseio performático extravasa do próprio texto, como se este pudesse imprimir energia à vida, em "afã" de ação incendiária.

No segundo e último número da caprichada *Anima* (1976-1977), coordenada por Capinan e Abel Silva e publicada pela Nuvem Cigana, as fotos exibem os dois editores conversando, um deles deitado na rede, à vontade, como se o leitor frequentasse a sua casa. A diagramação introduz cores, cortes, ilustrações grandes, pois a revista quer apresentar uma cara acolhedora e um pouco lúdica. Integram a redação Waly Salomão, Chacal, Francisco Al-

Babilaque
de Waly
Salomão,
Anima,
nº 2, 1976.

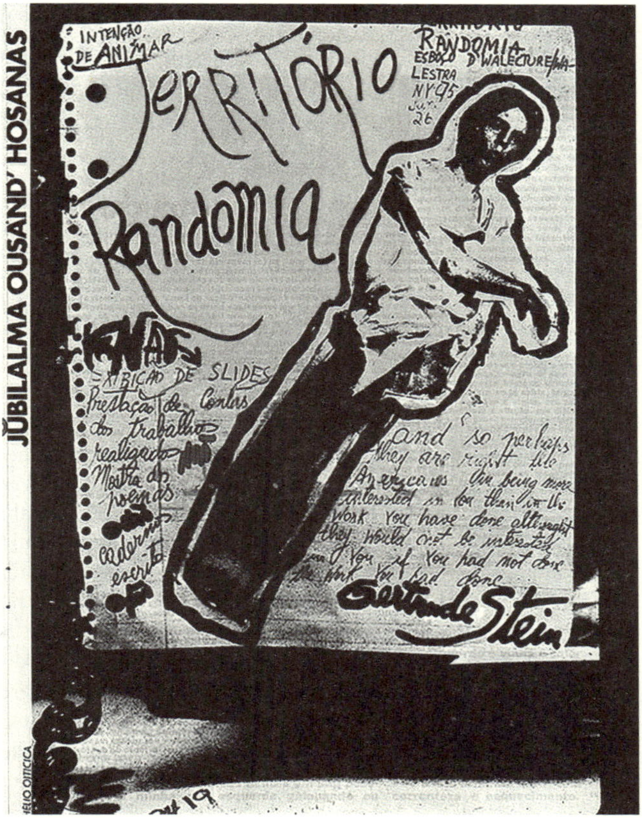

vim, Guilherme Mandaro, Gramiro de Matos, Charles, Ronaldo Santos e músicos como Macalé e Paulinho da Viola, conjugando duas gerações. Outros estrangeiros onipresentes eram os *beatniks*, Foucault, por vezes Adorno, Barthes, Octavio Paz, Marcuse e Walter Benjamin.

Como em outras revistas da época, havia longas entrevistas em tom de conversa, artigos que mesclavam fotos e desenhos, sempre informais, poemas de Capinan, "Babilaques" de Waly "Sailormoon", uma mistura de baianos e cariocas... Da geração marginal, quase todos estão representados.

Poderíamos continuar arrolando mais e mais periódicos de variadas vertentes,[38] mas parece-nos que a conclusão já se configurou: um tom se espraiou e prevaleceu para a grande quantidade de revistas literárias, que se assemelhavam no tocante a assuntos e preferências. Embora seus colaboradores integrassem grupos que professavam escolhas estéticas diversas, afinal as publicações infletiam em certa direção, de modo entusiástico ou polêmico. Uns se vangloriavam de possuir um repertório literário mais refinado, enquanto outros pretendiam ignorância de qualquer tradição. Todavia, estavam todos submetidos a um conjunto de problemas similar. Será que os ventos sopravam na direção do roçar das dife-

[38] Muitas revistas culturais ou somente literárias de pequeno porte se espalham pelo país. De longa duração, há, por exemplo, *Verbo Encantado* (1971), em Salvador, editado por Álvaro Guimarães, um jornal mais abrangente; *Artes:* (1965), em São Paulo, editado por Carlos Von Schmidt, com circulação em papel e depois na internet, divulgando a poesia contracultural da cidade; *Hera* (1972), em Feira de Santana (Bahia), publicada por poetas como Antonio Brasileiro e Roberval Pereyr. Além dessas, vale citar: *Bahia Invenção* (1974), organizada por Antonio Risério, que propunha-se a divulgar a poesia vinculada ao grupo concreto; *Paralelo* (1976), em Porto Alegre, também com perfil de cultura alternativa, mas sem maior espaço para a poesia; *O Saco* (1976-77), jornal cultural de Fortaleza com textos literários de todo o Brasil; *Garatuja*, em Campina Grande (Paraíba), com Francisco Dantas e Braulio Tavares; *Há Margem*, no Rio Grande do Sul; *Intercâmbio* (1977-1980), no Ceará — este é mimeo mesmo no duro!; *Através* (1977), em São Paulo, com poetas e pesquisadores ligados aos concretos, incluindo criação e crítica; *Totem*, em Minas Gerais; *Inéditos* (1977), em Belo Horizonte, com Wander Piroli, Murilo Rubião, Roberto Drummond, Fábio Lucas e outros; *Grande Circular* (1979), em Brasília, com participação de Nicolas Behr, Chico Alvim e outros; *Outras Palavras* (1979), em Curitiba, editada pelo poeta Reinoldo Atem, que ecoava a movimentação cultural das grandes cidades; *Poex* (1980), folheto de Belém do Pará, que ainda se prendia ao plano concreto ortodoxo de fazer "poesia exportação" e "superar o subdesenvolvimento"; *Polo Cultural* (1983), jornalzinho de Curitiba, que se propunha a aumentar a experimentação e ser menos localista (através da figura de Leminski)... Enfim, muitos grupos decidiram que fazer revista era uma forma de resistência, como se, através da divulgação de criações literárias e artísticas novas, a cultura fosse, por si mesma, capaz de mudar o estado das coisas. Para um painel amplo e informativo das revistas de arte e cultura brasileiras, consultar a coletânea de Sérgio Cohn (2011).

rentes bandeiras, cujas cores podiam afinal quase sobrepor-se? Pois, contemplando o conjunto de revistas à distância de algumas décadas, suas diferenças vão gradativamente se atritando e se esfumando, girando todas — com maior ou menor velocidade — no mesmo redemoinho.

Apontamentos: trilhas da arte em transição

> O que há de grande, no homem, é ser ponte, e não meta: o que pode amar-se, no homem, é ser uma transição e um ocaso.
>
> Amo os que não sabem viver senão no ocaso, porque estão a caminho do outro lado.
>
> [...]
>
> Eu vos digo: é preciso ter ainda caos dentro de si, para poder dar à luz uma estrela dançante. Eu vos digo: há ainda caos dentro de vós.
>
> Friedrich Nietzsche, *Assim falou Zaratustra*, 1883[1]

Por volta das décadas de 1960 e 1970, vários artistas e teóricos passaram a asseverar que chegáramos à exaustão do modelo de arte tal como praticado desde o Renascimento. Ainda que o prognóstico do fim da arte não tenha se cumprido, houve um abalo em seus fundamentos. Os artistas se viram provocados a questionar violentamente a própria concepção de obra. Observa-se a radicalização de projetos esboçados nas primeiras décadas do século XX, principalmente nas artes plásticas, as quais se propuseram a ultrapassar os seus suportes tradicionais, como se houvesse uma exasperação da crise outrora suscitada pelas vanguardas históricas.[2]

[1] Tradução de Mário da Silva na edição publicada pela Círculo do Livro, s/d: 31-4.

[2] "Não são os críticos que anunciam, é a própria arte que vive seu fim. [...] A arte, pois, vive sua morte em seu ser arte." Assim encerra Giulio Carlo Argan o seu monumental *Arte moderna* (1992: 593), ao analisar a crise da relação entre sujeito e objeto na sociedade capitalista avançada. As formas de arte que não se preocupam mais com a confecção artesanal de um objeto perfeito, fruto de longa experiência, parecem decadentes para o grande crítico.

Ao relativizar ou mesmo destruir o conceito de obra, desmistificando a realização do produto ao exibir seus bastidores, e ao enxertar na construção simbólica aspectos do real em bruto, as vanguardas já haviam estremecido a ilusão representativa proporcionada pela arte anterior. Uma nova linguagem foi se consolidando ao longo do século XX, a qual incorporou como procedimentos formais esses ataques, de modo que também a montagem, a fragmentação, a colagem, a serialização passaram a (des)integrar a sintaxe artística.

Se as chamadas neovanguardas do pós-guerra remodelaram estratégias das vanguardas, cumpre ressalvar, na esteira de Hal Foster (2014), que esse tipo de reaproveitamento gerador é bastante comum na história da arte, e que afirmar que o concretismo deve muito ao construtivismo e à Bauhaus, ou que os marginais e os tropicalistas retomam em parte o espírito iconoclasta de alguns modernistas (como Oswald de Andrade), não se traduz em verdadeira compreensão desses movimentos, pois se desconsidera o deslocamento de tempo e lugar que introduziu tantas modulações e outros problemas. Foster elabora a noção freudiana de "ação deferida", ou efeito *a posteriori* [*Nachträglichkeit*], para explicar como um evento posterior recorda (ou ativa) traumaticamente um evento anterior, tecendo uma rede complexa de relações que possibilita a consciência aumentada de acontecimentos passados.[3]

Antes dele, em diversos artigos publicados ao longo dos anos 1950 e 1960, Clement Greenberg (2003) condenara a arte pop, a arte conceitual, os *happenings* e as *performances*. Para ele, não haveria mais nada que valesse a pena após o expressionismo abstrato, caracterizado, segundo sua perspectiva, pela "pureza" de uma arte autorreflexiva, que se voltava para a consciência de seus próprios materiais, tendo superado o ilusionismo da representação de temas, e se concentrado na "planaridade" do espaço pictórico. Michael Fried (1967), seu discípulo, condenava a qualidade teatral de certa arte por ele apelidada de literalista, que expunha objetos presentes sem transfiguração, encenando-os de forma a produzir no espectador a sensação de participar de uma experiência que não se distingue da vida. A duração indefinida teria substituído o presente completo das melhores obras modernas.

[3] O autor sugere o conceito de paralaxe para a melhor visualização da

Desse modo, a arte performática dos anos 1960 e 1970 não poderia portar-se como mera repetição de manifestos dadá e surrealistas, pois lê em um contexto muito diferente aquelas "instruções", esclarecendo seu poder de ruptura assim como suas contradições. Segundo o crítico, essas ações deferidas recriam algo do sentido do passado, permitindo inclusive que se perceba que a destruição da arte como instituição não era a única nem sequer a principal tendência das vanguardas.

Assim, condenar as neovanguardas por insistirem em deslocar o intervalo entre arte e vida e considerar seu esforço de testar essas fronteiras uma traição ao projeto da modernidade (por sinal, avaliada como falha ou incompleta por teóricos na linha da Habermas) seria reduzir suas diversas vertentes a um modelo único. E, embora parte da arte contemporânea seja de fato espetáculo para o mercado, a crítica concomitante a tal estado de coisas aprofundou-se consideravelmente nos anos 1960, tornando-se este justamente um de seus principais motivos de reflexão, ao compreender os desafios das vanguardas históricas de modo por vezes ainda mais agônico. A agudização de tendências apontadas pelas primeiras vanguardas, a partir de uma reflexão que se propõe a elaborar propostas apenas anunciadas, é a face mais reconhecível de grande parte dessa movimentação nas fronteiras das linguagens artísticas.

As estratégias de alteração da arte se realizaram em várias esferas: no teatro de arena participativo, que se propôs a ser uma vivência coletiva; nas artes visuais, as quais se dispõem a exibir o processo, muitas vezes utilizando materiais e técnicas nada convencionais (e até pouco duráveis) para suas intervenções; no romance que entremeia invenção, autobiografia e documentos factuais, gerando tensão entre realidade e ficção; na poesia, quando

"figura paradoxal" que as neovanguardas desdobram no tempo. Hal Foster enfrenta a polêmica em torno das neovanguardas (cujo principal oponente seria Peter Bürger, em sua controversa *Teoria da vanguarda*, de 1993) principalmente no primeiro capítulo, "Quem tem medo da neovanguarda?", de seu livro *O retorno do real* (2014), cujos argumentos reproduzo e em parte adapto neste e nos próximos parágrafos.

esta incorpora a frase ouvida na rua, a conversa, o trecho do diário em estado aparentemente imediato ou incompleto, de modo a interpelar o leitor.

Embora a aproximação entre artes plásticas e poesia no período deva guardar alguns limites e ressalvas, também ecoa nesta última algo do que Foster interpreta como o fascínio pelo "real". Tenta, assim, desvendar a fachada falsa, de simulacro, do hiper-real, que se impõe à sociedade através das imagens onipresentes da indústria cultural, encobrindo o desamparo e a morte sob a vitrine das mercadorias.

No Brasil, a partir de meados dos anos 1950, alguns artistas haviam preconizado o desafio de uma arte que se propusesse a interferir na vida. Gullar, por exemplo, desde a "Teoria do não-objeto", publicada pela primeira vez em 1959 (e acompanhada em seguida pelo "Manifesto neoconcreto"), proclamava a destruição dos objetos artísticos convencionais, sugerindo que a pintura rompesse "a moldura para que a obra se verta no mundo", de forma que o artista não mais se contentasse em "erguer um espaço metafórico num cantinho bem protegido do mundo", e sim que cumprisse a determinação "de realizar a obra no espaço real mesmo" (2007: 92 e 94).

Para o Gullar dos anos 1950 e 1960, a arte poderia intervir na prática, criando situações que alterassem a percepção da realidade. Naquele momento, ele propugnava a radicalização da experiência artística, instando-a a misturar-se à vida e afirmando que, se a existência é inconclusa, também a obra deveria fluir, modificar-se...

Reclamava sobretudo uma poesia engajada na carne das coisas, nos barulhos, na experimentação da luta corporal, que rejeitasse a técnica poética exterior, como se a linguagem não existisse antes do poema. O poeta imaginava um tipo de arte que se arriscasse a "ocupar o mundo":

> Quando rompo a moldura, destruo esse espaço estanque, restabelecendo a continuidade entre o espaço geral do mundo e meu fragmento de superfície. O espa-

ço pictórico se evapora, a superfície do que era "quadro" cai ao nível das coisas comuns e tanto faz agora esta superfície como a daquela porta ou daquela parede. Na verdade, liberto o espaço preso no quadro, liberto minha visão e, como se abrisse a garrafa que continha o Gênio da fábula, vejo-o encher o quarto, deslizar pelas superfícies mais contraditórias, fugir pela janela para além dos edifícios e das montanhas e ocupar o mundo. É a redescoberta do espaço. (Gullar, 2007: 83)

Não havia, naquele momento, um viés explicitamente político nas propostas neoconcretas. "Ocupar o mundo" significava ampliar a margem de liberdade da experiência sensível — uma forma de mudar a arte em que não se pensava ainda em problemas relacionados à pobreza e à injustiça.

Posteriormente, os artistas foram marcados pela consciência do estreitamento social. Mesmo os chamados marginais, que, em muitos casos, desconheciam tanto as formulações de Gullar quanto as concepções de arte sensorial de Mário Pedrosa), recusariam o suporte das formas "bibliotecáveis" (segundo a expressão de Silviano Santiago), preferindo as formas semiartesanais e personalizadas de expressão, ao lado dos recitais públicos. Era uma reação política oblíqua. Simultaneamente, as artes plásticas tendiam para as chamadas "manifestações ambientais", que se esgotavam no seu acontecimento, sem transcendência material. A concepção de arte como evento único no presente, circunscrito a seus participantes como episódio pontual, contrariava frontalmente a produção de objetos duráveis.

Em alguns momentos, a especificidade das diversas artes esmaece, com propostas de integração entre elas. O termo *happening*, que não era então difundido no Brasil,[4] traduz bem a con-

[4] As reflexões do artista norte-americano Allan Kaprow popularizaram o termo *happening* ao longo dos anos 1960, definindo-o como combinação de diferentes artes (evitando-se, porém, os modos tradicionais de realizá-las), como um tipo de jogo teatral com elementos espontâneos, cujo contato com a

cepção de "acontecimento" — algo que passa a fazer parte das ocorrências da vida. Exemplos bem reveladores desse período são as *performances* do grupo Nuvem Cigana (as Artimanhas) e as apresentações teatrais de Asdrúbal Trouxe o Trombone. Em ambos os casos, trata-se de criações que envolviam vários tipos de artistas (músicos, escritores, cenógrafos, atores, pintores, fotógrafos etc.) para a realização de um espetáculo que pressupunha interação do público, terminando em festa, carnaval.

Cabe dizer, porém, que a efemeridade dessas manifestações feitas com técnicas e materiais frágeis se distinguem completamente das produções da indústria de entretenimento, seja por proporem uma vivência coletiva em que todos são convidados a interagir presencialmente, seja por requererem um tipo de reflexão e de interpretação mais duradoura, ainda que a própria *performance* tenha se esgotado enquanto ação.

Alberto Tassinari (2001) utiliza a expressão "espaço em obra" para definir esse modo de a arte apresentar-se, que se assemelha mais a um fazer, algo que exibe sinais evidentes de sua construção, ao mesmo tempo que há um "rompimento do contorno" (moldura e pedestal, nas artes plásticas; verso e metro, na poesia). Ao contrário da arte "naturalista" (termo que Tassinari estende a toda representação figurativa a partir do Renascimento), na qual se ocultam os procedimentos de criação, na arte contemporânea a elaboração é exposta.

vida deveria ser o mais indistinto possível, envolvendo os participantes num evento imprevisível em seus desdobramentos. Um grupo de estudiosos argentinos vem estudando a relação entre a arte e a literatura brasileira contemporâneas, pesquisando a inflexão estética que essa época significou. Destaco os nomes de Florencia Garramuño, Gonzalo Aguilar, Luciana di Leone e Mario Cámara. A passagem do visual para o tátil ou sensorial é uma de suas preocupações teóricas, assim como a importância do acontecimento como experiência única. Observa Florencia Garramuño, na esteira de diversos críticos, que uma "grande quantidade de textos e práticas artísticas que começam a surgir a partir da década de 70" tendem a relativizar "uma noção de obra como constructo autônomo e impermeável a um exterior ou 'fora' da obra" (2007: 11).

De certa maneira, vários textos de Ana Cristina Cesar, Waly Salomão, Torquato Neto, Cacaso e Francisco Alvim oferecem esse jogo entre exposição do processo e momentos de acabamento, como se houvesse por vezes um desnudar do trabalho de composição e uma exposição crua de seus andaimes: são poemas-conversa, entre artefato artístico e fala cotidiana. Em alguns momentos, o ataque à escrita poética dá-se tanto pelo flanco do conteúdo quanto do material compositivo: "um tipo de literatura violentamente antitradicional, que parece feita com sucata de cultura", conforme nota Antonio Candido ao retratar a produção jovem da época, referindo-se especificamente a Waly Salomão (1979: 25). Em Ana Cristina, a inserção de trechos de conversa em meio a jogos de palavras, imagens, reflexões, gera um indecidível cruzamento de carta, diário, conversa transcrita e texto poético. Já Alvim é "o poeta que escuta", como denominou Cacaso em um epíteto que também valeria para si mesmo e para alguns de seus companheiros de geração, cujos versos ecoam a proposta de um "poemão" escrito por várias mãos. Talvez essas estratégias fossem formas semiconscientes de manter avivada a impressão de uma voz, quando parecia, para aqueles poetas, que ia se tornando obsoleta a tradição sonora e imagética que proporcionava "significância" à linguagem poética. A "presença" do poeta recitando completaria os versos, coletivamente, ou viria interiorizada em poemas que interpelam o leitor e exigem diálogo e contexto para perfazerem seu sentido.

Alguns desses poemas apenas lançam indícios de sentido, sem realizar jamais uma completude passível de leitura interpretativa coesa. As relações entre as partes são abruptas e se entrechocam, como acontece tantas vezes na superposição das falas que nos rodeiam.

Essa tendência à negação da obra autônoma que se manifesta no âmbito da poesia chamada marginal introduz um ciclo antiformalista e aderente à prática vital. Encaminha-se também uma transformação parcial no construtivismo concretista predominante desde meados dos anos 1950.

Até mesmo uma parte da produção de Ferreira Gullar seria paradigmática da crise extrema que os anos 1970 representam, em rebelião contra a sociedade de consumo e a repressão política. Ele desejava, desde *A luta corporal* e os experimentos neoconcretos, superar uma linguagem confinada, entrando em consonância com as artes plásticas.[5] Seu *Poema sujo*, um dos mais poderosos textos da década, sintetiza justamente os embates entre construção e imersão na existência, aproximando-se da lama, dos cheiros, do nascimento e da podridão das coisas. Embora estivesse no exílio e fosse de uma geração bem anterior à dos poetas marginais, há uma secreta confluência de espírito entre Gullar e eles neste acercar-se visceralmente do corpo dos seres e da linguagem, recomeçando a poesia, como intentava, canhestramente, a incipiente produção dos anos 1970. No entanto, apesar de os textos críticos anteriores do poeta afirmarem esse impulso de transpor a barreira simbolizante da arte para materializar-se no mundo, ele não teria aceitado tal proximidade, pois nunca abandonou o eixo movediço entre a fatura autônoma da linguagem poética e o coloquial do estilo prosaico. De um lado, o retesamento entre expressividade e construção, de outro, a temática social; e ambas essas vertentes casadas em tensão.

Grande parte da poesia dos anos 1970 caminha na corda bamba entre a fala espontânea do dia a dia e alguma formalização, o que resulta na sensação de inacabamento e dúvida sobre a mediação do trabalho estético: "A obra se expõe emergindo do cotidiano sem nunca dele desgarrar-se" (Tassinari, 2001: 93).

O espaço do mundo e sua matéria prosaica, quando solicitados pela obra, passam a fazer parte dela, ao mesmo tempo que continuam a ser vida comum, sugerindo certa ambivalência. É o que reconhecemos nos poemas de Francisco Alvim, quando frases

[5] Ferreira Gullar, um dos mentores intelectuais dessas mudanças, grande amigo de Mário Pedrosa, considerava, naquele momento, que "os três radicais do movimento, passadas suas experiências, haviam deixado praticamente de ser artistas: Hélio Oiticica escolhendo a marginalidade, Lygia Clark a terapia e ele a sua África: a política cultural de esquerda" (em Wilson Coutinho, 1998: 112). Após o momento neoconcreto, ele foi recuando de suas posições neovanguardistas e se aproximando de uma leitura bastante similar às objeções críticas de Greenberg.

por ele capturadas na rua, na família e no trabalho se convertem em versos. Ao entremeá-las com poemas líricos, em que imagens da natureza desempenham por vezes função metafórica, ele obriga o leitor ao movimento de entrar e sair do registro literal, provocando a estranheza do *ready-made*, que explora essa zona mista, perturbando o estatuto da obra.[6]

Mas, quando o objeto artístico é indiscernível das coisas (ou falas) tal como ocorrem no dia a dia, reduzindo-se à reprodução meramente imitativa, pode recair na trivialidade simplista. Tanto a arte dita engajada quanto a experimental, de vanguarda — todas as tendências —, se sofreram o temor de se cristalizar em artefato meramente decorativo, experimentaram, igualmente, a "angústia da banalização" (conforme Ana Cristina Cesar descreve o medo de perder completamente o território da linguagem poética ao abrir mão de formas reconhecidas como propriamente artísticas). Já quando o movimento entre arte e vida consegue ser reflexivo, isto é, quando a apropriação artística do objeto ou fala do mundo comum ocorre com uma atitude de ironia, recusa ou indagação, a utilização de materiais cotidianos obriga a arte a deslocar-se de seu lugar aurático, propondo-se como um objeto fronteiriço.

Diferentemente da obra autônoma, que convida o espectador a entregar-se inteiramente à contemplação, emergindo da vida para aceder à arte, aqui ele "não abandona inteiramente o mundo em comum mesmo quando solicitado para o mundo da obra" (Tassinari, 2001: 95). Há um vaivém constante, em que a visão e o pensamento não são transportados totalmente. O espectador nunca é totalmente abduzido, uma vez que no processo de feitura o espaço em comum com o mundo permanece exposto. O fato de a

[6] A literalidade nas diversas artes e sua tendência ao prosaico começa a vibrar com intensidade naquele momento, esboçando o que atualmente se define, nas "escrituras do presente", como "êxodo" em direção à "pós-autonomia", pois hoje, por vezes, não se percebe mais o atrito entre ser e não ser literatura, uma vez que inexiste aquele enfrentamento contra a instituição característico dos anos 1960 e 1970 — resumindo a influente reflexão de Josefina Ludmer (2014) sobre tendências atuais.

obra não ser um conjunto unívoco também provoca essa reação mais distanciada. A incompletude torna-se característica, seja porque se espera que o leitor preencha as elipses por meio de sua interpretação, seja porque as partes podem entrar em conflito, sem resolver-se em configuração coesa. Por vezes, torna-se difícil decodificar as relações pouco orgânicas, pois as associações não são necessariamente contíguas.[7]

Além do debate recorrente desde o modernismo sobre "isto é arte?" ou "se isto é arte, o que é arte?" (extensivo a "isto é mesmo poesia?" ou "qual o limite entre expressões prosaicas do cotidiano e objeto artístico"), sucede a controvérsia correlata, acentuada: "será que a arte, tal como a conhecíamos, acabou? (E continua a existir apenas como pastiche ou variação de procedimentos esvaziados de matéria histórica e existencial consistente?)".[8]

[7] Na dramaturgia brasileira, tal transformação afirma-se claramente: enquanto no teatro tradicional a ideia é que sejamos arrebatados para dentro do ambiente da peça, vivendo vicariamente o drama das personagens, tanto a partir das colocações de Augusto Boal nos anos 1960, no teatro em parte brechtiano ("épico"), quanto no teatro com influências de Artaud (e outros), tal como praticado pelo Oficina de José Celso Martinez Corrêa a partir de *O rei da vela* (1967), a montagem fica exposta: o ator entra e sai de seu papel, e o lugar do espectador é posto em xeque. Assim, embora os objetivos destas duas concepções teatrais divirjam, em ambas não vivemos uma experiência de transporte completa: somos devolvidos à realidade de forma intermitente e chamados a interagir com a obra, que não se perfaz sem esse movimento duplo. Os atores encarnam diferentes personagens, intercambiando seus papéis ao longo da peça, e assim contribuindo para o efeito de coletivização interpretativa.

[8] Lorenzo Mammì conclui: "A 'morte da arte' hegeliana é um elemento constitutivo da arte moderna, como sacrifício ritual pelo qual a arte renuncia continuamente a sua tradição e a sua autonomia, para restabelecê-la num plano sempre diferente". Por meio de "crises e epifanias", a arte se volta contra sua pretensão de "estabelecer um campo estético privilegiado", passando a destacar não tanto "a forma dos objetos, mas o processo de produção e organização que eles indicam" (2012: 23-4). Com outros desdobramentos e inflexões críticas, Arthur Danto (*Após o fim da arte*, 2006) e Hans Belting (*O fim da história da arte*, 2012) haviam chegado a conclusão semelhante. Em que pesem as diferenças de orientação teórica entre eles, há afinidade na conclusão de que a

Debord, guru do período, pretendia mesmo que a arte chegasse ao fim. Segundo sua reflexão, se a cultura busca a unidade, e atualmente ela se encontra compartimentada, o melhor seria tentar reunir as esferas da vida, ainda que ao custo da destruição da arte autônoma. Para ele, a arte iria definhar em seu isolamento: para evitá-lo, precisaria reintegrar-se à vida, depois de ser por ela transformada. Ou, ao menos, necessitaria ser utilizada como instrumento crítico, se não quisesse continuar sua "manutenção organizada como objeto morto, na contemplação espetacular" (1994: 121). Nesse caso, a reprodução da sociedade do espetáculo permaneceria inalterada. Os situacionistas imaginavam superar a arte como domínio independente, algo que os dadaístas (empenhados em suprimi-la) e os surrealistas (ao querer realizá-la na vida cotidiana) haviam tentado. Declara o teórico:

> A arte em sua época de dissolução, como movimento negativo que prossegue a superação da arte em uma sociedade histórica na qual a história ainda não foi vivida, é ao mesmo tempo uma arte da mudança e a pura expressão da mudança impossível. Quanto mais grandiosa for sua exigência, tanto mais sua verdadeira realização está além dela. Essa arte é forçosamente de *vanguarda*, e *não existe*. Sua vanguarda é seu desaparecimento. (1994: 124)

Por motivo bem diverso, também para Octavio Paz aquele período representa o momento final da arte, uma vez que se chegara definitivamente a uma "atitude negadora da obra" (1978: 63), que rechaçava tanto a referência à tradição quanto a um futuro utópico. Transpondo as ideias do poeta e crítico mexicano para o contexto brasileiro, Heloisa Buarque de Hollanda (1980: 111-2) constata que uma parte considerável da geração que então

arte contemporânea requer novos parâmetros e métodos interpretativos para ser compreendida. Para uma visão abrangente dessas questões, ver Pedro Süssekind (2017).

emergia não era engajada em projetos de transformação para o futuro distante, fosse no sentido marxista do termo (de sacrifício da vida pessoal pela revolução), fosse no sentido capitalista (de economia e disciplina burguesas) ou religioso (de crença em valores eternos que fundamentassem a existência). Tal geração concentrava-se na vivência intensificada e transformadora no presente. Paz preferia chamá-la de "rebelde", em vez de "revolucionária". Cito: "a rebelião da juventude é de natureza corporal e erótica, exatamente porque exalta o presente, o aqui e agora", assim como o grupo dissidente e a prática subversiva no cotidiano, mudando o paradigma do futuro para o imediato (em Pereira, 1981: 92).[9] Em lugar do partido político, optam pelo protesto das minorias e, no lugar da militância tradicional, preferem a ação cultural, artística e festiva. Esse "ocaso do futuro" vem acompanhado da valorização do desejo e da imaginação, os quais substituem o trabalho de criação de formas cristalizadas pelo momentâneo das sensações. O *happening* parece a alternativa perfeita para esses artistas, pois só ocorre uma vez, num único instante, como um ritual que não transcende seu tempo e espaço, em sua "imobilidade frenética" (Paz, 1978: 170). Os protagonistas dos atos de rebeldia já não eram apenas os mais despossuídos e explorados, mas jovens, em grande parte universitários, que se desinteressavam completamente dos modos usuais de integração social.[10]

[9] A fala faz parte de uma entrevista concedida para a revista *Anima* nº 2, de abril de 1977, e o tema também foi abordado por Heloisa Buarque de Hollanda (1980). Ver também, especialmente, os vários ensaios do próprio Octavio Paz na terceira parte de *Corriente alterna* (1978) e "O ponto de convergência", em *Os filhos do barro* (1974).

[10] Sobre esse tema, é muito esclarecedora a pesquisa de Gilberto Velho (1998) levada a cabo de 1972 a 1975 entre jovens de classe média de inclinações intelectuais e artísticas na Zona Sul carioca. Neles, reconhecia "alterações substanciais" no comportamento no que tange à participação política, observando um progressivo desinteresse a partir de 1968, devido à "desilusão e desencanto", concomitante a uma concentração maior em questões de ordem pessoal e a uma rebeldia relativa às atitudes comportamentais na vida privada e grupal. Ver especialmente o capítulo "Formação cultural e visão da política".

Tais questionamentos se avolumam a partir da década de 1960, ao lado da objeção a determinadas tendências da arte, consideradas elitistas e algo assépticas em seu formalismo, enquanto se demandava um tipo de arte "útil", de cunho imediatamente político e existencial, que fosse sinal dos tempos e não se mantivesse simplesmente como expressão de um sujeito encapsulado. Propunha Paulo Leminski em carta a Régis Bonvicino, de forma bastante afinada com a época:

às vezes penso que as melhores inteligências como as nossas são
você riso caetano gil alice waly duda pedrinho sebastião
etc etc etc [...]
não deviam se ocupar de arte/literatura/ SIGNO
deviam partir para a militância
aplicar-se numa militância

A REVOLUÇÃO É SEMPRE NO PLANO PRAGMÁTICO DA MENSAGEM

o que interessa, o que a gente quer, no fundo, é MUDAR A VIDA
alterar as relações de propriedade a distribuição das riquezas
os equilíbrios de poder entre classe e classe nação e nação

este é o grande Poema: nossos poemas são índices dele
meramente

(em Bonvicino, 1999: 48)

Em sua correspondência, o poeta curitibano imaginava um novo desdobramento para as gerações de poetas mais jovens afiliados à estética do concretismo: que incorporassem a subjetividade e a história, sem abandonar o "rigor" experimental. Se, de um lado, a poesia concreta, ao produzir uma arte serial, urbana, acreditava-se mais afinada com a realidade contemporânea, de outro, os poetas vinculados ao CPC[11] se enxergavam como devotados à

[11] Os Centros Populares de Cultura, organizados pela União Nacional

causa conscientizadora, confiando que falavam a linguagem do povo. E, por fim, por que não? Também os marginais supunham algo semelhante a respeito do próprio trabalho: imaginavam estar se aproximando do cotidiano comum. Assim, todos se dispunham a combater as velharias sublimadoras, ilusórias, e ir ao encontro do mundo da vida para desafiá-lo, realizando algo que, arte ou não, incluísse também componentes de campos contíguos — o político, o relacional, o psíquico. A gana de destruir a arte como instituição, ou transformá-la radicalmente, está presente em muitas vertentes. Enquanto os artistas plásticos se afastavam do museu e das galerias para criar uma arte de "campo estendido" ou uma interação performática com o público, agora batizado de "participador", o poeta também compunha um livro coletivo, produzido para tomar parte na conversa do dia a dia.

Pode ser que hoje parte das inquietações daquela época pareça exagerada e ingênua. Como avaliou Marcos Napolitano, historiador do período, referindo-se aos anseios utópicos militantes de tantos artistas brasileiros dos anos 1960,

> Os projetos políticos e culturais derrotados sempre perdem sua cor, como uma fotografia velha e melancólica de um futuro pretérito que não aconteceu. Mas quando olhamos para aquele período, sem utilizar da grande vantagem dos historiadores em relação aos protagonistas, ou seja, o fato de já sabermos o que ocorreu depois, a fotografia do passado pode ser restaurada. (2014: 19)

dos Estudantes, congregavam artistas de várias áreas durante os anos 1960 com a intenção de criar e divulgar uma arte dita engajada, de intenção claramente política, cujo objetivo era o de conscientizar o público das injustiças políticas e sociais. Ver a respeito o "Anteprojeto do manifesto do CPC", de Carlos Estevam Martins, republicado em *Arte em Revista*, São Paulo, Kairós, ano 1, nº 1, jan.-mar. 1979. Suas melhores realizações deram-se na seara das artes coletivas e do espetáculo, notadamente o teatro de Boal e Vianinha, o cinema de *Cinco vezes favela*, e a era de ouro da MPB.

Mas, afinal, por que o chamado "cotidiano", ou "mundo da vida", se tornou subitamente tema de reflexão, seja na França dos situacionistas, seja na arte internacional? Será que o fechamento político brasileiro teria contribuído ainda mais para essa sensação de afastamento entre as diversas esferas da vida que precisavam mais do que nunca ser religadas?

Hélio Oiticica e outros artistas que produziam naquele momento sentem necessidade de estar à altura dessas indagações, propondo uma arte menos contemplativa e mais parecida com um acontecimento interativo. Embasando-se na teoria do não-objeto de Gullar, Oiticica inventava outros nomes, como "transobjeto" ou mesmo "probjeto" (termo pensado pelo tropicalista baiano Rogério Duarte para a exposição coletiva *Apocalipopótese*, de 1968).[12] A criação contínua como "exercício experimental da liberdade" animava-o a conjugar a realização da obra com a vivência dos indivíduos a quem se apresentariam "proposições abertas, não condicionadas":

> Parangolé é a antiarte por excelência; inclusive pretendo estender o sentido de "apropriação" às coisas do mundo com que deparo nas ruas, terrenos baldios, campos, o mundo ambiente, enfim — coisas que não seriam transportáveis, mas para as quais eu chamaria o público à participação — seria isto um golpe fatal ao conceito de museu, galeria de arte, etc., e ao próprio conceito de "exposição" — ou nós o modificamos ou continuamos na mesma. Museu é o mundo; é a experiência cotidiana [...] (1986: 78-9).

[12] Para uma visão circunstanciada das concepções de Gullar e Oiticica sobre arte, em suas semelhanças e diferenças, leia-se o estudo de Carlos Zilio, "Da Antropofagia à Tropicália", em Zilio e Lafetá, *O nacional e o popular na cultura brasileira*, 1982. Para conhecer as discussões mais atuais sobre a produção de Oiticica, recomenda-se a leitura do dossiê Hélio Oiticica feito pela revista *Ars* (São Paulo, v. 15, nº 30, 2017), do qual participam excelentes pesquisadores de sua obra artística e teórica.

Desde os penetráveis e parangolés, a partir de meados dos anos 1960, Oiticica contestava a concepção de uma obra fixada como objeto artístico.[13] Influenciado também pela arquitetura precária e instável das favelas, procurava soluções coletivas para sua produção, cada vez mais "à espera de um sol interno" que iluminasse a experiência pessoal de cada "participador", negando-se a expor em galerias ou museus que desvirtuassem a relação experimental entre artista, obra e público. Assim como alguns poetas da época, ansiava por uma eletrização do momento, colocando em causa a arte como forma estética pronta: "Hélio raramente se referia à sua produção como 'coisas'. Ele usava termos como 'propostas de comportamento', 'situações a serem vividas', 'prelúdios a um estádio coletivo de invenção'" em que o espaço fosse sobretudo um "mind-settlement", um convite ao devaneio, ao "lazer-fazer não interessado" (Brett, 2005: 80).

Nos anos 1970, Oiticica propunha uma arte "suprassensorial", na qual os estímulos externos fossem mínimos e a percepção do evento estivesse centrada no sujeito: "Não é o objeto que é importante, mas a forma como ele é vivido pelo espectador", argumentava (em Brett, 2005: 48).[14] Derivando de forma radical do seu construtivismo de origem, Oiticica preconizava então uma arte na qual "a preocupação estrutural se dissolve no 'desinteresse das estruturas', que se tornam receptáculos abertos às significações" (*Vozes*, nº 6, 1970: 469), pois o artista é "ser social", e a arte, "ato total da vida", que requer tomada de posição integral de todos os participantes (conforme lemos em trecho de seu diário transcrito por Michael Asbury em Braga, 2011: 44).

[13] A lembrar, aliás, que quando o artista tentou introduzir os passistas da Mangueira vestidos com seus parangolés no museu, em 1965, foram todos sumariamente expulsos. Terá sido por conta do preconceito contra o pobre, que invadia um espaço de elite, ou pela afronta à concepção de arte apenas contemplativa?

[14] Nos textos críticos pioneiros de Guy Brett encontramos estas e muitas outras informações sobre a obra do artista.

Ao que parece, o que começou dicotômico em termos de posições opostas no começo dos anos 1960 acaba por sofrer demandas semelhantes. Se o "formalismo" concreto inclui em seu paideuma a criação advinda do acaso de John Cage, o mesmo se dá com a prosa delirante e prolixa de Leminski em *Catatau* e com a transgressão dos *beatniks* e da poética do provisório de Hélio Oiticica. Os "antiformalistas" aderem, muitas vezes, à concisão e à visualidade dos concretos, mesmo quando não o admitem.[15] As diferenças e as distâncias existem, é certo, mas também certos cruzamentos, possivelmente pouco conscientes.

Mesmo um poeta como Armando Freitas Filho, cuja primeira afinidade foi com a Instauração Práxis e que se aproximou apenas afetivamente dos marginais, sem seguir pelo caminho da desliteratização, mostrava-se convicto da necessidade de ir além da obra, como se percebe na tensão e torção de seus livros nos anos 1970, e explicitamente nesse excerto de seu ensaio sobre a poesia do período (1979: 122):

> E entendo, também, finalmente, [...] que graças a Deus e ao diabo, nesse tempo de abertura que pode arrebentar e prender, o outrora sagrado, estético, secreto coração da literatura já não existe mais — ele está
>
> "... bordado,
> em pleno voo,
> na camisa do peito."

[15] No começo dos anos 1970, estava acesa a crítica ao que a nova geração identificava como vanguardas assépticas e formalistas (Cacaso e Heloisa Buarque de Hollanda, "Nosso verso de pé quebrado", *Argumento*, nº 3, 1974). Na mesma linha, Ana Cristina vai se opor ao que considera formalismo cabralino ("Poesia hoje: debate", *José*, nº 6, ago. 1976). Por outro lado, concretos e simpatizantes (Augusto de Campos, Risério, Leminski, Ascher) também criticam o imediatismo da poesia marginal. No entanto, como vimos em capítulo anterior ("Revistas revistas"), na própria *José*, números depois, já os marginais, antes discriminados, publicavam seus poemas, recebendo não só espaço, mas também elogios.

Também não se pode minimizar a afinidade entre as indagações enfrentadas pelas artes plásticas e pela poesia, seja na elaboração da obra em grupo, de modo artesanal e perecível, seja na ida às ruas, seja na desconfiança em relação à arte autônoma e à mercantilização da cultura. Os livros de Chacal, Charles, Nicolas Behr, entre outros, são amostras bem representativas: pequenos e coloridos, muito ilustrados, feitos com a ajuda de amigos, referem-se a experiências repartidas pelo grupo geracional, com ecos em surdina à situação do país.

Assim, no texto manifesto "Mamãe Belas-Artes", publicado no tabloide alternativo e coletivo *Beijo* nº 2 e assinado pelo crítico e poeta Ronaldo Brito e pelo artista plástico José Resende, ambos rechaçam, de forma peremptória, típica da época, o que chamam de monumentalização da arte e seu *status* de objeto com valor de troca, afirmando que "O meio de arte brasileiro resiste à produção contemporânea e à sua mais grave exigência: a liquidação definitiva do sistema das Belas-Artes" (1977: 13). Enfatizando a crise que começou em Cézanne e se radicalizou nas vanguardas, atribuem-lhe como causa o "questionamento do lugar social da arte". Haveria algo de inadequado e mesmo "ridículo" na relação entre os objetos produzidos e os espaços oficiais onde são expostos. O termo "vazio cultural", segundo os dois, refletiria esse repúdio em perceber o que estava sendo feito de fato, preferindo-se pensar que nada acontecia, uma vez que a produção contemporânea não correspondia ao parâmetro esperado.

A despeito da pertinência dessas proposições, vale lembrar que intenções inovadoras não mascaram o fato de que muitas vezes a composição artística de palavras e objetos, insuficientemente mediada pelo trabalho formal e pela reflexão crítica e criadora, resulta em obra pouco instigante. A precariedade não é, evidentemente, uma característica a ser considerada, em si mesma, qualidade. Por vezes, as instalações pecam pelo efeito fungível não apenas dos materiais, mas principalmente dos seus significados, esgotando-se como sentido de antemão estabelecido. Repetindo o que antes fora gesto de desafio, promovem, paradoxalmente, ora o esteticismo, ora o didatismo estéreis que supõem combater.

Nisso consiste o pomo da discórdia entre os que atacam as neovanguardas como paródia fracassada (e até mesmo cínica) das vanguardas históricas (representados exemplarmente por Peter Bürger em seu polêmico e incontornável *Teoria da vanguarda*) e os que as justificam (mesmo parcialmente, como é o caso de Hal Foster em *O retorno do real*). Esta última perspectiva valoriza a tensão entre, de um lado, o resgate contemporâneo do repto contra a "instituição arte" (característico de alguns movimentos vanguardistas, como o dadaísmo), ampliado e adaptado, e, de outro, a criação de objetos indiciais-alegóricos que se realizariam na lacuna móvel entre arte e vida — sem dessublimação total nem fechamento na autonomia completa da obra.

Observamos em diferentes poetas a obsessão em apreender o instante presente e intensificá-lo em duração, como se o tempo pudesse adquirir densidade através da experiência artística. Talvez ele parecesse então fugidio, a vida efêmera e insignificante. Então se tornara premente que a arte interferisse, como gesto, *performance* ou *happening*, ato, poema visual, concreto, participação, conversa — modos todos de encarnar-se, obrigando a atenção dispersa e fugaz a concentrar-se em formas ou vivências que modificariam a percepção automatizada.

Ao tratar das antinomias da arte contemporânea, Bürger acolhe afinal o desafio paradoxal da antiarte em seu movimento irresolúvel:

> Se a exigência formulada pelos movimentos de vanguarda, no sentido em que se abolisse a separação entre arte e vida, embora tenha fracassado, continua, tal como antes, a definir a situação da arte de hoje em dia, temos um paradoxo no sentido mais estrito da palavra: se a exigência vanguardista de abolir essa separação for factível, isso será o fim da arte. Caso se abandone essa exigência, ou seja, se a separação entre arte e vida for aceita como uma questão de fato, também será o fim da arte. (1988: 95)

No caso brasileiro, o fechamento político e social possivelmente aguçou ainda mais a tendência a colocar em risco a configuração da obra perene, sugerindo-se um ponto de coincidência entre linguagem (roupa) e sujeito (peito, corpo),[16] como se a poesia pudesse pulsar no ritmo da respiração, movendo-se na velocidade do ar da vida. Anseio impossível, mas assim mesmo convictamente expresso.

De todo modo, ocorreu uma alteração importante nas formas de organização e expressão cultural. O repúdio ao centralismo e ao estatismo gerou outra consciência política e estética, que começou a tomar forma nos anos 1960 e 1970, quando o vigor da discussão se apoiava no desejo de "mudar a forma de mudar".

A partir dessas constatações, destaco três traços comuns a diversos poetas daqueles anos, reiterando aspectos já analisados quando da leitura de cada um deles.

Em primeiro lugar, a sensação de urgência e aceleração do tempo, manifesta pelo ritmo aflito, ansioso, que se reconhece em poetas tão heterogêneos quanto Ferreira Gullar, Armando Freitas Filho, Torquato Neto e Ana Cristina Cesar. Como agarrar o instante e exprimi-lo com intensidade?

Em segundo lugar, a suspeita de que a palavra é falha e não consegue nomear o mundo plenamente. Há uma ruptura entre o anseio de alcançar o cerne do real (e de transformá-lo) e o reconhecimento da impotência da linguagem para tanto. Disso resulta o conflito que leva o artista a rebelar-se contra a própria arte, insuficiente e até traidora. Ana C. com sua *gatografia*, Freitas Filho com sua obsessão de perseguidor, Gullar com sua impossibilidade de "traduzir-se", cada qual a seu modo muito particular, compartilham a angústia comum, seja por meio da forma, seja quando tematizada no próprio conteúdo.

Em terceiro lugar, a necessidade de convocar o leitor para a participação, ou cumplicidade, para interagir com o poema. O

[16] Aludindo aos versos citados por Armando Freitas Filho algumas páginas atrás, que são parte do poema "Diagonal" (*À mão livre*, 1979).

procedimento da montagem, desvelando os alicerces e bastidores do texto literário, predispõe o leitor a completar o sentido do que é dito. Nos diálogos em surdina de Francisco Alvim, nos fragmentos de cartas e pseudodiários de Ana Cristina, em certos textos da última fase de Torquato, em alguns poemas de Augusto de Campos, pode-se observar — de formas completamente divergentes entre si — este convite contínuo ao interlocutor. O encontro entre o autor e o seu leitor, "singular e anônimo", que vai se constituindo ao longo da leitura da obra, parece corresponder ao desejo maior da voz poética, que trama uma relação especial com o possível destinatário. Ela espera ansiosa respostas à sua convocação particular, desejando que o leitor possa falar amorosamente com o autor, como neste apelo fático de Ana Cristina Cesar:

> surpreenda-me amigo oculto
> diga-me que a literatura
> diga-me que teu olhar
> tão terno
> diga-me que neste burburinho
> me desejas mais que outro
> diga-me uma palavra única.
>
> (*Inéditos e dispersos*, 1985)

Essa inversão de papéis faz parte da nova onda de coloquialidade assumida por esses poetas, em seu movimento para ouvir e se aproximar até intimamente de seu leitor, pelo jeito também solitário e único, passante em meio ao "burburinho".

Contudo, se tais características são compartilhadas por vários poetas, associamo-nos à advertência de Schlegel em relação aos estudos literários, que, já em sua época, se ressentiam de uma tendência à generalização niveladora (sobretudo a mais pessimista): "As duas principais proposições da chamada crítica histórica são o postulado da trivialidade e o axioma do hábito. Postulado da trivialidade: tudo o que é verdadeiramente grande, bom e belo é inverossímil, pois é extraordinário e, no mínimo, suspeito" (1991: 23).

Outro ressaibo que pesa contra a poesia que se seguiu aos grandes nomes modernos é o sentimento de posteridade, que parece ensombrecer a arte da época. Mas podemos continuar nosso trajeto tomando como emblema a reflexão do poeta português Manuel António Pina, o qual deu a um livro seu da década de 1970 o seguinte título, muito a propósito: *Ainda não é o fim nem o princípio do mundo calma é apenas um pouco tarde...*

Pressentimos que uma das mais fortes razões da ressonância da poesia reside em sua "vida submarina": se, inspirados em Marcel Broodthaers, contrastávamos a água-viva (ou medusa), que parece se dissolver no meio marítimo, ao mexilhão (ou marisco), que resiste ao entorno devido à casca dura, podemos agora pensar na direção oposta: a água-viva, quase transparente, mimetiza o ambiente a ponto de assemelhar-se inteiramente a ele, e no entanto causa choque e queimadura em quem nela toca inadvertidamente; enquanto o marisco, pelo contrário, contém um animal mole e comestível no seu interior, como se a oposição ao externo, que permite a sua durabilidade, no fundo envolvesse uma consonância secreta. Trazendo a comparação para a arte, quando o poema tende, em sua linguagem, ao fluido da permeabilidade com a vida, nem por isso deixa de causar-nos, por vezes, a surpresa da faísca metafórica e do estranhamento súbito. Por outro lado, o poema de feitio formalista pode revelar uma natureza dúctil sob sua capa defensiva.

Embora as formas da arte venham variando ao longo dos tempos e contextos, se algo da modernidade estendida perdura, continuamos a vaticinar para o artista o repto de Rimbaud: "Se arrebentar-se em seu mergulho nas coisas inauditas e multiformes, não importa, outros horríveis trabalhadores virão e partirão dos limites nos quais o outro sucumbiu!" (1992: 107).

Armando Freitas Filho retoma a imagem do "mergulho nas coisas inauditas" quando se refere à tentativa dificultosa de entender o livro de uma poeta mais jovem, em *Dever* (2013): "Tormento lê-lo assim/ sacudido, na superfície,/ sem ir até o fundo/ por não saber nadar/ na sua água desobediente" ("Cuidado"), pois, conforme conclui (em "Primeira impressão"): "O poema novo é dos insurgentes. [...] Só vai ser poesia, depois./ Quando muitos o terão lido/ relido e estabelecido".

Sobre os textos

A primeira versão deste livro corresponde à minha tese de livre-docência defendida junto ao Departamento de Teoria Literária e Literatura Comparada da Faculdade de Filosofia, Letras e Ciências Humanas da Universidade de São Paulo em outubro de 2011. Para a presente edição, todo o conjunto sofreu muitas alterações, correções, supressões e acréscimos. Versões preliminares dos capítulos vieram a lume nas seguintes publicações:

"O fixo e o fluxo: notas sobre tempo e forma em Augusto de Campos e Ferreira Gullar"

A parte sobre Augusto de Campos foi publicada em: Celia Pedrosa, Ida Alves e Nuno Júdice (orgs.), *Crítica de poesia: tendências e questões. Brasil-Portugal*, Rio de Janeiro, 7 Letras, 2014. A parte sobre Gullar foi publicada como "Ferreira Gullar: o fogo procura sua forma" na *Revista do Instituto de Estudos Avançados*, nº 89, 2017.

"Armando Freitas Filho: 'objeto urgente'"

Esse texto advém, originalmente, de outros dois: "Já não é a alma que fala", resenha sobre *Fio terra* publicada no Jornal de Resenhas da *Folha de S. Paulo* em fevereiro de 2001, e "Armando Freitas Filho: a trajetória da raio", publicado na revista *Rodapé*, nº 2, em 2002. Depois de acréscimos e cortes, foi publicado como apresentação ao volume que reuniu toda a obra do poeta, mas, evidentemente, sem contemplar as publicações posteriores à publicação, em 2003. Trata-se do livro de Armando Freitas Filho, *Máquina de escrever: poesia reunida e revista*, Rio de Janeiro, Nova Fronteira, 2003.

"Ana Cristina Cesar: 'Não, a poesia não pode esperar'"

Esse texto derivou de algumas análises de poemas de Ana Cristina Cesar que integram artigos mais antigos, retiradas de seu contexto anterior para que aqui interagissem com outras reflexões. É o caso da análise do poema "Le ballet de l'opéra a Rio" (em "Tal ser, tal forma", *Poesia sempre*, nº 19, 2004) e da seleção dos comentários sobre os poemas gatográficos ("Orfeu e o gato: Jorge de Lima e Ana Cristina Cesar, uma trajetória de releitura poética", *Remate de Males*, nº 20, 2000; "O risco do gato", em Flora Süssekind, Tânia Dias e Carlito Azevedo (orgs.), *Vozes femininas*, Rio de Janeiro, 7 Letras, 2003). Foi publicado, em parte, no livro organizado por Vera Bastazin, *Travessias poéticas: poesia contemporânea*, São Paulo, Capes/Educ, 2011. Embora eu o tenha reformulado, mantive o mesmo título, pois esse texto é um desenvolvimento daquele. Sua forma atual deve-se à interlocução com o grupo de estudos Laboratório de Poéticas Contemporâneas (durante o nosso colóquio "Ana Cristina Cesar: peça bliss", ocorrido em 4 de maio de 2012), a quem agradeço fortemente. O resultado desse evento foi publicado em Alvaro Faleiros, Roberto Zular e Viviana Bosi (orgs.), *Sereia de papel: visões de Ana Cristina Cesar*, Rio de Janeiro, Eduerj, 2015.

"Torquato Neto: começa na lua cheia e termina antes do fim"
Texto publicado na revista *Literatura e Sociedade*, nº 19, São Paulo, DTLLC/FFLCH-USP, 2015.

"Sombra e luz: faces de Francisco Alvim"
Um texto embrionário foi publicado em Célia Pedrosa e Maria Lucia de Barros Camargo (orgs.), *Poéticas do olhar e outras leituras de poesia*, Rio de Janeiro, 7 Letras, 2006. Aqui, sofreu várias alterações, a começar pelo título, que originalmente levava o nome "As faces da musa em Francisco Alvim".

"Rubens Rodrigues Torres Filho: verso e avesso"
Fiz várias alterações relativamente às publicações iniciais, veiculadas nas revistas *Terceira Margem*, ano VIII, nº 11, Rio de Janeiro, FL-UFRJ, 2004, e *Diacrítica*, v. 3, nº 18-19, Braga, Universidade do Minho, 2004-2005.

"O sujeito-pedra: tornar-se coisa"
Texto publicado em Simone R. Ruffinoni e Tercio Redondo (orgs.), *Caminhos da lírica brasileira contemporânea*, São Paulo, Nankin, 2013.

"Poesia em risco nos anos 1970"
Esse texto desenvolve um artigo que lhe serviu de núcleo inicial, "Années soixante-dix, la poèsie en risque: la veille du trapéziste", publicado em: Rita Olivieri Godet e Andrea Saad Hossne (orgs.), *La littérature brésilienne contemporaine de 1970 à nos jours*, Rennes, Presses Universitaires de Rennes, 2007. O tópico "Agressivo ou irônico: 'sangra e ri'" reproduz partes do ensaio "As 'ideias-dente' de Sebastião Uchoa Leite", que integra o livro de Flora Süssekind e Júlio Castañon Guimarães (orgs.), *Sobre Sebastião Uchoa Leite*, Rio de Janeiro, Fundação Casa de Rui Barbosa, 2014.

"Apontamentos: trilhas da arte em transição"
Alguns parágrafos desse texto foram publicados no artigo "Artes plásticas e poesia no Brasil nos anos 70", *Via Atlântica*, nº 15, São Paulo, FFLCH-USP, 2009.

Referências bibliográficas

BIBLIOGRAFIA POÉTICA

ALVIM, Francisco. *Sol dos cegos*. Rio de Janeiro: Olímpica, 1968.

__________. *Passatempo*. Rio de Janeiro: Fon-Fon, 1974 (Coleção Frenesi).

__________. *Festa*. Rio de Janeiro: Janex, 1981a (Coleção Capricho).

__________. *Lago, montanha*. Rio de Janeiro: Janex, 1981b.

__________. *Passatempo e outros poemas*. São Paulo: Brasiliense, 1981c.

__________. *Poesias reunidas (1968-1988)*. São Paulo: Duas Cidades, 1988 (Coleção Claro Enigma).

__________. *Elefante*. São Paulo: Companhia das Letras, 2000.

__________. *Poemas (1968-2000)*. São Paulo/Rio de Janeiro: Cosac Naify/7 Letras, 2004.

ALVIM, Francisco; AUGUSTO, Eudoro. *Dia sim dia não*. Brasília: Mão no Bolso, 1978.

ANDRADE, Carlos Drummond de [1962]. *Lição de coisas*. São Paulo: Companhia das Letras, 2012.

BANDEIRA, Manuel. *Estrela da vida inteira*. Rio de Janeiro: José Olympio, 19ª ed., 1991.

BAUDELAIRE, Charles. *O spleen de Paris. Pequenos poemas em prosa*. Tradução de António Pinheiro Guimarães. Lisboa: Relógio d'Água, 1991.

__________. *As flores do mal*. Tradução e organização de Júlio Castañon Guimarães. São Paulo: Companhia das Letras, 2019.

BECKETT, Samuel. *O despovoador* [1968-70]. *Mal visto mal dito* [1979-81]. Tradução de E. Araújo Ribeiro, edição de V. Nikitin, prefácio de Fabio de Souza Andrade. São Paulo: Martins Fontes, 2008.

BEHR, Nicolas. *Bagaço*. Brasília, 1979 (Coleção Caldo de Cana).

__________. *Laranja seleta: poesia escolhida (1977-2007)*. Rio de Janeiro: Língua Geral, 2007.

CACASO (Antonio Carlos de Brito). *Lero-lero (1967-1985)*. São Paulo/Rio de Janeiro: Cosac Naify/7 Letras, 2002.

CAMPOS, Augusto de. *Despoesia*. São Paulo: Perspectiva, 1994.

__________. *Viva vaia: poesia 1949-1979*. São Paulo: Ateliê Editorial, 2000.

__________. *Não*. São Paulo: Perspectiva, 2003.

CELAN, Paul [1959]. *Sete rosas mais tarde: antologia poética*. Seleção, tradução e introdução de J. Barrento e Y. K. Centeno. Lisboa: Cotovia, 1993.

CESAR, Ana Cristina. *Pasta rosa*. Arquivo do Instituto Moreira Salles, Rio de Janeiro, 1977.

__________. *A teus pés*. São Paulo: Brasiliense, 1982.

__________. *Inéditos e dispersos* [1985]. Organização de Armando Freitas Filho. São Paulo: Ática/Instituto Moreira Salles, 3ª ed., 1998.

__________. *Album de retazos. Antología crítica bilingüe. Poemas, cartas, imágenes e inéditos*. Edição crítica e tradução de Luciana di Leone, Florencia Garramuño, Ana Carolina Puente, Gonzalo Aguilar. Buenos Aires: Corregidor, 2006.

__________. *Antigos e soltos*. Organização de Viviana Bosi. São Paulo: Instituto Moreira Salles, 2008.

__________. *Poética*. São Paulo: Companhia das Letras, 2013.

CHACAL. *Belvedere, 1971-2007*. São Paulo/Rio de Janeiro: Cosac Naify/7 Letras, 2007.

__________. *Tudo (e mais um pouco): poesia reunida (1971-2016)*. São Paulo: Editora 34, 2016.

CHARLES (Peixoto). *Perpétuo socorro*. Rio de Janeiro: Nuvem Cigana, 1976.

__________. *Supertrampo: poesia reunida (1971-2014)*. Rio de Janeiro: 7 Letras, 2014.

FONTES, Luiz Olavo. *Prato feito*. Rio de Janeiro: Coleção Vida de Artista, 1974.

FREITAS FILHO, Armando. *Máquina de escrever: poesia reunida e revista*. Rio de Janeiro: Nova Fronteira, 2003.

______. *Dever (2007-2013)*. São Paulo: Companhia das Letras, 2013.

GULLAR, Ferreira. "Reinvenção da poesia". *In*: *Indagações de hoje*. Rio de Janeiro: José Olympio, 1989.

__________. *Rabo de foguete: os anos de exílio*. Rio de Janeiro: Revan, 1998.

__________. *Toda poesia*. Rio de Janeiro: José Olympio, 2006.

__________. *Poesia completa, teatro e prosa*. Organização e prefácio de Antonio Carlos Secchin. Rio de Janeiro: Nova Aguilar, 2008.

__________. *Em alguma parte alguma*. Rio de Janeiro: José Olympio, 2010.

HOLLANDA, Heloisa Buarque de [1976] (org.). *26 poetas hoje*. Rio de Janeiro: Aeroplano, 2ª ed., 1998.

HOLLANDA, Heloisa Buarque de; MESSEDER PEREIRA, Carlos Alberto (orgs.). *Poesia jovem (anos 70). Literatura Comentada*. São Paulo: Abril Educação, 1982.

LEITE, Sebastião Uchoa. *Obra em dobras*. São Paulo: Duas Cidades, 1988.

__________. *A espreita*. São Paulo: Perspectiva, 2000.

__________. "Poesia e verdade em Leopardi". *In*: *Crítica de ouvido*. São Paulo: Cosac Naify, 2003.

LIMA, Jorge de. *Invenção de Orfeu*. São Paulo: Círculo do Livro, s/d.

MANDARO, Guilherme. *Hotel de Deus*. Rio de Janeiro: Nuvem Cigana, 1976.

MATOS, Gramiro de; SEABRA, Manoel. *Antologia da novíssima poesia brasileira*. Lisboa: Livros Horizonte, 1981.

PÁDUA, João Carlos. *Motor*. Rio de Janeiro: Coleção Frenesi, 1974.

PAES, José Paulo. *Um por todos*. São Paulo: Brasiliense, 1986.

__________. *Socráticas*. São Paulo: Companhia das Letras, 2001.

POLARI, Alex. *Inventário de cicatrizes*. São Paulo: Teatro Ruth Escobar/Comitê Brasileiro pela Anistia, 1978.

SALOMÃO, Waly. *Me segura qu'eu vou dar um troço*. Rio de Janeiro: José Álvaro, 1972.

__________. *Armarinho de miudezas*. Salvador: Fundação Casa de Jorge Amado, 1993.

__________. *Poesia total*. São Paulo: Companhia das Letras, 2014.

SARDAN, Zuca (Carlos Saldanha). *Ás de colete*. Rio de Janeiro: 1979.

TORQUATO NETO [1973]. *Os últimos dias de Paupéria*. Organização de Ana Maria Duarte e Waly Salomão. São Paulo: Max Limonad, 2ª ed., 1982.

__________. *Torquatália: Do lado de dentro*. Organização de Paulo Roberto Pires. Rio de Janeiro: Rocco, 2004a.

__________. *Torquatália: Geleia Geral*. Organização de Paulo Roberto Pires. Rio de Janeiro: Rocco, 2004b.

TORRES FILHO, Rubens Rodrigues. *Novolume*. São Paulo: Iluminuras, 1997.

PRINCIPAIS REVISTAS E JORNAIS CITADOS

Alguma Poesia. Editores: Márcio L. Schiavo e Carlos Lima. Rio de Janeiro, 1978-1986.

Almanaque — Cadernos de Literatura e Ensaio. Editores: Bento Prado Jr. e Walnice Nogueira Galvão. São Paulo: Brasiliense/FFCL-USP, 1976-1982.

Almanaque Biotônico Vitalidade. Editores: Cao, Cláudio Lobato, Ronaldo Bastos, Chacal, Dionísio. Rio de Janeiro: Nuvem Cigana, 1976-1977.

Anima. Editores: Capinan e Abel Silva. Rio de Janeiro: Nuvem Cigana, 1976-1977.

Artéria. Editores: Omar Khouri e Paulo Miranda. Pirajuí (SP) e São Paulo: Nomuque, 1975 (em atividade).

Beijo. Editor: Julio César Montenegro. Rio de Janeiro: Boca, 1977-1978.

Biscoitos Finos [sem dados].

Bondinho. Editores: Sérgio de Souza e Mylton Severyano. São Paulo, 1970-1972.

Código. Editor: Erthos Albino de Souza. Salvador, 1974-1990.

Escrita. Editor: Wladyr Nader. São Paulo: Vertente, 1975-1988.

Flor do Mal. Editores: Luiz Carlos Maciel, Tite de Lemos, Torquato Mendonça e Rogério Duarte Rio de Janeiro, 1971.

GAM (*Galeria de Arte Moderna*). Editores da segunda fase: Duda Machado e Hélio R. S. Silva. Rio de Janeiro, 1976-1977.

Jornal Dobrabil. Editor: Glauco Mattoso. São Paulo, 1977-1981.

José. Editor: Gastão de Holanda. Rio de Janeiro: Fontana, 1976-1978.

Malasartes. Editor: Mário de Aratanha. Rio de Janeiro, 1975-1976.

Muda. Editores: Antonio Risério e Régis Bonvicino. São Paulo, 1977.

Navilouca. Editores: Waly Salomão e Torquato Neto. Rio de Janeiro: Gernasa, 1974.

Polem. Editores: Duda Machado e Hélio R. S. Silva. Rio de Janeiro: Lidador, 1974.

Presença. Editor: Joel Macedo. Rio de Janeiro, 1971.

Qorpo Estranho. Editores: Júlio Plaza, Regis Bonvicino, Pedro Tavares de Lima. São Paulo, 1976-1982.

34 Letras. Editores: Adriana Guimarães, André Cardoso, Beatriz Bracher, Carlos Irineu W. da Costa, João Guilherme Sanders Quental. Rio de Janeiro: 34 Literatura, 1988-1990.

Versus. Editor: Marcos Faerman. São Paulo, 1975-1979.

BIBLIOGRAFIA TEÓRICA E CRÍTICA

ADORNO, Theodor W. "Trying to understand *Endgame*". *In*: *Notes to literature II*. Nova York: Columbia University Press, 1991.

__________. *Minima moralia: reflexões a partir da vida danificada*. Tradução de Luís Eduardo Bicca. São Paulo: Ática, 1992.

__________ [1953]. *Notas de literatura I*. Tradução de Jorge de Almeida. São Paulo: Livraria Duas Cidades/Editora 34, 2003.

ADORNO, Theodor W.; HORKHEIMER, Max. *Dialética do esclarecimento*. Tradução de Guido Antonio de Almeida. Rio de Janeiro: Jorge Zahar, 1985.

AGUIAR, Flavio. *A palavra no purgatório: literatura e cultura nos anos 70*. São Paulo: Boitempo, 1997.

AGUILAR, Gonzalo. *Poesia concreta brasileira: as vanguardas na encruzilhada modernista*. São Paulo: Edusp, 2005.

__________. "La ley del bandido, La ley del arte". *In*: NITRINI, Sandra *et al.* (orgs.). *Literaturas, artes, saberes — XI Encontro Regional da Abralic*. São Paulo: Aderaldo & Rothschild/Abralic, 2008.

AGUILAR, Gonzalo; GARRAMUÑO, Florencia; LEONE, Luciana di (orgs.). *Experiencia, cuerpo y subjetividades: literatura brasileña contemporánea*. Rosario: Beatriz Viterbo, 2007.

ALCIDES, Sérgio. "*Elefante* à vista". *Inimigo Rumor*, nº 6, Rio de Janeiro, 7 Letras, jan.-jul. 1999.

__________. "Ela se finge, ela se disfarça, ela é muito sonsa" (entrevista com Francisco Alvim). *Rodapé*, nº 1, São Paulo, Nankin, ago. 2002.

__________. "A dança do *Elefante* entre as palavras: um livro de Francisco Alvim". *In*: *Armadilha para Ana Cristina e outros textos sobre poesia contemporânea*. Rio de Janeiro: Verso Brasil, 2016.

ALLEN, D.; TALLMAN, W. (orgs.). *The poetics of the New American Poetry*. Nova York: Grove Press, 1973.

ALMEIDA, Laura B. Fonseca de. *Um poeta na medida do impossível: trajetória de Torquato Neto*. Araraquara: Cultura Acadêmica/FCL/Unesp, 2000.

ALVES, Márcio Moreira. *68 mudou o mundo*. Rio de Janeiro: Nova Fronteira, 1993.

ANDRADE, Abrahão Costa. "Angústia da concisão". *Rodapé*, nº 1, São Paulo, Nankin, 2001.

ANDRADE, Paulo. *Torquato Neto: uma poética de estilhaços*. São Paulo: Annablume/Fapesp, 2002.

ARANTES, Otília Beatriz Fiori. "Depois das vanguardas". *Arte em Revista*, nº 7, São Paulo, Ceac, Kairós, ago. 1983.

ARÊAS, Vilma. "Jogo de contrários". *Remate de Males*, nº 22, Campinas, Unicamp, 2002.

ARGAN, Giulio Carlo. *Arte e crítica de arte*. Tradução de Helena Gubernatis. Lisboa: Editorial Estampa, 1995.

_________. *Arte moderna*. Tradução de Federico Carotti. São Paulo: Companhia das Letras, 1992.

ARRIGUCCI JR., Davi. *Outros achados e perdidos*. São Paulo: Companhia das Letras, 1999. (Republicação ampliada de *Achados e perdidos*. São Paulo: Polis, 1979.)

_________. *O guardador de segredos*. São Paulo: Companhia das Letras, 2010.

AUERBACH, Erich. *Figura*. Tradução de Duda Machado. São Paulo: Ática, 1997.

BACHELARD, Gaston. "Instante poético e instante metafísico". *In*: *O direito de sonhar*. São Paulo: Difel, 1985.

_________ [1948]. *A terra e os devaneios da vontade*. Tradução de Paulo Neves da Silva. São Paulo: Martins Fontes, 1991.

BASTAZIN, Vera (org.). *Travessias poéticas: poesia contemporânea*. São Paulo: Educ, 2011.

BASUALDO, Carlos. "Vanguarda, cultura popular e indústria cultural no Brasil". *In*: _________ (org.). *Tropicália: uma revolução na cultura brasileira (1967-1972)*. São Paulo: Cosac Naify, 2007.

BENJAMIN, Walter. "O autor como produtor". *In*: *Obras escolhidas*. Tradução de Sérgio Paulo Rouanet. São Paulo: Brasiliense: 1985a, v. I: Magia e técnica, arte e política.

_________. "A obra de arte na era de sua reprodutibilidade técnica". *In*: *Obras escolhidas*. Tradução de Sérgio Paulo Rouanet. São Paulo: Brasiliense: 1985b, v. I: Magia e técnica, arte e política.

_________. *Obras escolhidas*. Tradução de José Carlos M. Barbosa e Hemerson A. Baptista. São Paulo: Brasiliense, 1989, v. III: Charles Baudelaire, um lírico no auge do capitalismo.

BERNSTEIN, Charles (org.). *Close listening: Poetry and performed word*. Nova York/Oxford: Oxford University Press, 1998.

BETTI, Maria Silvia. *Oduvaldo Vianna Filho*. São Paulo: Edusp, 1997.

BOAL, Augusto. *Teatro do oprimido e outras poéticas políticas*. Rio de Janeiro: Civilização Brasileira, 1977.

BONVICINO, Régis (org.). *Paulo Leminski e Régis Bonvicino. Envie meu dicionário: cartas e alguma crítica*. São Paulo: Editora 34, 2ª ed., 1999.

BOSI, Alfredo. *O ser e o tempo da poesia*. São Paulo: Cultrix/Edusp, 1977.

__________. "Roteiro do poeta Ferreira Gullar". *In*: __________ (org.). *Os melhores poemas de Ferreira Gullar*. São Paulo: Global, 1983. (Republicado em *Céu, inferno*. São Paulo: Duas Cidades/Editora 34, 2003.)

BOSI, Viviana. "Poesia-automóvel". *Teresa. Revista de Literatura Brasileira*, v. 10-11, São Paulo, DLCV-USP/Editora 34, 2010.

__________. "Poesia em risco (itinerários a partir dos anos 60)". São Paulo: FFLCH-USP, 2011. Tese (Livre-Docência em Teoria Literária e Literatura Comparada).

BOSI, Viviana; NUERNBERGER, Renan (orgs.). *Neste instante: novos olhares sobre a poesia brasileira dos anos 1970*. São Paulo: Humanitas/Fapesp, 2018.

BRACHER, Beatriz; QUENTAL, João Guilherme; SÜSSEKIND, Flora. "Sebastião Uchoa Leite: entrevista". *34 Letras*, nº 7, Rio de Janeiro, mar. 1990.

BRAGA, Paula (org.). *Fios soltos: a arte de Hélio Oiticica*. São Paulo: Perspectiva, 2011.

BRETT, Guy. *Brasil experimental: arte/vida, proposições e paradoxos*. Organização de Katia Maciel e tradução de Renato Rezende. Rio de Janeiro: Contra Capa, 2005.

BRITO, Ronaldo. *Neoconcretismo: vértice e ruptura do projeto construtivo brasileiro*. Rio de Janeiro: MEC/Secretaria da Cultura/Funarte, 1985. (Reimpr. São Paulo: Cosac Naify, 1999.)

BRITO, Ronaldo; RESENDE, José. "Mamãe Belas-Artes". *Beijo*, Rio de Janeiro, nº 2, 1977.

BUENO, André. *Pássaro de fogo no Terceiro Mundo: o poeta Torquato Neto e sua época*. Rio de Janeiro: 7 Letras, 2005.

BÜRGER, Peter. "O declínio da era moderna". *Novos Estudos Cebrap*, São Paulo, nº 20, mar. 1988.

__________ [1993]. *Teoria da vanguarda*. Tradução de José Pedro Antunes. São Paulo: Cosac Naify, 2008.

CABAÑAS, Teresa. *Que poesia é essa? Poesia marginal: sujeitos instáveis, estética desajustada...!* Goiânia: UFG, 2009.

CACASO (Antonio Carlos de Brito). "Poesia de cabo a rabo II — Vinte pras duas". *Leia Livros*, nº 53, 1982-1983.

__________. *Não quero prosa*. Organização de Vilma Arêas. Campinas/Rio de Janeiro: Unicamp/UFRJ, 1997.

CALDAS, Waltercio. *Notas, ( ) etc.* São Paulo: Gabinete de Arte Raquel Arnaud, 2006.

CALIXTO, Fabiano. *Um poeta não se faz com versos: tensões poéticas na obra de Torquato Neto*. São Paulo: FFLCH-USP, 2012. Dissertação (Mestrado em Teoria Literária e Literatura Comparada).

CÁMARA, Mario. *Corpos pagãos: usos e figurações na cultura brasileira (1960-1980)*. Tradução de Luciana di Leone. Belo Horizonte: UFMG, 2014.

CAMARGO, Maria Lúcia de Barros. *Atrás dos olhos pardos: uma leitura da poesia de Ana Cristina Cesar*. Chapecó: Argos, 2003.

_________. "Resistência e crítica. Revistas culturais brasileiras nos tempos da ditadura". *Boletim de Pesquisa NELIC*, v. 10, nº 15, 2010.

_________. "Por que ainda lemos revistas de poesia? Apontamentos para o estudo da poesia brasileira em suas revistas". *Boletim de Pesquisa NELIC*, v. 13, nº 20, 2013.

_________. "Um *Beijo* pra vocês: literatura e imprensa alternativa, anos 70". *Boletim de Pesquisa NELIC*, v. 12, nº 18, 2012.

CAMENIETZKI, Eleonora Ziller. *Poesia e política: a trajetória de Ferreira Gullar*. Rio de Janeiro: Revan, 2006.

CAMPOS, Augusto de. *Balanço da bossa e outras bossas*. São Paulo: Perspectiva, 1968.

_________ [1985]. "Dialética da maledicência". *In*: *À margem da margem*. São Paulo: Companhia das Letras, 1989.

CAMPOS, Augusto de; CAMPOS, Haroldo de; PIGNATARI, Décio [1965]. *Teoria da poesia concreta: textos críticos e manifestos (1950-1960)*. São Paulo: Ateliê Editorial, 4ª ed., 2006.

CAMPOS, Haroldo de. "Construtivismo no Brasil: concretismo e neoconcretismo". *In*: GONÇALVES, Lisbeth Rebollo (org.). *Tendências construtivas no acervo do MAC USP: construção, medida e proporção*. Rio de Janeiro: CCBB, 1996.

_________. "Poesia e modernidade: da morte da arte à constelação: o poema pós-utópico" (1984). *In*: *O arco-íris branco: ensaios de literatura e cultura*. Rio de Janeiro: Imago, 1997.

CANDIDO, Antonio. "A literatura brasileira em 1972". *Arte em Revista*, São Paulo, Kairós, ano 1, nº 1, jan.-mar. 1979.

_________. "O poeta itinerante". *In*: *O discurso e a cidade*. São Paulo: Duas Cidades, 1993.

CANDIDO, Jeferson. "Versus: a arte como arma". *Boletim de Pesquisa NELIC*, v. 5, nº 6-7, 2003.

_________. “Versus: os primeiros aspectos da poesia publicada no primeiro ano do jornal”. *Boletim de Pesquisa NELIC. Poesia: passagens e impasses*, v. 6, nº 8-9, 2006.

CANONGIA, Ligia. *O legado dos anos 60 e 70*. Rio de Janeiro: Jorge Zahar, 2005.

CARVALHO, Bruna de. “Um céu, que não existe: negatividade e reflexão em Chico Alvim”. *Revista Cisma*, nº 2, São Paulo, Letras-USP, 2013.

CAVALCANTE, José Francisco. *Cacaso: poeta da canção*. São Paulo: FFLCH-USP, 2008. Dissertação (Mestrado em Teoria Literária e Literatura Comparada).

CESAR, Ana Cristina. *Escritos no Rio*. Organização de Armando Freitas Filho. Rio de Janeiro: UFRJ/Brasiliense, 1993.

_________. *Crítica e tradução*. São Paulo: Ática/Instituto Moreira Salles, 1999.

CHACAL. “Artimanha: ardil, artifício, astúcia”. *Malasartes*, nº 3, abr.-jun. 1976.

_________. *Uma história à margem*. Rio de Janeiro: 7 Letras, 2010.

CÍCERO, Antonio. “Os Babilaques de Waly Salomão”. *Revista Z Cultural*, ano IV, nº 1, dez. 2007. (Republicado em *Waly Salomão. Babilaques: alguns cristais clivados*. Rio de Janeiro: Contra Capa/Kabuki Produções Culturais, 2008.)

COELHO, Frederico. *Eu, brasileiro, confesso minha culpa e meu pecado: cultura marginal no Brasil das décadas de 1960 e 1970*. Rio de Janeiro: Civilização Brasileira, 2010.

COHN, Sérgio (org.). *Nuvem Cigana: poesia e delírio no Rio nos anos 70*. Rio de Janeiro: Azougue, 2007.

_________. *Revistas de invenção: 100 revistas de cultura do modernismo ao século XXI*. Rio de Janeiro: Azougue, 2011.

COHN, Sérgio; JOST, Miguel (orgs.). *Bondinho*. Rio de Janeiro: Azougue, 2008.

COLLOT, Michel. “Le sujet lyrique hors de soi”. *In*: RABATÉ, D. (org.). *Figures du sujet lyrique*. Paris: PUF, 1996.

COMPAGNON, Antoine. *Literatura para quê?* Tradução de Laura Taddei Brandino. Belo Horizonte: UFMG, 2009.

COSTA, Iná Camargo. *A hora do teatro épico no Brasil*. São Paulo: Paz e Terra, 1996.

COUTINHO, Carlos Nelson. *Cultura e sociedade no Brasil: ensaios sobre ideias e formas*. Rio de Janeiro: DP&A, 2005.

COUTINHO, Wilson. "Gullar, crítico de artes plásticas". *In*: *Cadernos de Literatura Brasileira. Ferreira Gullar*. São Paulo: Instituto Moreira Salles, 1998.

DEBORD, Guy. *A sociedade do espetáculo*. Tradução de Estela dos Santos Abreu. Rio de Janeiro: Contraponto, 1994.

DEGUY, Michel. *A rosa das línguas*. Organização e tradução de Paula Glenadel e Marcos Siscar. Rio de Janeiro/São Paulo: 7 Letras/Cosac Naify, 2004 (Coleção Ás de Colete).

DUNN, Christopher. *Brutalidade jardim: a Tropicália e o surgimento da contracultura brasileira*. Tradução de Cristina Yamagami. São Paulo: Unesp, 2008.

ENZENSBERGER, Hans Magnus. "As aporias da vanguarda". *Tempo Brasileiro. Vanguarda e Modernidade*, nº 26-27, Rio de Janeiro, 1971.

ESCOREL, Lauro. *A pedra e o rio*. Rio de Janeiro: Academia Brasileira de Letras, 2001.

FALEIROS, Alvaro; ZULAR, Roberto; BOSI, Viviana (orgs.). *Sereia de papel: visões de Ana Cristina Cesar*. Rio de Janeiro: Eduerj, 2015.

FAVARETTO, Celso. *A invenção de Hélio Oiticica*. São Paulo: Edusp/Fapesp, 1992.

_________. "Inconformismo estético, inconformismo social, Hélio Oiticica". *In*: BRAGA, Paula (org.). *Fios soltos: a arte de Hélio Oiticica*. São Paulo: Perspectiva, 2011.

_________ [1979]. *Tropicália, alegoria, alegria*. São Paulo: Ateliê Editorial, 2ª ed., 1996.

FERNANDES, Elcio. "As cartas do *vidente* e oito poemas de A. Rimbaud". *Revista Sextante*, nº 1, Jaú (SP), Fundação Educacional Dr. Raul Bauab, 2º sem. 1992.

FERRAZ, Eucanaã (org.). *Poesia marginal: palavra e livro*. São Paulo: Instituto Moreira Salles, 2013.

FERRAZ, Paulo. *Depois de tudo: vertentes da poesia brasileira contemporânea: Régis Bonvicino e Carlito Azevedo*. São Paulo: FFLCH-USP, 2004. Dissertação (Mestrado em Teoria Literária e Literatura Comparada).

FERREIRA, Glória; MELLO, Cecília Cotrim de (orgs.). *Clement Greenberg e o debate crítico*. Tradução de Maria Luiza X. de A. Borges. Rio de Janeiro: Jorge Zahar, 2001.

FONSECA, Maria Augusta. "Inconfidências poéticas de *Elefante*". *Literatura e Sociedade*, nº 6, São Paulo, DTLLC-USP, 2002.

FOSTER, Hal [1996]. *O retorno do real: a vanguarda no final do século XX*. Tradução de Célia Euvaldo. São Paulo: Cosac Naify, 2014.

FRANCHETTI, Paulo. *Alguns aspectos da teoria da poesia concreta*. Campinas: Unicamp, 2ª ed., 1992.

_________. "Pós-tudo: a poesia brasileira depois de João Cabral". *In*: *Estudos de literatura brasileira e portuguesa*. Cotia: Ateliê Editorial, 2007.

FRANCO, Renato. *Itinerário político do romance pós-64: A festa*. São Paulo: Unesp, 1998.

FREDERICO, Celso. "A política cultural dos comunistas". *In*: MORAES, João Quartim de (org.). *História do marxismo no Brasil*. Campinas: Unicamp, 1998, v. III: Teorias. Interpretações.

FREITAS FILHO, Armando. "Poesia, vírgula, viva". *In*: FREITAS FILHO, Armando; HOLANDA, Heloisa Buarque de. *Anos 70 — Literatura*. Rio de Janeiro: Europa, 1979. (Republicado em NOVAES, Adauto. *Anos 70: ainda sob a tempestade*. Rio de Janeiro: Senac, 2005.)

_________. "Três mosqueteiros". In: MASSI, Augusto (org.). *Artes e ofícios da poesia*. São Paulo/Porto Alegre: Secretaria Municipal de Cultura/Artes e Ofícios, 1991.

FREUD, Sigmund [1905]. "Os chistes e sua relação com o inconsciente". *In*: *Obras psicológicas completas*. Tradução de Jayme Salomão. Rio de Janeiro: Imago, 1980a. v. VIII.

_________ [1927]. "O humor". *In*: *Obras psicológicas completas*. Tradução de Jayme Salomão. Rio de Janeiro: Imago, 1980b. v. XXI.

_________ [1931]. *O mal-estar na civilização*. Tradução de José Octavio de Aguiar Abreu. Rio de Janeiro: Imago, 1997.

FRIED, Michael [1967]. "Art and objecthood". *In*: HARRISON, Charles; WOOD, Paul (orgs.). *Art in theory, 1900-1990: An anthology of changing ideas*. Oxford/Massachussets: Blackwell, 1992.

FRYE, Northrop. *Anatomia da crítica*. Tradução de Péricles Eugênio da S. Ramos. São Paulo: Cultrix, 1973.

GALVÃO, Walnice Nogueira [1968]. "MMPB: uma análise ideológica". *In*: *Saco de gatos: ensaios críticos*. São Paulo: Duas Cidades, 1976.

_________. "Nas asas de 1968: rumos, ritmos e rimas". *In*: GARCIA, Marco Aurélio; VIEIRA, Maria Alice (orgs.). *Rebeldes e contestadores: 1968 — Brasil, França e Alemanha*. São Paulo: Fundação Perseu Abramo, 1999.

GARCIA, Marco Aurélio; VIEIRA, Maria Alice (orgs.). *Rebeldes e contestadores: 1968 — Brasil, França e Alemanha*. São Paulo: Fundação Perseu Abramo, 1999.

GARRAMUÑO, Florencia. "En estado de emergencia: poesia y vida en Ana Cristina Cesar". *In*: CESAR, Ana Cristina. *Album de retazos. Antología crítica bilingüe. Poemas, cartas, imágenes e inéditos*. Buenos Aires: Corregidor, 2006.

_________. "La experiência y sus riesgos". *In*: GARRAMUÑO, Florencia; AGUILAR, Gonzalo; LEONE, Luciana (orgs.). *Experiencia, cuerpo y subjetividades: literatura brasileña contemporânea*. Rosario: Beatriz Viterbo, 2007.

_________. *La experiência opaca: literatura y desencanto*. Buenos Aires: Fondo de Cultura Económica, 2009.

GASPARI, Elio; HOLLANDA, Heloisa Buarque de; VENTURA, Zuenir. *Cultura em trânsito: da repressão à abertura*. Rio de Janeiro: Aeroplano, 2000.

GOLDFEDER, André Barbugiani. *Ao rés da escrita: tensões na poesia de Armando Freitas Filho*. São Paulo: FFLCH-USP, 2012. Dissertação (Mestrado em Teoria Literária e Literatura Comparada).

GONÇALVES, Marcos Augusto; HOLLANDA, Heloisa Buarque de. *Cultura e participação nos anos 60*. São Paulo: Brasiliense, 1982.

_________; _________. "A ficção da realidade brasileira". *In*: NOVAES, Adauto (org.). *Anos 70: ainda sob a tempestade*. Rio de Janeiro: Aeroplano/Senac, 2005.

GRAMSCI, Antonio. *Literatura e vida nacional*. Tradução de Carlos Nelson Coutinho. Rio de Janeiro: Civilização Brasileira, 1968.

GREENBERG, Clement. *Arte e cultura: ensaios críticos*. Tradução de Otacílio Nunes. São Paulo: Cosac Naify, 2013.

GULLAR, Ferreira. *Vanguarda e subdesenvolvimento: ensaios sobre arte*. Rio de Janeiro: Civilização Brasileira, 1969.

_________. "Manifesto neoconcreto". *In*: TELES, G. M. (org.). *Vanguarda europeia e modernismo brasileiro*. Petrópolis: Vozes, 1986.

_________ [1961]. *Experiência neoconcreta*. São Paulo: Cosac Naify, 2007.

HABERMAS, Jürgen. "Modernity: An incomplete project". In: FOSTER, Hal (org.). *Postmodern culture*. Londres: Pluto Press, 1983.

HAMBURGER, Michael. *A verdade da poesia*. Tradução de Alípio Correia de Franca Neto. São Paulo: Cosac Naify, 2007.

HARTOG, François. *Regimes de historicidade: presentismo e experiências do tempo*. Vários tradutores. Belo Horizonte: Autêntica, 2014.

_________. "Tempo e história: como escrever a história da França hoje?". Tradução de A. C. Fonseca Brefe. *História Social*. Revista dos Pós-Graduandos em História da Unicamp, nº 3, 1996. Disponível em: <https://www.ifch.unicamp.br>. Acesso em: 8 ago. 2018.

HELLER, Agnes. *O cotidiano e a história*. Tradução de Carlos Nelson Coutinho e Leandro Konder. Rio de Janeiro: Paz e Terra, 1970.

HOBSBAWM, Eric. *Era dos extremos: o breve século XX (1914-1991)*. Tradução de Marcos Santarrita. São Paulo: Companhia das Letras, 2007.

HOLLANDA, Heloisa Buarque de. *Impressões de viagem: CPC, vanguarda e desbunde, 1960/70*. Rio de Janeiro: Rocco, 1980. Republicado: Rio de Janeiro: Aeroplano, 2004.

HUYSSEN, Andreas. "Mapeando o pós-moderno". Tradução de Carlos A. de C. Moreno. *In*: HOLLANDA, H. B. de (org.). *Pós-modernismo e política*. Rio de Janeiro: Rocco, 1991.

JACQUES, Paola Berenstein (org.). *Apologia da deriva: escritos situacionistas sobre a cidade*. Tradução de Estela dos Santos Abreu. Rio de Janeiro: Casa da Palavra, 2003.

JAKOBSON, Roman [1931]. *A geração que esbanjou seus poetas*. Tradução de Sonia Regina Martins Gonçalves. São Paulo: Cosac Naify, 2006.

JAMESON, Fredric. "Periodizando os anos 60". Tradução de César Brites e Maria Luiza Borges. *In*: HOLLANDA, Heloisa Buarque de (org.). *Pós-modernismo e política*. Rio de Janeiro: Rocco, 1991.

__________. *As sementes do tempo*. Tradução de José Rubens Siqueira. São Paulo: Ática, 1997.

JAY, Martin. *Downcast eyes: The denigration of vision in twentieth-century French thought*. Berkeley: University of California Press, 1994.

__________. *Campos de fuerza: entre la historia intellectual y la critica cultural*. Tradução de Alcira Bixio. Buenos Aires: Paidós, 2003.

KEHL, Maria Rita. *A mínima diferença: masculino e feminino na cultura*. Rio de Janeiro: Imago, 1996.

__________. *O tempo e o cão: a atualidade das depressões*. São Paulo: Boitempo, 2009.

KHOURI, Omar. *Revistas na era pós-verso: revistas experimentais e edições autônomas de poemas no Brasil, dos anos 70 aos 90*. São Paulo: Ateliê, 2004.

KRAUSS, Rosalind. *The originality of the avant-garde and other modernist myths*. Cambridge (MA)/Londres: MIT, 1986.

__________. *Caminhos da escultura moderna*. Tradução de Julio Fischer. São Paulo: Martins Fontes, 1998.

KUCINSKI, Bernardo. *Jornalistas e revolucionários: nos tempos da imprensa alternativa*. São Paulo: Edusp, 2ª ed., 2003.

LACAN, Jacques. "El estadio del espejo como formador de la función del yo [je] tal como se nos revela en la experiencia psicoanalítica". *In*: *Escritos 1*. México: Siglo Veintiuno, 1971 (tradução para o espanhol).

LAFETÁ, João Luiz. "Dois pobres, duas medidas". *In*: SCHWARZ, R. (org.). *Os pobres na literatura brasileira*. São Paulo: Brasiliense, 1982.

__________. "Traduzir-se". *In*: ZILIO, Carlos; LEITE, Lygia Chiappini; LAFETÁ, J. L. *O nacional e o popular na cultura brasileira*. São Paulo: Brasiliense, 1982. (Republicado em PRADO, Antonio Arnoni (org.). *A dimensão da noite*. São Paulo: Duas Cidades/Editora 34, 2004.)

LEMINSKI, Paulo. *Ensaios e anseios crípticos*. Campinas: Unicamp, 2011.

LEONE, Luciana di. *Ana C.: as tramas da consagração*. Rio de Janeiro: 7 Letras, 2008.

LIMA, Luiz Costa. "A poética átona de Sebastião Uchoa Leite". *In*: *Pensando nos trópicos (dispersa demanda II)*. Rio de Janeiro: Rocco, 1991.

__________. "Sebastião Uchoa Leite em prosa e verso. b. Negatividade e suspeita". *In*: *Intervenções*. São Paulo: Edusp, 2002.

LIMA, Regina H. S. C. *O desejo na poesia de Ana Cristina Cesar*. São Paulo: Annablume, 1993.

LITRON, Fernanda Félix. *Poesia marginal e a antologia "26 poetas hoje": debates da crítica antes e depois de 1976*. Campinas: IEL-Unicamp, 2007. Dissertação (Mestrado em Teoria e História Literária).

LOBO, Luiza. *Crítica sem juízo*. Rio de Janeiro: Francisco Alves, 1993.

LOSSO, Eduardo Guerreiro Brito. *Travessia cega de um desejo incurável: a experiência sublime na obra de Armando Freitas Filho*. Rio de Janeiro: UFRJ, 2002.

LÖWY, Michel; ROBERT, Sayre. *Revolta e melancolia: o romantismo na contramão da modernidade*. Tradução de Guilherme João de Freitas Teixeira. Petrópolis: Vozes, 1995.

LUDMER, Josefina. "Literaturas pós-autônomas". *In*: *Intervenções críticas*. Seleção de Teresa Arijón e Bárbara Belloc. Tradução de Ariadne Costa e Renato Rezende. Rio de Janeiro: Azouge/Circuito, 2014.

LUKÁCS, Georg. "Narrar ou descrever". Tradução de Giseh Vianna Konder. *In*: *Ensaios sobre literatura*. Rio de Janeiro: Civilização Brasileira, 1965.

__________. *Teoria do romance*. Tradução de J. M. M. de Macedo. São Paulo: Editora 34/Duas Cidades, 2000.

MAFFI, Mario. *La cultura underground*, tomos 1 e 2. Tradução de Joaquin Jordá. Barcelona: Anagrama, 1972.

MALUFE, Annita C. *Territórios dispersos: a poética de Ana Cristina Cesar*. São Paulo: Annablume, 2006.

__________. *Poéticas da impermanência: Ana Cristina Cesar e Marcos Siscar*. Rio de Janeiro: Fapesp/7 Letras, 2011.

MAMMÌ, Lorenzo. *O que resta: arte e crítica de arte*. São Paulo: Companhia das Letras, 2012.

MARCUSE, Herbert. *Ideologia da sociedade industrial*. Tradução de Giasone Rebuá. Rio de Janeiro: Zahar, 1967.

__________. *Art and liberation*. Organização de Douglas Kellner. Londres/Nova York: Routledge, 2007. (Collected Papers, v. IV).

MARIÁTEGUI, José Carlos. *Por um socialismo latino-americano*. Seleção e introdução de M. Löwy. Rio de Janeiro: UFRJ, 2005.

MARTIN, Carlos F. Barrère. *A véspera do trapezista (leitura da poesia de Antonio Carlos de Brito)*. São Paulo: FFLCH-USP, 2008. Dissertação (Mestrado em Teoria Literária e Literatura Comparada).

MARTINELLI, Leonardo. "Ferreira Gullar e o tempo do poema". *Inimigo Rumor*, nº 3, Rio de Janeiro, 7 Letras, 1997.

__________. "O falar natural: vozes elementares na poesia de Francisco Alvim". *Inimigo Rumor*, nº 14, Rio de Janeiro/São Paulo/Lisboa, 7 Letras/Cosac Naify/Cotovia, 2003.

MARTINS, Luciano. *A "geração AI-5" e maio de 68: duas manifestações intransitivas*. Rio de Janeiro: Argumento, 2004.

MARX, Karl [1844]. *Manuscritos econômico-filosóficos*. Tradução de Jesus Ranieri. São Paulo: Boitempo, 2008.

MASSI, Augusto. "Conversa dentro conversa fora". *Inimigo Rumor*, nº 6, Rio de Janeiro, 7 Letras, jan.-jul. 1999.

MAULPOIX, Jean-Michel. *Adieux au poème: en lisant en écrivant*. Paris: Librairie José Corti, 2005.

__________. "La quatrième personne du singulier". *In*: RABATÉ, D. (org.). *Figures du sujet lyrique*. Paris: PUF, 1996.

MEDEIROS, Fernanda Teixeira de. "Play it again, marginais". *In*: PEDROSA, Célia; MATOS, Claudia; NASCIMENTO, Evando (orgs.). *Poesia hoje*. Rio de Janeiro: Eduff, 1998.

__________. "Artimanhas e poesia: o alegre saber da Nuvem Cigana". *Gragoatá*, nº 12, Revista do Programa de Pós-Graduação em Letras, Niterói, UFF, 1º sem. 2002.

__________. "Afinal, o que foram as Artimanhas da década de 70? A Nuvem Cigana em nossa história cultural". *Estudos de Literatura Brasileira Contemporânea*, nº 23, Brasília, UNB, jan.-jun. 2004.

__________. *Chacal*. Rio de Janeiro: Eduerj, 2010. (Coleção Ciranda da Poesia).

MELLO, Heitor Ferraz. *O rito das calçadas: aspectos da poesia de Francisco Alvim*. São Paulo: FFLCH-USP, 2001. Dissertação (Mestrado em Literatura Brasileira).

MENEZES, Lu. *Francisco Alvim*. Rio de Janeiro: Eduerj, 2013. (Coleção Ciranda da Poesia).

MERLEAU-PONTY, Maurice. *O olho e o espírito*. Tradução de Paulo Neves e Maria Ermantina Galvão Gomes. São Paulo: Cosac Naify, 2004.

MERQUIOR, José Guilherme. *A astúcia da mimese*. Rio de Janeiro: José Olympio, 1972.

_________. "Musa morena moça: notas sobre a nova poesia brasileira". *Revista Tempo Brasileiro*, nº 42/43, Rio de Janeiro, 1974.

MESCHONNIC, Henri. "A oralidade, poética da voz" [1987]. *In*: *Linguagem, ritmo e vida*. Tradução de Cristiano Florentino. Belo Horizonte: Fale/UFMG, 2006.

MESSEDER PEREIRA, Carlos Alberto. *Retrato de época: poesia marginal, anos 70*. Rio de Janeiro: Funarte, 1981.

MÉSZÁROS, István. *Marx: a teoria da alienação*. Tradução de Waltensir Dutra. Rio de Janeiro: Zahar: 1981.

MORICONI, Italo. *Ana Cristina Cesar: o sangue de uma poeta*. Rio de Janeiro: Relume Dumará, 1996.

_________. *Torquato essencial*. Belo Horizonte: Autêntica, 2017.

MOTA, Carlos Guilherme. *Ideologia da cultura brasileira (1933-1974)*. São Paulo: Ática, 1977.

MUECKE, Douglas Colin. *A ironia e o irônico*. Tradução de Geraldo Gerson de Souza. São Paulo: Perspectiva, 1995.

NAPOLITANO, Marcos. *Seguindo a canção: engajamento político e indústria cultural na MPB (1959-1969)*. São Paulo: Fapesp/Annablume, 2001.

_________. *1964: história do regime militar brasileiro*. São Paulo: Contexto, 2014.

_________. *Coração civil: a vida cultural brasileira sob o regime militar (1964-1985) — ensaio histórico*. São Paulo: Intermeios, 2017.

NAPOLITANO, Marcos; VILLAÇA, Mariana M. "Tropicalismo: as relíquias do Brasil em debate". *Revista Brasileira de História*, v. 18, nº 35, São Paulo, 1988.

NAVAS, Adolfo Montejo. "Armando Freitas Filho" (entrevista). *Cult*, nº 40, São Paulo, 2000.

_________. "Penúltimas palavras: entrevista de Sebastião Uchoa Leite". *K — Jornal de Crítica*, nº 18, 2008.

NAVES, Rodrigo. *A forma difícil: ensaios sobre arte brasileira*. São Paulo: Ática, 1996.

__________. *O vento e o moinho: ensaios sobre arte moderna e contemporânea*. São Paulo: Companhia das Letras, 2007.

NOLL, João Gilberto. Orelha. In: FREITAS FILHO, Armando. *Cabeça de homem*. Rio de Janeiro: Nova Fronteira, 1991.

NOVAES, Adauto (org.). *Anos 70: ainda sob a tempestade*. Rio de Janeiro: Aeroplano/Senac Rio, 2005.

NUERNBERGER, Renan. *Armando Freitas Filho*. Rio de Janeiro: Eduerj, 2011. (Coleção Ciranda da Poesia).

__________. *Inquietudo: uma poética possível no Brasil dos anos 1970*. São Paulo: FFLCH-USP, 2014. Dissertação (Mestrado em Teoria Literária e Literatura Comparada).

OITICICA, Hélio. *Aspiro ao grande labirinto*. Seleção de textos de Waly Salomão, Luciano Figueiredo e Lygia Pape. Rio de Janeiro: Rocco, 1986.

ORTIZ, Renato. *Cultura brasileira e identidade nacional*. São Paulo: Brasiliense, 1985.

__________. *A moderna tradição brasileira: cultura brasileira e indústria cultural*. São Paulo: Brasiliense, 1988.

PAES, José Paulo. "Samba, estereótipo, desforra". *In*: SCHWARZ, Roberto (org.). *Os pobres na literatura brasileira*. São Paulo: Brasiliense, 1983.

__________. "Um poeta como outro qualquer". *In*: MASSI, Augusto (org.). *Artes e ofícios da poesia*. São Paulo/Porto Alegre: Secretaria Municipal de Cultura/Artes e Ofícios, 1991.

__________. *Gaveta de tradutor*. Florianópolis: Letras Contemporâneas, 1996.

PAIXÃO, Fernando. "O trapezista pensando". *In*: TORRES FILHO, Rubens Rodrigues. *Novolume*. São Paulo: Iluminuras, 1997.

PARO, Maria Clara Bonetti. *Leituras brasileiras da obra de Walt Whitman*. São Paulo: FFLCH-USP, 1995. Dissertação (Mestrado em Teoria Literária e Literatura Comparada).

PAZ, Octavio. *Aparencia desnuda: la obra de Marcel Duchamp*. México: Era, 1973.

__________. *Os filhos do barro*. Tradução de Olga Savary. São Paulo: Nova Fronteira, 1974.

__________. *Corriente alterna*. México: Siglo Veintiuno, 10ª ed., 1978.

__________. (1956) "A inspiração". *In*: *O arco e a lira*. Tradução de Ari Roitman e Paulina Wacht. São Paulo: Cosac Naify, 2012.

PEDROSA, Célia. "Poesia, cânone, valor: figurações da pedra em Carlos Drummond de Andrade e Armando Freitas Filho". *Gragoatá*, nº 12, Niterói, UFF, 2002.

__________. "O olhar eloquente", *Poesia Sempre*, nº 22, Rio de Janeiro, Biblioteca Nacional, 2006. (Republicado em PEDROSA, Célia. *Ensaios sobre poesia e contemporaneidade*. Niterói: UFF, 2011.)

PEDROSA, Célia; MATOS, Claudia; NASCIMENTO, Evando. *Poesia hoje*. Rio de Janeiro: Eduff, 1998.

PEDROSA, Mário. *Mundo, homem, arte em crise*. Organização de Aracy Amaral. São Paulo: Perspectiva, 1986.

__________. *Acadêmicos e modernos*, v. 3. Organização de Otília Arantes. São Paulo: Edusp, 1998.

PELBART, Peter Pál. "Vida e morte em contexto de dominação biopolítica". *IEA-USP*, 2008. Disponível em: <http://www.iea.usp.br/publicacoes/textos/pelbartdominacaobiopolitica.pdf/at_download/file>. Acesso em: 11 ago. 2018.

PENNA, João Camillo. *O tropo tropicalista*. Rio de Janeiro: Circuito e Azougue Editorial, 2017.

PERLOFF, Marjorie. *Poetry on & off the page: Essays for emergent occasions*. Evanston: NUP, 1998.

__________. *O momento futurista*. Tradução de Sebastião Uchoa Leite. São Paulo: Edusp, 1993.

PERRONE, Charles A. *Masters of contemporary Brazilian song: MPB, 1965-1985*. Austin: University of Texas Press, 1989.

PINHEIRO, Mariana Quadros. *Na fenda dos dias: leituras a partir de algumas datas na obra de Armando Freitas Filho*. Rio de Janeiro: UFRJ, 2009.

PINKNEY, Tony. "Modernismo e teoria da cultura" (prefácio). *In*: WILLIAMS, Raymond. *Política do modernismo*. Tradução de André Glaser. São Paulo: Unesp, 2011.

PIRES, Carlos Eduardo de Barros Moreira. *Canção popular e processo social no tropicalismo*. São Paulo: FFLCH-USP, 2008. Dissertação (Mestrado em Teoria Literária e Literatura Comparada).

RABATÉ, Dominique (org.). *Figures du sujet lyrique*. Paris: PUF, 1996.

RABELLO, Ivone Daré. "Melancolia e rotina". *Revista Rodapé*, nº 1, São Paulo, Nankin, 2002a.

__________. "Poesia e humor". *In*: DAMAZIO, Reynaldo (org.). *Drummond revisitado*. São Paulo: Unimarco, 2002b.

RAMOS, Nuno. *Ensaio geral*. São Paulo: Globo, 2007.

RANCIÈRE, Jacques. *Políticas da escrita*. Tradução de Raquel Ramalhete. São Paulo: Editora 34, 1995.

__________. "Será que a arte resiste a alguma coisa?". *In*: LINS, Daniel (org.). *Nietzsche/Deleuze: arte, resistência*. Tradução de Mônica Costa. Rio de Janeiro/Fortaleza: Forense Universitária/FCET, 2007.

RIAUDEL, Michel. *Intertextualité et transferts (Brésil, États-Unis, Europe: réécritures de la modernité poétique dans l'oeuvre de la modernité poétique dans l'oeuvre d'Ana Cristina Cesar (Rio de Janeiro, 1952-1983)*. Nanterre: Paris X, 2007. Tese (Doutorado em Literatura Comparada).

RICKEY, George. *Construtivismo: origens e evolução*. Tradução de Regina de Barros Carvalho. São Paulo: Cosac Naify, 2002.

RIDENTI, Marcelo. *Em busca do povo brasileiro (artistas da revolução, do CPC à era da TV)*. Rio de Janeiro: Record, 2000.

RIMBAUD, Arthur. "Carta a Paul Demeny". Tradução de Elcio Fernandes. *In*: "As Cartas do Vidente e oito poemas de A. Rimbaud". *Sextante*, nº 1, Jaú: Fundação Educacional Dr. Raul Bauab, 1992.

RISÉRIO, Antonio *et al*. *Anos 70: trajetórias*. São Paulo: Itaú Cultural/Iluminuras, 2005.

RIZZO, Ricardo. "Princípio de refração: breves notas desviadas sobre a poesia de Chico Alvim". *Jandira*, nº 2, Juiz de Fora, Funalfa, 2005.

ROSA, Mário. "Conversa com Armando Freitas Filho: coisa incerta". *Suplemento de Minas Gerais*, nº 64, Belo Horizonte, Secretaria de Estado da Cultura de Minas Gerais, out. 2000.

ROSENFELD, Anatol. *O teatro épico*. São Paulo: Perspectiva, 4ª ed., 2006.

ROSZAK, Theodore. *A contracultura*. Tradução de Donaldson M. Garschagen. Petrópolis: Vozes, 1972.

ROUSSEAU, Jean-Jacques. *Os devaneios de um caminhante solitário*. Tradução de Fúlvia M. L. Moretto. Brasília: Universidade de Brasília, 1986.

SALGUEIRO, Wilberth Claython Ferreira. *Forças e formas: aspectos da poesia brasileira contemporânea (dos anos 1970 aos 1990)*. Vitória: Edufes/CCHN, 2002.

__________. *Poesia brasileira: violência e testemunho, humor e resistência*. Vitória: Edufes, 2017.

SANTIAGO, Silviano. "Os abutres". *In*: *Uma literatura nos trópicos*. São Paulo: Perspectiva, 1978a.

__________. "O assassinato de Mallarmé". *In*: *Uma literatura nos trópicos*. São Paulo: Perspectiva, 1978b.

__________. "Poder e alegria". *In*: *Nas malhas da letra*. São Paulo: Companhia das Letras, 1989a.

__________. "Singular e anônimo". *In*: *Nas malhas da letra*. São Paulo: Companhia das Letras, 1989b.

SARTRE, Jean-Paul. *Que é a literatura?* Tradução de Carlos Felipe Moisés. São Paulo: Ática, 1989.

SCHILLER, Friedrich. *Poesia ingênua e sentimental*. Tradução, apresentação e notas de Márcio Suzuki. São Paulo: Iluminuras, 1991.

SCHLEGEL, Friedrich. *O dialeto dos fragmentos*. Tradução, apresentação e notas de Márcio Suzuki. São Paulo: Iluminuras, 1991.

__________ (1798). *Conversa sobre a poesia e outros fragmentos*. Tradução, prefácio e notas de Victor-Pierre Stirnimann. São Paulo: Iluminuras, 1994.

SCHOENTJES, Pierre. *Poétique de l'ironie*. Paris: Editions du Seuil, 2001.

SCHWARZ, Roberto. "Cultura e política, 1964-1969". *In*: *O pai de família e outros estudos*. Rio de Janeiro: Paz e Terra, 1978.

__________. *Que horas são?* São Paulo: Companhia das Letras, 1987.

__________. "O país do elefante". *Folha de S. Paulo*, Mais!, São Paulo, 10 mar. 2002.

__________."Um minimalismo enorme". *Martinha versus Lucrécia: ensaios e entrevistas*. São Paulo: Companhia das Letras, 2012.

SECCHIN, Antonio Carlos. "Gullar: obravida". Prefácio a GULLAR, Ferreira. *Poesia completa, teatro e prosa*. Rio de Janeiro: Nova Aguilar, 2008.

SHOJI, Eduardo Akio. *Entre práticas artísticas e editoriais: as publicações coletivas no museu*. São Paulo: MAC-USP, 2014. Dissertação (Mestrado em Estética e História da Arte).

SIMON, Iumna M. [1990]. "Esteticismo e participação: as vanguardas poéticas no contexto brasileiro (1954-1969)". *In*: PIZARRO, Ana (org.). *América Latina, literatura e cultura*, v. III. São Paulo/Campinas: Memorial da América Latina/Unicamp, 1995.

SIMON, Iumna M.; DANTAS, Vinicius. "Poesia ruim, sociedade pior". *Novos Estudos Cebrap*, jun. 1985.

SISCAR, Marcos. *Poesia e crise*. Campinas: Unicamp, 2010.

__________. *Ana Cristina Cesar*. Rio de Janeiro: Eduerj, 2011 (Coleção Ciranda de Poesia).

SPITZER, Leo. *Lingüística e historia literaria*. Madri: Gredos, 1974.

STAIGER, Emil. *Conceitos fundamentais da lírica*. Tradução de Celeste Aída Galeão. Rio de Janeiro: Tempo Brasileiro, 1977.

STERZI, Eduardo. "Sinal de menos". *Cacto*, nº 1, São Paulo, ago. 2002. (Republicado em STERZI, E. (org.). *Do céu do futuro: cinco ensaios sobre Augusto de Campos*. São Paulo: Marco, 2006.)

SÜSSEKIND, Flora. "Seis poetas e alguns comentários". *In*: *Papéis colados*. Rio de Janeiro: UFRJ, 1993.

__________. "Augusto de Campos e o tempo". *In*: *A voz e a série*. Rio de Janeiro/Belo Horizonte: 7 Letras/UFMG, 1998.

__________ [1985]. *Literatura e vida literária*. Belo Horizonte: UFMG, 2004.

__________. *Até segunda ordem não me risque nada: os cadernos, rascunhos e a poesia-em-vozes de Ana Cristina Cesar*. Rio de Janeiro: 7 Letras, 2ª ed., 2007a.

__________. "Hagiografias. Paulo Leminski". *In*: GARRAMUÑO, Florencia; AGUILAR, Gonzalo; LEONE, Luciana di (orgs.). *Experiencia, cuerpo y subjetividades. Literatura brasileña contemporánea*. Rosário: Beatriz Viterbo, 2007b.

__________. "Coro, contrários, massa: a experiência tropicalista e o Brasil de fins dos anos 60". *In*: BASUALDO, Carlos (org.). *Tropicália: uma revolução na cultura brasileira (1967-1972)*. São Paulo: Cosac Naify, 2007c.

SÜSSEKIND, Flora; GUIMARÃES, Julio Castañon (orgs.). *Sobre Augusto de Campos*. Rio de Janeiro: 7 Letras/Casa de Rui Barbosa, 2004.

SÜSSEKIND, Pedro. *Teoria do fim da arte: sobre a recepção de uma tese hegeliana no século XX*. Rio de Janeiro: 7 Letras, 2017.

SUZUKI, Márcio. *O gênio romântico: crítica e história da filosofia em Friedrich Schlegel*. São Paulo: Fapesp/Iluminuras, 1998.

SZONDI, Peter. "Frédéric Schlegel et l'ironie romantique". *In*: *Poésie et poétique de l'idéalisme allemand*. Tradução de Jean Bollack. Paris: Gallimard, 1975.

__________. *Teoria do drama moderno (1880-1950)*. Tradução de Luiz Sérgio Repa. São Paulo: Cosac Naify, 2001.

TASSINARI, Alberto. *O espaço moderno*. São Paulo: Cosac Naify, 2001.

TORRES FILHO, Rubens Rodrigues. "O simbólico em Schelling". *Revista Almanaque*, nº 7, São Paulo, 1978.

VALDATI, Nilcéia. "Escrita: uma trajetória descontínua". *Boletim de Pesquisa NELIC*, v. 2, nº 3, 1998.

__________. "O que há de poesia em escrita". *Boletim de Pesquisa NELIC*, v. 3, nº 4, 1999.

VALÉRY, Paul. "A poet's notebook". In: GIBBONS, R. (org.). *The poet's work*. Boston: Houghton Hifflin, 1979.

VASCONCELOS, Gilberto. *Música popular: de olho na fresta*. Rio de Janeiro: Graal, 1977.

VAZ, Toninho. *Pra mim chega: a biografia de Torquato Neto*. São Paulo: Casa Amarela, 2005.

VECCHI, Roberto. "O real como projeto poético de *Elefante* de Francisco Alvim". *In*: VECCHI, Roberto; ROJO, Sara (orgs.). *Transliterando o real: diálogos sobre as representações culturais entre pesquisadores de Belo Horizonte e Bolonha*. Belo Horizonte/Bolonha: UFMG/Poslit/Nelam/Nelap/Unibo, 2004.

_________. "Do histórico no fragmento pós-trágico: quando o poema leva a sério a piada". *In*: VECCHI, Roberto *et al.* (orgs.). *Travessias do pós-trágico: os dilemas de uma leitura do Brasil*. São Paulo: Unimarco, 2006.

VELHO, Gilberto. *Nobres e anjos: um estudo de tóxicos e hierarquia*. Rio de Janeiro: Fundação Getúlio Vargas, 1998.

VELOSO, Caetano. *Verdade tropical*. São Paulo: Companhia das Letras, 1997.

_________. *O mundo não é chato*. Organização de Eucanaã Ferraz. São Paulo: Companhia das Letras, 2004.

VENTURA, Zuenir. *1968: o ano que não terminou*. Rio de Janeiro: Nova Fronteira, 1988.

VIEGAS, Ana Cláudia Coutinho. *Bliss & blue: segredos de Ana C*. São Paulo: Annablume, 1998.

VIEIRA, Beatriz de Moraes. "Torquato Neto, o cogito e os dentes". *In*: ALVES, Ida; PEDROSA, Celia (orgs.). *Subjetividades em devir: estudos de poesia moderna e contemporânea*. Rio de Janeiro: 7 Letras, 2008.

_________. "As ciladas do trauma: considerações sobre história e poesia nos anos 70". *In*: SAFATLE, Vladimir; TELES, Edson (orgs.). *O que resta da ditadura*. São Paulo: Boitempo, 2010.

_________. *A palavra perplexa: experiência histórica e poesia no Brasil nos anos 70*. São Paulo: Hucitec, 2011.

VILLAÇA, Alcides. *A poesia de Ferreira Gullar*. São Paulo: FFLCH-USP, 1984. Tese (Doutorado em Literatura Brasileira).

_________. "Expansão e limite da poesia de João Cabral". *In*: BOSI, Alfredo (org.). *Leitura de poesia*. São Paulo: Ática, 1996.

_________. "Gullar: a luz e seus avessos". *Cadernos de Literatura Brasileira*, nº 6, São Paulo, Instituto Moreira Salles, 1998.

_________ [1979]. "Em torno do *Poema sujo*". *In*: GULLAR, Ferreira. *Poesia completa, teatro e prosa*. Organização e prefácio de Antonio Carlos Secchin. Rio de Janeiro: Nova Aguilar, 2008.

WILLIAMS, Raymond. *O campo e a cidade: na história e na literatura*. Tradução de Paulo Henriques Britto. São Paulo: Companhia das Letras, 1989.

__________. *Política do modernismo: contra os novos conformistas*. Tradução de André Glazer. São Paulo: Unesp, 2011.

WISNIK, José Miguel [1979]. "O minuto e o milênio ou Por favor, professor, uma década de cada vez". *In*: NOVAES, Adauto (org.). *Anos 70: ainda sob a tempestade*. Rio de Janeiro: Aeroplano/Senac Rio, 2005.

XAVIER, Ismail. *Alegorias do subdesenvolvimento: cinema novo, tropicalismo, cinema marginal*. São Paulo: Brasiliense, 1993.

ZILIO, Carlos; LAFETÁ, João Luiz; LEITE, Lígia Chiappini M. *O nacional e o popular na cultura brasileira: artes plásticas e literatura*. São Paulo: Brasiliense, 1982.

ZULAR, Roberto. "O que fazer com o que fazer? Algumas questões sobre o *Me segura qu'eu vou dar um troço* de Waly Salomão". *Literatura e Sociedade*, nº 8, São Paulo, DTLLC-USP, Nankin, 2005.

__________. "Sereia de papel: algumas anotações sobre a escrita e a voz em Ana Cristina Cesar". *In*: FALEIROS, Alvaro; ZULAR, Roberto; BOSI, Viviana (orgs.). *Sereia de papel: visões de Ana Cristina Cesar*. Rio de Janeiro: Eduerj, 2015.

ZUMTHOR, Paul. *Performance, recepção, leitura*. Tradução de Jerusa Pires Ferreira e Suely Fenerich. São Paulo: Cosac Naify, 2007.

Agradecimentos

Agradeço, em primeiro lugar, a meus alunos de graduação e de pós-graduação no curso de Letras da Universidade de São Paulo, que ouviram com paciência os primeiros esboços e o desenvolvimento das leituras aqui apresentadas. Seus comentários atentos foram fundamentais para a forma final deste livro.

A participação nos seminários acadêmicos do Departamento de Teoria Literária e Literatura Comparada da USP foi um aprendizado valioso, quando pude debater partes da pesquisa com meus colegas, mestres da reflexão crítica.

Expus alguns capítulos em embrião para o grupo de estudos Laboratório de Poéticas Contemporâneas, integrado por professores e pós-graduandos. Sou muito grata a meus orientandos e a estes colegas, excelentes leitores, que me ajudaram a pensar.

A parte da pesquisa sobre revistas foi realizada na Casa de Rui Barbosa, no Rio de Janeiro, graças a uma bolsa de pós-doutorado de quatro meses concedida pela CAPES. Agradeço a acolhida da supervisora Flora Süssekind, pesquisadora e crítica cultural da maior relevância.

Também no Instituto Moreira Salles e no Arquivo da Cidade do Rio de Janeiro pude contar com o auxílio de funcionários dedicados.

O casal Armando Freitas Filho e Cristina Lessa de Barros Barreto recebeu-me em sua casa no Rio de Janeiro para conversas que, esperamos, continuem vida afora. Cristina gentilmente reproduziu matérias e ilustrações de revistas de difícil acesso da biblioteca de Armando, de modo que agradeço a ambos com extremo afeto e admiração.

Sou muito grata a Augusto Massi, Ítalo Moriconi e Antonio Carlos Secchin pelo envio de boas reproduções de ilustrações de revistas de suas coleções particulares.

Agradeço à banca examinadora pelas fundamentais considerações críticas, que procurei, à medida do possível, acatar. Integraram-na Flora Süssekind, Célia Pedrosa, Davi Arrigucci Jr., Alcides Villaça e Marcos Siscar — exigentes interlocutores.

O trabalho de revisão foi acompanhado, em uma primeira leitura, pelo arguto e fiel amigo Fabio Weintraub, pela cuidadosa Diana Szylit e, afinal, pelos certeiros apontamentos de Alberto Martins. A eles dedico imensa gratidão, porque me dispensaram um bem precioso: o tempo.

Lembro com carinho de mestres de vida e de literatura: Dora e José Paulo Paes, Maria Edith e Flávio Vespasiano di Giorgi.

Na verdade, são tantas as influências para conformar um estudo sobre poesia que não teria como mencionar aqui todos os que me auxiliaram. Minha especial reverência aos poetas presentes neste livro, consciente do muito mais que se poderia descobrir em suas obras.

Aos meus queridos filhos Tiago e Daniel, que me envolvem e protegem com laços de amor.

A René Lenard, companheiro que me ampara e estende sua mão afetuosa em todas as horas, a quem devo saúde e alegria.

Créditos das imagens

Arquivo pessoal Antonio Carlos Secchin
Arquivo pessoal Armando Freitas Filho
Arquivo pessoal Augusto Massi
Arquivo pessoal Ítalo Moriconi
Arquivo Geral da Cidade do Rio de Janeiro (Coleção Maria Amélia Mello)
Arquivo IMS (Biblioteca de Ana Cristina Cesar, Instituto Moreira Salles)

Sobre a autora

Formada em Letras na Universidade de São Paulo, Viviana Bosi é professora do Departamento de Teoria Literária e Literatura Comparada da FFLCH-USP. Publicou o livro *John Ashbery, um módulo para o vento* (São Paulo: Edusp, 1999). Editou escritos inéditos de Ana Cristina Cesar em volume intitulado *Antigos e soltos: poemas e prosas da pasta rosa* (São Paulo: Instituto Moreira Salles, 2008), assim como organizou, junto a Alvaro Faleiros e Roberto Zular, o livro *Sereia de papel: visões de Ana Cristina Cesar* (Rio de Janeiro: Eduerj, 2015). Também organizou, com Renan Nuernberger, a coletânea de ensaios *Neste instante: novos olhares sobre a poesia brasileira dos anos 1970* (São Paulo: Humanitas/Fapesp, 2018). Escreveu sobre Charles Baudelaire, Franz Kafka e Emily Dickinson, dentre outros.

Este livro foi composto em Sabon,
pela Franciosi & Malta, com CTP e
impressão da Bartira Gráfica e Editora em papel Pólen Soft 70 g/m² da
Cia. Suzano de Papel e Celulose para
a Editora 34, em abril de 2021.